EINFÜHRUNG IN
DIE METAPHYSIK

지은이 **마르틴 하이데거(Martin Heidegger)**

독일 남부 슈바르츠발트의 작은 마을 메스키르히에서 태어나 프라이부르크대학에서 신학과 철학을 전공한 후, 마르부르크대학과 프라이부르크대학에서 철학을 가르치다가, 1976년 타계하였다.

하이데거는 플라톤과 아리스토텔레스 이래로 이성 일변도로 치닫던 서구의 전통철학을 뒤흔든 20세기 사상계의 거장이며, 현대철학 및 정신문화 전반에 걸쳐 가장 커다란 영향을 끼쳤다. 존재론적 차이에 대한 하이데거의 통찰은 데리다의 차연사상의 모태가 되어, 포스트모더니즘과 후기 구조주의에게 막강한 영향을 주고 있다. 더 나아가 그의 사상은 마르쿠제와 하버마스의 비판이론 및 한나 아렌트의 정치철학에도 직접적으로 깊은 영향을 주었다. 그의 사상은 문학, 예술론, 언어학, 인간학, 생태학 등에도 상당한 영향을 끼치고 있기에, 그의 사상을 일별하지 않고서는 도저히 20세기 정신문화에 대해 논할 수 없다는 말이 회자될 정도이다.

주요 저서로는 『존재와 시간』 『철학에의 기여』 『숲길』 『이정표』 『강연과 논문』 『동일성과 차이』 『언어로의 도상에서』 『니체』 『초연한 내맡김』 『사유의 경험으로부터』 『사유의 사태로』 등이 있으며, 1973년부터 그의 강의록이 전집으로 간행되어 현재까지 약 100권이 출간되었다.

옮긴이 **박휘근**

1946년 서울에서 출생했으며 프랑스, 독일, 네덜란드 대학에서 서양철학을 전공했다. 현대 철학자 중에서는 특히 하이데거의 철학에 그리고 근대 철학자 중에서는 데카르트의 철학에 많은 관심을 가지고 공부했으며, 동양과 서양의 서로 다른 존재지혜의 전통들을 이해하고, 서로 소통할 수 있는 가능성들을 찾고, 연구하고, 준비하는데에 지금까지 그의 철학적 노력을 기울이고 있다.

하이데거의 형이상학 입문

EINFÜHRUNG IN DIE METAPHYSIK

마르틴 하이데거
(Martin Heidegger)
지음

박휘근
옮김

그린비

일러두기

1 이 책은 Martin Heidegger, *Einführung in die Metaphysik*(Max Niemeyer, 1966/1998)을 완역한 것이다.

2 판면 바깥의 번호는 『하이데거 전집 제40권』(1983)의 쪽수를 표기한 것이다.

3 본문 중 대괄호([ ])로 표시된 것은 원문의 표기를 살린 것이며, 역자가 추가한 주석은 [옮긴이]로 표기했다.

4 단행본·정기간행물 등의 제목에는 겹낫표(『 』)를, 논문·단편 등의 제목에는 낫표(「 」)를 사용했다.

5 외국어 고유명사는 2002년 국립국어원에서 펴낸 외래어표기법을 따르되, 관례가 굳어서 쓰이는 것들은 그것을 따랐다.

옮긴이의 말

이 번역은 마르틴 하이데거(1889~1976)가 1935년 여름학기에 프라이부르크대학(Universität Freiburg i. Br.)에서 강의한, 그가 살아 있을 때 자신의 손에 의해서 이미 출판된 『형이상학 입문』(*Einführung in die Metaphysik*, Tübingen: Max Niemeyer, 초판 1953, 2e 1958. 3e 1966, 4e. 1976, 5e. 1987, 6e. 1998)을 그 3판과 6판을 대본으로 하여 전문을 옮긴 것이다.

번역 작업에 있어서 하이데거 사후에 페트라 예거(Petra Jaeger)가 발행한 『하이데거 전집 제40권』(*Gesamtausgabe, II. Abteilung, Vorlesungen 1923-1944, Band 40*, Frankfurt am Main: Vittorio Klostermann, 1983)을 참조하였다. 그리고 질베르 칸(Gilbert Kahn)의 불어 번역판(*Introduction à la métaphysique*, Paris: Gallimard, 1967), 랄프 만하임(Ralph Manheim)의 영어 번역판(*An Introduction to Metaphysics*, New Haven and London: Yale University Press, 1959)을 참조하였다. 나중에 발행된, 페트라 예거의 『하이데거 전집 제40권』에는 하이데거 철학을 전문으로 연구하는 사람들을 위한 것으로 보이는, 예를 들어서 이

책에 대한 문헌학적·역사학적 연구를 하는 사람들을 위한 「부록」과 「발행자의 후기」가 실려 있으며, 본 번역서에는 필요한 전공독자들의 편의를 위해서 「부록」과 「발행자의 후기」의 **독일어 원문**을 추가하였다. 또한 『하이데거 전집 제40권』의 소제목을 추가하고 원서의 해당 쪽수를 표시하였다.

마르틴 하이데거가 이 『형이상학 입문』 안에서 다루고 있는 문제들을 좀 더 폭넓게 그리고 좀 더 깊이 사색하고자 하는 사람들은, 고트프리드 빌헬름 라이프니츠(Gottfried Wilhelm Leibniz)의 『이성에 근거한 자연과 은총의 원칙』(*Principes de la Nature et de la Grâce fondés en Raison*)과 하이데거 자신이 1930년부터 『휴머니즘에 관한 편지』(*Brief über den Humanismus*, 1947)까지의 "자신의 사색적 여정을 보여 주고 있다"라고 말하고 있는 저서 『니체 I, II』(Günter Neske Pfullingen, 4e., 1961), 또 그가 그의 주저 『존재와 시간』(*Sein und Zeit*) 제11절에서 언급하고 있는 에른스트 카시러(Ernst Cassirer)의 『상징적인 형식의 철학』(*Philosophie der symbolischen Formen*, 1925), 칼 야스퍼스(Karl Jaspers)의 『진리에 관하여』(*Von der Wahrheit*, 1947), 한스 게오르크 가다머(Hans-Georg Gadamer)의 『진리와 방법』(*Wahrheit und Methode*, 4e., 1975, 특별히, p. 361 이하 "Dritter Teil: Ontologische Wendung der Hermeneutik am Leitfaden der Sprache") 그리고 폴 리쾨르(Paul Ricoeur)의 『살아 있는 은유법』(*La métaphore vive*, Paris: Editions du Seuil, 1975), 마르틴 하이데거의 *Unterwegs zur Sprache*(5e., Neske Pfullingen, 1975/『언어로의 도상에서』, 신상희 옮김, 나남출판, 2012)을 참고하기 바란다.

하이데거는 베르너 하이젠베르크(Werner Heisenberg)와 함께,

그리고 하이젠베르크에게서 공부하고 함부르크대학 교수, 막스플랑크연구소(Max-Planck-Institute)의 책임자(Direktor)직을 맡았던 카를 프리드리히 폰 바이츠제커(Carl Friedrich von Weizsäcker)와 함께 '현대 물리학', '현대 기술문제'에 대해서 많은 것을 토론하며 그의 사색적 여정을 이끌어 나갔다. 이 『형이상학 입문』과 하이데거의 철학적 사색의 여정에 있어서 중요한 한 부분을 차지하고 있는 '현대 물리학과 현대 기술문제'와의 관계에 관심이 있는 한국의 과학도들을 위해서는, 하이데거가 자신의 강연 텍스트를 가지고 진행한 「강연 〈시간과 존재〉에 대한 세미나 기록」과 함부르크대학 에발트 리히터(Ewald Richter) 교수의 글들 그리고 독일하이데거학회 여러 분의 글들을 사색해 보기를 권한다. 이는 현대 한국의 과학도들에 의해서 이루어질 하이데거의 과학-기계 기술문명에 관한 철학적 사색의 이해에 어떤 도움을 줄 수도 있을 것이다.[1]

---

1 [옮긴이] M. Heidegger, *Die Technik und die Kehre*, Pfullingen: Günther Neske, 1962/마르틴 하이데거, 『기술과 전향』, 이기상 옮김, 서광사, 1993 참조; Werner Heisenberg, *Physik und Philosophie*, Frankfurt: Ullstein Materialien, 1986 참조; Carl Friedlich von Weizsäcker, *Der Garten des Menschlichen*, München: Carl Hanser, 1977, 특별히 p. 404 이하, "III. 4. Erinnerungen an Martin Heidegger", "III. 5. Heidegger und die Naturwissenschaft" 참조; Ewald Richter, *Ursprüngliche und physikalische Zeit*, Berlin: Duncker&Humblot, 1996 참조; Herausgegeben von Ewald Richter, *Die Frage nach der Wahrheit: Schriften der Martin-Heidegger-Gesellschaft*, Band. 4., Frankfurt am Main: Vittorio Klostermann, 1997, p. 9 이하, Ewald Richter, "Einleitung: Vorblick auf die Vorträge zum 20. Todestag Martin Heideggers" 참조, *Ibid.*, p. 125 이하, Ewald Richter, "Wahrheitg und Logik" 참조; 마르틴 하이데거, 『사유의 사태로』, 문동규·신상희 옮김, 도서출판 길, 2008, 77쪽 이하 참조/Martin Heidegger, *Zur Sache des Denkens*, Tübingen: Max Niemeyer, 1967, p. 27 이하 참조; Carl Sagan, Cosmos, Book Club, 1981/칼 세이건, 『코스모스』, 홍승수 옮김, 사이언스북스, 2004 참조; Unesco, *Kierkegaard vivant, Colloque organisé par l'Unesco, à Paris du 21 au 23 avril 1964*, Paris: Gallimard, 1966, p. 167 이하, Martin Heidegger, "La fin de la philosophie et la tâche de la pensée" 참조.

그리고 좀 더 폭넓고 다양한 하이데거 철학의 깊이 있는 이해를 위해서는 한국에 이미 번역 출판된 수많은 하이데거 저서들과 여러 선생님들과 후학들의 훌륭한 하이데거 연구서, 안내서, 논문들을 참고하기 바란다.

하이데거는 그의 철학적 사색 여러 곳에서 **동양사상과의 대화의 필요성**을 말하고 있다. 서양철학과 한국과 동양의 존재지혜의 전통과의 관계 속에서 사색하고자 하는 사람들은, 역자의 논문 「한글의 기원으로」("Zum Ursprung der koreanischen Buchstabenschrift, HANGUL", Leiden, 1976)와 「르네 데카르트에 있어서 무한은 무엇을 말하는가?」("Was heißt das Unendliche bei René Descartes?", Leiden, 1978), 그리고 『동서 교섭과 근대한국사상』(금장태, 성균관대학교 출판부, 1984)과 『근대 동서존재론 연구』(배선복, 철학과 현실사, 2007)를 참고하기 바란다. 여기에 더해서 역자의 글 「후기 하이데거의 진리문제」(안상진 외, 『하이데거 철학의 근본문제』, 철학과현실사, 1996, 209쪽 이하)와 『성덕대왕신종 명문에 실려 있는 〈원음(圓音)〉과 하이데거가 말하는 〈철학이 아닌 것〉』(서울대학교 호암회관, 2019)을 참고하기 바란다. 또한 **한국인들이 서양문물과 직접적·근대적인 교섭을 시작하던 '정약용 시대'**를 이해하기 위해서 역자가 준비 중인 『〈정약용 시대〉의 한국인의 존재지혜 연구를 위한 자료모음 초본(艸本) ── 또는 뜰앞의 잣나무』(2010년부터 진행 중)을 참고하기 바란다. 마지막으로, 한자경의 『한국철학의 맥』(이화여자대학교출판부, 2008)은 앞으로 후학들에 의해서 이루어질 서양철학과 한국인의 존재지혜와의 대화를 위해서 커다란 도움을 줄 수 있을 것이다.

1972년, 이 책의 제1부를 번역하기로 마음먹고 번역을 처음 시작하던 때부터 1994년, 이 책의 첫 번째 출판을 위한 완역 초고가 끝난 날까지 거의 20년이라는 세월이 지나갔다. 그리고 문예출판사판 『형이상학 입문』이 절판되고 다시 그린비에서 새로운 『형이상학 입문』 번역판을 출판하게 된 오늘날까지 또다시 거의 30년에 가까운 세월이 흘러갔다.

하이데거가 독일에서 이 『형이상학 입문』을 강의한 해, 1935년 한국에서는 다산 정약용(丁若鏞, 1762년 8월 5일~1836년 4월 7일) 서거 99주년(1934년)을 기념하는 강연회에서 '조선학'이 정인보, 문일평, 안재홍 등에 의해서 제창되었으며, 정약용의 서거 100주년(1935년)을 전후로 각종 강연회 및 학술연구가 전개되어 학술운동으로서 '조선학 운동'(朝鮮學運動)이 전개되었다(강영안, 『우리에게 철학은 무엇인가 — 근대, 이성, 주체를 중심으로 살펴본 현대 한국 철학사』 궁리, 2002, 특별히 32쪽 이하 참조).

한용운의 『조선불교유신론』이 1910년대의 동양과 한국의 정신적 상황을 묘사해 주고 있는 책이라면, 하이데거의 이 책은 1930년대의 서양과 독일의 정신적 상황을 우리에게 전해 주고 있다. 만일 원효의 『대승기신연구서』들이 중국의 노장사상을 포함한 동양철학의 정신적·형이상학적 한 극치를 보여 주고 있는 것이라면, 하이데거의 이 책은 그리스도교 사상을 포함한 서양철학의 형이상학적·정신적 극치가 어떤 것인가를 파르메니데스와 헤라클레이토스의 해석을 통해서 우리에게 보여 주고 있다. 우리가 여기서 이렇게 동양-서양으로 갈라서 이야기하고 있는 인간의 정신적·형이상학적 극치라는 것은 서로 다른 것인가? 아니면 하나의 동일한 극치인가? 그것이 만일 서로 다른 것이라면 여기서 '다르다'라는 것은 무엇을 의미하는가? 만일 그것이 하나의 동일한 것이라면 여기서 그 '하나'는 그리고 '동일성'(Identität)은 무엇을 말하는 것인가? 우리보다 앞서간 한국의 선배 사색가들, 예를 들어, 원효, 세종, 퇴계 이황은 이와 같은 문제를 어떻게 다루고 있는가.[2]

또 우리가 여기서 그렇게나 어려운 철학적 형이상학적 문제를 아무 생각 없이 그저 단순하게 '하나'라고 표현할 수 있도록 해 주고 있는 우리말의 '하나', '한'이라는 말은 어떤 정신적·존재지혜론적 신비성을 내포하고 있으며 무엇을 의미하는 말인가? 만일 어떤 독자가 이와 같은 질문들을 염두에 두고 이 책을 읽어 나갈 수 있다면, 그래서 이와 같은 질문을 자기 자신의 문제로 삼을 수 있게 된다면, 그는 이미 형이상학의 영역에 들어선 사람이며 또한 그것으로써 이 책을 번역한 나의 조그만 노력 역시 그 의미를 발견한 것으로 여겨질 수 있을 것이다.

하이데거의 이 책은 내가 어려서부터 듣고 배워 온 동양의 고전들과 같은 높이에서 (서양)철학한다는 것이 무엇인가를 나에게 보여 주고 가르쳐 주었다. 그러나 이 책은 나에게, 서양인이 아닌 내가 서양철학을 전공한다는 사실이 그 근본에서부터 불가능한 일이 아닌가라는 질문을 끊임없이 제기하도록 했으며, 또한 거기에 동반하는 극

---

2 김원명, 「붇다의 말씀, 圓音一考, ─〈대승기신론소〉에서의 원효의 '원음'에 대한 사색을 바탕으로」, 『한국불교학결집대회논집』, 제1집, 상권, 215쪽 이하 참조; 『원효의 대승기신론 소·별기』, 은정희 역주, 일지사, 1991, 8쪽 이하, 해제 참조; 프리드리히 니체, 『비극적 사유의 탄생』, 이진우 옮김, 문예출판사, 1997, 103쪽 이하 참조; Gottlob Frege, *Über Sinn und Bedeutung*/이정민 외, 『언어과학이란 무엇인가』, 문학과지성사, 1991, 341쪽 이하, 고틀로프 프레게, 「뜻과 지시체에 관하여」, 정대현 옮김 참조; 마르틴 하이데거, 『동일성과 차이』(*Identität und Differenz*), 신상희 옮김, 민음사, 2000 참조

단적인 절망과 회의를 여러 번 맛보게도 했다. 1968년부터 2018년까지 프랑스와 독일 그리고 네덜란드의 대학에서 철학을 공부하고 생활하면서 나는 이와 같은 문제들을 살과 피부로 느끼며 살아왔다. 그럼에도 불구하고 이 책은 오늘날까지 나를 여러 모든 유혹에 대항해서 철학을 공부할 수 있도록, 나의 한국인으로서의, 동양인으로서의 긍지를 잃지 않도록 지켜 주고 격려해 주었다. 그리고 나에게 철학하는 기쁨을 가르쳐 주었다.

삶과 사색의 여정 속에서 사람들은 뜻밖의 어느 날, 원하지 않더라도 '왜 있는 것은 도대체 있고 차라리 아무것도 아니지 않는가?'라는 질문을 질문하지 않을 수 없는 위치에 우연히 서게 되기도 한다. 독자는 현재 어떤 상황 속에서 이 책을 읽고 있는가? 원효는 그가 만 45세가 되던 해에 유학의 뜻을 품고 중국을 향해 가던 중 어떤 땅막 속에서 하룻밤을 지냈다는 이야기가 전해지고 있다. 그는 그 땅막 속에서 밤새도록 어떤 질문을 했을까? 무슨 질문이 그로 하여금 그렇게나 목이 마르게 했던 것일까? 그리고 그는 어떤 답을 얻은 것일까?

하이데거는 다음과 같은 말로 이 책을 끝맺고 있다. "질문할 수 있다라는 것은 기다릴 수 있다라는 것을 의미한다. 비록 그것이 한 평생을 요구하는 것이라 할지라도"(Fragen können heißt: warten können, sogar ein Leben lang).

나는 이 책을 읽는 젊은 독자들이 원효가 느꼈던 그와 같은 '갈증'과 하이데거가 말하고 있는 '질문할 수 있는 힘'을 얻을 수 있기를 바란다.

끝으로 지금까지 나를 이끌어 주시고 격려해 주신 친구, 제형(第兄) 여러분들과 특히 프랑스 앙제대학의 앙리 페삭(H. Paissac) 교수님, 독일 함부르크대학의 에발트 리히터 교수님, 네덜란드 레이든대학의 코르넬리 안토니 반 푀르센(C. A. van Peursen) 교수님, 가브리엘 뉴클만스(G. Nuchelmans) 교수님, 헤르만 헤링(H. J. Heering) 교수님, 그리고 한국의 여러 선생님들과 후학들에게, 특별히 한국하이데거학회의 여러분들께 감사드리며, 이 책을 출판하는 데 있어서 직·간접으로 큰 힘이 되어 주신 분들, 그린비 출판사 사장님과 편집부 여러분들께 깊은 감사를 드린다.

2023년 전북 전주에서
박휘근

차례

4장 있음의 제한

하이데거의
형이상학
입문

1절 '왜 있는 것은 도대체 있고 차라리 아무것도 아니지 않는가?'라는 질문은 그 품위에 있어서 가장 광범위하고 가장 깊이 있고 가장 원천적인 질문이다

왜 있는 것은 도대체 있고 차라리 아무것도 아니지 않는가? 이것이 문제이다. 이것은 아마도 독선적인 질문이 아님에 틀림없다. '왜 있는 것은 도대체 있고 차라리 아무것도 아니지 않는가?'(Warum ist überhaupt Seiendes und nicht vielmehr Nichts?) —— 나타나 보이는 바와 같이 이것은 모든 문제들의 첫 번째이다. 여기서 첫 번째라는 것은 말할 것도 없이 많은 의문문들이 시간적으로 앞뒤를 잇달은 그 서열에서라는 의미는 물론 아니다. 시간을 통한 역사의 순행 중 그들은, 비단 개개인뿐만 아니라 민족들까지도 많은 것을 질문했다. 그들은 이 문제, '왜 있는 것은 도대체 있고 차라리 아무것도 아니지 않는가?'를 토해 내기까지 수많은 것들을 찾고, 골똘히 궁리하고 또한 연구했다. 그러나 질문한다는 것이, 다만 말로 된 한 의문문을 듣고 읽는 것을 의미하는 것이 아니라 문제를 요구하는 것, 바꾸어 말한다면, 문제를 의문의 그 자체 상태로 이끄는 것, 질문을 정립(定立)시키는 것, 이 물음의 경계(境界)를 깨우치는 것을 의미한다면, 많은 사람들은 도무지 단 한 번도 이 문제에 맞닥뜨려 본 적이 없는 것이다.

그럼에도 불구하고 우리들 한 사람 한 사람은, 어떤 우연한 날, 어쩌면 그것도 여러 차례, 비록 무엇이 일어났는지를 똑바로 인식하지 못했다 할지라도, 이 의문의 숨겨진 힘에 스쳐졌는지도 모른다. 예를 들어서 말할 수 없는 절망 중에 모든 사물들의 무게가 사라지고 그 의미들이 어두움으로 얼굴을 가릴 때, 질문은 솟구친다. 어쩌면 의문은 단 한 번, 우리들 현존재(Dasein)를 파고들어 그리고 점차로 사라져 버린 둔탁한 종소리처럼 울렸는지도 모른다. 심장의 뛸 듯한 기쁨 속에, 질문은 거기 있다. 이 순간, 모든 사물들은 그들이 정말 있는 그대로인 것, 그들이 있는 그대로의 상태에서보다는 차라리 그들이 아닌 것을 우리들이 더 잘 파악할 수 있을 것처럼 그 형상을 바꾸고, 마치 처음으로 우리들 주위에 존재하는 것처럼 나타나기 때문이다. 기쁨과 절망이 똑같이 우리들로부터 멀어져 있는 순간, 무미건조 속에, [G 4] 질문은 거기 있다. 이 어쩔 수 없는 사물들의 평범성이 사물들이 있거나 말거나 마찬가지인 것처럼 생각되는 권태로움 속에서 횡포를 부릴 때 의문은 또 한 번 독특한 모습으로 울려 온다: ‘왜 있는 것은 도대체 있고 차라리 아무것도 아니지 않는가?’

단지, 이 질문이 그 고유성으로서 질문되었든 또는 의문으로서 채 인식되지 않은 상태로 거센 돌풍처럼 그저 우리들 존재를 회돌이쳐 지나갔든, 또는 이 질문이 사정없이 우리들을 괴롭히든, 아니면 하찮은 핑계를 구실로 우리들로부터 멀어져 숨조차 쉬지 못하게 되어 버린다 할지라도, 이것은 결코 우리들이 묻고 있는 질문들 중에서 시간적으로 첫 번째의 문제가 아닌 것만은 틀림없다.

그러나 이 문제는 다른 의미에서의 ─ 그 품위에 따른 ─ 첫 번째인 것이다. 우리는 이것을 세 가지로 구분하여 다음과 같이 뚜렷하게 할 수 있을 것이다. 이 질문 '왜 있는 것은 도대체 있고 차라리 아무것도 아니지 않는가?'는 그 품위에서 따져 볼 때 우리들에게, 우선 그것이 가장 광범위한 것이기 때문에, 그 다음 가장 깊이 있는 것이기 때문에 그리고 마지막으로 가장 원래적인 것이기 때문에, 그 첫째 자리를 차지하고 있다고 불리는 것이다.

이 질문은 가장 넓은 포용력을 발휘한다. 이 질문은 모든 있는 것들을, 넓은 의미에서의 현재 있는 모든 것들뿐만 아니라 이미 있었던 그리고 앞으로 있을 것들까지도 그 안에 감싸는 것이다. 이 질문의 범위는 그 끝을 다만, 어떤 형태로서도 그리고 결코 있는 것이 아닌, 아무것도 아닌 것, 무(無)에서 찾을 뿐이다. 아무것도 아닌 것 이외의 모든 것은, 그리고 마침내 이 아무것도 아닌 것, 무(無)까지도 이 질문 안에 떨어지고 만다. 그것이 어떤 것, 우리들이 이야기하고 있듯이, 있는 것이기 때문이 아니라, 바로 그것이 아무것도 아닌 것'이기' 때문인 것이다. 우리들 질문의 펼쳐짐은 **이렇게나**, 결코 우리들이 그것을 뛰어넘을 수 없을 만큼, 광범위한 것이다. 우리들은 이것 또는 저것을 질문하는 것도, 그렇다고 해서 순서에 따라 모든 있는 것들을 하나하나 차례차례로 질문하는 것도 아니며, 모든 있는 것을 통틀어, 차후에 설명할 표현을 미리 빌린다면, 전체로서의 있는 것을 그 있는 그대로(das Seiende im Ganzen als ein solches) 질문하는 것이다.

이와 같이 광범위한 것처럼 이 질문은 또한 가장 깊이 있는 것이

다: 왜 있는 것은 도대체 있고…? 왜? 바꾸어 말하자면 무엇이 그 근본(der Grund)인가? 어떤 근본으로부터 있는 것은 도래(到來)하는 것인가? 어떤 근본 위에 있는 것은 서 있는 것인가? 어떤 근본을 향해서 있는 것은 가고 있는 것인가? 이 질문은 있는 것 중의 이것 또는 저것을, 어떤 것이 여기 또는 저기 있는가 하는 것을, 어떻게 그것이 이루어져 있는지를, 무엇을 통해서 그것을 변화시킬 수 있는지를, 어디에 그것이 필요한가 등등을 묻고 있는 것이 아니다. 이 질문은 있는 것의, 그것이 있는 것인바 그것으로서의 근본을 찾는 것이다. 근본을 찾는다는 것은 뜻을 깊이 한다는 것을 의미한다(Den Grund suchen, das heißt: ergründen). 질문 안에 질문되어 세워진 것은 그 자신의 근본으로 향한 관계 속에 놓이게 된다. 단지 그것은 요구되고 있는 것일 뿐이기에, 이 근본이 정말 기초가 되는, 기초를 이루어 주는 근원적바탕(Ur-grund)인지, 또는 기초를 놓기를 거부하는 바탕, 심연(Ab-rund)인지, 또는 이 근본이 이것도 저것도 아닌, 단지 하나의, 필연적인 기초일 것이라고 생각되게 하여 나타나 보이는 것, 하나의 피상적 바탕(Un-grund)인지를 묻는 것은 이 질문 안에 문제로 남아 있다.

어떻든지 간에 이 질문은 있는 것이 있는 것인바 그 있는 그대로를 기초 지어 주는 바탕 속에서 그 답을 찾고 있는 것이다. 이 왜질문(Warumfrage)은 있는 것과 같은 속성을 지닌, 그리고 그와 같은 평면에 위치하고 있는 있는 것의 원인들(Ursachen)을 찾는 것이 아니다. 이 왜질문은 결코 어떤 거죽이나 평면 위를 헤매는 것이 아니라 그 '바닥깊숙이'(zu-grunde) 자리 잡고 있는 영역으로, 그리고 마침내 그 극에 이르기까지 파고들어 가는 것이다. 이것은 모든 침 발림과 천박성에 등을 돌리고 그 깊이를 구하고자 애쓰는 것이다. 이처럼 이 질문은 가장 광범위한 질문임과 동시에 깊이 있는 질문들 중에서도 가장 깊이 있는 질문인 것이다.

이 질문은 결국 그것이 가장 광범위하고 가장 깊이가 있는 질문이기에 가장 원천적인 질문이다. 우리는 이것을 통해서 무엇을 의미하려고 하는가? 만일 우리들의 이 질문을 그 극단적인 경우로 미루어 이 질문 속에 물어진 것, 즉 그 있는 그대로의 있는 것 전체를 심사숙고한다면, 우리들은 그리 어렵지 않게 다음과 같은 사실을 발견할 수 있을 것이다: 우리들은 어떤 특별한 그리고 하나하나의 있는 것들로부터, 바로 그것들이 이것 또는 저것인 까닭에 그들로부터 전적으로 똑같이 멀리 떨어져 있다는 것. 우리들은 아무런 조그마한 차별 둠도 없이 그 전체로서의 있는 것에 대해서 생각하고 있는 것이다. 묘하게도 있는 것들 중의 단 하나만은 ── 이 질문을 질문하고 있는 인간 ── 끊임없이 끈질기게 그 모습을 이 질문 속에서 드러낸다. 그러나 어떤 특정한 개개의 있는 것도 이 질문 속에서 두드러지지 말아야함에 틀림없다. 그 범위에 아무런 제한도 없다는 의미에서, 모든 있는 것들은 한결같이 동등하게 다루어져야 하는 것이다. 인도의 어떤 밀림 속의 코끼리나 화성 위에서 일어나는 어떤 화학적 연소 과정 또한, 아니면 아무것이나 원하는 대로 예를 들더라도 똑같이 훌륭하게 있는 것인 것이다.

이와 같은 연유로 만일 우리들이 '왜 있는 것은 도대체 있고 차라리 아무것도 아니지 않는가?' 하는 이 질문을 그 질문된 바른 의미에서 계속해 나아가고자 한다면 우리들은 모든 특정한 하나하나의 있는 것들, 그리고 인간을 그 특정한 예로 생각하는 것조차도 그만두어야 하는 것이다. 도대체 이 인간이라는 있는 것은 무엇이 별났기에! [G 6]

우주의 끝없이 막막한 어두운 공간 속의 지구를 생각해 보자. 비교해서 말한다면 그것은 마치 보잘것없는 한 알의 모래알, 그리고 그 제일 가까운 똑같은 크기의 다른 모래알까지 1킬로미터 아니 무한의 거리가 뻗쳐 있고, 그 미소한 모래알 표면 위에 꼼지락거리며 마취되어 기어다니는, 단지 한순간뿐일 지식을 만들어 자칭 영리한 동물이라고 스스로를 부르는 한 무더기[니체, 「비도덕적 의미에서의 진리와 거짓에 관하여」(Über Wahrheit und Lüge im außermoralischen Sinne), 『유고』, 1873 참조]. 그리고 또 수백만 년을 걸치는 시간의 순행 중 한 인생의 시간적 뻗침이라는 것은 무엇인가? 초침의 까딱하는 움직임이나 숨 한 번 내쉴까 말까 하는 순간일 뿐인 것이다. 우리는 이 전체로서의 있는 것들 안에서 인간이라고 불리는 그리고 우리들 자신 또한 우연히 그 안에 속해 있는 바로 이 있는 것의 특권을 인정할 만한 아무런 건더기도 발견할 수 없는 것이다.

그러나 이 전체로서의 있는 것이 언젠가 한번 이 이름 붙여진 질문에 관계하게 되었다는 사실로 말미암아, 이 질문은 이 있는 것을 향해서 그리고 이 있는 것은 이 질문을 향해서 내달아, 이와 같이 특이한, 그 양상에 있어서 유일무이한 관계 속에 함께 참여하는 것이다. 그것은 무엇보다도 이 전체로서의 있는 것이 이 물음을 통해서 처음으로 그 **있는 그대로** 자신의 가능한 바탕을 향해서 자신을 열어 나타내었고 또 그렇게 물음 속에 머무를 수 있게 되었기 때문이다. 이 질문의 질문함은 결코 그 전체로서의 있는 것 그 있는 그대로의 테두리 안에서 일어날 수 있는 어떤 상대적으로 우연한 사실, 예를 들어서 빗방울이 떨어지는 것과 같은 그런 것이 아니다. 이 왜질문은 말하자면, 그 전체로서의 있는 것 그 있는 그대로 앞에 마주 서는 것이며, 이렇게 해서, 비록 그것이 완벽한 상태로 이루어지지는 않는다 할지라도, 이 있는 것으로부터 자신을 그 밖으로 뛰쳐나오게 하는 것이다.

또 바로 이렇기 때문에 이 질문은 자신의 독특한 처지에 놓이게 된다. 이 질문이 그 전체로서의 있는 것 앞에 마주 대해 선다는, 그러나 아직도 그것으로부터 완전히 헤어나지 못했다는 사실로 말미암아 이 질문 속에 물어진 것은 다시 이 질문 위에 되물어지게 되는 것이다. 왜 이 왜? 전체로서의 있는 것을 그 근본 위에 세워 놓는다고 자처하는 이 왜질문 그 자신은 어디에 그 자체의 근거를 가지고 있는 것인가? 이 왜 역시 아직도, 어떤 있는 것을 언제까지나 그 근거인 양 찾아야 하는, 임시적인 근거(Vordergrund)만을 묻고 있는 한 질문에 불과한 것인가? 그렇다면 이것은 이 '첫 번째' 질문이, 있음의 질문(Seinsfrage)의 내적 품위와 그 변화에 견주어 생각했을 때, 그 품위에 있어서 결코 첫 번째가 아님을 의미하는 것인가? [G 7]

그렇다고 치고 —— '왜 있는 것은 도대체 있고 차라리 아무것도 아니지 않는가?' 하는 이 질문이 질문된다 또는 질문되지 않는다 하는 것은 도무지 있는 것 그 자체와는 아무런 상관도 없다. 천체들은 이 질문 없이도 자기 궤도를 순행한다. 생명 있는 것들의 약동하는 힘은 이 질문 없이도 식물과 동물들 안에 넘쳐흐른다.

그러나 만일 이 질문이 물어졌다면, 정말로 질문한다는 그것이 이루어졌다면, 이 질문함 속에는 질문된 것과 요구된 것으로 이 질문함 자체를 향해서 일어나는 필연적인 되밀침이 생겨나는 것이다. 그러므로 이 질문함은 그 본질에 있어서 어떤 제멋대로 생겨날 수도 있는 그런 행동이 아니라, 우리들이 **이루어짐**(ein Geschehnis)이라고 부르는 한 특기할 만한 사건인 것이다.

이 질문 그리고 이 질문 속에 직접적으로 뿌리박고 있는 모든 다른 질문들, 이 질문들 모두 중에서 오로지 홀로 그 스스로를 과시하고 있는 이 왜질문은 다른 어떤 질문과도 비교될 수 없다. 이것은 자기 자신의 왜를 찾기에 골똘하는 것이다. 이 질문, '왜 이 왜?'는 우선 겉으로 언뜻 보아 마치 똑같은 의문사를 반복해서 이어 나가는 장난처럼, 내용 없는 단어의 의미들을 속절없이 과장해서 꼬치꼬치 캐어 나가는 것처럼 보인다. 정말 그것은 그렇게 나타나 보인다. 다만 문제시되는 것은 우리들 스스로가 정말 이와 같은 경박한 외견의 희생물이 되기를 원하는가, 그래서 그것을 통해 마치 모든 것이 다 해결된 것처럼 생각할 것인가, 아니면 우리들이 이 왜질문의 자기 스스로에게로 되밀쳐 보내는 그 힘 속에서 어떤 긴장된 한 궁극적 계기를 직접 체험할 수 있는 상태에 있는가 하는 것이다.

그러나 만일 우리가 우리들 스스로를 이와 같은 경박한 눈가림에 속아 넘어가도록 버려두지 않는다면, 전체로서의 있는 것 그대로에 대한 질문으로서의 이 왜질문은 — 우리들이 아직도 이 질문이 그 스스로의 왜로 되밀치는 힘을 정말로 끝까지 이끌어 나갈 수 있는 정신적 힘을 소유하고 있다는 전제 아래, 왜냐하면 그것은 말할 것도 없이 저절로 이루어지는 것이 아니기 때문에 — 우리들을 어떻든 간에 그저 말뿐인 장난과는 전혀 다른 세계로 이끌어 줄 것이다. 그리고 이것을 통해서 우리들은 이 특기할 만한 왜질문이, 다음과 같은 사실 안에, 즉 사람들이 그것이 진정이었든 거짓이었든지 간에 지금까지의 자신의 인간존재를 감싸 보호하고 있던 안일(安逸)로부터 뛰쳐나오도록 해 주는 그와 같은 도약(Sprung) 속에 그 근원을 가지고 있다는 사실을 경험하게 된다. 이 질문의 질문함은 다만 이 도약 속에서 그리

[G 8]

고 도약으로서만 존재하며 그 이외의 다른 어떤 형태로서도 아무것도 아닌 것이다. 여기서 이 '도약'이 의미하는 것은 차후 점차로 밝혀질 것이다. 우리들의 질문은 아직도 도약은 아니다.

그렇게 되기 위해서 우리 질문은 우선 그 양상을 바꾸지 않으면 안 된다. 우리 질문은 아직도, 알지 못함 속에서 있는 것의 면전에 마주 서 있을 뿐이다. 지금 당장에 있어서는 이 질문의 도약이라는 것은 스스로 자기 고유의 근원을 솟구치게 해 준다는 사실, 솟구침으로써 이루어진다는 사실만을 암시하는 것으로 충분할 것이다. 이와 같이 자기 스스로의 근원을 솟구치게 하는 도약을, 우리는 단어의 참뜻을 따라 원－천(源－泉, Ur-Sprung, 스스로－근원을 솟구치게 함[Das Sich-den-Grund-erspringen])이라고 이름 부른 것이다. 이와 같이 이 '왜 있는 것은 도대체 있고 차라리 아무것도 아니지 않는가?' 하는 질문이 모든 진정한 질문들에게 그 근원을 솟구치게 하고 또 이와 같이 근원적 솟구침(원－천, Ur-sprung)이기에 우리는 이 질문을 가장 원래적인 질문으로 받아들여야 하는 것이다.

이와 같이 가장 광범위하고 가장 깊이 있는 질문이기에 이 질문은 가장 원래적인 질문이며 그들은 상호 간에 동격의 관계를 가지고 있다.

이와 같은 삼중의 의미 아래 이 질문은 그 품위에 있어서, 즉 이 첫 번째 질문이 척도를 세워 줌으로써 그 영역을 열어 주고 또 근거 지어 주는, 이와 같은 영역 내의 내적 질서를 규정지어 주는 그 품위의 서열에 있어서 첫 번째인 것이다. 우리들의 질문은 의문 그 자체를 질문하는 모든 진정한 질문들 중의 질문이며 이것은 또한 그 사실을 인식하든지 않든지에 상관없이 모든 질문에 필연적으로 함께 물어지는 것이다. 만일 이 모든 질문들 중의 질문이라는 것이 이해되지 못했다면, 다시 말해서 이 질문이 질문되지 않았다면, 단 한 개의 학문적인 '문제'도 그 자체로서는 도저히 이해될 수 없다. 우리는 다음 한 가지 사실만은 첫 강의 시간부터 뚜렷이 하고자 한다: 어느 누가 또는 우리들 자신이 정말로 이 질문을 질문하고 있는지, 바꾸어 말해서 '도약'하고 있는지 어떤지, 아니면 그저 대화의 형식 속에서 헤어나지 못하고 머물러 있는지 어떤지는 결코 객관적으로는 판단할 수 없다는 사실. 태고로부터의 힘과 같은 이 **질문함**이 전혀 생소한 것으로만 여겨지는 어떤 인간적-역사적-현존재의 영역 내에서, 이 질문은 곧 그 품위를 잃어버리고 마는 것이다.

　　예를 들어서 성서가 신의 계시요, 진리인 사람에게 있어서, 그는 이 질문 '왜 있는 것은 도대체 있고 차라리 아무것도 아니지 않는가?'
의 모든 질문함에 이미 그 답을 가지고 있다: 있는 것이 신(神) 자신이 아닌 이상 그것은 신에 의해서 창조된 것이다. 신은 그 스스로 창조되지 않은 창조자'이다'. 이러한 신앙의 기반 위에 서 있는 사람은 이 우리의 질문을 질문함에 있어서 어떤 특정한 형태 안에서 뒤따를 수도 있고 또 함께 그것을 이끌어 나갈 수도 있을 것이다. 그러나 만일 그가 스스로 믿는 자라는 사실을 이 행위의 모든 결과와 함께 포기하지 않는다면, 그는 결코 진정으로 질문할 수는 없는 것이다. 그는 다만 마치 …인 양 행동할 수 있을 따름이다. 그러나 다른 한편, 어떤 믿음이 믿지 않음이라는 가능성 위에 항상 놓여 있지 않는다면 그것은 신앙이 아니요, 하나의 안일일 뿐이며, 앞으로 어떤 것이 어떤 형태로 전해지든지 간에 그 가르침을 고수하겠다는 자기 스스로와의 한 약속에 불과하다. 그렇다면 그것은 믿음도 아니요 질문함도 아닌, 그저 모든 것에 대해서, 질문함에 대해서나 신앙에 대해서나 똑같이 마찬가지로 아주 대단한 흥미를 가지고 몰두할 수 있는 무분별에 불과한 것이다.

그렇다고 해서, 신앙 안에 보호되는 것이 그 자체로서 진리 안에 머물러 서 있을 수 있는 한 특별한 길이라는 우리들의 암시는 '태초에 신께서 하늘과 땅을 창조하셨다…'라는 성서 말씀이 결코 우리들 질문에 어떤 답을 준다는 것을 의미하지도 않는다. 성서의 말씀이 신앙인들에게 진리인지 아닌지 하는 문제는 도외시한다 할지라도 이 말씀은 우리들 질문과는 아무런 연관성도 없는 것이기에 우리들 질문에 아무런 답도 줄 수 없는 것이다. 우리들 질문에 대해서 아무런 연관성도 없다는 것은 바로 이 말씀이 그것에 대해서 아무런 연관성도 가질 수 없기 때문이다. 우리들 질문 안에서 질문된 그것은 신앙의 눈에는 하나의 미치광이짓일 뿐이다.

이 미치광이짓 속에 철학은 성립한다. '그리스도교적 철학'이라는 것은 나무로 된 쇠와 같은 것이요, 하나의 오해일 뿐이다. 그렇다고 그리스도교적으로 경험된 세계, 다시 말해서 신앙에 대해 질문하고 생각하는 근본적인 연구가 없는 것은 아니다. 그러나 그것은 신학인 것이다. 철학의 도움으로 자칭 쇄신이라 일컫는 것을 통해서 어떤 신학을 얻을 수 있으리라는, 그래서 시대적 요구에 좀 더 구미를 맞출 수 있으리라는, 아니면 아주 이것으로 대신해 버리자는 막연한 속견이 횡행하는 것은 다만 신학의 위대한 참된 사명을 더 이상 스스로 믿지 못하게 되어 버린 시대에만 있을 수 있다. 본래의 그리스도교적 신앙에 대해서 철학은 다만 미치광이짓일 뿐이다.

2절 그 품위에 있어서 첫 번째 질문을 질문하는 것이 철학이다. 철학의 본질에 관한 두 가지 몰이해

철학을 한다는 것은 '왜 있는 것은 도대체 있고 차라리 아무것도 아니지 않는가?'를 질문하는 것이다. 정말 이렇게 질문한다는 것은 이 질문이 질문하도록 요구하는 것을 질문의 한없는 전개를 통해 그 끝에 이르도록 이끌어 나가는 것, 극에 이르도록 감행하는 것을 의미한다. 이와 같은 사실이 따라올 때 비로소 철학은 존재한다.

우리들이 지금 당장 그것이 무엇인가를 좀 더 상세하게 하기 위해서, 철학에 대해서 어떤 보고 형식으로 이야기를 계속한다면, 그것은 아무런 결실을 가져오지 못하는 무의미한 시작으로 머무르고 말 뿐이다. 철학을 시작하는 사람들이 어떤 것은 필수적으로 알아 두어야만 한다는 것에 대해서는 더 긴 말이 필요 없을 것이다.

모든 철학의 근본적인 문제들은 비시대적(unzeitgemäß)일 수밖에 없다. 그것은 철학이 자기 자신의 오늘보다 더 멀리 미리 던져져 있거나, 아니면 이 오늘을 자신의 예전 그리고 그 시초에 되묶어 놓기 때문이다. 철학한다는 것은 언제나, 그 스스로를 결코 시대에 의해서 저울질하도록 내버려 두지 않을 뿐만 아니라 오히려 그 반대로 그 시대를 자신의 척도 아래 두는 앎(Wissen)으로서 머물러 있는 것이다.

철학이 근본적으로 비시대적인 것은 그것이 결코 자신의 동시대에 어떤 직접적인 반향을 얻을 수 없는 그리고 또 얻어서는 안 될 운명을 지닌, 극히 드문 사실들 중의 하나에 속하기 때문이다. 철학이 하나의 유행이 된다면, 그와 비슷한 일들이 일어난다면, 거기에는 진정한 철학이 없었거나 아니면 곡해되어 자신의 뜻한 바와는 아무런 관계도 없는 시대적 욕구에 남용되었을 뿐인 것이다.

그러므로 철학은 경제적으로 또는 도대체 직업적인 지식과 밀접하게 연관시켜 그 사용가치를 계산할 수 있는, 예를 들어서 손재주나 기계를 다루는 지식처럼 직접적으로 배울 수 있는 그러한 앎은 아닌 것이다.

그러나 이와 같이 아무런 소용도 없는 것이 어쩌면 다른 것 이상으로 힘이 될 수도 있을는지 모른다. 비록 일상의 평범성 속에서 그 직접적인 반향을 얻지 못하는 것이라 할지라도 한 민족 운명의 민족적 계기와 함께 그 정신적 공명(共鳴, Einklang)으로서 자신을 드 [G 11] 러낼 수도 있을 것이다. 그것은 아마도 이와 같은 것의 선창(先唱, Vorklang)이 될 수도 있을 것이다. 비시대적인 것은 그 스스로의 때를 요구한다. 바로 철학을 두고도 이렇게 이야기할 수 있을 것이다. 그러므로 무엇이 철학의 사명인지 그리고 무엇이 그에 따라 그 안에 요구되어져야 하는지는, 그 자체로서 또는 일반적으로 고정시킬 수는 없다. 그 전개됨의 각 시작과 또 각 단계마다 철학은 그 스스로의 법칙과 양심을 자신 안에 지니고 있는 것이다. 우리들은 다만 무엇이 철학이 아닌지 그리고 철학이 줄 수 없는 것이 무엇인지만을 이야기할 수 있을 것이다. 한 질문이 던져졌다. '왜 있는 것은 도대체 있고 차라리 아무것도 아니지 않는가?' 이 질문은 그 자신의 요구에 의해서 첫 번째 질문이라고 인정되었다. 그리고 어떤 의미에서 이 질문이 첫 번째인가를 이야기했다.

따라서 우리들은 아직 이 질문을 하나도 질문하지 않았다. 우리들은 이 질문에 대해서 이야기를 하는 속에서 그것으로부터 빗나간 것이다. 이와 같은 사실을 이해하는 것이 필요하다. 그것은 이 질문의 질문함이 다른 통상적인 질문과 비교될 수 없기 때문이다. 그것은 또한 통상적인 질문으로부터 시작해서 이 질문에 조금씩 친근해질 수 있는 점차적인 과도기라는 것이 있을 수 없기 때문이다. 그러므로 이 질문은 다른 질문들 앞에 그리고 다른 질문들과 동시에 함께 생각 (Vor-stellen)되어져야만 한다. 다른 한편 우리는 이렇게 생각함(Vor-stellung)에 있어서 그리고 이 질문에 관해서 이야기하는 중에 이 질문 함 그 자체를 뒤로 미루거나 잊어버려서는 안 되는 것이다.

이와 같은 연유로 우리는 이 시간의 강의를 다음과 같은 몇 가지 일러두는 말로써 마치기로 한다.

정신의 모든 본질적인 모습은 애매모호함 속에 숨겨져 있다. 이 모습이 다른 양상들과 비교하기 힘들면 힘들수록 몰이해 또한 다양한 것이다.

철학이라는 것은 인간적·역사적인 현존재의 독자적이고도 창조적인, 극히 드문 가능성 중의 하나이며 때로는 필요 불가결한 것이기도 하다. 철학에 대해서 항간에 떠돌고 있는 몰이해라는 것은, 비록 그것이 어느 정도 간격을 두고 어떤 것을 아주 의미하지 않는 것은 아니지만, 이루 다 말할 수 없을 만큼 무수하다. 여기서 우리는 지금의 그리고 앞으로의 철학이 나갈 길을 밝히기 위해서 그들 중 중요한 두 가지 사실만을 이야기하고자 한다.

그 몰이해 중 하나는 철학의 본질을 너무 크게 받아들임으로써 생겨난다. 다른 하나는 철학이 줄 수 있는 영향력의 의미를 바꿈으로 [G 12] 생긴다.

크게 추려서 대강 이야기한다면, 철학이라는 것은 언제나, 그것을 통해서 인간 자신이 인간존재에 관해서 뚜렷한 양식으로 스스로의 해석과 목적 설정을 경험할 수 있도록, 있는 것의 그 첫째와 그 마지막 근거를 목표로 삼고 있다. 이로부터 철학이 한 민족의 각 시대에 있어서의 역사적 인간존재들에게 현재와 미래를 위한, 그 위에 금자탑이 세워질 수 있는 초석을 놓아 주어야 하며 또 그럴 수 있으리라는 외적 인상이 쉽게 주어지는 것이다. 그러나 이와 같은 기대와 요구는 철학의 본질과 능력을 넘어서는 무리한 것이다. 많은 경우에 있어서 이와 같은 무리한 요구는 철학을 헐뜯는 모양으로 나타난다. 예를 들어서 사람들은 형이상학이 혁명을 준비하는 데 있어서 아무런 기여도 하지 않았기 때문에 집어던져 버려야 한다고 말한다. 이것은 마치 대패판이 날 수 없으니까 버려야 한다고 말하려는 것과 똑같이 현명한 행동인 것이다. 철학은 결코 직접적으로 역사적 현실을 이끌어 나갈 힘을 가져올 수도 없고 또 행동의 가능성이나 그 형태를 창조할 수도 없다. 그 이유는 다만 다음 한 가지 사실, 즉 철학이 직접적으로는 항상 극소수의 사람들과만 관계하고 있다는 이 사실만으로도 충분할 것이다. 어떤 종류의 사람들? 창조하면서 스스로를 변화시켜 나가는 사람들, 변혁하는 사람들. 철학은 간접적으로 그리고 결코 그 방향을 정할 수 없는 에움길을 통해서 넓게 퍼져 나가, 그래서 언젠가는 원래의 철학이라는 것이 벌써 잊힌 지 오래되었을 때, 마치 자명한 사실처럼 인간존재의 평범한 상식 속에 점점 그 자취를 감추는 것이다.

그러나 그와 반대로 철학이 그 본질에 있어서 그래야만 하고 또 그럴 수 있는 것은, 바로 그것이 척도와 품위를 결정하는 앎, 그 안에 그리고 그것을 통해서 한 민족이 역사적·정신적 세계라는 차원에서 자신의 현존재를 이해하고 또 그것을 완성할 수 있는, 모든 질문과 판단을 날카롭게 하고 그것을 위협하고 또 필요하게 하는, 앎에 대한 사야와 길을 열어 주는, 생각하는 문(門)이어야 한다는 것이다.

우리들이 지적한 두 번째 몰이해는 철학이 줄 수 있는 영향력의 의미를 바꿈으로써 온다. 사람들은 만일 철학이 문화의 기초를 닦아 [G 13] 줄 수 없는 것이라면 적어도 문화를 이루어 나가는 데 있어서는 조금 이라도 손쉽게 해 주어야만 하지 않겠는가, 있는 것들 전체를 한 체 계 안에 또는 일견할 수 있도록 정리해서 천차만별의 모든 가능한 사물들을 그리고 그 사물의 영역들을 손쉽게 이용할 수 있도록 준비해서 마치 세계지도와 같은, 하나의 세계관을 세워 주어야 하지 않겠는가, 그래서 전체적이고도 균일적인 방향 제시를 가능케 하고, 특히 철학이 여러 학문들의 전제조건들과 기본 개념들과 그 원리들을 검토해 그 의미를 줌으로써 그들의 일을 덜어 주어야 하지 않겠는가라고 말한다. 사람들은 철학으로부터 실제적이고도 기술적인 문명 작업의, 그와 같은 작업을 손쉽게 한다는 의미에서의 증진과 촉진을 기대하고 있는 것이다.

다만 철학은 그 본질에 있어서 사물들을 쉽게 하는 것이 아니라 어렵게 만드는 것이다. 그리고 이것은 철학의 전달 방법이 일반상식에 대해서는 의아하게 느껴지는 것이거나 아니면 아주 엉뚱한 것으로 생각되기 때문에 결코 부수적인 것이 아니다. 그러나 이렇게 역사적 현존재에 그리고 그를 통해서 있음 그 자체의 근본에 무게를 주는 것, 그것을 어렵게 하는 것이야말로 철학의 진정한 사명이다. 어려움을 주는 것이란 사물들에게, 있는 것들에게, 그 무게를 되돌려 주는 것이다. 무슨 이유로? 그것은 무게를 준다는 것, 어려움을 준다는 것이 모든 위대한 것이 태어날 수 있는 근본적 전제조건 중의 하나이며, 무엇보다도 그것에 의해서 우리들이 한 역사적 민족의, 그리고 그 업적의 운명을 알아들을 수 있기 때문이다. 운명이란 사물에 대한 참된 앎이 인간존재를 지배하는 곳에서만 비로소 있을 수 있다. 그리고 철학이야말로 이와 같은 앎의 길과 그 전망을 열어 주는 것이다.

철학을 항상 둘러싸고 있는 이와 같은 몰이해들이란 많은 경우에 있어서 우리들과 같은 사람들, 다시 말해서 철학교수들을 통해서 만연한다. 그들의 일상적인, 정당화된, 더 나아가서 필요하기도 한 일이란 지금까지 존재했던 철학들로부터, 문화인을 만들기 위한 일련의 지식들을 전달하는 것이다. 그래서 이와 같은 것이 극히 좋게 말해서 철학학(Philosophiewissenschaft)에 머물고 있음에도 불구하고 그 자체로서 마치 철학인 것처럼 보이게 되는 것이다.

위에서 이야기한 두 가지 몰이해에 대한 지적과 또 그에 대한 증명은, 여러분들이 철학과 뚜렷한 관계를 맺는 데 있어서 그것을 단번에 다 이루어 주려고 하는 것은 아니다. 아무튼 여러분들은 자칭 경험 [G 14] 을 통해서 얻어진 것이라 주장하며 널리 횡행하고 있는 속견들이 느닷없이 여러분들을 덮칠 때 조심해서 경계하고 한 발짝 물러설 줄 알아야 한다. 이와 같은 것들은 대개의 경우 아무 해코지 없는, 그러나 아주 잽싸게 그 효과를 달성하는 형태로 나타난다. 사람들은, 철학으로는 '아무것도 나오는 게 없다', '아무것도 시작할 수 없다', 이와 같은 것을 스스로 경험한다고 믿거나, 또 그것을 아주 쉽게 확증하는 것을 듣는다. 특히 교수들과 연구자들 사이에 떠돌아다니고 있는 이 두 가지 논법은 더 의론할 여지가 없는 그들 나름대로의 신념에 대한 확신의 표현이다. 어떤 사람이 만일, 그래도 하여튼 '무엇이든 나온다'라는 것을 증명하려 애쓴다면, 그는 다만, 사람들이 자전거 바퀴의 유용가치나 광천의 효용가치를 판정내리는 일상의 판단기준으로도 철학을 평가할 수 있으리라는 선입견 때문에 일어나는, 이와 같이 널리 퍼져 있는 몰이해를 더욱 북돋아 주고 확고하게 해 줄 뿐인 것이다.

'철학으로는 아무것도 시작할 수 없다.' 그것은 정말 그렇고 또 아주 조리에 맞는 이야기이다. 다만 한 가지 생각해야 될 것은 그것으로써 철학에 대한 판결이 다 끝났는가 하는 것이다. 사실에 있어서, 만일 우리들이 철학으로는 아무것도 시작할 수 없다면 결국은 철학이 우리들을 통해서 무엇을 시작하는 것이 아니냐 하는 조그마한 반문이 뒤따라 나오게 되며, 이것은 이미 우리들이 우리들 스스로를 철학 속에 몰입시킨다는 것을 전제하고 있는 것이다. 이것으로 철학이 아닌 것이 무엇인가를 뚜렷이 했을 줄 믿는다.

3절 그리스인들의 φύσις(피지스)라는 근본단어를 통한 '그 전체로서의 있는 것 그대로'에 대한 질문의 시작

우리는 처음에 '왜 있는 것은 도대체 있고 차라리 아무것도 아니지 않는가?'라는 질문을 던졌다. 우리는 이 질문을 질문하는 것이야말로 철학을 하는 것이라고 알아들었다. 우리들이 깊은 통찰력을 가지고 이 질문의 길을 향해 떠난다면, 이것은 우선 우리들이 우리들에게 익숙해진 모든 있는 것들의 영역 안에 머무르기를 단념하는 것을 의미한다. 우리들은 일상적 풍조를 떠나서 그것을 넘어서는 것이다. 우리들은 우리들에게 익숙해진 것, 매일매일의 생활 속에 정돈된 정상적인 것을 벗어나 질문하는 것이다. 언젠가 니체(VII, 269)는, "철학자란 늘 정상 밖의 사물을 사는, 보는, 듣는, 의심하는, 바라는, 꿈꾸는 …

[G 15]

한 인간"이라고 말했다.

철학한다는 것은 정상-밖(Außer-ordentlichen)의 것을 질문하는 것이다. 그렇지만, 우리들이 처음에 시사했듯이 이 질문은 자기 스스로에게로 되돌아침이라는 것을 형성하기 때문에, 정상 밖의 것은 비단 질문되어진 것뿐만 아니라 이 질문 자체 또한 그러한 것이다. 이것은 이 질문이 우연한 날, 뜻밖에 또는 실수로 맞닥뜨릴 수 있는 일처럼, 그렇게 길가에 널려 있는 것이 아님을 의미한다. 이것은 또한 우리들이 어떤 강제나 지시 때문에 어쩔 수 없이 하지 않으면 안 되는 것과 같은, 일상생활의 타성적인 법칙 속에 있는 것이 아니다. 이 질문은 눈앞에 닥친 필요를 위한 경망한 근심, 또는 그것을 채워 주는 성급한 만족, 그런 것들의 범주 안에도 속하지 않는 것이다. 이 질문 그 자체가 정상의 밖에 존재하는 것이다. 이것은 어디까지나, 우리들이 도약이라고 이름 지은 자유의 신비로운 심연 속에, 자유의지적으로 또 완전히 독자적으로 서 있는 것이다. 그래서 니체는, "철학이란 … 얼음 속에서의, 험한 고산 속에서의 자유의지적인"("Philosophie … ist das freiwillige Leben in Eis und Hochgebirge", XV, 2) 것이라고 말했다. 우리들은 이제 비로소 철학한다는 것이 비-범(非-凡, Außer-ordentlichen)한 것을 비-범하게 질문하는 것이라고 말할 수 있을 것이다.

서양철학이 그리스 사람들을 통해서 처음으로 그리고 그 결정적인 자태를 나타내기 시작한 시기에, 그리고 이들을 통해서 '그 전체로서의 있는 것 그대로'에 대한 질문이 자신의 진정한 출발을 알린 그 시기에 사람들은 있는 것(das Seiende)을 φύσις(피지스)라 이름 불렀다. 사람들은 이 있는 것에 대한 그리스 사람들의 근본단어를 보통

'자연'(Natur)이라는 단어로 번역한다. 이것은 원래 '태어나다', '탄생'을 의미하는 라틴어 '나투라'(natura)를 사용한 것이다. 이와 같은 라틴어 번역을 통해서 그리스 단어 φύσις(피지스)는 그 본래의 의미에서 벗어나게 되었을 뿐만 아니라 그리스어의 고유한 힘, 철학적으로 이름 지어 부를 수 있는 그 힘을 상실하고 만다. 이것은 비단 이 한 단어 [G 16] 의 라틴어 번역에만 해당되는 것이 아니라 모든 그리스 철학어를 로마인들의 철학어로 대치시킨 데에도 통용된다. 이 그리스어의 라틴어 번역 과정은 결코 아무런 부작용도 없이 임의적으로 이루어진 것이 아니라, 그리스 철학이 그 원래적인 본질로부터 멀어져 막을 내리는 과정 중의 첫 부분을 장식했다. 그 뒤를 이어 이 로마인들의 번역은 그리스도를 믿는 사람들과 그리스도교적 중세기를 위한 척도가 되었다. 그래서 이것은 또 중세기의 관념세계 안에서 맴돌고 있는 근대철학으로 옮겨져 우리들 사이에서도 흔히 쓰이고 있는 추상명사들과 개념들을 만들어 내었고, 오늘날까지도 사람들은 이것을 가지고 서양철학의 시작을 이해하고 있다. 그리고 현대인들은 이 시작을 마치 이미 오래전에 뒤에 남겨 둔, 시대에 뒤진 것으로 생각하고 있는 것이다.

그러나 우리는 이제 이 모든 추락과 일그러짐의 과정을 뛰어넘어 말과 낱말들의 상하지 않은 이름 지어 부르는 힘을 다시 찾으려고 한다. 이것은 낱말 하나하나 그리고 또 언어라는 것이, 도대체 사람들이 이야기하고 쓰고 하는 의사 전달을 그 속에 싸서 넣을 수 있는, 깍지에 불과한 것이 아니기 때문이다. 사물들은 말씀 안에서 그리고 언어 안에서 비로소 처음으로 존재하게 되고 또 존재하는 것이다(Im Wort, in der Sprache werden und sind erst die Dinge). 그렇기 때문에 또한 지껄여진 잡담 속에서의 언어의 남용이, 우리를 진정한 사물과의 관계로 이끌어 주는 대신에, 허황된 표어나 형식적인 빈 말로 이끌어 가기도 하는 것이다. 그렇다면 이 말 φύσις(피지스)는 무엇을 말하는 가? 이것은 자기 스스로로부터 열려 피어오름(예를 들어서 장미의 피어남), 스스로 열려 펼쳐짐, 이러한 펼쳐짐 속에 자신을 나타냄, 그리고 그 속에 머무르고 견뎌 다스림, 짧게 말해서, 펼쳐지고-머무르는 다스림(das aufgehend-verweilende Walten)을 의미한다. 사전에 따른다면 φύειν(피에인)이란 '생장하다', '생장시키다'를 의미한다. 그렇다면 생장은 무엇을 말하는가? 그것은 다만 양적으로 부풀어 오름, 더 많아지고 더 커지는 것만을 의미하는가?

열려 펼쳐짐이란 의미의 φύσις(피지스)는 어디서나, 예를 들어, 천체의 움직임(해의 떠오름)이나, 바다의 물결침, 초목들의 성장, 짐 승들과 사람이 어미의 태 속으로부터 나오는 것을 통해서도 경험할 수 있는 것이다. 그러나 φύσις(피지스), 열려 펼쳐지면서 다스림이란 우리들이 오늘날도 '자연'(自然, Natur)에 속한 것이라고 생각하는 과정들과 똑같은 의미를 내포하고 있지는 않다. 이 열려 펼쳐짐, 그리고 이 '자기-안에서-스스로로부터-밖으로 나섬'(In-sich-aus-sich-Hinausstehen)은 우리들이 있는 것들(am Seienden)에게서 관찰할 수 있는 어떤 과정처럼 받아들여서는 안 된다. φύσις(피지스)는, 이것의 힘을 통해서 있는 것(das Seiende)이 있는 것으로서 관찰될 수 있고 또 그렇게 머물도록 해 주는 그 '있음 그 자체'(das Sein selbst)인 것이다. [G 17]

그리스인들은 우선 자연현상을 통해서 φύσις(피지스)가 무엇인 가를 배운 것이 아니라 오히려 그 반대로 '있음'(存在, Sein)에 대한 그들의 시적-사색적(詩的-思索的, dichtend-denkenden) 근본적 체험의 바탕 위에 무엇을 φύσις(피지스)라고 이름 불러야 할는지를 '있음' 그 스스로가 그들에게 열어 보였다. 이 열어 보임의 바탕 위에서 그들은 비로소 좁은 의미의 자연에 대한 식견 또한 가질 수 있게 된 것이다. 따라서 φύσις(피지스)는 그 근원적인 의미에서 볼 때, 하늘이나 마찬가지로 땅을 의미할 수 있는 것이며, 돌멩이나 초목들, 짐승들이나 마찬가지로 인간들을 의미하며, 그리고 신들과 인간의 사업인 '인간의 역사'(die Menschengeschichte)를 의미하며, 그래서 마침내는 그리고 최초로, 하늘의 뜻이 보내어짐(Geschick) 안에서의 신들 자신을 의미한다. φύσις(피지스)는 '열려 펼쳐져 이루어지는 섭리'(das aufgehende Walten)를 의미하며 그래서 이 섭리로부터의 '충만하여 주재하는 있음'(das von ihm durchwaltete Währen)을 의미하는 것이다. 이 '이루어져 주재하는 섭리' 안에는 좁은 의미의, 변하지 않고 머무른다는 의미의 '있음'(存在, Sein)과 마찬가지로 '됨'(Werden) 또한 포함되어 있다. φύσις(피지스)는 숨겨져 있음으로부터 스스로 밖으로 벗어 나와, 그래서 처음으로 그것으로서 있게 하는 **'스스로 나타나-이루어짐'**(生-成/Ent-stehen)인 것이다.

그러나 사람들은, 늘 그렇듯이, φύσις(피지스)를 그 근원적인 의미, '열려 펼쳐져 머무르는 섭리'로서 이해하는 것이 아니라 '자연'(Natur)이라는 그 이후의 그리고 오늘날의 의미로서 알아듣는다. 거기에 덧붙여서, 자연의 근본현상을 근대의 물리학(物理學, die neuzeitliche Physik)이 물리(物理)로서 탐구하고 있는 원자나 전자 같은 물질적 사물의 운동 과정으로 생각한다. 이와 같은 사고방식에 따라서, 태동하는 그리스인들의 철학을 하나의 자연철학으로, 그리고 이에 따른다면, 모든 사물들이란 본래 물질적 사물에 불과하다는, 그런

식의 '모든 사물들에 대한 하나의 표상'(表象, Vorstellung)으로 간주해 버리고 마는 것이다. 그리스 철학은 그래서, 보통 사람들이 일상생활의 상식으로 모든 시작을 이해하듯이, 그리고 우리들이 또 한 번 라틴어를 통해서 이야기하고 있듯이, 마치 '원시적'(primitiv)인 것 같은 인상을 주게 된다. 이렇게 해서 그리스인들이란 본질적으로 미개인들 축에서 조금 나은 것으로 간주되고, 그들에 비한다면 오늘날의 과학 문명은 한없이 앞서 있는 것으로 생각되는 것이다. 서양철학의 시작에 대한 또 다른 여러 가지 말도 안 되는 공론들은 차치하고라도, 이 시작을 원시적인 것에서 찾으려고 하는 이와 같은 의견에 대해서는 [G 18] 적어도 다음이 말해져야만 할 것이다. 이러한 해석은 이것이 인간에게서 볼 수 있는 아주 드문 숭고한 사실들 중 하나인 철학에 관계하고 있음을 망각하고 있다는 것.

모든 웅대한 것은 웅대하게 시작할 수 있을 뿐이다. 작은 것은 언제나 작은 것으로밖에 시작할 수 없으며, 그것의 의심스러운 '훌륭함'이란, 모든 것을 작은 것처럼 만들어 버림과 같다. 퇴폐 속에서 작은 것은 시작하며, 그것은 모든 것을 파괴하여 그 기준을 종잡을 수 없게 만들기에, 이와 같은 의미에서 '훌륭하게' 될 수도 있는 것이다.

큰 것은 크게 시작해서 자신의 불변성 속에서 위대함의 자유로운 순환으로써만 자신을 보존하며, 만일 그것이 큰 것이라면 크게 끝을 맺는다. 그리스 철학이야말로 바로 이와 같았다. 그것은 아리스토텔레스와 함께 그 웅장한 끝맺음에 이르렀던 것이다. 소인들과 속견만이 훌륭한 것은 끝없이 지속해야 한다고 제멋대로 상상하며, 그러고 나서는, 이와 같은 지속을 영원함과 동일시한다.

그리스 사람들은 '그 전체로서의 있는 것 그대로'(Das Seiende als

solches im Ganzen)를 φύσις(피지스)라 이름 지어 불렀다. 한 가지 덧붙여서 이야기해야 할 것은, 그리스 철학의 경험과 예지와 그 자세의 원래적인 의미를 잃지 않고서도 이미 그리스 철학 안에서부터 이 말의 의미는 곧 축소되기 시작했다는 것이다. 우리들은 아리스토텔레스에게서 아직도, 그가 '있는 것 그대로'의 원인들을 논술하는 곳에서(『형이상학』IV, 1003 a 27 참조), 그 원래적인 의미를 의식하고 있었음을 찾아볼 수 있다.

그러나 이와 같은 φύσις(피지스)의 '물리적인 것'(Physischen)을 향한 축소현상은 오늘날의 우리들이 상상하는 그와 같은 모양으로 이루어진 것은 아니었다. 우리들은 '물리적인 것'에 대응해서 영혼에 관계하는 것, 영혼을 지니고 있는 것, 살아 있는 것, 즉 '심리적인 것'인 것을 마주 세운다. 그렇지만 이것들은, 그리스인들에게 있어서는, 그리고 그 후에도 역시, 모두 φύσις(피지스)에 속하는 것이다. 여기에 대치되는 현상으로는 그리스 사람들이 θέσις(테시스)라 이름 부른 '정립'(定立, Setzung), '정관'(定款, Satzung), 아니면 '법률', '도의적 의미의 규칙'인 νόμος(노모스)가 있다. 그렇지만 이것은 어떤 계율적인 것(Das Moralische)이 아니라, 어디까지나 자유로부터의 의무, 그리고 전통으로부터 물려받고 가르쳐 받음 속에 그 근거를 가지고 있는 '인간된 도리'(Das Sittenhafte)인 것이며, 이것은 '인간존재의 역사적 존재형성'에 관계되는, 그리고 인간존재의 자유로운 행동과 살아가는 태도에 관계되는 ἦθος(에토스)이다. 그러나 이것 또한 계율(Moral)의 영향 아래 단순한 '윤리적인 것'(Ethischen)으로 그 품위를 낮추어 버리게 되고 말았다.

φύσις(피지스)의 의미는 τέχνη(테크네)와의 대립을 통해서 점

점 더 좁아지게 되었다. 그렇지만 이것은 '예술'(Kunst)을 뜻하는 것도, 그렇다고 '기술'(Technik)을 뜻하는 것도 아닌, 자유로운 설계와 정돈, 그리고 이 정돈을 통솔할 수 있는 능력과 앎, 하나의 **예지**(叡智, Wissen)이다(플라톤, 『파이드로스』 참조). τέχνη(테크네)는 앎에 의한 창-조(創-造, Hervor-bringen)로서의 생산이요 또 건립인 것이다. (φύσις[피지스]와 τέχνη[테크네]에 내재하고 있는 본질적 동일성에 관해서는 또 다른 특별한 사색을 통해서만 뚜렷이 할 수 있을 것이다.) '물리적인 것'에 반대되는 개념은 있는 것의 또 다른 한 영역인, '역사적인 것'(das Geschichtliche)이며, 그리스 사람들은 이것 또한, 원래적이고도 광범위한 의미에서의 φύσις(피지스)로 이해했다. 그러나 이것은 자연주의적(naturalistischen) 역사의 해석과는 아무런 관련도 없다. '그 전체로서의 있는 것 그대로'가 φύσις(피지스)이다 — 다시 말해서 이것의 본질과 성질은 '열려 펼쳐져 머물러 다스림'이다. 이와 같은 것은 다른 무엇에서보다도 가장 직접적인 형태로서 우리에게 부딪쳐 오는, 후에 좁은 의미의 φύσις(피지스)가 의미하게 될 τὰ φύσει ὄντα τὰ φύσικά(타 피세이 온타, 타 피지카), '자연적으로 있는 것'(das naturhaft Seiende) 안에서 체험하게 되는 것이다. 만일, 도대체 φύσις(피지스)란 무엇인가가 물어졌다면, 다시 말해서 '있는 것 그대로'가 무엇인가가 물어졌다면, τὰ φύσει ὄντα(타 피세이 온타)가 다른 무엇에 앞서 그 실마리를 제시해 주지만, 동시에 이것은, 이 질문이 그 본질에 있어서, 무생물, 식물, 동물과 같은 자연의 이 영역 또는 저 영역에 머무를 수 없고, τὰ φύσικά(타 피지카)를 넘어서야 함을 의미한다.

4절 형이상학의 근본문제로서의 '그 품위에 있어서 첫 번째 질문'. 근본문제로 이끌어 인도함이라는 의미에서의 '형이상학 입문'. 이 강의 제목이 지니고 있는 의미의 의식적인 모호성

그리스어로 '무엇을 넘어간다', '저 건너편으로'를 μετά(메타)라고 한다. 그리고 '있는 것 그대로'에 대한 질문은 μετά τά φύσικά(메타 타 피지카)이다. 이 질문은 '있는 것'으로부터 그것을 넘어 질문하며, 이것이 바로 '형이상학'(Metaphysik)이다. 지금 당장 이 이름의 형성 그리고 그 의미의 역사를 그 세부까지 샅샅이 밝히는 것은 그리 중요하지 않다.

[G 20] 이와 같은 연유로, 우리들이 그 품위에 있어서 첫 번째 질문이라고 특징지은, '왜 있는 것은 도대체 있고 차라리 아무것도 아니지 않는가?'라는 질문은 형이상학의 근본문제이다. 그리고 형이상학은 모든 철학의 중심부와 핵을 이루어 주는 이름으로서 통용되는 것이다.

[이 모든 것은 입문(入門, Einführung)을 준비하기 위해서, 그에 앞서 그리고 그 근본에 있어서 의식적으로 애매모호하게 선을 보인 것이다. φύσις(피지스)의 단어 설명에 의한다면 이것은 있는 것의 그 있음(das Sein des Seienden)을 의미한다. 그렇다면 περί φύσεως(페리 피세오스)라는 것은, 즉 이것이 있는 것의 그 있음에 관해서 질문하고 있는 것이라면 이것은 피지스에 관한 론(論)을 말하며, 그 자체로서 이미 τά φύσικά(타 피지카)를 넘어선, 있는 것(das Seiende)으로부터 넘어서서 있음(存在, Sein) 곁에 머무르는, 고대적 의미의 '물리학'(Physik)을 말하는 것이다. '물리학'은 그 시작에서부터 형이상학의 본질, 또 그 역사를 결정지었던 것이다. 이와 마찬가지로 있음(存在)

을 순수현동(純經玄動, actus purus ── 토마스 아퀴나스)으로, 또는 절대개념(absoluter Begriff ── 헤겔)으로, 또는 동일한 의지의 힘을 향한 영원회귀(ewige Wiederkehr des gleichen Willens zur Macht ── 니체)로 설명한 있음(存在)의 학설(die Lehre vom Sein) 속에서도 형이상학은 요지부동 하나의 '물리학'으로 머물러 있는 것이다.

그럼에도 불구하고 있음(存在) 그대로에 관한 질문(die Frage nach dem Sein als solchem)은 다른 본질과 다른 원천에 그 기원을 둔다.

형이상학의 시야 안에서 그리고 그의 사고양식을 따라서, 사람들은 아마도 있음 그대로에 대한 질문(die Frage nach dem Sein als solchem)이 단지 있는 것 그대로에 대한 질문(die Frage nach dem Seienden als solchem)의 단순한 기계적 반복에 불과하다고 생각할 수도 있을 것이다. 그럴 경우 이 있음 그대로에 관한 질문은 비록 그 차원을 높이 했다 할지라도 그 나름대로 또 다른 하나의 초월론적 질문(eine transcendentale Frage)에 불과하고 만다. 그리고 이와 같은 있음 그대로에 관한 질문의 곡해로, 그 안에서 이 질문에 대한 적절한 전개의 길이 막혀 버리고 마는 것이다.

이와 같은 곡해는 특히 『존재와 시간』(Sein und Zeit) 안에서 어떤 '초월론적 지평선'(transcendentalen Horizont)에 관해 논의되고 있기에 더욱더 손쉽게 뒤따라온다. 그러나 거기에서 의미하고 있는 초월론적이라는 것은 주관적 의식(des subjektiven Bewußtsein)의 그것이 아니라, 현-존재의 실존적-탈아적 시간성(實存的-脫我的 時間性, der existenzialen-ekstatischen Zeitlichkeit des Da-seins)으로부터 그 스스로를 결정하는 것이다. 그럼에도 불구하고 있음 그대로에 관한 질문을 있는 것 그대로에 관한 질문과 같은 형태의 질문으로 보고자 하는 곡해가 끈질기게 따라다니는 것은, 다른 무엇에 앞서 있는 것 그대로에 대한 질문이 그 본질의 기원에 있어서, 그리고 이에 따라, 형이상학의 본질이 어둠 속에 가려져 있기 때문이다. 그리고 이것은 또한 있음을 [G 21] 향하고 있는 모든 질문들을, 그것이 어떤 형태이든지 상관없이, 애매함 속으로 이끌어 가 버리고 만다.

여기 시도한 이 『형이상학 입문』은 '있음의 질문'(Seinsfrage)이 지니고 있는 이와 같은 엉클어진 상황을 직시하고 있는 것이다.

일반적 설명에 따른다면 '있음의 질문'은 있는 것 그대로에 관하여 질문하는 것(형이상학)을 의미한다. 그러나 '존재와 시간'으로부터 생각했을 때 '있음의 질문'은 있음 그대로에 관하여 질문하는 것을 말한다. 이 표제에 관한 이와 같은 해석은 사실의 핵심을 찌르는 것이고 또 언어적으로도 합치한다. 왜냐하면 있는 것 그대로에 관한 질문이라는 형이상학적 의미의 '있음의 질문'은 바로 이 있음을 주제 삼아 **질문하고 있지 않는 것이다. 있음은 잊힌 채로 머물러 있다.**

그럼에도 불구하고 위에 이야기한 애매모호함은 '있음을 잊어버리고 있음'(Seinsvergessenheit)을 이야기하는 데 있어서도 '있음의 질문'이라는 표제에서와 똑같이 마찬가지로 존재한다. 사람들은 형이상학도 어떻든 있는 것의 있음에 관해서 질문하는 것이라고, 그렇기 때문에 형이상학을 있음을 잊어버리고 있음이라고 간주해 버리는 것은 천하가 다 알 바보짓이라고, 이렇게 훌륭한 이유를 들어 확신하는 것이다.

그렇지만 만일 우리들이 이 있음의 질문을 있음 그대로에 관한 질문이라는 의미에서 생각한다면, 형이상학이 이 있음 **그대로**(das Sein als solches), 바로 이것을 잊어버리고 있고 또 그 잊어버림 속에 머물러 있다는 것, 그래서 이 있음을 잊어버린 그 자체까지도 또 잊어버리게 되는 쪽으로 기울어져, 이렇게 그 무엇인지를 알 수 없게 되어버린 것이 형이상학적 질문에 끊임없이 부딪쳐오고 있다는 사실들이 이 문제를 함께 생각하는 사람들에게 정말 뚜렷해질 것이다.

만일 이 표제, '형이상학'이 어떤 확정되지 않은 의미의 '있음의 질문'을 다루기 위해서 선택된 것이라면 이 강의의 제목은 애매하게 머물러 있다. 왜냐하면, 이것은 우선 이 질문함이 있는 것 그대로의 영역 안에서 성립하는 것처럼 나타나 보이고, 실제에 있어서는 그 첫 문구부터, 질문하는 형식을 빌려 또 다른 하나의 다른 영역을 눈앞에 전개하려는 것처럼 보이기 때문이다. 그렇다면 결국 이 강의의 제목은 의식적으로 애매한 것이다.

이 강의의 근본문제(Grundfrage)는 형이상학의 주제문제(Leit-frage)와는 다른 성격을 지니고 있다. 이 강의는 '존재와 시간'으로부터 '있음의 열림'(Erschlossenheit von Sein, 『존재와 시간』, p. 21 이하 그리고 p. 37 이하)을 향해서 질문하고 있는 것이다. 있음의 열림이란, 그 안에 있음의 잊어버림이 숨겨져 감추어져 있는 것의 열림을 말하는 것이다. 그리고 또한 이 질문을 통해 비로소, 지금까지 함께 숨겨져 있던 형이상학의 본질에 처음으로 한 줄기의 빛이 던져진다.] [G 22]

따라서 '형이상학 입문'(Einführung in die Metaphysik)이란, 근본문제의 질문함을 향해서, 그 안으로 인도하는 것(Hineinführen)을 의미한다. 그러므로 질문이란, 더욱이 그것이 근본적인 질문일 경우, 돌멩이나 물방울처럼 그렇게 단순하게 널려져 있는 게 아니다. 질문들은 신발이나 옷처럼, 또는 책처럼 주어지는 것이 아니다. 질문들은 그것이 정말 질문되었을 때에만 있는(sind) 것이며 또 이렇게만 존재한다. 그렇기 때문에 이 근본문제의 질문함을 향해서 그 안으로 인도한다는 것은 이 질문함이, 어디엔가 있는, 무엇이 그것을 통해서 들어가는 통로로 인도함이 아니다. 이러한 그 안으로 인도한다(Hinführen)는 것은 우선 질문한다는 그 자체를 일깨워야 하고 또 개발(開發)해야만 하는 것이다. 여기에서 이끌어 감(das Führen)이라는 것은 스스로 질문하는 중에 앞서가는 하나의 앞서는-질문(Vor-fragen)인 것이다. 이 앞서는 질문이야말로 그 자신을 위해서는 본질적으로 아무런 호위나 추종자도 없는, 이끌어 나아감(Führung)이다. 추종자들이 판을 치고 있는, 예를 들어서 어떤 철학학교(철학과, Philosophenschule)와 같은 곳에서는 질문한다는 것이 잘못 이해되게 마련이다. 이와 같은 학교는 다만, 학문적-기능적 범위 안에서의 작업을 줄 수 있을 뿐이다. 이런 곳에서는 모든 것이 지정된 단계적 순서를 가지고 있다. 이와 같은 작업 또한 철학에 속해 있고, 필요한 것이고 그리고 오늘날에는 모든 것이 그 수중에 놓여 있다. 그러나 그것이 아무리 최고의 기능적 능력(handwerkliche Können)이라 할지라도, 그것이 직시함, 질문함, 그리고 말함의 고유한 힘을 결코 대신할 수는 없는 것이다.

5절 '왜 있는 것은 도대체 있고 차라리 아무것도 아니지 않는가?'라는 질문의 전개

1. 앎에의 의지로 표현되는 질문하는 태도

'왜 있는 것은 도대체 있고 차라리 아무것도 아니지 않는가?' 이것이 문제이다. 이 질문을 입으로 말하는 것만으로는, 그리고 그것이 비록 그 억양에 있어서까지도 질문하는 모양을 지녔다 할지라도, 그것은 아직 질문함은 아니다. 우리들은 이와 같은 것을 다음과 같은 사실에서 이미 알아볼 수 있다. 우리들이 이 의문문을 잇달아 여러 번 반복했을 때, 그 질문하는 태도가 점점 더 생기를 띤 모습으로 나타나는 것이 아니고, 그 반대로 이 되풀이된 읊조림이 오히려 이 질문함에 대한 무관심을 그 자체 안에 동반하는 것이다.

그렇다고 해서, 이 의문문이 비록 질문이 아니고 또 질문함이 아니라고 해도, 이것을 마치 단순한, 질문에 '관한' 한 서술에 불과한 것으로 간주하는, 그저 하나의 언어적 전달양식으로서만 알아들어서 [G 23] 도 안 되는 것이다. 내가 여러분에게 '왜 있는 것은 도대체 있고 차라리 아무것도 아니지 않는가?'라고 말했을 때, 내 질문함과 말함의 의도는 지금 내 안에 어떤 질문함의 과정이 시작되었다는 것을 여러분에게 전달하고자 함이 아니다. 그럼에도 불구하고 말해진 의문문은 이와 같은 양식으로 받아들여질 수도 있지만, 만일 그렇게 된다면, 이 질문함 그 자체는 그저 건성으로밖에 귀에 들어오지 않게 되고 마는 것이다. 이렇게 해서는 결코 스스로 질문함이나 함께 질문함에 이를 수 없다. 이와 같은 것은 질문하는 자세에 있어서나 질문하는 마음가짐에 대해서 아무것도 일깨워 주지 못한다. 반면에 질문하고자 하는 마음가짐은 알고자 하는-의지(Wissen-wollen) 속에 존재한다. 의지 —— 그것은 결코 단순한 기원(祈願)이나 추구(追求)가 아니다. 누가 만일 알기를 기원한다면, 그 사람 또한 틀림없이 질문할 것이다. 그러나 그는 질문을 말하는 것, 그것으로부터 벗어나지 못하고, 진정 질문이 시작되는 곳에서는 질문하기를 그만두고 만다. 질문함이란 앎에의-의지(Wissen-wollen)인 것이다. 누가 무엇을 하고자 한다면, 그가 자신의 현존재 전체를 하나의 의지 속에 던졌다면, 그는 결심한, 해결된 사람이다(der ist entschlossen). 해결됨이라는 것은 아무것도 미루지 않으며, 움츠리지 않으며, 늦춤 없이 당장 행동하는 것이다. 해-결(解-決, Ent-schlossenheit)이라는 것은 결코 행동을 위한 어떤 끝맺음(Beschluß)이 아니라, 모든 행동에 앞선, 그리고 모든 행동을 꿰뚫는, 행동의 결정적인 시작이다. 의지함이라는 것은 해결된 존재함을 말한다(Wollen ist Entschlossensein). [우리는 여기서 의지의 본질을 해결된 존재 안에서 되찾았다. 그러나 해-결된 존재의 본질은 인간적 현존재의 있음의 공터를 위한 열려-보임 속에 놓여 있는 것이지, 결코 어떤 '행동'의 축적된 힘 속에 놓여 있는 것이 아니다. 『존재와 시간』 제44절과 제60절 참조. 그러나 있음으로의 관계는 무위(無爲)인 것이다. 모든 의지가 무위 안에 기초 지어져야 한다는 것은 이해력에 기이한 감을 줄 뿐이다. 강연 「진리의 본질에 관하여」(1930) 참조.][1]

앎이라는 것은 진리 안에 서 있을 수 있음을 말한다. 진리는 있는 것의 열어 보임이다. 이에 따라 앎이라는 것은 있는 것의 열어 보임 안에 서 있을 수 있음, 이것을 견뎌 버팀을 말하는 것이다. 그저 지식을 갖는다는 것은, 그것이 제아무리 폭넓은 것이라 할지라도, 앎이 아니다. 그리고 이 지식이 학업과정을 통해서 그리고 시험과정을 통해

---

1 [옮긴이] 원문은 다음과 같다: "Das Wesen des Wollens wird hier in die Ent-schlossenheit zurückgenommen. Aber das Wesen der Ent-schlossenheit liegt in der Entborgenheit des menschlichen Daseins für die Lichtung des Seins und keineswegs in einer Kraftspeicherung des "Agierens", Vgl. *Sein und Zeit* § 44 und § 60. Der Bezug zum Sein aber ist das Lassen. Daß alles Wollen im Lassen gründen soll, befremdet den Verstand. Vgl. den Vortrag Vom Wesen der Wahrheit(1930)."

서 실질적으로 가장 중요한 것에 집중되었다 할지라도 그것은 앎이 아니다. 또한 이것이 어떤 절대적 필요에 의해서 '실생활'을 위해서 [G 24] 정선된 지식이라 할지라도, 이와 같은 것을 소유함이 결코 앎은 아니다. 누가 만일 이와 같은 지식을 자기 옆에 차고 다닌다 할지라도, 그리고 거기에 덧붙여서 몇 가지 실질적인 권모술수의 경험을 쌓았다 할지라도, 그는 이 모든 것에도 불구하고, 속물들이 삶의 그리고 사실의 근처에서 이해하는 것과는 전혀 다른 사실적 사실(wirklichen Wirklichkeit) 앞에서 당황하게 될 것이며, 그는 필연적으로 한 범부(凡夫)로서 머물러 있게 될 것이다. 왜? 그것은 그가 앎을 소유하지 못했기 때문이며, 앎이라는 것은 **배울 수 있음**을 말하기 때문이다(denn Wissen heißt: lernen können).

아마도 우리의 일상적인 상식으로는, 아무것도 더 배울 필요가 없는 사람이야말로 모든 것을 다 배워 버렸기 때문에 앎을 소유하는 자라고 생각할 것이다. 그러나 그렇지 않다. 아는 자는 다만, 그 스스로 끊임없이 또다시 배워야 한다는 것을 알아듣고, 이와 같은 알아들음 속에서 스스로를 다른 무엇에 앞서 항상 **배울 수 있도록** 준비하고 있는 사람인 것이다.

배울 수 있다는 것은 질문할 수 있다는 것을 전제하고 있다. 질문한다는 것은 위에서 설명한 앎에의–의지(Wissen-wollen), 있는 것의 열어 보임 속에 서 있고자 하는 해–결됨(解-決, Ent-schlossenheit)이다. 우리가 여기에서 다루고 있는 것은 그 품위에 있어서 첫 번째의 질문이기에, 여기에 나타나는 그 의지 그리고 그 앎 또한 **태고적 고유적 양상**(Ureigener Art)을 지니고 있음에 틀림없을 것이다. 따라서 이 의문문이 비록 그 진정한 의미에서 질문되어 말해지고 또 함께 질문하는 것으로 들려졌다 할지라도, 이 질문 자체를 전적으로 되돌려 줄 수는 없다. 의문문 속에 울리기는 하나, 동시에 아직 그 속에 감싸여 유폐되어 있는 질문 그 자체는 우선 그와 같은 것으로부터 헤어나야만 하는 것이다. 그러므로 질문하는 태도를 통해서 이와 같은 것이 이루어질 수 있도록 스스로를 깨우쳐야 하며, 확고히 해야 하며, 수련(修練, Einübung)을 통해서 다져져야만 한다.

2. 이 질문문의 언어적 표현양식. 질문문 안에 나타나는 두 부분과 '(그리고) 차라리 아무것도 아니지 않는가?'라는 부분의 의미에 대한 의심

우리들의 다음 과제는 이 질문, '왜 있는 것은 도대체 있고 차라리 아무것도 아니지 않는가?'를 전개시키는 것이다. 이것은 어떤 방향으로

이루어질 수 있는가? 우선 이 질문은 의문문으로서 이해될 수 있다. 동시에 이렇게 하는 것은 질문에 관한 한 어림잡이를 가능하게 한다. 그렇다면 이와 같은 것에 대한 언어적 표현방식 또한 그에 알맞게 폭넓고 자유롭지 않을 수 없다. 이제 이런 관점에서 우리들의 의문문을 훑어보자. '왜 있는 것은 도대체 있고 차라리 아무것도 아니지 않는가?' 이 문장은 한 매듭을 포함하고 있다. '왜 있는 것은 도대체 있는가?' 이것만을 통해서 사실적으로 질문된 것이다. 이 질문의 상태에는 다음과 같은 것들이 내포되어 있다. 1) 질문 안에 물어져야 할 것. 2) 질문이 질문되어져야만 하는 것, 거기에서 요구되어져야 할 것에 대한 방향지시가 포함되어 있는 것이다. 왜냐하면 이 안에는 질문된 것, 즉 있는 것이 무엇인가 하는 것이 더할 수 없이 뚜렷하게 제시되어 있다. 요구되어져야만 할 것, 즉 요구되어진 것은 '왜', 바꾸어 말하자면, 그 '근거'인 것이다. 이 의문문 안에 뒤따르는 문장, '그리고 차

라리 아무것도 아니지 않는가?'는 그저 하나의 수식어, 사람들이 부드럽게 이야기하고자 할 때 덧붙이는 그저 하나의 사족, 질문된 것과 요구된 것에 대해서는 아무런 관계도 없는 하나의 미사여구에 불과하다. 질문은 오히려 이 덧붙여진, 짜임새 없는 문장의 불필요한 과잉에 불과한 이 수식이 **없음으로써** 더욱 뚜렷하고 결정적이다. '왜 있는 것은 있는가?' 그리고 이 덧붙임: '그리고 차라리 아무것도 아니지 않는가?'는 다만 이 의문의 어떤 짜임새 있는 표현을 구사하고자 할 때에만 불필요한 것이 아니라, 그에 앞서서 도대체 아무것도 의미하지 않은 채 머물러 있기 때문이다. 도대체 우리는 아무것도 아닌 것(無, Nichts)에 대해서 더 이상 무엇을 질문할 수 있다는 말인가? 아무것도 아닌 것은 단순히 아무것도 아닐 뿐이다. 여기에서 질문함이라는 것은 더 이상 찾을 것이 없다. 도대체 우리들은 아무것도 아닌 것을 통해서는 있는 것에 대해서 털끝만한 지식도 얻을 수 없다.[2]

　아무것도 아닌 것에 대해서 이야기하는 사람은 자기가 무엇을 하고 있는지를 모른다. 아무것도 아닌 것에 대해서 이야기하는 사람은 이렇게 이야기함으로써, 그것을 어떤 것(Etwas)으로 만든다. 이렇게 이야기하는 중에 그는 자기가 의미하고자 하는 것의 반대되는 것을 이야기하는 것이다. 그는 스스로 자기 모-순(矛-盾, Wider-spricht)에 빠지고 만다. 이렇게 모순된 말함은 말함(Logos, 로고스)의 근본원칙에, '논리'(Logik)의 근본원칙에 위배되는 것이다. 아무것도 아닌 것에 대해서 이야기하는 것은 비논리적이다. 이렇게 비논리적으로 말

2　Heinrich Rickert, *Die Logik des Prädikats und das Problem der Ontologie*, Heidelberg: C. Winter, S. 205, 1930 참조.

하고 생각하는 사람은 비과학적인 사람이다. 더군다나 누가 만일 논리의 본거지인 철학의 테두리 안에서 아무것도 아닌 것에 대해서 이야기한다면, 그는 모든 사고의 근본원칙을 거슬렀다는 비난을 더욱 심하게 받을 것이다. 아무것도 아닌 것에 대한 이야기는 다만 어떤 아무런 의미도 가지지 못하는, 의미 없는 문장 속에서만 성립하는 것이다. 거기에 더해서, 아무것도 아닌 것(無, das Nichts)을 의미심장하게 대하는 사람은 아무것도 아니게 하는 편(die Seite des Nichtigen)에 자기를 세우는 것이다. 그는 나타나 보이는 바와 같이 부정적인 기풍(den Geist der Verneinung)을 조장하고 분열에 기여한다. 아무것도 아닌 것에 관해서 이야기하는 것은 다만 생각한다는 것에 전적으로 거스를 뿐만 아니라 모든 문화와 모든 신앙을 파괴하는 것이다. 생각의 근본원칙을 무시함과 동시에 건설하려는 의지와 믿음을 파괴하는 것은 다만 순수한 허무주의(Nihilismus)일 뿐이다.

3. 전통에 대한 존경으로 의미되는 이와 같은 질문의 표현양식

이와 같은 숙고 아래 우리들은 훌륭히, 우리들의 의문문 안에서 불필요한 사족, '그리고 차라리 아무것도 아니지 않는가?'를 지워 버리고, 문장을 단순하고 짜임새 있는 모양으로 간추릴 수 있을 것이다: '왜 있는 것은 도대체 있는가?'

이렇게 하는 데 있어서 우리들은 아무것도 거리낄 것이 없다. 다만… 다만 우리들의 의문문을 표현하는 데 있어서, 도대체 우리들의 이 의문을 질문하는 데 있어서, 지금까지 그렇게 여겨진 것처럼 그토록 자유스러울 수만 있다면.

그러나 사실, 우리들은 이 의문을 질문함으로써 이미 한 전통

(Überlieferung) 속에 머무르고 있는 것이다. 철학은 있는 것의 근거 (dem Grunde des Seienden)에 대해서 끊임없이 질문해 왔다. 이 질문과 함께 철학은 시작되었고, 만일 그것이 무기력한 추락의 형태로서가 아니라 당당한 끝맺음이라면, 철학은 이 질문 속에서 그 마침을 보게 될 것이다. 있는 것에 대한 이 질문은 그 시작에서부터 있지-않는 것(dem Nicht-Seienden), 아무것도 아닌 것(無, dem Nichts)에 대한 질문과 짝을 이루었던 것이다. 그러나 그저 형식적인 동반의 모습으로서만이 아니라, 각 시대의 있는 것에 대한 질문이 요구된 폭과 깊이와 그 원래적 고유성에 비례해서 이 아무것도 아닌 것에 대한 질문이 이루어졌고 또 그 상호관계에 있어서 그 반대의 경우도 마찬가지이다. 아무것도 아닌 것에 대한 질문양식은 있는 것에 대한 질문양식의 타 [G 27] 당한 척도와 표시로서 받아들여질 수 있을 것이다.

만일 우리가 이와 같은 사실에 대해서 심사숙고해 본다면, 우리가 처음 시작할 때 말한 의문문 '왜 있는 것은 도대체 있고(und) 차라리 아무것도 아니지 않는가?'라는 이 의문문이 생략한 형태의 그것보다 있는 것에 대한 질문에 더 잘 부합함을 알게 될 것이다. 우리가 여기서 아무것도 아닌 것에 대한 이야기를 끌어들이는 것은 어떤 태만이나 언어의 비약, 또는 우리들의 독자적인 창안이 아니라, 어디까지나 근본문제의 의미가 지니고 있는 원래적 고유성에 대한 엄숙한 존경(Achtung)일 따름이다.

6절 있음의 질문과 '논리학'. 사색과 시 속에 나타나는 아무것도 아닌 것에 대한 진정한 서술

그럼에도 불구하고 아무것도 아닌 것에 대한 이야기는 일반적인 경우 사고(思考)에 거스르는 것이고, 특수적인 경우 분열적인 것으로 남아 있음 또한 한 사실이다. 그렇다면 사고의 근본원칙을 고수하고자 하는 염려, 그리고 허무주의에 대한 두려움, 이 양쪽이 모두 다 아무것도 아닌 것에 대한 이야기를 포기하도록 종용하는 것이라면, 그 둘은 모두 다 어떤 오해(Mißverständnis) 속에 놓여 있다는 말인가? 과연 그렇다. 더군다나 여기에 포함되어 있는 오해는 결코 우연적인 사실이 아니다. 이 오해는 이미 오래전부터 있는 것에 대한 질문을 지배하고 있는 몰이해(Unverständnis)로부터 오는 것이다. 그리고 이 몰이해는, 점점 더 그 농도가 짙어지기만 하는 있음을 잊어버림(Seinsvergessenheit) 속에 그 근원을 가지고 있다.

여기까지 생각해 온 결과에 따른다면, 논리와 그 근본법칙이, 도무지 있는 것 그대로에 대한 질문에 어떤 기준의 구실을 할 수 있는지 어떤지는 아직 전혀 결정되지 못하고 있다. 오히려 그 반대로, 지금까지 알려진 그리고 우리가 그렇게 마치 하늘의 선물인 양 신주 모시듯 중요하게 여기는 모든 논리학이 그 지반(地盤)을 있는 것에 대한 질문의 어떤 한 특정한 답 속에 두고 있음으로써, 이로부터 전통적인 논리학에 따르는 모든 사고방식은, 이 질문의 전개 또는 이 질문에 대한 어떤 답으로 우리를 이끌어 주기는커녕, 그 스스로로서는 이 있는 것에 대한 질문을 도무지 이해조차도 할 수 없는 상태에 놓여 있을 수도 있다. 어떤 사람이 아무것도 아닌 것에 대한 모든 생각과 논술이 모순적이고 따라서 아무 의미가 없다는 것을 증명하기 위해서 모순율(矛盾律, Satz vom Widerspruch) 그리고 논리학 일반을 방패로 삼아 들먹거린다면, 그것은 진실에 비추어 볼 때, 단지 하나의 표면적인 엄밀성 [G 28]과 과학성에 불과하다. 이와 같은 경우 '논리학'이라는 것은 마치 영원에서 영원으로 보증된, 그래서 당연히 이성적 인간이라면 그 누구도 그 판결의 권위를 의심할 수 없는, 처음이고 마지막 법정으로서 거기에 군림하고 있다. 누가 만일 논리에 거슬러서 말한다면, 그는 무언중에, 아니면 공공연하게 독선자로 의심을 받게 된다. 그래서 사람들은 이와 같은 그저 단지 하나의 의심일 뿐인 것을 가지고도, 그것이 벌써 한 증명이며 이의(異意)로서 확정된 것이라고 비약해서 간주하고, 독자적으로 그리고 긴 안목으로 사색하기를 그 스스로 포기해 버리고 마는 것이다.

사실 우리는 아무것도 아닌 것에 대해서, 마치 이것이 어떤 사물, 창밖에 내리는 비, 또는 산, 또는 도대체 어떤 대상물인 것처럼 이야기하거나 논쟁할 수는 없다. 아무것도 아닌 것은 모든 과학(Wissenschaft)에 대해서 근본적으로 접근할 수 없는 것으로 머무른다. 누가 만일 아무것도 아닌 것, 무(無, das Nichts)에 관해 진정으로 이야기하고자 한다면, 그는 필연적으로 비과학적이 되지 않을 수 없다.

그러나 이것은 다만, 사람들이 과학적인 사고만이 유일한 그리고 진실로 엄밀한 사고라고, 그래서 철학적인 사고에 있어서도 또한 이것이 그 표준이 되어야 한다고 고집하고 있는 동안만, 마치 커다란 하나의 근심거리나 되는 것처럼 여겨질 따름이다. 사실 그 반대이다. 모든 과학적인 사고는 다만 철학적인 사고로부터 파생된, 그래서 그와 같은 형태로 굳어진 한 사고방식일 뿐이다. 철학은 결코 과학으로부터, 또는 그것을 통해서 성립하지 않는다. 철학은 결코 그 스스로를 과학과 동일한 계열에 놓아두지 않는다. 철학은 그들에 앞서 그 위치를 정했으며, 이것은 그저 '논리적'일 뿐이거나 어떤 과학체계의 도표 안에서만 그런 것이 아니다. 철학은 정신적 존재에 있어서 전혀 다른 영역과 품위에 속하는 것이다. 철학 그리고 철학적인 사고와 그 서열(序列)을 같이 하는 것은 다만 시(詩) 안에서 찾을 수 있을 뿐이다. 그러나 시작(詩作, Dichten)과 사색(思索, Denken)하는 것은 서로 같지 않다. 아무것도 아닌 것(無)에 관해서 이야기하는 것은 과학에게는 언제나 하나의 공포이며 무의미한 일인 것이다. 그에 반해서, 이것은 철학자를 제쳐 놓고는 시인에게만 가능한 것이다 ── 그것은 사람들 [G 29] 이 보통 일상생활에서 생각하듯이 시작(詩作)에 있어서 어떤 비엄밀성이 용납되어 있기 때문이 아니라, 시작에는 [여기서 의미하는 것은 오로지 참된 그리고 위대한 시작(詩作)을 말한다] 모든 단순한 과학을 넘어서는 본질적 정신적 우월성이 넘쳐흐르고 있기 때문이다. 이와 같은 우월성으로부터 시인은 언제나, 있는 것들이 마치 처음으로 우리의 마음을 이끌고 또 마치 처음으로 말해 오는 것처럼 노래한다. 시인의 시작(詩作)과 사색하는 사람의 사색 속에는 언제나 넓은 세계가 마련되어, 그 안에서 개개의 사물들, 나무 한 그루, 산, 집 한 채, 새의 지저귐들은 그 한결같은 아무 차별도 없음으로부터, 그리고 그 평범성으로부터 오롯이 벗어나는 것이다.

아무것도 아닌 것에 대한 참된 이야기는 언제나 범상스럽지 않다. 그것은 결코 그 스스로를 통속적인 것이 되도록 내버려 두지 않는다. 누가 만일 이와 같은 것을 단순한 논리적 예리함이라는 값싼 산성 수용액 속에다 집어던진다면, 이것은 아마도 녹아 없어져 버릴 것이다. 그렇기 때문에 아무것도 아닌 것에 관해서 말하는 것은 결코, 마치 어떤 그림을 묘사하는 것처럼, 그렇게 직접적으로 당장 시작할 수는 없다. 그러나 아무것도 아닌 것에 관해서 이야기할 수 있는 가능성에 대해서만은 우리는 그 방향을 가리킬 수 있을 것이다. 여기서 시인 크누트 함순(Knut Hamsun)의 작품 「한 해와 하루의 끝」(*Nach Jahr und Tag*, 1934, S. 464) 중 한 부분을 소개하려고 한다. 이 작품은 「방랑자」(Der Landstreicher), 「세계 항해자 아우구스트」(August Weltumsegler)와 함께 그 전체를 이루고 있다. 「한 해와 하루의 끝」은 존재의 뿌리를 뽑힘으로써 모든 것을 저지를 수 있는, 그러나 아직도 그 자신의 절망적인 무력 속에서 가식 없이 그리로 초연해 있기에 범상치 않은 것과의 관계를 잃을 수 없는 오늘날의 인간상이 재현되어 있는, 아우구스트의 마지막 해와 그의 종말을 묘사하고 있다. 아우구스트는 그의 마지막 날들을 깊은 산중에서 홀로 보낸다. 시인은 말한다. "그는 여기 자신의 두 귀 사이에 앉아 진정한 공허를 듣는다. 아우스운 환각이여, 이 무슨 착란인가? 바다 위에는 (아우구스트는 전에 여러 번 바다를 항해했었다) 무엇이 꿈틀거리고 있구나, 그리고 거기에서 무슨 소리가, 마치 들을 수 있는 것처럼, 물의 합창과도 같은 것이 울려 오는구나. 여기에서 아무것도 아닌 것은 아무것도 아닌 것과 만난다. 그리고 거기에는 아무것도 없다. 빈 구멍조차도. 체념 속에 그저 머리를 설레설레 흔들 수 있을 뿐이로구나."

이렇게 해서 우리는 결국에 가서는 이 아무것도 아닌 것과 함께 아주 독특한 경우에 처하게 된다. 그러므로 여기서 우리의 의문문을 다시 한번 되짚어 차근차근 되물어 보고자 한다. 그리고 이와 같은 것으로부터 이 '그리고 차라리 아무것도 아니지 않는가?'라는 것이 정 [G 30]

말 아무것도 의미하지 않는, 아무런 뜻 없이 덧붙인 한 미사여구에 불과한 것인지, 아니면 우선 이 질문을 이렇게나마 말하는 속에, 이미 어떤 진중한 의미가 내포되어 있는 것인지를 알아보고자 한다.

7절 이 질문문의 완전한 형태와 단축된 형태에 대하여: '(그리고) 차라리 아무것도 아니지 않는가?'라는 부분이 있는 것을 흔들리게 함에 대하여

이와 같은 것을 위해서 우리는, 우선, 우리에게 더 단순해 보이고 더 조리 있는 모양이라고 여겨진, 그 단축된 모양의 질문, '왜 있는 것은 도대체 있는가?'에 잠시 머물고자 한다. 만일 우리가 이렇게 질문한다면 우리는 있는 것으로부터 출발하는 것이다. 이것은 있다(ist). 그것은 주어졌고, 그래서 늘 우리들 면전에 있고 그러므로 우리는 언제나 그것을 찾아낼 수 있고, 어떤 일정한 영역 안에서는 우리들에게 친근한 것이기도 하다. 이제 우리는 이렇게 이미 주어진 있는 것에 단도직입적으로 그 근거가 어디에 있는지를 질문한다. 질문은 여기에서 단도직입적으로 어떤 근거를 향해서 돌진한다. 이와 같은 질문방법은 사실 우리들이 일상생활에서 늘 경험하고 있는 어떤 질문양상을 그저 조금 더 과장해서 폭을 넓힌 것에 지나지 않는다. 예를 들어서, 포도밭 어느 곳에, 더 말할 필요도 없이 어떤 있는 것인, 포도혹벌레가 끼었다고 하자. 사람들은 물을 것이다. 이것이 어디서부터 생겨난 것일까? 어디서부터 그리고 무엇이 그 근거일까? 이렇게 해서 있는 것 그 전체가 사물적으로 주어진 것이다. 사람들은 묻는다: 어디에 그리고 무엇이 그 근거인가? 이와 같은 양상의 질문이 바로 그 단순

한 모양의 질문이다: 왜 있는 것은 있는 것인가? 어디에 그리고 무엇이 있는 것의 근거인가? 여기서 사람들은 아무런 표현 없이도, 또 다른 하나의 좀 더 고차적인 있는 것을 물음 속에서 요구하고 있는 것이다. 단지 여기에서 이 질문은 그 전체로서의 있는 것을 그 있는 그대로에 대해서 질문하고 있지는 않다.

　그러나 이제 우리가 처음 시작했던 형태로, '왜 있는 것은 도대체 있고 차라리 아무것도 아니지 않는가?'라는 우리들의 질문을 질문한다면, 여기에 덧붙여진 문구는 우리들이 질문함에 있어서, 우리가 단지 아무 문제 없이 이미 주어진 있는 것에만 집착하고 동시에 그것을 지나쳐 또 다른 그 다음의 있는 것에 집착하게 되어, 그것의 근거를 계속해서 묻게 되는 것을 막아 준다. 있는 것은, 앞에서처럼이 아니라, 질문의 양상을 통해서 있지 않을 수도 있는 가능성으로부터 건져 올려져 매달려 있는 것이다. 이로부터 이 왜는 질문함으로써의 전혀 다른 힘과 예리함을 얻게 된다. 왜 있는 것은 아무것도 아닐 수 있는 가능성으로부터 빠져나온 것인가? 왜 있는 것은 당장, 그리고 각 순간마다 그와 같은 가능성 속으로 되돌아 떨어지지 않는 것인가? 있는 것은 이제 더 이상 그저 사물적으로 우리 면전에 주어져 있는 것이 아니라, 우리가 있는 것을 확신성을 가지고 인식하든지 못하든지에, 그리고 우리가 그것을 전 영역에 걸쳐 파악하든지 못하든지에 상관없이, 흔들림 속에 놓인 것이다. 지금부터 있는 것은 그 그대로서, 우리들이 이것을 우리의 질문 속에 세워 놓는 한 흔들릴 것이다. 이 흔들림의 도달함은 있는 것이 지닐 수 있는 가장 극단적 반대 가능성의 영역을 벗어나 있지 않음(das Nichtsein)과 아무것도 아닌 것(無, das Nichts)에까지 다다를 것이다. 그와 동시에, 이제 이 왜에 대한 답

[G 31]

을 찾는 것 또한 그 양상을 바꿀 것이다. 이제 더 이상 우리 눈앞에 사물적으로 단순하게 주어진 어떤 것(das Vorhandene)을 설명하기 위해 우리 눈앞에 단순하게 주어진 또 다른 하나의 사물적 근거를 찾는 것이 아니라, 있는 것이 아무것도 아닌 것을 극복했음에 대한 근거를 지어 주는, 있는 것의 있는 것으로서의 지배력에 대한 근거를 찾게 될 것이다. 이제 질문된 근거는 있는 것이 아무것도 아닌 것에 대결해서 있는 것 쪽으로 그 승패를 결정하게 된 그 근거이다. 좀 더 정확하게 말하자면, 반(半)은 있는 것으로서 그리고 반은 있지 않는 것으로서 존재하는 우리를, —— 그렇기 때문에 그것이 어디에서 도래하는, 어떤 사물(Ding)이라 할지라도, 그리고 그것이 비록 우리들 자신이라 할지라도, 우리를 거기에 전적으로 예속할 수 없게 하는 —— 지탱해 주고 우리를 해방시켜 주는 그 근거이다. 그럼에도 불구하고 현존재(das Dasein)라는 것은 늘 나 자신에게 속해 있는 것이다.

['늘 나 자신에게 속해 있는 것'(je meines)이라는 표현은 현존재가, 나 자신이 현존재가 될 수 있도록 나에게 던져진 것을 말한다. 그러나 현존재라는 것은 비단 인간적인 존재만을 말하는 것이 아니라, 있는 것이 그 있는 것으로서, 그 있음의 신비적 개방(ekstatisch erschlossenen Seins des Seienden als solchen) 속에 내재하는 염려(Sorge)를 말한다. 현존재는 '늘 나 자신에게 속해 있는 것'이라는 말은, 나를 통해서 이것이 규정지어졌다는 것도, 개개의 나 안에 이것이 격리되어 있다는 것도 의미하지 않으며, 현존재(Dasein)가 그의 있음(存在)과의 **본질적 결연** 結緣(wesenhaften Bezug zum Sein)으로부터 있다는, 존재한다는 그 **자체** (selbst)를 말한다. 이것이 바로 『존재와 시간』 안에서 여러 번 말해진 문장: '현존재에는 존재의 이해가 포함되어 있다'(Zum Dasein gehört

Seinsverständnis)를 의미한다.]

이와 같은 것을 통해서 이 '그리고 차라리 아무것도 아니지 않는 가?'는 결코 고유한 의문에 불필요하게 덧붙여진 한 문구가 아니라는 것, 그리고 이 어구는 '왜 있는 것은 있는가?'라는 질문이 말하는 것과 [G 32] 는 전혀 다른 것을 의미하는 질문, 그 전체 속의 한 본질적 부분을 구성하고 있음이 더욱 뚜렷해진다. 우리는 이 우리의 질문과 함께 우리 자신을 있는 것 안으로 옮겨 놓으며, 이렇게 해서 이 있는 것은 그것이 있는 것이라는 것으로서의 그 자명성(自明性)을 잃게 된다. 이렇게 있는 것 그 자신이 취할 수 있는 가장 광범위하고 또 가장 거센 진동(振動)의 가능성이 가져오는, '있는 것이거나 아니면 아무것도 아니거나'라는 흔들림 속에 빠져들어 감으로써, 이 질문한다는 것 또한 그것이 스스로 딛고 서 있을 수 있는 모든 지반을 잃어버리고 만다. 그래서 이와 같이 질문하는 우리들의 현존재 또한 허공 중에 떠 있는 상태에 놓이게 되며, 어떤 의미에서는 이렇게 허공 중에 매달린 상태에 머물러 있도록 자기 스스로로부터 요구되어진다.

8절   이 질문을 질문한다라는 것은 있는 것이 지니고 있는 질문될 수 있는 고유한 영역을 열어 보이는 것임에 대하여: 있는 것이 있음과 아무것도 아닌 것 사이에서 흔들림

그러나 우리의 이 질문을 통해서 있는 것이 변한 것은 아니다. 그것은 (어떻게 그것이 있는지) 있는 그것대로, 그리고 (그것이 무엇인지) 있는 그대로 머물러 있는 것이다. 그렇다면 우리들의 질문이라는 것은,

그것이 어떤 형태로 이루어지든지 상관할 바 없이, 있는 것 자체에 대해서는 아무런 힘도 없는, 단지 우리들 자신 안에서 이루어지는 한 심적, 정신적 과정에 불과한 것인가? 더 말할 것도 없이, 있는 것은 그것이 우리들에게 열어 보인 그것으로 머무른다. 그럼에도 불구하고, 있는 것은 그 자체로서는, 그것이 있는 그것, 그리고 있는 그대로로서의 있는 것으로, 또한 있지 **않을 수도** 있다는, 이와 같은 질문의 요구를 회피할 수는 없다. 우리는 이와 같은 가능성을 결코, 마치 우리들이 처음으로 이와 같은 것을 생각해 낸 듯이 경험하는 것이 아니라, 있는 것 스스로가 이와 같은 가능성을 알려 오고, 이와 같은 가능성 속에서만 있는 것으로서 그 자신을 알려 오는 것이다. 우리들의 질문은 다만, 있는 것이 이와 같은 질문의 요구성(Fragwürdigkeit)을 터뜨릴 수 있도록, 그 한 영역을 전개시켰을 뿐이다.

우리는 아직도 이와 같은 질문함이 이루어진다는 것에 대해서 극히 피상적이고 미소하게만 알고 있을 뿐이다. 이와 같은 피상적인 상황 안에서는, 우리가 전적으로 우리 자신에게 속해 있는 것처럼 여겨지게 된다. 그러나 만일 우리가 (모든 진정한 질문이 그와 같은 변화를 가져다주듯이) 스스로 질문함으로써 스스로를 변화시킨다는 것을 전제한다면, 바로 이 질문함이 우리를 또 다른 한 열려 트인 곳으로 옮겨 주고 또 모든 것을 뛰어넘을 수 있는, 모든 것을 관통할 수 있는, 새로운 한 영역을 우리에게 선사할 것이다.

여기서 중요한 것은, 너무 조급하게 이론들의 유혹에 빠지지 말고, 우리들 주위의 사물들에게서 그것이 어떤 것이든, 그것이 어떻게 있는 것인가에 대해서 격물치지(格物致知)하는 것이다. 여기 이 분필 조각은 부피를 지닌, 비교적 단단한, 그리고 이러이러한 모양을 가진,

약간의 회색빛을 띤 한 물건이며, 이와 같은 것들을 모두 떠나서, 우 [G 33]
선은 쓰기 위한 물건이다. 여기 이 자리에 이 같은 물건이 놓여 있다
는 사실이 바로 이 사물에 속해 있는 것처럼, 이것이 여기 있지 않고,
또 이런 크기를 가지지 않을 수도 있다는 사실 또한 두말할 것도 없이
이 사물에 속해 있다. 칠판 위에 쓰여 닳아 없어질 수 있는, 이와 같은
가능성은 결코 우리들이 단지 생각을 통해서 이 사물에 덧붙이는 그
런 것이 아니다. 분필은 그 스스로가 있는 것으로서 이와 같은 가능성
속에 있는 것이며, 만일 그렇지 않다면 그것은 글을 쓰는 데 사용하는
도구로서의 분필은 아닐 것이다. 이에 대응해서 개개의 사물들은 그
각자에게 속한, 서로 다른 양상으로서의 가능성을 동반한다. 분필의
가능성은 분필에 속해 있는 것이다. 분필은 그 자신 안에 특정한 사용
을 위한 특정한 적성(適性)을 지니고 있다. 우리는 이와 같은 가능성
을 분필에서 찾는 데 있어서, 그것은 볼 수도 없고 잡을 수도 없다고
말하는 데 이미 습관이 들어 있고, 아니면 그런 식으로 말하는 쪽으
로 기울어져 있다. 그러나 이는 하나의 선입견(Vorurteil)에 지나지 않
는다. 이와 같은 선입견을 배제하는 것 또한 우리들의 질문을 전개하
는 데 포함되어 있다. 이제 이 질문은 겨우 있는 것으로 하여금 있지
않음과 있음 사이의 흔들림 속에 처음으로 자신을 열어 보이게 했을
따름이다. 있지 않을 수 있는 극단의 가능성에 저항함으로써만 있는
것은 스스로 있음 속에 서 있지만, 그럼에도 불구하고 있는 것은 여
기에서 있지 않을 수 있는 가능성을 결코 지나쳐 버린 것도, 극복한
것도 아니다.

9절 '있다는 것'이라는 말이 지니고 있는 의미의 이중성에 대하여. 불필요한 것으로 여겨지는 있음과 있다는 것 사이의 구분과 '근본문제'가 지니고 있는 모호성은 이것이 있음의 근거에 대한 질문을 의미한다는 것에 대하여

우리는 여기서, 있는 것의 있지 않음(Nichtsein)과 있음(Sein)에 대해서, 이렇게 불린 것들이 있는 것 그 자체와는 어떤 관계에 놓여 있는지에 대해서는 언급하지 않은 채, 그냥 무심히 말하고 있다. 있는 것(das Seiende)과 그것의 있음(Sein)은 그 둘이 서로 동일한 것인가? 그 서로 다름이란! 예를 들어서 이 분필조각에 있어서 있는 것이란 무엇인가? 이와 같은 질문 자체가 이미 애매모호하다. 왜냐하면 이 낱말, '있는 것'은 그리스어의 τὸ ὄν(토 온)에서나 마찬가지로 두 가지 방향으로 이해될 수 있기 때문이다. 있는 것은 우선 이것이 그 특정한 것으로서의, 회색빛을 띤 흰 빛깔의, 이러이러한 모양의, 가벼운, 쉽게 부스러질 수 있는 덩어리 등으로 이해될 수 있는, 무엇(was)이 개개의 경우 늘 있는 것인가를 의미할 수 있다. 그 다음 이 '있는 것'은

[G 34]

이렇게 이름 지어 불린 것이 차라리 있지 않는 것이 아니고 있는 것인, 그것이 만일 있는 것이라면 그 있는 것에 대한 있음(存在, das Sein)을 성립시켜 주는 것, 이렇게 '있도록 하는' 바로 그것을 의미한다. 이 단어 '있는 것'의 이중적인 의미로 미루어 생각해 볼 때, 그리스어의 τὸ ὄν(토 온)은 일반적으로 그 두 번째의 의미, 따라서 무엇(was)이 있는 것인지를 말하는 것이 아니라, '있다는'(das Seiend), 있음성(die Seiendheit), 있는 있음(das Seiendsein), 있음(das Sein)을 의미한다. 거기에 반해서 첫 번째 의미의 '있는 것'은, 전적으로 모든 사물들의 또는 개개의 사물들의 그 사물 자체에 대해서 의미하는 것일 뿐이지, 그

있는 힘(Seiendheit), οὐσία(우시아)에 대해서 의미하는 것이 아니다.

τὸ ὄν(토 온)의 첫 번째 의미는 τὰ ὄντα(타 온타: entia/엔티아), 그 두 번째 의미는 τὸ εἶναι(토 에이나이: esse/에세)이다. 무엇이 이 분필 조각에 있는 것인지에 대해서 우리는 그것을 하나하나 손꼽아 보았다. 우리들은 비교적 손쉽게 그것을 찾을 수 있었다. 그 외에 우리들은 이렇게 이름 불린 것들이 있지 않을 수도 있다는 것을, 이 분필조각이, 결국 따지고 보면 여기 이렇게 그리고 도무지 있어야 할 아무런 필요성도 없다는 것을 그리 어렵지 않게 알아들을 수 있었다. 그렇다면 무엇이 있음 속에서 있는 것과 있지 않음, 무(無)로 사라져 버릴 수 있는 것과의 다른 점인가? 무엇이 있는 것과 있음의 다른 점인가? 있음은 있는 것과 동일한 것이라는 말인가? 우리는 이렇게 되짚어 새로이 질문한다. 다만 우리는 앞에서 있음을 따로 손꼽지 않고 그 이름만을 불렀을 뿐이다: 물질적 부피, 회백색, 가벼움, 이러저러한 모양, 부서지기 쉬움. 그렇다면 있음은 어디에 처박혀 있는 것인가? 어떻든지 간에 이와 같은 것이 분필에 속해 있어야만 함에는 틀림없다. 왜냐하면 이 분필 자체가 있기(ist) 때문에.

우리들은 어디에서나 있는 것과 맞부딪친다. 그것은 우리를 둘러싸고 있으며, 우리를 지탱하고, 우리를 구속하고, 우리를 황홀하게 하고, 우리를 가득 채워 주고, 우리를 높여 주고 또 우리를 실망시킨다. 그러나 어디에, 그리고 이 모든 것들 어디에 있는 것의 있음은 있는 것인가? 사람들은 이렇게 대답할는지도 모른다: 있는 것과 그것의 있음 사이의 다른 점은 언어적으로 또 의미적으로 어떤 중요성을 가질는지는 모른다. 그렇기 때문에 우리는, 있는 것에 대해서, 그 구분 자체가 어떤 있는 것에 상응함이 없이도 단지 생각 속에서, 즉 우리의 의견과 상상 속에서 이와 같은 구분을 할 수도 있다라고 말이다. 그러나 이와 같이 단지 생각되었을 뿐인 구분도 의심스럽다. 왜냐하면 무엇을 이와 같은 이름 '있음'(存在, Sein)에 대해서 생각해야 할는지가 불분명하기 때문이다. 이럭저럭 우리는 그저 있는 것을 아는 것으로써 그리고 이것을 지배할 수 있는 힘을 확보함으로써 만족하고 만다.

[G 35]

이것 이외에 거기에 더해서 또 있음을 구분하고자 하는 것은 너무 기교적이고 아무 쓸데도 없는 헛수고인 것이다.

'무엇이 이와 같은 구분으로부터 얻어질 수 있는 것인가?'라는 사람들이 즐겨 입에 담는 질문에 대해서 우리는 이미 앞에서 몇 가지 사실들을 지적했다. 우리는 이제 다만 우리들의 질문에만 마음을 쓰고자 한다. 우리는 '왜 있는 것은 도대체 있고 차라리 아무것도 아니지 않는가?'라고 질문한다. 이렇게 질문함에 있어서 우리 자신 또한, 있는 것에만 정신을 쏟고, 있음에 대한 알맹이가 없는 속 빈, 쓸데없는 심사숙고를 피하고자 하는 것처럼 보인다. 그렇다면, 우리는 도대체 무엇을 묻고 있는 것인가? '왜 있는 것은 그 있는 그대로 있는가?' 하는 것. 우리는 있는 것이 차라리 아무것도 아니지 않고 이렇게 있는 그리고 있다는 것이 무엇인지 하는, 그와 같은 있는 것이 있는 근거 (Grund)에 대해서 질문하고 있다. 우리는 그 근본에 있어서 있음에 대해서 질문하고 있다. 그러나 어떤 양상으로? 우리는 있는 것의 있음에 대해서 질문한다. 우리는 있는 것의 있음을 겨냥해서 있는 것을 추궁한다.

그런데 또 한 가지는, 우리가 이와 같이 질문함 속에 머물러 있을 때, 비록 다음과 같은 사실, 즉 있음이라는 것 자체가 그 자신으로서 벌써 근거인지 그리고 근거로서 충분한 것인지 어떤지가 아직 전개된 것도 그리고 결정된 것도 아닌 채로 머물러 있다는 사실에도 불구하고, 우리는 이미 있음의 근거를 겨냥해서 있음에 대해서 질문하고 있다는 것이다.

만일 그렇다면, 우리가 있음에 관한 질문을 그 품위에 있어서 첫 번째 질문으로 질문하는 것이라면, 이와 같은 것은, 근거와 있음이 어떤 관계에 놓여 있는 것인지, 그리고 있음이 있는 것과 어떻게 구별되는 것인지를 우리가 모른다 할지라도 저절로 이루어진다는 말인가? 그러나 만일 우리가 이미 있음 그 자체를 충분히 포착하고 이해하고 파악하지 못했다면, 우리는 도대체 어떻게, 그것을 찾아내는 것은 고사하고, 있는 것의 있음에 대한 근거를 겨냥해서 물을 수조차 있다는 말인가? 이와 같은 노력은 마치 어떤 화재(火災)에 대해서 그것이 어떤 과정으로 어디에서 일어났는지에, 또는 화재 장소에 관한 조사에는 아무런 신경도 쓰지 않고 그 원인과 근거를 설명하고자 하는 것처럼 전혀 가망 없는 짓이다.

10절 '있음은 어떻게 존립하는 것인가?' 그리고 '우리들의 있음에 대한 이해는 어떤 것인가?'라는 '앞선-질문'의 전개 [G 36]

그래서 우리는 결국 다음과 같은 결론에 도달한다. 즉 이 '왜 있는 것은 도대체 있고 차라리 아무것도 아니지 않는가?' 하는 질문은 우리로 하여금 그에 선행되는 질문, 있음은 어떻게 존재하는가?(Wie steht es um das Sein?)를 질문하도록 강요하는 것이다.

우리는 이제, 아직 미처 제대로 파악조차 하지 못한, 우리에게는 오히려 단지 하나의 아무 의미도 없는 단어처럼 여겨지는, 게다가 이렇게 계속 질문하는 속에서 이 뜻 없는 단어를 마치 신주 모시듯이 여기게 될, 그래서 우리 자신이 이처럼 단어 숭배의 희생물이 될지도 모르는 위험성을 다분히 지니고 있는, 그와 같은 것에 대해서 질문하는 것이다.

몇 가지 예를 드는 것이 우리를 도울 수 있을 것이다. 저기, 길 건너편에 고등학교 건물이 서 있다. 그것은 어떤 있는 것이다. 우리는 이 건물 밖에서 모든 귀퉁이를 샅샅이 탐색할 수 있다. 그리고 그 안에서는 지하실에서 지붕 밑까지 오르내리며, 거기에 있는 모든 것들, 복도, 층계, 교실 그리고 또 교실 안에 있는 기물들을 일일이 점검할 수 있다. 우리는 곳곳에서 있는 것들, 이것들을 잘 정돈시켜 주는 질서까지도 찾을 수 있다. 그렇지만 이 고등학교의 있음은 어디에 있는 것인가? 그것이 있기는 있다. 그 건물은 있다. 무엇인가가 이 있는 것에 속해 있다면, 그것은 그것의 있음임에 틀림없다. 그럼에도 불구하고 우리는 이것을 있는 것 안에서 찾지 못하는 것이다.

있음이라는 것은 우리가 있는 것을 관찰하는 속에 있는 것도 아니다. 저 건물은 우리가 눈여겨보지 않더라도 저기 서 있다. 우리는 그것이 이미 있기 때문에 비로소 그것과 만날 수 있는 것이다. 또 한 가지 덧붙일 것은, 이 건물의 있음이 모든 사람들에게 늘 같지 않게 나타나 보인다는 사실이다. 이것을 그저 쳐다만 보거나 스쳐 지나가는 우리들에게 있어서의 이 있음은, 그 안에 앉아 있는 학생들에게 있어서의 그것과는 또 다르다. 그것은 학생들이 다만 안에서 보기 때문에 그런 것이 아니라, 이 건물이 도대체 그들만을 위해서 이렇게, 그 [G 37] 있는 그대로, 바로 그것으로 있기 때문이다. 사람들은 이와 같은 건물의 있음을 냄새 맡기도 하며, 수십 년이 지난 후에도 콧속에 간직하고 있는 것이다. 이와 같은 냄새 속에서 우리는 어떤 묘사나 방문이 우리에게 전달해 줄 수 있는 그것보다 훨씬 더 직접적이고 진실하게 이 있는 것의 있음을 알아차릴 수 있다. 그러나 한편, 이 건물의 있음은 결코 이와 같은 공기 속에 흘러다니는 냄새로서 이루어진 것은 아닌 것이다.

있음은 어떻게 존재하는가? 사람들은 있음을 볼 수 있는가? 우리는 여기 이 분필이 있는 것을 본다. 그렇지만 색깔이나 밝고 어두운 것을 보는 것처럼 있음 또한 볼 수 있는가? 아니면 있음을 듣거나, 냄새 맡거나, 맛보거나, 촉감으로 느낄 수 있는 것인가? 우리는 큰길을 달려가는 오토바이를 듣는다(Wir hören das Motorrad). 우리는 울창한 숲을 스쳐 날아가는 까투리를 듣는다(Wir hören die Auerhenne). 그렇지만 사실 우리가 듣는 것은 엔진의 발동 소리거나 까투리가 낸 소리일 뿐이다. 거기에 더해서, 단순히 그리고 순수하게 이 소리[오토바이, 까투리]만 묘사하는 것은 도무지 우리들에게 생소하고 어려운 일이다. 그와 같은 것은 우리가 보통 듣는 그것이 아니기 때문에. 우리는 [단순한 소음이라고 생각했을 때] 언제나 그것보다 더 많이 듣는 것이다. 우리는 날아가는 새(소리)를 듣는다(Wir hören den fliegenden Vogel). 엄밀히 따져서 말하자면, 사람들은 까투리(소리)라는 것이 도대체 음계의 어떤 열에 맞추어 적을 수 있는 음의 종류가 아니라고, 어떤 들을 수 있는 것이 아니라고 말해야 한다. 그리고 이것은 우리의 다른 감각에 있어서도 마찬가지이다. 우리는 비로드와 비단을 느낀다. 우리는 이와 같은 것을 더 말할 필요도 없이 이러이러하게 있는 것으로 본다. 즉 하나의 다른 양상으로 있는 것을 다르게. 있음은 어디에 놓여 있으며, 그것은 어떻게 존재하는 것인가?

그렇지만 우리는 아직도, 우리들이 알고 있든 모르고 있든 매일매일 그리고 매 순간순간마다 그 안에 머물고 있는, 그 경계선을 끊임없이 넓히기도 또 어떤 때는 그것을 돌연히 깨뜨려 버리기도 하는, 그와 같은 우리들의 주위를 더 다방면으로 마음속에 두고 생각하는 것이 필요하다.

산중에 들이닥친 천지를 뒤엎는 듯한 굉장한 폭풍우는 한밤중의 일'이다'. 또는 여기서는 같은 것을 의미하는, 한밤중의 일'이었다'. 어디에 그 있음은 존립(存立)하는가?

저 멀리 끝없는 하늘 밑에 펼쳐진 산봉우리들⋯ 이와 같은 것이 '있다'. 어디에 그 있음은 존립하는가? 언제 그리고 누구에게 그것은 그 스스로를 열어 보이는가? 풍치를 즐기는 소풍객에게, 아니면 그 품 속에서 그리고 그로부터 자신의 일과를 이어 나가는 농부에게, 아니면 일기예보를 해야 할 기상관측자에게? 이들 중 그 누구가 그 있음을 알아보는가? 그들 모두가 그리고 그 어느 누구도. 아니면, 이렇게 이름 불린, 끝없는 하늘 밑에 펼쳐진 산맥들을 바라보는 이와 같은 사람들은, 그것이 '있는' 그대로의 산맥 그 자체가 아닌, 그 안에 그 고유의 있음이 머물고 있는 것이 아닌, 다만 이것의 어떤 특정한 모습만을 각자 자기 나름대로 보고 있는 것인가? 누가 진정한 있음을 알아볼 것인가? 아니면, 이와 같은 광경(Anblicken) 뒤에 무엇이 그 자체로서(an sich) 있는 것인가라고 묻는 그 자체가 도대체 있음의 의미에 대한 하나의 모순된 질문이라는 말인가? 있음은 이 광경 속에 있는 것인가?

어떤 로마 초기 성당의 정면 입구는 있는 것이다. 어떻게 그리고 누구에게 이 있음은 그 스스로를 열어 보이는가? 유람 중 이곳을 방문한, 그래서 사진을 찍는 미학자들(Kunstgelehrten)에게, 아니면 축제일에 여러 수도자들과 함께 이 문을 통해서 입당하는 수도원장에게, 아니면 어떤 여름날 그 그늘 밑에서 장난하며 놀고 있는 아이들에게? 이 있는 것의 있음은 어떻게 존재하는 것인가?

어떤 국가(國家, ein Staat) ── 그것은 있다. 어디에 그것의 있음은 존립하는가? 국립경찰이 어떤 의심스러운 자를 체포한다는 사실 속에? 아니면 정부 각 부처에 그렇게 많은 타자기들이 있어 데깍데깍 소리를 내며, 국무서기들과 국무장관 자문들의 구술을 기입하는 속에? 아니면 이 국가라는 것은 국가영수가 영국 외무부 장관과 의견교환을 하는 속에 '있는' 것인가? 국가는 있다. 그러나 그 있음은 어디에 숨겨져 있는가? 그것은 도대체 어디엔가 숨겨져 있는 것인가?

반 고흐의 그 그림: 투박한 농부의 신발 한 켤레, 바로 그것뿐인. 이 화폭은 결국 대수롭지도 않은 것을 보이고 있을 뿐이다. 그렇지만 사람들은 곧 거기 '있는' 그것과 함께 혼자가 되어 버리고 마는 것이다. 마치 스스로가 늦가을 저녁, 마지막 감자 불이 다 타 버리고, 괭이를 둘러메고 피곤한 몸으로 밭에서 집으로 돌아오듯. 무엇이 있는 그것인가? 화폭? 붓길? 물감들의 얼룩이?

우리들이 지금 이름 붙인 것들 모두 속에 도대체 무엇이 있는 것의 있음인가? 도대체 우리는 이 우리들의 어리석은 자부심과 약삭빠른 재치를 가지고 어떻게 이 세상을 돌아다니고 또 그 안에 서 있는 것인가?

그렇지만 우리들이 지적한 모든 것들은 있기는 '있다'. 그럼에도 불구하고 ── 우리들이 이 있음을 붙잡으려고 하면, 그것은 언제나 허공을 붙잡으려고 하는 것처럼 되어 버리고 마는 것이다. 우리가 그에 대해서 묻고 있는 이 있음은, 우리가, 여기 모든 있는 것들은 아무 것도 아닐지도 모른다고 우리들에게 속삭이는 그와 같은 부당한 억지에 늘 항거하려 함에도 불구하고, 마치 거의 아무것도 아닌 것처럼 보인다.

[G 39]

있음은 찾아낼 수 없는 것으로, 아무것도 아닌 것이나 거의 마찬가지로, 그리고 마침내는 **전적으로** 찾아낼 수 없는 것으로 남아 있다. 이 단어 '있음'(das Sein)은 결국에 가서는 하나의 빈 말일 뿐인 것이다. 이것은 실제적이거나, 파악할 수 있거나 사실적인 것, 그와 같은 것을 아무것도 의미하지 않는다. 이것이 의미하는 바는 하나의 비실제적인 아지랑이(ein unwirklicher Dunst)일 뿐이다. 그래서 니체가 이 있음과 같은 '최고의 개념'(höchsten Begriffe)을 '증발해 버린 실제성의 마지막 연기'(den letzten Rauch der verdunstenden Realität, *Götzendämmerung* VIII, 78)라고 부른 것은 결국 따지고 보면 전적으로 옳다. 그 누가 이와 같은, 그저 커다란 착오를 대변하는 이름일 뿐인 아지랑이를 뒤쫓아 잡으려고 하는가! '과연 지금까지에 있어서 이 있음으로부터의 착오(der Irrthum vom Sein)보다 더 순진한 설득력을 가진 것은 아무것도 없었다.'(VIII, 80)

'있음' —— 하나의 아지랑이 그리고 하나의 착오? 여기 니체가 있음에 대해서 말하고 있는 것은 결코 그가 그의 영원히 끝맺지 못한 대작(大作)을 준비하기 위한 작업 도중 일에 취해서 아무렇게나 내던진, 지나가면서 덧붙인 그런 소견이 아니다. 이것은 오히려 그가 그의 철학적 작업을 시작한 그 초기에서부터, 그가 지니고 있던 있음에 대한 주도적 해석이다. 이것은 그의 철학을 그 근본에서부터 지탱하고 또 규정하는 것이다. 그러나 이 철학은 지금까지도 모든 그를 둘러싸고 있는, 오늘날에도 점점 더 그 숫자가 많아지는, 서투르고 몰상식한 주제넘는 서생(書生)들로부터 잘 보호되어 있다.

그럼에도 불구하고 그의 저서에 대한 최악의 남용은 아직도 다 지나가지 않은 것처럼 보인다. 아무튼 여기에서 니체에 대해서 이야기할 때 우리는, 그와 같은 모든 것과도 그리고 또 맹목적으로 그를 영웅화하려는 것과도 아무런 상관이 없다. 그런 것에 비한다면 우리들에게 주어진 과제는 훨씬 더 결정적이고 질박한 것이다. 이와 같은 과제는 니체를 적절한 방법으로 공부함으로써, 무엇보다도 그가 이루어 놓은 것을 최대한으로 펼쳐 보이도록 하는 데 있다. 있음 — 아지랑이, 착오! 사실에 있어서 그것이 그렇다면, 우리들에게 남은 것은 다만 한 가지 결론, 우리들이 이 질문, '왜 있는 것은 그 전체로서 그 있는 그대로 있고 차라리 아무것도 아니지 않는가?'(Warum ist das Seiende als solches im Ganzen und nicht vielmehr Nichts?)를 포기하는 일뿐일 것이다. 이 질문 속에 물어진 것이 그저 아지랑이, 착오일 뿐이라면, 도대체 이 질문 자체는 무엇이란 말인가?

니체는 진리를 말하는 것인가? 아니면 그 자신이 오랜 착오와 실수의 마지막 한 희생자인가? 그렇다면 바로 이와 같은 희생자로서 그는 또 다른 한 새로운 필요성의 아직 알려지지 않은 증인이 아닌가? [G 40]

이와 같은 혼란은 있음 그 자체에 기인하는 것인가? 그리고 있음이 이렇게 비어 있음은 말(Wort)이 만든 것인가? 아니면 그것은 있는 것들을 정신없이 다루고 그것들만을 추적하는 동안에 있음의 밖으로 추락해 버린 우리들에게 달려 있는 것인가? 그리고 만일 이것이 오늘날의 우리들에게 달려 있는 것이 아니라면 그것은 또한 우리들의 가깝거나 먼 조상의 탓도 아닐 테다. 그렇다면 그것은, 서양의 역운(저녁나라의 역운, abendländische Geschichte)을 관통하고 있는, 그 시작에서부터 있었던, 그러나 모든 역사가들(alle Historiker)의 눈에는 결코 완전한 형태로 나타나 보이지 않을, 그럼에도 불구하고 지나간 날에도 일어났었고, 오늘날에도, 그리고 미래에도 일어날 어떤 이루어짐(ein Geschehnis)에 달려 있다는 말인가? 만일 사람들 그리고 한 민족이 그들의 거창한 역사와 활동(den größten Umtrieben und Gemächten)에 있어서 있는 것에 대해서는 연관을 가지면서도, 자기들도 알지 못하는 사이에 이미 오래전에 있음으로부터 추락되어 버렸다면, 그리고 이렇게 스스로 알지 못하는 사이에 이와 같은 일이 이루어진 바로 그것이 그들이 퇴폐하게 된 가장 내적이고 치명적인 원인이었다면, 이 같은 가능성에 대해서 우리는 무엇이라고 말해야 할 것인가?[『존재와 시간』, 38절, 특히 p. 179 이하 참조]

11절　'있음은 어떻게 존립하는가?'라는 질문의 구체적 규정: 있음이라는 것은 단순한 어떤 한 단어의 울리는 소리에 불과한 것인가?

이와 같은 것들이 우리의 질문이며, 이 질문들은 우리들이 그저 지나가면서 또는 우리들의 기분이나 세계관을 진열하기 위해서 나열하는 것이 아니라, 우리들로 하여금 우리들의 주된 질문으로부터 필연적으로 솟구치는, 그에 앞서는 또 하나의 질문, 즉 '있음은 어떻게 존재하는가?'를 토해 내도록 강요하는 질문들이다. 이 앞선 질문은 아마도 하나의 정신이 멀쩡한 질문인지도 모른다. 그러나 이것은 누구나 다 알 수 있듯이, 아무짝에도 쓸데없는 질문이다. 그럼에도 불구하고 이것은 하나의 **질문**이며, 최대의 질문(die Frage)인 것이다: '있음'은 하나의 어휘에 불과한가? 그리고 그 의미하는 바는 아지랑이와 같을 뿐인가? 아니면 그것은 서양의 정신적 운명(das geistige Schicksal des Abendlandes)을 말하는 것인가?

불치의 맹목(盲目) 속에서 헤매는, 그래서 할복 자살하기 직전의 상태에 놓여 있는 이 유럽은, 오늘날 한쪽은 러시아라는, 그리고 다른 한쪽은 아메리카라고 불리는 커다란 집게 사이에 놓여 있다. 형이상학적 견지에서 볼 때, 러시아나 아메리카는 둘 다 동일한 것이다: 눈을 뜨고 볼 수 없는 쇠사슬이 끊긴 기계문명의 발광 그리고 규격화된 인간들의 바탕 없는 조직. 만일 지구의 마지막 남은 한구석이 기계문 [G 41] 명에 의해서 정복되고 경제적 수익을 짜낼 수 있게 되었다 할지라도, 만일 모든 것이, 언제나, 임의로, 어느 곳에서 일어난 어떤 일이라도 마음먹은 대로 신속하게 수중에 넣을 수 있게 되었다 할지라도, 만일 사람들이 프랑스에서 일어난 왕의 살해 음모와 도쿄의 어떤 교향곡 연주를 동시에 '체험'할 수 있다 하더라도, 만일 시간이 다만 속도와 순간과 동시성이 되어 버리고, 모든 민족들의 현존재로부터의 역운이라는 의미의 시간이 사라져 없어져 버린다 할지라도, 만일 권투선수가 한 민족의 영웅으로 추대된다 할지라도, 만일 수백만의 군중을 한자리에 모으는 것이 하나의 승리가 된다 할지라도 —— 만일 그렇게 된다면, 만일 정말 그렇게 된다면, 이 모든 도깨비 장난을 덮치는 유령처럼, 다음 질문이 토해질 것이다: 무엇을 위해서? —— 어디를 향해서? —— 그리고 결국에 가서는?

지구상의 정신적 추락은 이와 같이 악화되어, 추락이라는 것을

('있음'의 운명에 대해서 의미한) 볼 수 있는 정도의, 그래서 그것이 그렇다고 규정지을 수 있는, 마지막 정신적 힘마저 민족들로부터 앗아 버릴 상태에 놓여 있다. 이와 같은, 단순한 주어진 사실에 대한 확인은 문명비관론이나 더욱이 문명낙관론 같은 것과는 아무런 상관도 없다. 세상은 음울해지고, 신(神)들은 자취를 감추고, 땅은 파괴되고, 인간들은 부화뇌동하고, 자유스럽고 창조적인 모든 것에 대한 가증스러운 의심이 이미 세상 천지를 온통 휩쓸어 도무지 비관론이니 낙관론이니 하는 아이들 장난과 같은 개념들은 이미 오래전에 웃음거리가 되어 버리고 만 것이다.

    우리는 집게의 가운데에 놓여 있다. 많은 이웃 민족들과 인접해 있고, 그렇기 때문에 늘 위험 속에 처해 있는, 그리고 또 다른 그 무엇에 앞서 형이상학적 민족인 우리 민족은, 그 중심부에 놓여 있다는 사실로 말미암아 가장 뼈저린 집게질을 경험하고 있는 것이다. 우리가 깊이 인식하고 있는 이와 같은 자각으로부터, 이 자각에 반향할 수 있는 가능성을, 하나의 되돌아 울림을 그들 **자신 안에** 스스로 마련함으로써, 그리고 자신의 전통을 창조적으로 재인식함으로써만 그들의 운명을 스스로 개척해 나갈 수 있을 것이다. 이와 같은 모든 것은, 역운적인 이 민족이 그 스스로를, 그래서 동시에 서양의 역운(die Geschichte des Abendlandes)을, 그들의 미래의 이루어짐의 중심으로부터 있음의 원래적이고도 고유한 힘의 영역으로 옮겨 내세워야 함을 내포하고 있다. 만일 유럽에 대한 어떤 중대한 결정이라는 것이 바로 그 자신 스스로의 절멸의 길로 떨어짐을 의미하지 않기를 원한다면, 그렇다면 그와 같은 결정은 다만 하나의 새로운 역운적-정신적 힘을 그 핵심으로부터 전개시킴으로써만 가능할 것이다.

[G 42]

'있음은 어떻게 존재하는가?'라고 묻는 것 ── 이것은, 우리들을 새로운 또 다른 재출발 속으로 변화시키기 위해서, 우리들의 역운적-정신적 현존재의 그 시작을 다시 한번 반-복(反-復, wieder-holen)하는 것[되-찾아오는 것]을 요구하는 일보다 더 적은 것을 의미하지 않는다. 이와 같은 것은 가능하다. 이것은 또한, 그것이 근본적 이루어짐이라는 것을 확립하는 일이기 때문에 역운이라는 것의 척도를 규정해 주는 형상이기도 하다. 그러나 하나의 시작은, 사람들이 이미 지나간, 잘 알려진 것을 그저 똑같은 방법으로 모방해서 단순하게 반복함으로써가 아니라, 출발이 원천적으로 고유하게(ursprünglicher) 다시 시작됨으로써, 따라서 진정한 시작이 지니는 모든 난처함, 어둠, 불확실성과 함께 다시 한번 출발함으로써 되살아날 수 있다. 우리가 이해하는 반복(Wiederholung)이라는 것은, 지금까지의 수단들을 통해서 지금까지의 것들을 고쳐 가며 계속해 나아가는 것과는 전혀 다른 어떤 것을 말한다.

12절　있음이라는 것이 어떤 단어의 아지랑이에 불과할 뿐이라는 사실의 조명: 있음에 대한 질문과 '존재론'

있음은 어떻게 존재하는가? 이 질문은 우리들의 본래의 질문, '왜 있는 것은 도대체 있고 차라리 아무것도 아니지 않는가?' 안에 그에 선행되어야 할 앞선-질문(Vor-frage)으로서 봉치(封置)되어 있다. 우리가 만일 지금 이것을 열고, 이 앞선-질문 안에 질문된 것, 다시 말해서 있음을 뒤쫓아 간다면, 니체의 증언은 즉시 그의 모든 진실성을 열어 보일 것이다. 도대체, 우리들이 똑바로 관찰했을 때, '있음'이란 단지 하나의 어휘, 하나의 규정되지 않은 의미, 붙잡을 수 없는 아지랑이 같은 것 이외에 더 무엇이란 말인가? 다만 니체는 이와 같은 그의 판단을 순수한 경멸적인 의미에서 말하고 있다. 그에게 있어서 '있음'이란 결코 나타나지 말았어야 했을 하나의 환각일 뿐이다. '있음', 애매모호한, 공중에 아른거리는 아지랑이? 그것은 과연 그런 것이다. 그렇다고 해서 우리가 이와 같은 사실로부터 물러서고자 함은 아니다. 오히려 그 반대로, 이와 같은 사실성의 전 영역을 휘둘러 볼 수 있기 위해서 우리는 이 사실을 더욱 두드러지게 하도록 노력하여야 하는 것이다.

[G 43]

우리는 이제 우리의 질문을 통해서, 한 새로운 풍경과 풍토에 첫발을 디뎠다. 이 안에 머무른다, 존재한다는 것은 역운적 현존재가 그 토착성을 다시 구할 수 있는 그 근본적 필수조건이다. 우리는 다음과 같은 사실에 대해서, 즉 왜 이 '있음'은 우리들에게 하나의 빈 소리로 머물러 있고, 그것은 또 왜 오늘날에 더 잘 어울리고, 오래전부터 그래 왔던 것인지 그리고 어떤 연유로 그런 것인지를 물어야만 한다. 우리들은 이 사실이 그 첫눈에 나타나 보이듯, 그저 대수롭지 않은 것이 아님을 알도록 배워야 하는 것이다. 왜냐하면 이와 같은 것은 결국 따지고 보면, 우리들에게 이 단어 '있음'이 그저 하나의 빈 소리 그리고 그 의미하는 바는 아지랑이처럼 머물러 있기 때문이 아니라, 오히려 우리들 자신이 이 단어가 말하고자 하는 그것 밖으로 떨어져 나와, 지금 당장 그것을 되찾아 내지 못하고 있기 때문이다. 그 외에 다른 어떤 것도 아닌 바로 이 **때문에**, 이 단어 '있음'은 아무것에도 이르지 못하고, 이에 대해서 우리가 붙잡으려고 하는 모든 것은 햇빛에 안개가 흩어져 버리듯 사라져 버리고 마는 것이다. 바로 그렇기 때문에 우리는 있음에 대해서 질문하는 것이다. 그리고 우리는 결코 어떤 민족에 있어서도 진리라는 것이 (감 떨어지듯) 저절로 그들 품 안으로 굴러 떨어지지 않았음을 잘 알고 있기에, **질문하는 것이다.** 이 질문이 더 원래적 고유성으로 질문되었다 할지라도, 그럼에도 불구하고 사람들이 아직도 이 질문을 이해할 수 없고 또 이해하려고 하지 않는다는 이와 같은 사실은, 이 질문이 지니고 있는 피해 갈 수 없는 필요 불가결성을 조금도 덜어 내지 않는다.

사람들은 아마도, 스스로가 아주 예리하고 명철한 듯, 다음과 같은 오래전부터 잘 알려진 고찰을 다시 한번 끌어내어 문제 삼을 수도 있을 것이다. '있음'은 결국 가장 보편적인 개념이다. 그 적용범위는 모든 것에 그리고 그 하나하나에, 그래서 생각됨으로써 그리고 말해짐으로써의 어떤 '있는'(ist) 것인 아무것도 아닌 것(無, das Nichts)에까지 이른다. 따라서 이 최고의 보편개념인 '있음'의 적용범위 밖에는 문자 그대로, 그 어떤 것으로부터 이것을 더 이상 규정지어 줄 수 있는 아무것도 없다. 사람들은 이 최고의 보편성으로 만족해야만 한다. 있음의 개념은 마지막 개념이다. 그리고 이것은 다음과 같이 말하고 있는 논리의 법칙과도 상통한다. 즉 어떤 개념이 그 외연(外延)을 포괄하면 포괄할수록 — 그렇다면 무엇이 '있음'이라는 개념을 포괄할 수 있을 것인가? — 그 내용은 점점 더 불확정적이고 빈 것이다.

이와 같은 사고과정은 정상적으로 생각하는 모든 사람들에게 — 그리고 우리들은 모두 정상적인 인간이기를 바란다 — 직접적 [G 44]
으로 그리고 아무 제한 없이 납득이 가는 것이다. 그러나 지금 우리들에게 문제가 되고 있는 것은, 이와 같이 있음을 최고 보편개념으로 값을 매기는 것이 정말 있음의 본질을 적중하는 것인지, 아니면 있음을 아예 처음부터 곡해해서 도대체 질문한다는 것 자체가 전혀 가망 없는 것이 되어 버린 게 아닌지 하는 것이다. 결국 문젯거리는, 있음이 다만 모든 여러 가지 특정 개념들 안에 피할 수 없이 함께 나타나는 최고 보편개념으로서만 받아들여질 수 있을 것인지, 아니면 이 있음이란 것이 전혀 다른 본질을 지닌, 그래서 사람들이 전통적인 의미에서 이해하는, '존재론'(存在論, Ontologie)에 있어서의 어떤 하나의 대상에 불과한 것이 아닌 어떤 것인지 하는가이다.

이 명칭 '존재론'은 17세기에 이르러 처음으로 각인되었다. 이것은 전승된 있는 것에 대한 가르침이 철학의 한 교과과정으로 그리고 철학체계의 한 전문분야로 형성됨을 말한다. 그러나 이 전승된 가르침이라는 것은 플라톤과 아리스토텔레스에게, 그리고 다시금 칸트에게 문제였던, 그러나 이미 그 원래적 고유성을 잃어버린, 그와 같은 것의 학습적인 분석과 정리정돈을 말한다. 사람들은 이런 의미에서 오늘날에도 '존재론'이라는 말을 사용하는 것이다. 철학은 그 체계 안에서 어떤 분야를 석출(析出)해서 전시할 때마다 이와 같은 표제를 내거는 것이다. 그러나 이 '존재론'이라는 말은 또한, '존재론적 경향과 사조에 의존함이 없이', '더 넓은 의미에서' 취해질 수도 있는 것이다(『존재와 시간』, p. 11 참조). 이런 경우 '존재론'은 (비단 있는 것 그것 그대로뿐만 아니라) 있음은 어떻게 존재하는가라는 질문을 통해서, 있음을 다시 살아 있는 언어 속으로 되돌아오게 하고자 하는 노력을 말한다. 그러나 이와 같은 질문은 지금까지도 아무런 동조나 반향을 얻지 못했을 뿐만 아니라, 전통적인 의미의 '존재론'을 고수하는 여러 교과과정적인 철학박식세계(哲學博識世界, die verschiedenen

Kreise der schulmäßigen Philosophie-gelehrsamkeit)에서 명백히 거부된 상태에 놓여 있기에, 아마도 앞으로는 이와 같은 표제 '존재론', '존재론적'의 사용을 포기하는 것이 오히려 더 타당할는지도 모른다. 이제 이와 같은 것이 처음으로 이렇게 뚜렷하게 밝혀졌듯이, 그 질문하는 양식(樣式)에 있어서 도무지 그 세계를 달리하는 것들은 같은 이름으로 불리지 않는 것이 마땅하다.

13절　형이상학의 근본문제와 '앞선-질문' 사이의 관계를 분명하게 함: '앞선-질문'에 대한 새로운 개념 ── 임시적인 개념과 전적으로 역운적인 질문이라는 개념에 대하여 [G 45]

우리들은, 있음은 어떻게 존재하는가? 무엇이 있음의 뜻인가?(Welches ist der Sinn von Sein?)라는 질문을 질문하는 것이다. 이것은 또 하나의 전통적인 형식에서의 존재론을 세우려는 것도, 또는 비판적으로 지나간 노력 속에서의 잘못된 점을 골라내려는 그와 같은 것이 도무지 아니다. 전혀 다른 것이 여기에서 거론되고 있는 것이다. 여기서 말해지고 있는 것은, 인간의 역운적 현존재에게, ── 그리고 이것은 언제나 동시에 우리들 자신의 미래의 현존재이기에 ── 우리들에게 규정지어지도록 주어진 역운 그 전체를 있음의 원래적 고유적 열어 보이는 힘으로 되돌려 자리 잡아 주고자 하는 것이다. 이 모든 것은 말할 것도 없이, 철학이 무엇을 할 수 있는 그 능력의 범위 안에서의 이야기인 것이다.

　'왜 있는 것은 도대체 있고 차라리 아무것도 아니지 않는가?'라는 형이상학의 근본문제로부터 우리는 하나의 **앞선-질문**(Vor-frage), '있음은 어떻게 존재하는가?'를 뛰쳐나오게 했다. 이 두 질문 사이의 관계는 그것이 매우 독특한 양상을 보이고 있기에 설명을 필요로 한다. 일반적으로 앞선 질문은 그것이 비록 주된 질문에 중점을 두고 이루어지는 것이라 할지라도, 주된 질문에 앞서, 그리고 그것의 밖에서 해결되는 것이 보통이다. 그러나 그것이 철학적 질문인 경우, 그것은 본질적으로, 언젠가는 치워 버릴 수 있는 것처럼 그런 식으로는 해결되는 것이 아니다. 여기서 이 앞선 질문은 도무지 근본문제의 외곽에 존재하는 것이 아닐 뿐만 아니라, 오히려 이 근본문제를 질문함에 있어서, 마치 모든 질문을 불타게 하는 화덕의 타오르는 불꽃과도 같다. 이는 다음 사실을 의미한다: 근본문제를 첫 번째로 질문한다는 것은 우리가 이와 같은 질문함 속에서 그에 **앞선-질문**과 어떤 결정적인 관계를 맺을 수 있을 것인지, 그리고 이와 같은 것에 합당한 태세를 갖출 수 있을 것인지 아닌지에 그 모든 것이 달려 있음을 말한다. 그렇기 때문에 우리는 있음에 관한 이 문제를, 그 안에서 전 지구의 운명이 결정될 유럽의 운명과 연관시켰으며, 여기에서 우리들의 역운적 현존재는 유럽 그 자체를 위해서도 그 중심이 됨을 말한 것이다.

　　문제는 이렇게 주어졌다: 있음이란 단지 하나의 어휘에 불과한 것이며 그 의미하는 바는 아지랑이일 뿐인가? 아니면 이 말 '있음'이라고 불리는 것 속에는 서양의 정신적 운명이 감추어져 있는 것인가?

[G 46]

　　많은 사람들에게 이와 같은 질문은 너무 **거세게** 들리고 또 과장된 것처럼 여겨질는지도 모른다. 그것은, 극단의 경우에 있어서, 이 있음의 질문(Seinsfrage)을 전개한다는 것이 결국에 가서는 비록 그것이 아주 멀고 또 극히 간접적인 것이라 할지라도, 전 지구의 역운적인 결정을 좌우하는 문제와 어떤 관계에 놓여 있다는 사실을 쉽게 상상할 수 있게 하기 때문일 것이다. 단지 이와 같은 관계는 질문함에 있어서의 우리들의 중심점과 우리들의 자세가 지구상의 정신적 역사에 의해서 직접적으로 규정될 수도 있다는, 그런 관계는 결코 아니다. 그럼에도 불구하고 이와 같은 연관성은 엄연히 존재한다. 우리의 목적하는 바가 이 앞선 질문의 질문함을 그 궤도에 올려놓는 데 있기에, 우리는 여기서, 무엇이 그리고 얼마만큼 이 문제의 질문함이 직접적이고 근본적인 관계 안에서 역운적인 결정을 좌우하는 문제와 함께 움직이고 있는지를 보이는 것이 타당할 것이다. 이와 같은 것을 입증하기 위해서 필요한 것은 우선, 주장(主張)의 형식을 취한 하나의 본질적 통찰일 것이다.

우리는 주장한다. 이 앞선 질문을 질문함, 따라서 형이상학의 근본문제를 질문함은 철두철미 역운적인 질문함이다.

14절　철학과 '역사학'에 대하여

그렇다면 형이상학이라는 것은 그리고 도대체 철학일반이라는 것은 하나의 역사학이 되어 버리고 마는 것이 아닌가? 역사학이란 결국 시간적인 것을, 거기에 반해서 철학은 시간을 초월하는 것을 탐구한다. 철학은 단지 그것이, 다른 모든 정신적 역작(力作)들이 그러하듯이, 시간의 흐름 속에서 자신을 실현한다는 의미에서만 역사적인 것이다. 그렇다면 이 형이상학적 질문함을 하나의 역사적인 것처럼 특징짓는 것은 사실, 형이상학을 두드러지게 하는 것이 아니라, 다만 하나의 자명한 사실을 부연할 뿐이다. 그렇다면 우리의 주장은 결국에 가서는 아무 의미도 갖지 못하는, 그저 필요도 없이 덧붙인 것에 불과한 것이거나, 아니면 철학과 역사학이라는 근본적으로 서로 다른 학문의 종류를 뒤섞은, 도무지 불가능한 그런 것 중에 하나일 것이다.

[G 47]　　　여기에는 다음과 같은 것이 말해져야 할 것이다.

1) 형이상학 그리고 철학은 도대체 학문(Wissenschaft)이 아니며, 또 이것은 그들의 질문함이 결국에 가서는 역사적이라는 사실 때문에도, 결코 학문으로 변할 수 없다는 것.

2) 하나의 학문이라는 의미에서의 역사학은 결코 역사와의 원래적 고유한 관계를 그 스스로가 규정하는 것이 아니라, 오히려 이와 같은 관계를 언제나 이미 전제하고 있다는 것. 그렇기 때문에 역사학(die Geschichtswissenschaft)은 역사에 대한 관계를, 이것 또한 언제나 역운적인 것이기에, 일그러뜨리고, 와전시키고 극단에 가서는 단순한 골동품적(Antiquarischen) 지식으로 전락시키거나, 아니면 그 반대로, 이미 기초 지어진 역사와의 관계 속에서 그 본질적인 것을 꿰뚫어 볼 수 있게 하는 시야를 열어 주고, 역운의 진정한 경험을 맛보게 할 수도 있는 것이다. 역사를 향한 우리들 역운적 현존재의 역사적 관계는 지식의 대상이 될 수도 있고 또는 완성된 지식의 상태로 받아들여질 수도 있다. 그러나 그것은 꼭 그래야만 하는 것은 아니다. 여기에 덧붙여서, 역사와의 관계성들은, 특히 그 본질적인 것에 있어서는, 모두 학문적으로 대상화될 수 있는 것도 아니고, 또 학문적으로 성립시킬 수 있는 것도 아니다. 역사학은 결코 역사와의 관계를 스스로 설정할 수 없다. 그것은 다만 이미 설정되어 있는 관계를 늘 새로운 양상으로 밝혀 주고, 학문적으로 입증할 수 있을 따름이며, 이것은 그 뜻

을 알아들은 민족의 역운적 현존재에게 있어서는 그저 '유용'할 뿐이거나 또는 '손해'가 되는 것이 아닌, 하나의 본질적인 필요성인 것이다.[3] 이와 같은 것은 단지 철학 안에서만 ──다른 모든 학문들과는 달리── 있는 것과의 본질적인 관계를 설정할 수 있으며, 더욱이 오늘날의 우리들에게는 이와 같은 관계가 하나의 원래적이고도 고유하며 역운적인 것이어야만 하기 때문이다.

우리들이 주장한 사실, 이 앞선 질문을 '형이상학적'으로 질문함이 철두철미 역운적이라는 것을 알아듣기 위해서 우리는 무엇보다도 먼저 다음과 같은 것에 대해 고찰해 보아야 한다. 여기서 역운이라는 것은 우리들에게 과거만을 의미하지 않는다는 것. 왜냐하면 이것은 더 이상 이루어지지 않는 것을 의미하기 때문에. 그렇다고 역운을 단지 현재에 일어나는 시사(時事)만으로 보는 것 또한 타당하지 못하다. 왜냐하면 그것은 결코 이루어지는 것이 아닌, 그저 오가는 가운데 '지나갈 뿐인' 그런 것이기 때문에. 이루어짐이란 의미에서의 역사는 미래로부터 규정되며, 지나간 일을 넘겨받음으로서 그것을 통해서 행동하며, 현재를 통해서 그것으로부터 오는 고통을 이겨 나가는 것을 말한다. 현재라는 것은 이루어짐 속에서 사라져 버리는 것이다. [G 48]

형이상학적 근본문제를 우리들이 질문한다는 것은 역운적(易運的)이다. 왜냐하면 그것은, 그 전체로서의 있는 것 그 그대로와의 본질적 관계 안에서의, 아직 물어지지 않은 가능성, 미-래(未-來, Zu-künften)를 열어 주는, 이렇게 함과 동시에 그의 지나간 시작을 되돌

---

3 [옮긴이] 니체의 『반시대적 고찰』 중 제2부 「역사의 유용성과 손해」, 그리고 하이데거의 『존재와 시간』 제76절 참조.

려 이어 주는, 그래서 또 그것을 그의 현재 안에 날카롭게 하고 어렵게 하는, 이러한 관계 안에서의 인간적 현존재의 이루어짐이기 때문이다. 이 질문함 속에서 우리들의 현존재는, 문자 그대로의 의미에서, 그들 자신의 역운 앞에 불렸으며, 그리고 그 역운을 향해서 또 그 안에서의 어떤 결정을 위해서 호출되었다. 그리고 이와 같은 것은 어떤 도덕적–세계관적 유용성의 실제적용이라는 부차적인 의미에서가 아니라, 질문함의 근본원칙 그리고 그 자체가 역운적이라는 것, 이루어짐 속에 버텨 머물러 서 있다는 것, 그래서 이와 같은 것으로부터, 또 이와 같은 것을 위해서 질문함을 말한다.

15절 그 자체로서 역운적 질문인 '있음의 질문'이 지구상에서 이루어지는 세계사에 대해서 지니고 있는 내적 연관성에 대하여

그러나 우리들에게는 아직도, 그 자체로서 이미 역운적인 이 있음의 질문을 질문하는 것이 지구상에서 일어나는 세계사와 얼마만큼 내적 관계를 가지고 있는지를 꿰뚫어 볼 수 있는, 하나의 본질적인 통찰력이 결핍되어 있다. 우리들은 말했다. 지구상에는 세계 전체를 감싸는 음울한 기운이 감돌고 있다고. 이와 같은 음울한 기운의 본질적 요소들은, 신들의 자취를 감춤, 땅의 파괴, 인간들의 부화뇌동, 속물들의 창궐 같은 것들이다.

　우리들이 세계를 뒤덮는 듯한 음울한 기운에 대해서 이야기할 때, 세계라는 것은 무엇을 말하는가? 세계는 언제나 **정신적**(geistige) 세계이다. 짐승들에게는 세계(Welt)도 주위세계(Umwelt)도 없다.

음울한 기운이 세계를 덮는다는 것은 그 안에 **정신적 힘이 거세되는 것**(Entmachtung des Geistes), 그와 같은 정신적 힘의 와해를, 정신적 힘의 소모를, 정신적 힘의 억압을 그리고 정신적 힘의 몰이해를 내포한다. 우리는 이제 이 정신의 거세현상을 그 한 측면에서, 즉 정신을 곡해한다는 그 관점에서 뚜렷하게 하고자 한다. 우리는 유럽이 러시아와 아메리카라는 집게의 한가운데에 놓여 있다고 말했다. 그 둘은 형이상학적으로 볼 때, 다시 말해서 그들 세계의 특질과 또 그들이 가진 정신과의 관계라는 의미에서 볼 때 도무지 마찬가지이다. 유럽의 [G 49] 상태는, 이 정신의 거세라는 것이 그 자신 스스로로부터 야기됨으로써 그리고 — 비단 그와 같은 것이 이미 그전에 준비되었다 할지라도 — 19세기 전반기의 그 자신의 정신적 상태로부터 결정적으로 규정지어져 버렸다는 사실로 말미암아, 더욱더 불운한 상태에 놓여 있다. 바로 이 시기에 우리들에게는 사람들이 짧게 그리고 즐겨 말하는 '독일 이상주의의 붕괴'(Zusammenbruch des deutschen Idealismus)라는 것이 진행되었다. 이와 같은 관용어야말로, 그 후면에 이미 오래전에 시작된 정신력의 해이, 정신적 힘의 와해, 근본에 대한 모든 원래적이고 고유한 질문의 거부 그리고 이와 같은 근본과의 연결에 대한 가장(假裝)과 은폐를 감추고 있는 방패인 것이다.

이것은 독일 이상주의가 붕괴된 것이 아니라, 오히려 이 시대가 이와 같은 이상주의가 지니고 있는 정신적 세계의 넓고 웅장함·그리고 그 원래적 고유성 속에 머물러서 필적하기에, 다시 말해서 독일 이상주의를 그저 이것의 문구나 관점들을 적용하는 것과는 늘 다른 것을 의미하는 진정한 의미에서 실현시키기에, 이미 더 이상 충분한 힘을 지니지 못했던 것이다. 인간존재는, 모든 본질적인 것이 늘 새로운 모습으로 인간을 향해서 오고 또 되돌아오는, 그래서 그에게 우월성을 요구하고 또 평범성을 벗어나 그 품위에 맞추어 행동하도록 요구하는, 이와 같은 모든 깊이를 잃어버린 세계로 미끄러져 들어가기 시작한 것이다. 모든 사물들은 이제, 마치 더 이상 비추어 보이지도, 아무것도 되돌려 던져 주지도 못하는, 더럽혀진 거울 표면과 같은, 일률적인 평면성 속에 떨어져 버리고 만 것이다. 이제 지배적인 차원이라는 것은 확장과 숫자의 그것이다. 할 수 있다(Können)라는 것은 이제 더 이상, 힘을 자제함으로부터, 또 충만함으로부터 넘쳐흐르는 여유와 능력을 의미하는 것이 아니라, 다만 이미 다져진 길을 답습함으로써 땀 흘리지 않고도 손쉽게, 어느 누구라도 습득할 수 있는 그런 것만을 의미하게 되었다. 그래서 이 모든 것은 아메리카와 러시아에서, 아무런 개성도 찾아볼 수 없는 천편일률적인 것들의 이렇게-그리고-더욱더라는 모양으로 한정 없이 고조되어, 마침내는 양(量)적인 것이 마치 하나의 질(質)적인 것으로 되어 버리고 말았다. 이제 그곳에서는 아무런 개성도 없는 것의 횡포가 다만 그리 중요하지 않은 황폐만을 의미하는 것이 아니라, 모든 품위와 세계성을 가진 정신들을 거짓에 불과한 것이라고 말하고, 쇠약하게 하고 파괴하기까지에 이른 것이다. 이것은 우리들이 데몬적인(das Dämonische: im Sinne des zertörerisch Bösartigen, 파괴적이고 악의적이라는 의미에서) 것의 출현이라고 부르는 것의 쇄도이다. 이와 같은 데몬(Dämonie)의 출현은, 그리고 이에 비례해서 커져만 가고 있는 그와 같은 것에, 그리고 자기 자신 안의 그것과 대항하고자 하는 데에서 오는 유럽의 불안상은, 이미 여러 가지 징후로 나타나고 있다. 그중 하나가 바로 정신의 곡해라는 의미에서의, 오늘날의 우리들이 아직도 헤어나지 못하고 있는, 하

[G 50]

나의 사건, 정신적 힘의 거세이다. 이 정신의 곡해는 다음과 같은 네 개의 요점으로 요약될 수 있을 것이다.

1) 결정적인 것은 정신을 **지능**(Intelligenz)으로 왜곡하는 것이다. 주어진 사물들을, 그리고 그들에게 주어진 가능한 변경 또는 그들에게 필요한 것을 보충 또는 새로이 만들어 내기 위해서 수행되는 관찰, 계산, 연구에 필요한 하나의 이해력, 즉 지능으로 왜곡하는 것이다. 이와 같은 이해력은 다만 주어진 소질과 연습, 그리고 대중적 분배의 소산일 뿐이다. 따라서 이와 같은 의사소통력은 조직화의 가능성 밑에 놓여 있으며, 이것은 정신에게는 결코 용납되지 않는 것이다. 모든 문사(文士)들과 탐미주의자들의 횡행은 정신을 지능으로 속인 것의 한 후유증이며 변형일 뿐이다. 단지-재치 있는 것(Nur-Geistreiche)일 뿐인 것은 정신의 껍데기에 불과하고 정신 결핍의 은폐일 뿐이다.

2) 이렇게 지능으로 속여진 정신은 어떤 다른 것, 즉 가르쳐지고 배워질 수 있는 어떤 것에 봉사하기 위한 한 도구로 그 역할을 추락당하는 것이다. 이 지능의 봉사라는 것이 (마르크스주의에서와 같이) 물질적 생산관계가 통제와 관리를 위해서 이용되든, 또는 더 일반적으로, (실증주의에서와 같이) 그것이 언제나 이미 규범화된 것의, 또 이미 주어진 것의 합리적 조직화와 설명을 위해서 이용되든, 또는 그것이 어떤 살아 있는 집단 그리고 어떤 민족의 한 종족의 조직적 통제를 위해서 전적으로 이용되든 간에, 이 모든 경우에 있어서 똑같이, 정신은 다른 어떤 것을 위한 힘없는 상부구조, 지능이 되어 버리고, 이 다른 어떤 것은 그것이 아무런 정신적 내용도 지니지 못하고 있기 때문에, 아니면 정신에 위배되는 것이기 때문에, 지능만이 그 진정한 실재인 것처럼 받아들여지게 되는 것이다. 만일 누가 마르크스주의가

그 극단적인 모양을 보여 준 것처럼, 정신을 지능으로 이해한다면, 여기에 대항하기 위해서, 인간 현존재가 지니고 있는 실질적 활동력이라는 서열 안에서, 정신, 즉 여기서는 지능이라는 것은 언제나 건강한 육체의 활동능력과 그 성격 다음에 손꼽아져야 한다고 말하는 것은 전적으로 당연하다. 그렇지만 사람들은 정신의 본질(das Wesen des Geistes)을 진실 속에서 알아들음과 동시에, 이와 같은 서열 자체가 진실되지 않음을 명확히 알게 되는 것이다. 그것은 육체의 모든 진정한 아름다움과 힘, 칼날의 모든 확실성과 과감성, 그리고 또한 똑바로 알아들을 수 있는 힘(Verstand)의 모든 재치와 공정성, 이 모든 것이 정신 속에 뿌리박고 있으며 따라서 앞에서 말한 것들의 고양과 추락이라는 것 또한 언제나 그때그때의 정신력의 힘과 무기력에 전적으로 달려 있기 때문이다. 정신이야말로 지탱하는 자요 주재자이며, 첫 번째요 마지막이며, 결코 그저 없어서는 안 될 그와 같은 제삼의 것이 아닌 것이다.

[G 51]

　　3) 이와 같이 정신을 도구적으로 곡해하는 것이 끼어듦과 동시에, 시(詩)와 조형예술, 국가의 건설과 종교, 이 모든 정신적 이루어짐의 힘들은 **의식적으로** 관리 감독할 수 있고, 또 계획을 세울 수 있는 테두리 안으로 미끄러져 떨어진다. 동시에 이와 같은 것들은 여러 구획의 영역으로 나누어진다. 정신적 세계는 문화로 전환되어, 이것을 창조하고 유지함 속에서 각 개인들은 동시에 그 스스로의 완성을 추구한다. 이와 같은 영역들은 모든 자유로운 활동의 광장으로 이용되며, 그들 스스로가 가까스로 이룬 의미에 비추어 그들 개개의 척도를 내세운다. 사람들은 이와 같은, 모든 생산과 소비를 위한 효용성의 기준을 가치(die Werte)라고 부르는 것이다. 문화-가치들(die Kultur-

Werte)은, 단지 어떤 하나의 문화 전체 속에서, 개개의 가치들이 자기 자신들에게만 그 타당성을 인정함으로써, 시(詩)는 시만을 위해서, 예술은 예술만을 위해서, 학문은 학문만을 위해서, 이렇게 함으로써만 그들 자신들이 의미하고자 하는 바를 확보할 수 있을 뿐이다.

여기, 대학 안의 우리들에게 있어서 특별한 관심거리인 학문에 관해서는, 많은 쇄신작업에도 불구하고 오늘날까지 그대로 남아 있는, 지난 십수 년간의 상태를 손쉽게 알아볼 수 있다. 지금, 학문을 하나의 기술적–실재적(technisch-praktische) 직업지식으로 이해하는, 그리고 학문을 문화가치 그 자체인 것으로 해석하는, 서로 다른 것처럼 보이는 학문의 해석이 서로 싸우는 것처럼 여겨진다면, 그 둘은 모두 다 똑같은 정신력의 쇠약과 곡해라는 퇴폐의 길을 걷고 있는 것이다. 그 둘은 다만, 학문을 기술적–실재적 전문지식으로 이해하는 것이 오늘날의 상태에 있어서 아직까지도 뚜렷하고 개방적이라는 이점을 가지고 시종일관할 수 있는 반면에, 오늘날 다시 싹트고 있는 반작용적인, 학문을 문화가치로서 해석하는 것은 정신의 무기력함을 무 [G 52] 의식적인 위선을 통해서 숨기고자 노력하고 있음만을 통해서 그 둘은 서로 구별될 수 있을 뿐이다. 이와 같은 정신부재의 혼란은, 학문을 기술적–실재적으로 이해하는 해석인 동시에 학문을 문화가치로 인정하여, 정신부재라는 공통분모 안에서 그 둘이 끼리끼리 잘 상통할 수 있는 정도까지 심해질 수도 있다. 만일 사람들이 교사와 연구에 따른 전문학과들의 편제와 제도를 대학(Universität)이라 부른다면, 이것은 단지 하나의 이름뿐이요, 결코 원래적 고유성의 일치를 이루고 또 그와 같은 것을 의무 지어 주는 정신의 힘은 아닌 것이다. 내가 1929년 이 대학 취임사에서 말한 것은 오늘날에까지도 독일 대학에 적용된다. 학문들의 영역들은 서로 멀리 떨어져 있다. 그들의 대상을 다루는 방법들은 근본적으로 서로 다르다. 이와 같은 학과들의 조각난 다양성은, 오늘날에 있어, 단지 각 대학들과 단과대학들의 기술적 조직을 통해서 겨우겨우 그 와해를 모면하고 있으며, 전문지식을 실재에 적용시킨다는 것으로 겨우 그 의미를 유지하고 있다. 그 반면, 학문들이 그들의 본질적 근원에 뿌리박는다는 것은 이미 말라 죽어 버리고 만 것이다(『형이상학이란 무엇인가?』*Was ist Metaphysik?*, 1929, p. 8).[4] 학문이란 오늘날 그 모든 부문에 있어서 지식 획득과 그 전달의 기술적, 실재적 용무일 뿐이다. 이와 같은 학문을 통해서는 정신을 일깨움이란 도무지 생각조차 할 수 없는 일인 것이다. 이와 같은 학문은 그 스스로가 이와 같은 정신의 일깨움을 필요로 하고 있다.

　4) 정신의 마지막 오해는 앞서 말한 정신을 지능으로, 그래서 이것을 마치 목적을 달성하기 위한 도구처럼 그리고 여기에 맞추어 만들어 낼 수 있는 것을 마치 문화의 영역인 양 상상하는 속임에 기인한다. 목적 달성을 위한 지능으로 생각한 정신 그리고 문화로서 생각한 정신은, 종말에 가서는, 사람들이 문화를 **부정하지 않는다**는 그리고 [G 53] 야만인이 되기를 원하지 않는다는 것을 증명하기 위해서 공공연하게 전시하는, 사람들이 여러 가지 다른 것들 곁에 빠뜨릴 수 없는 것으로 간주하는, 하나의 혼수품이자 호화로운 장식품이 되어 버리고 마는 것이다. 러시아 공산주의는 그 초기의 극단적 부정적 태도를 벗어나기가 바쁘게 이와 같은 선전전술로 그 책략을 바꾸었다.

4　M. Heidegger, *Wegmarken(GA.9)*, Frankfurt am Main: Vittorio Klostermann, 1976, S. 104 참조.

이와 같이 다양한 정신 왜곡의 면전에서, 우리는 정신의 본질을 간단히 다음과 같이 규정하고자 한다. (나는 여기서, 모든 것이 이 경우에 아주 적절하게 요약되어 있기에, 나의 총장취임사 중의 한 구절을 인용한다.) "정신은 알맹이 없는 날카로움이 아니며, 믿음성 없는 재치의 장난도, 지적분석의 끝없는 방황도, 더 말할 것도 없이 호연지기(세계이성, die Weltvernunft)도 아니며, 정신이란 있음의 본질을 따라 원래적으로 향해 있는, 의식적 결단이다"(「총장취임사」, p. 13).

정신은 그 전체로서의 있는 것 그대로의 힘을 힘 있게 하는 것이다. 정신이 지배하는 곳에는, 있는 것은 언제나 그리고 늘 있는 것 그대로이며, 더욱더 존재하는 것이 된다. 이와 같은 연유로, 그 전체로서의 있는 것 그대로에 관해서 질문한다는 것은, 있음의 질문을 질문한다는 것은, 정신을 일깨우기 위한, 그리고 이로부터 역운적인 현존재의 원래적 고유적 세계를 위한, 그리고 이로부터 세계가 음울해지는 위험을 제거하기 위한, 또한 이것으로부터 유럽의 심장을 이루고 있는 우리 민족의 역사적 사명을 떠맡기 위한, 하나의 본질적·근본적 전제조건인 것이다. 우리는 이와 같은 큰 안목 안에서만, 무엇이 그리고 얼마만큼 이 있음의 문제를 질문하는 것이 철두철미 역운적이요, 또 이로부터 있음이란 우리들에게 그저 아지랑이에 불과한 것인지, 아니면 서양의 운명이 될 것인지 하는 우리들의 문제를 뚜렷이할 수 있을 것이며, 이 모든 것은 과장이나 미사여구와는 도무지 아무상관도 없는 것이다.

16절 우리들이 언어에 대해서 지니고 있는 잘못된 관계의 진정한 원인이라는 것은 '있음의 망각'이라는 사실적 사실에 대하여

그렇지만, 만일 있음에 관한 우리들의 질문이 이와 같이, 근본적인 결정을 좌우할 수 있는 성격을 지니고 있는 것이라면, 있음이란 과연 우리들에게 아직까지도 거의 한 단어에 불과하고 그것이 의미하는 바는 아른거리는 아지랑이와 같을 뿐이라는 이와 같은 사실(Tatsache)에 비추어, 도대체 무엇이 이 질문에게 이처럼 직접적이고도 필연적인 성격을 지니게 하는지를 우선적으로 진지하게, 신중을 가해서 다루어야만 할 것이다. 그러나 위에 말한 사실은 결코, 그것이 당장 우리들의 눈앞에 있다는 것만을 통해서 사실로 확인할 수 있을 뿐인, 마치 우리들이 어떤 도무지 생소한 것 앞에 세워졌을 때의 경우와도 같은, 그런 사실이 아니다. 이 사실은 우리들 자신이 그 안에 서 있는 그런 사실이다. 그것은 우리들 현존재의 상태, 바로 그것이다. 그러나 이것은 더 말할 것도 없이, 우리들이 단지 어떤 심리학적인 방법을 통해서만 지적할 수 있을지도 모르는 어떤 특성(Eigenschaft)과도 같은 그런 것이 아니다. 여기서 상태(Zustand)라는 것은 우리들 자신의 구성 그 전체, 우리들 자신이 어떻게 있음과의 관계 안에 놓여져 있는지 하는, 그 된 모양(die Weise)을 의미한다. 여기서 거론되고 있는 것은 심리학이 아니라 본질적인 안목에서의 우리들의 역사인 것이다. 만일 우리들이 이것, 있음이 우리들에게 그저 하나의 단어일 뿐이요 아지랑이와 같음을 '사실'(Tatsache)이라고 이름 지어 부른다면, 그 안에는 임시적이라는 커다란 공백이 놓여 있다. 비록 그것이 우리들, 이 인간들에게, 아니면 사람들이 즐겨 말하듯, 우리들 '안'에서 일어나는 어떤 사실처럼 나타나 보인다 할지라도, 우리는 그것을 통해서 다만 아직 한 번도 깊이 생각해 보지 않은, 그것을 위해서 우리들이 아직까지 아무런 자리(Ort)도 부여하지 못한 것을 처음으로 확인했을 따름인 것이다.

있음이 우리들에게 빈 어휘에 불과하고 아른거리는 아지랑이와 같을 뿐이라는 이 개개의 사실을 사람들은 자주, 다음과 같은 일반화된 사실의 한 단면으로 취급해 버리고자 한다. 많은 단어들, 그리고 특별히 중요한 단어들 또한 그와 똑같은 경우에 처해 있다는, 언어라는 그 자체가 도무지 소모되고 탕진되었다는, 그래서 언어라는 것은 의사소통을 위해 필요 불가결한 매개체이지만 결국 그것은 그것이 어떤 것이든 상관하지 않고 누구든 그 안에 타고 내릴 수 있는 전차 같은 대중교통수단이나 마찬가지로, 어느 누구의 지시도 없이 임의로 이용할 수 있는 매개체에 불과할 뿐이라는, 일반화된 사실의 한 단면으로 취급해 버리고자 하는 것이다.

그래서 사람들은 누구든지 언어 안에서 아무런 제약 없이 그리고 무엇보다도 아무런 **두려움 없이**(Ungefährdet) 이것저것에 대해서 담소하고 쓰고 하는 것이다. 과연 그것은 정말로 그렇다. 오늘날 비록 극소수의 사람들만이 이와 같은 인간존재의 언어에 대한 잘못된 그리고 균형 없는 관계를 그것이 미칠 수 있는 모든 영역 안에서 근본적으로 고찰할 수 있다 할지라도.

그러나 이 단어 '있음'이 이렇게 텅 빈 것, 그의 이름 지어 부르는 힘(Nennkraft)이 이렇게 완전히 소멸된 것은 일반적 상태인 언어탕진의 한 특별한 경우가 아니라 ──사실에 있어서는 있음 그대로에 대한 파괴된 우리들의 관계가 그 전체로서의 말에 대한 우리들의 잘못된 관계의 근본적 원인인 것이다.

[G 55] 언어의 쇄신과 언어를 망치는 것을 방지하기 위한 기구들은 마땅히 주목을 받아야 한다. 그럼에도 불구하고 사람들은 이와 같은 기구들을 통해서, 결국에 가서는, 언어에 관해서 도무지 무엇을 다루어야 할는지조차도 더 이상 모르겠다는 것을 더욱 뚜렷이 할 수 있을 따름이다. 언어의 운명이라는 것은 한 민족의, 그가 지니고 있는 **있음과의 관계** 속에 그 기반을 두고 있는 것이기에, 우리들에게 있어서, 이 있음에 관한 질문은 그 가장 깊은 곳에서부터 **언어**(Sprache)에 관한 질문과 뒤엉키게 마련이다. 이제 우리들이 위에서 말한 있음이 아지랑이처럼 되어 버린 현상을, 그것이 영향을 미칠 수 있는 모든 영역에 비추어 뚜렷이 하고자 함에 있어서, 언어적 고찰로부터 출발하지 않을 수 없게 된 것은 결코 단순한 우연만은 아니다.

2장 '있음'이라는 단어의 문법과 어원에 관하여

만일 있음이라는 것이 우리들에게 단지 하나의 빈 단어에 불과하고 공중에 떠 있는 것과 같은 의미만을 줄 수 있을 뿐이라면, 그렇다면 우리는 최소 한도, 있음과의 관계에 있어서 아직 사라져 버리지 않은 이 나머지 부분을 한 번은 다루어 보아야 할 것이다. 그렇기 때문에 우리는 우선 다음과 같은 것을 질문한다.

1) '있음'이라는 것은 도대체 어떤 형태의 ── 그 양상에 있어 서 ── 단어인가?

2) 언어학적 지식은 이 단어의 원래적 의미에 대해서 우리에게 무엇을 가르쳐 주고 있는가?

이와 같은 것을 좀 더 학적인 모양으로 질문한다면, 이것은 1) '있 음'의 문법에 관해서 2) '있음'의 어원에 관해서 질문하는 것이다.'

---

1 Ernst Fraenkel, "Das Sein und seine Modalitäten", erschienen in *Lexis* (Studien zur Sprach-philosophie, Sprachgeschichte und Begriffsforschung) herausgeg. v. Johannes Lohmann Bd. II(1949), S. 149ff 참조.

17절 '있음의 본질'이라는 것이 '언어의 본질'과 본질적으로 서로 엉클어져 있다는 관점에서 '있음의 본질'을 밝힘

단어에 관한 문법은 우선적으로, 그리고 단지 어떤 단어의 문자적 그리고 음성적 모양만을 다루는 것이 아니다. 이 문법은 형태론적 요소들을 단어가 의미할 수 있는 가능한 방향과, 또 그 서로 다른 방향의 구분을 가르쳐 줄 수 있는 한 지시로서, 그리고 이렇게 미리 그려진 양상에 따라 어떤 한 문장, 그리고 더 복잡한 문장 안에 삽입될 수 있는 가능성을 가르쳐 줄 수 있는 지시로서 취급하는 것이다. 그는 간다, 우리는 갔었다, 그 사람들은 갔다, 가라!, 가는, 가다와 같은 단어들은 동일한 한 단어의 특정한 의미방향에 따른 변형들이다. 우리는 이와 같은 것들을 문법책을 통해서 잘 알고 있다. 직설법 현재-접속

[G 57] 법 불완료 과거-완료-명령법-분사-부정법. 그러나 벌써 이미 오래 전부터 이와 같은 것은 언어를 분해하고 그 규칙들을 설정하는 데 사용되는 단지 하나의 기술적 도구가 되어 버리고 말았다. 사람들은 언어와의 원래적 고유적 관계가 빛을 발하는 바로 그곳에서 특히 이와 같은 문법형식이 단순한 기계적인 것으로 죽어 있음을 잘 느낀다. 언어와 언어에 대한 사색은 마치 쇠로 만든 그물 속에 그 스스로 뛰어든 것과도 같이 이와 같은 고정된 형식 속에 갇혀 있다. 중·고등학교에서부터의 황폐된, 그리고 정신 부재의 언어교육 속에서 사람들은 이와 같은 형식에 관한 개념과 문법적 이름들을 아무것도 이해하지 못한 채, 그리고 이해할 수 없는 껍질 속에서 배워 온 것이다.

만일 학생들이 이런 것들 대신에 그들의 선생님들로부터 게르만

족의 선사시대와 고대역사를 배울 수 있다면 그것은 잘하는 일이다.[2] 그러나 이 모든 것도, 만일 학교들을 위해서 정신적 세계를 그 내적 깊숙한 곳에서부터 그리고 그 근본에서부터 새로이 구축하지 않는다면, 즉 학교 안에 과학적 분위기가 아니라 정신적 분위기를 조성하지 않는다면, 곧 똑같은 황폐 속에 떨어지게 될 것이다. 그와 같은 정신적 분위기를 조성하기 위해서 다른 무엇보다도 중요한 것은 우리들의 언어와의 관계를 실제적으로 혁명하는 일일 것이다. 그러나 우리는 그러기 위해 선생님들을 혁명시켜야 하며, 또 먼저 대학이 변혁되어야 하며, 여러 가지 잡다한 의미 없는 활동을 함으로써 거드름을 피우는 대신에 자신의 본래의 사명을 알아듣는 일이 필요하다. 우리는 이미, 우리가 벌써부터 그리고 충분히 잘 알고 있는 것들이 다르게 존재할 수도 있으리라는 생각에조차도 이르지 못하고 있으며, 위에서 말한 문법적 형태들이 마치 어떤 절대적인, 영원에서부터 언어를 분해하고 규칙을 주는 그런 것이 아니라, 오히려 하나의 특정한 그리스어와 라틴어의 해석에서부터 자라 온 것임을 생각해야 한다. 그리고 이 모든 것은 다시금, 언어 또한 한 있는 것(Seiendes)이기에, 다른 어떤 있는 것이나 마찬가지로 어떤 특정한 양상에 의해서만 접근될 수 있고 또 규정지어질 수 있다는, 이와 같은 근거 위에서 이루어진 것이다. 그리고 이것이 이루어진다는 것은 나타나 보이는 바와 같이, 이것을 이 같은 양상으로, 그리고 타당성 있게 만들어 준 있음에 관한, 주

---

2 [옮긴이] 한국의 경우 우리는 일연 선사가 지은 『삼국유사』의 공부를 생각해 볼 수 있다. 『삼국유사』의 심층적 이해를 위해서는 다음 책이 어떤 도움을 줄 수도 있을 것이다. 일연, 『중편조동오위』, 이창섭·최철환 옮김, 대한불교진흥원, 2002 참조.

도적인, 근본적 파악에 달려 있다.

언어의 본질을 규정한다는 것, 그리고 이와 같은 것에 대한 질문 조차도 이미 각 시대를 지배하고 있는, 있는 것의 본질, 그리고 본질의 파악에 관한 의견들에 의해서 좌우되고 있다. 그러나 본질과 있음 은 언제나 한, 어떤 언어 속에서 말하고 있는 것이다. 이와 같은 연관 성에 관한 암시는, 우리가 여기서 '있음'이라는 단어에 관해서 질문하고 있는 것이기에 무척 중요한 일이다. 우리가 여기서 우선적으로 그리고 어쩔 수 없이, 전래되어 온 문법적 형태와 문법을 이용함에 있어서, 우리는 이 문법적 형태가 우리들이 지금 얻고자 노력하는 것을 위해서 근본적으로 충분하지 못함을 염두에 두고 있어야만 한다. 이것이 그러함은 우리들이 앞으로 하나의 본질적인 문법적 형태를 다루는 속에서 스스로 밝혀질 것이다.

[G 58]

이와 같은 증명은, 우리가 여기서 하고 있는 것이 문법의 개조를 문제 삼고 있는 것일지도 모른다는 외양을 곧 벗어날 수 있게 해 줄 것이다. 여기서 우리가 다루고자 하는 것은 언어의 본질과 본질적으로 얽혀 있는 있음의 본질을 밝히고자 함이기 때문이다. 우리는 앞으로 우리가 언어적 문법적 문제를 다루는 데 있어서, 이것이 하나의 무미건조한 그리고 빗나간 장난에 불과할지도 모른다는 오해에 빠지지 않기 위해서, 이와 같은 것들을 염두에 두고 있어야만 한다. 우리는 1)'있음'이라는 단어의 문법에 관해서 2)'있음'이라는 단어의 어원에 관해서 질문한다.

1. '있음'이라는 단어의 문법

18절 '있음'이라는 단어의 형태: 동사적 명사형과 부정형

단어 형태상으로 볼 때 '있음'(das Sein)이라는 단어는 도대체 어떤 단어인가? '있음'에 상응되는 것으로는 감(das Gehen)['가다'로부터], 떨어짐(das Fallen)['떨어지다'로부터], 꿈꿈(das Träumen)['꿈꾸다'로부터] 등등이 있다. 이와 같은 언어 형태는 빵(das Brot), 집(das Haus), 풀(das Gras), 사물(das Ding)과 같은 형태이다. 그럼에도 불구하고 전자의 경우 우리는 쉽게 한 차이점을 발견한다. 이 단어들은 아무 어려움 없이 시간사(die Zeitwörter, 동사)로, 즉 가다, 떨어지다…로 되돌아갈 수 있는 것이다. 이것은 후자의 경우 허락되지 않는 것처럼 보인다. '집'(das Haus)이라는 단어에 대해 '집 짓고 산다'(거처 [G 59] 하다, das Hausen)라는 말이 있기는 하지만 말이다. 예를 들어서 '그는 숲속에 거처한다'(er haust im Wald)의 경우처럼. 그러나 여기서 '감'(das Gehen/der Gang)과 '가다'(gehen) 사이의 의미적 문법적 차이는 '집'(das Haus)과 '집 짓고 산다'(das Hausen) 사이의 차이와는 서로 상이하다. 그리고 또 다른 한 가지는 그 단어형성에 있어서 전적으로 전자의 경우('감/das Gehen', '낢, das Fliegen')에 상응함에도 불구하고 그 단어성질과 의미상에서 볼 때 '빵'(das Brot), '집'(das Haus)에 상응하는 단어들이 있다는 것이다. 예를 들어서 '대사(大使)가 향연을 베풀었다'(Der Botschafter gab ein Essen), '그는 불치의 고통 때문에 사망했다'(er starb an einem unheilbaren Leiden)의 경우가 그렇다. 여기서 우리는 이 단어들이 동사에 속하는 종류의 것인지 어떤지를 전혀 생각하지 않는다. 그럼에도 불구하고 동사로부터, 하나의 (동사적) 명사(Substantivum)가, 하나의 명사가 생성된 것이며, 이것은 사람들이 라틴어로 부정형(不定形, modus infinitiv)이라고 부르는 동사(Verbum/des Zeitwortes)의 한 특정한 형태를 지님으로써 이루어진 것이다.

이와 같은 상관관계를 우리는 우리의 단어 '있음'(das Sein)에서 발견한다. 이 (동사적) 명사형은 부정형 '이다/있다'(sein)에서 기원한 것이며, 이 형태에 du bist(너는 … 이다/있다), er ist(그는 … 이다/있다), wir waren(우리들은 … 이었다/있었다), ihr seid gewesen(그들은 … 이었었다/있었었다)가 속해 있는 것이다. '있음'은 한 (동사적) 명사로서 동사로부터 생성된 것이다. 그렇기 때문에 사람들은 이 단어 '있음'을 '동사적 명사'(Verbalsubstantiv)라고 부른다. 이와 같은 문법적 형태에 관한 지적으로서 '있음'이라는 단어에 대한 언어적 특징지음은 다 끝났다. 이미 잘 알려져 있는 그리고 명백한 사실임에도 우리는 복잡하게 이야기하였다. 그럼에도 불구하고 우리는 조심스럽게, 이것은 닳아서 낡은, 그리고 보통 통하는 언어적 문법적 구분들이라고 말하는 것이다. 왜냐하면 이것들은 전혀 '명백하지가' 않다. 그래서 우리는 여기서 다음과 같은 문법적 형태들을 우선 다루어 보아야 할 것이다(동사형, (동사적) 명사형, 동사의 명사화형, 부정형, 분사형/Verbum, Substantivum, Substantivierung des Verbum, Infinitiv, Participium).

우리는 '있음'이라는 단어형성에 있어서 부정형 '이다/있다'가 그 결정적인 선행된 형태라는 것을 어렵지 않게 알아차릴 수 있다. 이 형태의 동사는 (동사적) 명사형으로 이전되었다. 따라서 동사형, 부정형, (동사적) 명사형은 이들로부터 우리의 '있음'이라는 단어의 성질을 특징지어 주는 세 개의 문법적 형태들인 것이다. 우리는 여기서 우선 이 문법적 형태들의 의미를 이해하도록 노력해야 한다. 앞에서 말한 세 가지 중에서 동사형과 (동사적) 명사형은 서양문법이 생성되던 시기에 제일 처음으로 인지된 것이며, 오늘날에 있어서도 단어와 언어라는 것의 근본형태로서 인정받고 있다. 그렇기 때문에 우리는 이 (동사적) 명사형과 동사형의 본질에 관한 질문과 동시에 언어의 본질에 관한 질문에 말려 들어 간다. 왜냐하면 단어의 원초적 형태가 명사형(Nomen/(동사적) 명사형)인지 아니면 동사형인지 하는 질문은, 도대체 무엇이 이야기함(Sagen)과 말함(Sprechen)의 원초적 특징인지 하는 더 일반적인 질문과 동일한 것이기 때문이다. 그리고 이 질문은 동시에 언어의 기원에 관한 질문을 그 안에 내포하고 있다. 그러나 우리는 이 질문에 직접적으로 접근할 수는 없다. 우리는 하나의 비상구(非常口)를 열어야 한다. 우리는 우선 우리들이 문법적 형태형성에 있어서 찾고자 하는 바를, 동사적 명사형의 형성에 있어서의 중간 형태, 즉 부정형(가다, 오다, 떨어지다, 노래하다, 바라다, 이다/있다 등등)에 제한하려고 한다.

19절 부정형

1. 그리스인들의 그리스어에 대한 사색으로부터 시작된 서양문법의 근원: ὄνομα(오노마)와 ῥῆμα(레마)

부정형(Infinitiv)이란 도대체 무엇을 말하는 것인가? 이 이름은 다음과 같은 완전한 이름의 한 약어이다. 부정적 화법(不定的 話法, modus infinitivus), 즉 제한 없는, 정해지지 않은 화법, 다시 말해서 한 동사가 도대체 어떻게 자기 의미의 전달과 의미의 방향을 지시하고 또 그 효력을 나타내는가 하는 양상에 대한 이름인 것이다.

이 라틴어의 이름은 다른 이름들과 함께 그리스의 문법학자들의 업적으로부터 전달된 것이다. 우리는 여기서, 우리가 φύσις(피지스)의 번역 과정에 대해서 이야기할 때 언급한 같은 상황을 또다시 목격하게 된다. 우리는 여기서, 그리스인들에 의한 문법의 생성, 로마인들의 인수, 중세인들에게로의 그리고 근대세계로의 전달이라는 세부적 사실은 취급하지 않으려 한다. 우리는 이 같은 과정에 관해서 많은 세부 [G 61] 사항을 알고 있다. 그러나 전 서양정신을 근거 지어 주고 특징지어 주는 이와 같이 근본적인 이루어짐을 실제적으로 꿰뚫을 수 있는 앎은 아직까지 존재하지 않는다. 이 과정에 관한 관심이라는 것이 비록 오늘날에 있어서까지도 거의 전무할 뿐만 아니라, 언젠가는 필연적으로 부딪치게 될 이와 같은 사색을 위한 충분한 질문조차도 아직 채 준비되어 있지 못하다.

서양의 문법형성이라는 것이 그리스어에 대한 그리스인들의 사색으로부터 탄생되었다는 것은, 이 형성과정에 그 전(全) 의미를 부여한다. 왜냐하면 (사색의 가능성이라는 관점에서 보았을 때) 이 언어는 독일어와 함께 가장 힘 있는 것이며 동시에 가장 정신적인 것이기 때문이다.

우리는 다른 무엇에 앞서, 단어의 근본형태(명사, 동사)를 지표가 될 수 있도록 구분 지어 주는 그리스어형의 ὄνομα(오노마) 그리고 ῥῆμα(레마)라는 것이, 직접적인 그리고 내적인 관계 속에서, 전 서양을 위한 있음의 이해와 해석형성에 있어서도 마찬가지로 지표가 될 수 있는 형태로 형성되고 또 처음으로 근거 지어졌다는, 이와 같은 사실에 대해서 사색해야 될 것이다.

이와 같은 두 형성과정의 내적 연관성을 우리는 아무 흐려짐이 없이 그리고 뚜렷하게 플라톤의 대화『소피스테스』(*Sophistes*)를 통해서 접근할 수 있다. 이 이름들, ὄνομα(오노마), 또 ῥῆμα(레마)라는 것은 플라톤 이전에 이미 알려져 있었다. 그러나 그 당시, 그리고 플라톤에 있어서도 이 이름들은 단어사용 전체를 지칭하는 이름으로 사용되었다. ὄνομα(오노마)는 말해진 어떤 사람이나 사물 자체와는 달리하는, 단순한 언어적 이름 부름을 의미하며, 동시에 어떤 단어를 말하는 것을 의미한다. 그리고 이 마지막 것은 나중에 문법적으로 ῥῆμα(레마)로 설정된다. 그리고 ῥῆμα(레마)는 다시금, 말, 말함을 의미하며, ῥήτωρ(레토르)는 다만 동사만을 사용하는 것이 아니라, 좁은 의미에서의 (동사적) 명사형 ὀνόματα(오노마타)를 사용하여, 말하는 사람, 연설자를 의미한다.

이 두 이름이 원래적인 양상으로 동일한 문법적 영역을 지배한다는 이 사실은 우리들이 나중에 다루려고 하는 문제, 즉 언어학에서 자주 거론된, 명사가 아니면 동사가 단어의 기원적 형태를 이루어 주는 것인지 하는 문제가 사실에 있어서는 진정한 문젯거리가 아님을 이해하는 데 중요하다. 이 사이비 문제는 이미 자리가 잡힌 문법의 시야 안에서 처음으로 제기된 것이며, 아직 문법적으로 세분화되기 이전의, 언어의 본질이라는 관점에서 제기된 것이 아니다. [G 62]

그 시작에 있어서 모든 말함을 지칭하던 이 두 이름, ὄνομα(오노마)와 ῥῆμα(레마)는 점점 그 의미를 좁히게 되어, 나중에는 단어들의 두 중요 부문을 지칭하는 이름이 되었다. 플라톤은 앞에서 말한 대화(261 e 이하)에서 처음으로 이와 같은 구분과 그 이유를 우리에게 보여 주고 있다. 플라톤은 여기서 단어의 일반적 능력이라는 관점에서 출발한다. ὄνομα(오노마)의 광의적 의미는, δήλωμα τῇ φωνῇ περὶ τὴν οὐσίαν(데로우마 테 포네 페리 텐 우시안), '소리를 통한, 있는 것의 있음의 영역 안에서의 있는 것의 있음의 나타나 보임'이다.

있는 것의 영역 안에서는 πρᾶγμα(프라그마)와 πρᾶξις(프락시스)가 구분된다. 전자는 우리가 무엇을 할 때, 그 하고자 하는 것(die Sache, 사안), 그 무엇 때문에 어떤 것을 하는 그것을 의미한다. 후자는 광범위한 의미에서의 행위와 행동을 의미하며 여기에는 ποίησις(포이에시스) 또한 포함된다. 단어들은 이중의 속성(διττὸν, γένος 디톤 게노스)을 지닌다. 그 하나는 δήλωμα πράγματος/ὄνομα(데로마 프라그마토스/오노마), 본무(本務, die Sache)를 나타내 보임, 그리고 그 다른 하나는 δήλωμα πράξεως/ῥῆμα(데로마 프락세오스/레마), 행위를 나타내 보임이다. 한 πλέγμα(프레그마), 한 συμπλοχή(쉼프로케)(위의 둘 ── 오노마, 레마 ── 을 연결 지어 주는 일)가 이루어지는 곳에 λόγος ἐλάκιστός τε χαὶ πρῶτος(로고스 엑가키스토스 테 카이 프로토스), 가장 짧은 (그리고 동시에) 최초의 (본래적 의미의) 말함이 이루어지는 것이다. 그렇지만 λόγος(로고스)를 말해진 문장(Aussagesatze)으로 이해하는 분명한 형이상학적 해석은 아리스토텔레스에서부터이다. 그는 ὄνομα(오노마)를 σημαντικὸν ἄνευ κρόνου(쎄만티콘 아네우 크로노우)로, ῥῆμα(레마)를 προσσημαῖνον κρόνον(프로세마이논 크로논)으로 구분한다(de interpretatione, c. 2~4). λόγος(로고스)의 본질에 관한 이와 같은 이해는 후에 이루어질 논리학의 형성과 문법의 형성에 표본적이며 지표적 역할을 하게 된다. 그리고 논리학과 문법은 머지않아 학교 교과과정으로 침잠해 버렸지만, 이들의 대상은 언제나 그리고 다시금 그 중요한 지표적인 의미를 잘 보존하고 있다. 그리스인들의 그리고 라틴 문법학자들의 저서들은 서양의 경우 천 년이 넘는 오랜 세월 동안 학교의 교과서였다. 사람들은 이 시대가 결코 나약하거나 왜소하지 않았다는 것을 잘 알고 있다.

2. πτῶσις(프토시스/casus, 격)와 ἔγκλισις(엥크리시스/declinatio, 동사변화)의 그리스적 해석 [G 63]

우리는 라틴어를 쓰는 사람들이 부정형(不定形, infinitivus)이라고 부른 단어 형태에 대해서 질문하고 있다. 벌써 이 modus infinitivus verbi(모두스 인피니티부스 베르비)라는 부정(否定)을 포함한 표현방식이 또 다른 하나의 정형형태(定形形態, modus finitus), 즉 동사의 규정된 그리고 제한된 사용형태가 존재한다는 것을 가르쳐 주고 있다. 그렇다면 어떤 것이 이와 같은 구분의 그리스적 표본인가? 로마의 문법학자들이 빈약한 이름으로 모두스(modus)라고 부른 것을 그리스인들은, 옆으로 기울어짐을 의미하는 ἔγκλισις(엥크리시스)라고 불렀다. 이 단어는 또 다른 하나의 그리스어의 형태어와 같은 방향으로 움직이고 있다. 우리는 그것의 라틴어 번역을 잘 알고 있다. πτῶσις(프토시스), casus, 명사의 격 변화라는 의미의 '경우'. 그런데 그 시초에 πτῶσις(프토시스)는 근본형태가 가질 수 있는 모든 종류의 변화(변형, 굴절)를 의미했으며, 이것은 단지 (동사적) 명사의 경우뿐만 아니라 동사의 경우에서도 마찬가지인 것이다. 이와 같은 단어 형태의 구분이 우선적으로 분명하게 확정됨에 따라 여기에 종속된 다른 변화들 또한 다른 특별한 이름들로 부르게 되었다. 명사의 격변화는 πτῶσις(프토시스, casus)라고 불렀으며, 동사의 변화는 ἔγκλισις(엥크리시스, declinatio)라고 불렀다.

20절 그리스적 있음의 이해: 있음을 φύσις(피지스)와 οὐσία(우시아)라는 이중적 의미의 지속성으로 이해한 그리스적 있음의 이해

그런데 어떻게 해서 언어의 연구와 언어의 발전 연구에 바로 이 두 개의, πτῶσις(프토시스)와 ἔγκλισις(엥크리시스)라는 칭호가 사용된 것인가? 나타나 보이듯이 언어 또한 어떤 있는 것으로, 즉 여러 다른 것들 중 하나의 있는 것(Seiendes)으로 취급되었다. 그렇기 때문에, 언어의 정의(定意)와 이해에 있어서는, 그리스인들이 도대체 어떻게 있는 것을 그 있음 안에서 이해했었는가 하는 그 양상을 중요시해야만 한다. 단지 이와 같은 것으로부터 우리는 이미 오래전에 화법(modus) 그리고 격변화(casus)라는 이름 밑에 낡고 닳아빠져 버려 아무것도 의미하지 못하는, 이 두 칭호를 이해할 수 있는 것이다.

[G 64] 이 강의 안에서 우리는, 비록 이것이 전적으로 닳아빠져 그것이 오늘날에까지도 단지 철학의 어떤 가르침 속에서 뿐만 아니라 일상생활에 있어서도 서양역사를 지배하고 있음을 알아차릴 수 없게끔 되었다 할지라도, 끊임없이 그리스인들의 있음의 이해로 되돌아가고 있기에 여기서 그리스인들의 언어이해를 다룸으로써 그리스인들이 지니고 있었던 그 시작에 있어서의 있음의 이해를 특징지어 보고자 한다.

이와 같은 방법은 의식적으로 선택된 것이다. 이것은 한 문법의 예를 통해서, 서양에 있어서의 모든 언어에 대한 표준이 될 수 있는 체험, 이해 그리고 설명이 어떻게 있음의 한 특정한 이해로부터 자라났는지를 보여 주고자 하는 것이다.

πτῶσις(프토시스)와 ἔγκλισις(엑크리시스)라는 이름은 넘어지다(Fallen), 넘어지려고 하다(Kippen), 어느 쪽으로 기울어지다(Sich-neigen)를 의미한다. 여기에는 떳떳하게, 그리고 똑바로 선다라는 것에서 이탈한다는 의미가 내포되어 있다. 그런데 바로 이 스스로 위를 향해서 거기—서 있음(Da-stehen), 서 있음(위치, 상태, 신분)에 이르름(zum Stand kommen) 그리고 이 서 있음 안에 머무름을 그리스인들은 있음(存在, Sein)으로서 이해했다. 어떤 것이 이와 같은 모양으로 서 있음에 이르면, 즉 그 스스로 **확립되면**, 이렇게 됨에 있어서 그 스스로로부터 자유롭게 자기의 한계(Grenz)에, πέρας(페라스)에 이를 필요성을 자기 자신 안에 지니게 되는 것이다. 이와 같은 것은 결코 외부로부터 있는 것에 부과되는 게 아니다. 그리고 이것은 어떤 절개되어 모자름, 부족함은 더더욱 아니다. 이와 같은 자신의 한계성으로부터 자신을 붙들어 놓아 머무르는 것, 그 안에 확립된 것이 스스로를 의지하고 있는, 스스로 자신을 소유하는 것, 바로 이것이 있는 것의 있음이며, 이것이 있는 것을 처음으로 있지 않는 것과 구별해서 있는 그것으로 만들어 주는 것이다. 이에 따라서 서 있음에 이르름이라는 것은 스스로 그 한계성을 추구하는 것, 자신의 한계를 정하는 것을 의미한다. 그렇기 때문에 있는 것의 근본적 특성은 τὸ τέλος(토 텔로스)이며, 이것은 목표(Ziel)를 의미하는 것도, 목적(Zweck)을 의미하는 것도 아니며, 오히려 끝(Ende)을 의미한다. 여기서 '끝'(Ende)이라는

것은 결코 어떤 부정적(否定的)인 의미에서 말해진 것이 아니다. 마치 이것과 함께 어떤 것이 더 이상 앞으로 나갈 수 없음을, 거부당함을 그리고 끝나 버림을 의미하는 것처럼 말이다. 끝(das Ende)이라는 것은 완성(Vollendung)이라는 의미에서의 끝마침을 의미한다. 한계(Grenze)와 끝(Ende)은 이들에 의해서 있는 것이 있기(zu sein)를 시작하는 그와 같은 것이다. 이와 같은 것으로부터 우리는 **아리스토텔레스**가 있음을 위해서 사용한 최상의 명칭, ἐντελέχεια(엔텔레케이아) ── 자기 스스로를-끝마침(한계)-안에-머무르게 함(지속함)[das Sich-in-der-Endung(Grenze)-halten(wahren)] ── 를 이해할 수 있다. 나중에

[G 65] 나타난 철학들이 그리고 생물학이 이 명칭 '엔텔레키'(Entelechie)를 가지고 만들어 놓은 것은(**라이프니츠** 참조) 그리스적인 것으로부터의 그 전적인 이탈을 잘 보여 주고 있다. 자신의 한계 안에서 이것을 완성시키며, 자신을 세움으로써 이렇게 서 있는 것은 한 모양(형태, Gestalt), μορφή(모르훼)를 지니게 되는 것이다. 그리스인들이 이해한 형태라는 것은 피어오름에서의 한계 속에-그-스스로를-이룸(Sich-in-die-Grenze-her-stellen) 안에 그 본질을 두고 있는 것이다.

그런데 그-스스로-저기-서 있는 것(Das In-sich-da-Stehende)은 보여진다는 관점에서 볼 때, 스스로를-거기에-나타내 보이는(Sich-dar-Stellenden)이, 즉 그 스스로 그것이 그렇게 나타나 보이는 속에 (그렇게 보이도록) 자신을 제공하는 것이 된다. 어떤 일, 사물(Sache)이 어떻게 보이는가 하는 것을 그리스인들은 εἶδος(에이도스) 또는 ἰδέα(이데아)라고 이름 지어 불렀다. εἶδος(에이도스)의 원래적인 의미 속에는, 지금도 우리가 다음과 같이 말할 때, 즉 그 일(사물, Sache)은 어떤 면모(面貌, 얼굴, Gesicht)를 지니고 있다, 그 면모를 보여 줄

수 있다, 일에 체모(體貌)가 선다라고 말할 때 의미하는 것이 함께 울려지고 있다. 일, 사물이 '어울린다'(Die Sache 'sitzt'). 일, 사물이 나타나 보임 속에, 다시 말해서 그것의 본질이 펼쳐 나옴 속에 안주하고 있다[자리가 잡혀 있다]. 지금까지 열거한 모든 있음의 규정은 그 근거를 ── 그리고 이것이 또한 이 전부를 함께 뭉치게 하고 있다 ── 그리스인들이 아무런 질문함이 없이 있음의 뜻을 경험한, 그래서 그들이 이것을 οὐσία(우시아)라고, 아니면 그 완전한 형태로 παρουσία(파루시아)라고 부른 것 속에 두고 있다. 그 후 사람들은 통상적인 경솔함 속에서 아무 생각 없이 이것을 'Substanz'(쥡스탄츠)라고 번역함으로써 모든 의미를 상실해 버리고 만 것이다. παρουσία(파루시아)를 독일어로 옮기기 위해서 우리는 An-wesen(안-베센)이라는 단어를 생각할 수 있을 것이다. 우리는 그 자체로서 자급자족을 이루고 있는 한 농가(農家) 전체를 이렇게 부른다. 아리스토텔레스의 시대에 있어서도, 그때까지 οὐσία(우시아)는 이와 같은 의미로 그리고 철학적 근본 단어적 의미로 사용되었다. 무엇이 그 자리에 그렇게 있다[자리 잡고 있다](Etwas west an). 그것은 그 스스로 서 있으며, 그렇게 있는 대로 자신을 나타낸다(Es steht in sich und stellt sich so dar). 그것은 있다(Es ist). '있음'(存在, Sein)은 그리스인들에게는 근본적으로 그 자리에 있음(Anwesenheit)이었다.

그러나 그리스 철학은 이 있음의 근거로, 이 근거를 품고 있는 그와 같은 것까지 다시는 더 이상 되돌아가지 못하고 말았다. 이 철학은 단지 그 자리에 있는 것(Anwesenden)의 전경(前景)에 머물러, 이것을 위에서 이미 말한 규정성에 따라서만 이해하려고 노력했다.

위에서 말해진 것으로부터 우리는 이제 우리가 처음에 형이상학(Metaphysik)이라는 이름을 설명할 때 언급한 적이 있는, 그리스인들의 있음의 이해에, 즉 있음을 이해하는 것을 φύσις(피지스)로서 알아들은 것에 훨씬 더 가까워졌다. 이와 같은 것에 있어서, 우리는 후세에 사람들이 '자연'(Natur)이라고 부르는 것에서 전적으로 멀어져야 한다고 말했었다. φύσις(피지스)는 펼쳐 오름 속에서 자신을 똑바로 세움, 자기 스스로 안에 머무르면서 자신을 발전시킴을 의미한다. 이와 같은 다스림(Walten) 안에 움직임(動, Bewegung)과 고요함(靜, Ruhe)의 원래적인 일치가 담겨 있으며 또한 열려 보이는 것이다. 이와 같은 다스림(Walten)은 사색(思索, im Denken) 안에 아직 채 다스려지지 못한, 사색을 지배하고 있는 그-자리에-있음(An-wesen)이며, 이 안에는 이렇게 그-자리에-있는-그것이 있는 것으로 머무르는 것이다(Dieses Walten ist das im Denken noch unbewältigt überwältigende An-wesen, worin das Anwesende als Seiendes west). 그런데 이와 같은 다스림은, 이 다스림이 그 스스로 한 세계(世界, Welt)로서 자신을 위해서 싸우는 곳에, 그리스어로 말한다면, ἀλήθεια(알레테이아, 숨겨지지 않음, 진리, Unverborgenheit)가 이루어지는 곳에서 처음으로 그 숨겨져 있음(Verborgenheit)으로부터 밖으로 나타난다. 있는 것은 이렇게 투쟁된 세계를 통해서만 처음으로 있는 것이 된다.

헤라클레이토스는 그의 단편 53에서 말한다.

πόλεμος πάντων μὲν πατήρ ἐστι, πάντων δὲ βασιλεύς, χαὶ τοὺς μὲν θεοὺς ἔδειξε δὲ ἀνθρώπους, τοὺς μὲν δούλους ἐποίησε τοὺς δὲ ἐλευθέρους.

Auseinandersetzung ist allem (Anwesenden) zwar Erzeuger (der aufgehen läßt), allem aber (auch) waltender Bewahrer. Sie läßt nämlich die einen als Götter erscheinen, die anderen als Menschen, die einen stellt sie her(aus) als Knechte, die anderen aber als Freie.

투쟁(πόλεμος, 폴레모스)은 모든 것의(있는 것들의) 아버지이다. 그러나 모든 것을 (역시) 다스리며 보존한다. 그것은 어떤 것을 신(神)들처럼, 어떤 것은 인간처럼, 어떤 것은 노예처럼, 어떤 것은 자유인으로 나타나게 한다.

여기서 말해지고 있는 πόλεμος(폴레모스)는 다른 무엇에 앞서, 신적(神的), 인간적 다스림을 위한 투쟁을 말하는 것이며, 인간들이 행하는 양상의 전쟁을 말하는 것이 아니다. 헤라클레이토스에 의해서 사색된 투쟁은 있는 것들을 최초로 서로 구분 지어 주며, 서로 부딪치게 하는 것이며, 그래서 그것들의 위치, 신분, 품위를 그 자리에 있음 (im Anwesen)에 맞추어 있도록 해 주는 것이다. 이와 같이 서로서로 구별되어지는 것 속에서, 갈라진 틈, 간격, 폭, 연결이 그 스스로를 열어 보이는 것이다. [이 투쟁은 결코 그 통일성을 파괴하는 것도, 분열시키는 것도 아니다. 그것은 이 통일성을 성립시켜 주는 것이며, 이것이 바로 모음(Sammlung), λόγος(로고스)이다. πόλεμος(폴레모스/투쟁) 와 λόγος(로고스/모음)는 동일한 것이다.]

여기서 이렇게 의미된 투쟁은 원초적인 투쟁이다. 이 투쟁은 투쟁하는 사람들을 그와 같은 것으로써, 최초로 생성시키는 것이기 때문에. 이것은 단지 어떤 눈앞에 있는 것을 포위 공격하는 게 아니다. 이 투쟁은 지금까지 사색되지 않은, 말해지지 않은, 엄청난 것을 최초로 초안하고 발전시키는 것이다. 그래서 이 투쟁은 창조적인 사람들로부터, 시인(詩人)들로부터, 사색하는 사람들로부터, 그리고 위대한 정치가들(Staatsmänner)로부터 이끌어지는 것이다. 그들은 이 압도적인 다스림의 면전에 그들 일의 웅대함을 마주 세우며, 이렇게 하는 속에서 한 세계를 열어 펼친다. 이와 같은 일들과 함께 처음으로 이 다스림(Walten)이라는 것이, φύσις(피지스)라는 것이 그 자리를 차지하게 된다. 있는 것은 이제 비로소 그 있는 그대로의 있는 것이 된다. 이

[G 67] 와 같은 세계의 생성(Weltwerden)이야말로 그 진정한 의미에서의 역운(易運, Geschichte)인 것이다. 투쟁은 이와 같은 것을 단지 생-성(生-成, ent-stehen)시킬 뿐만 아니라, 이것만이 또한 있는 것을 그들의 지속성 안에 보존시켜 주는 것이다. 투쟁이 사라진 곳에는 있는 것들이 사라지는 것은 아니라 할지라도, 세계는 그로부터 등을 돌린다. 있는 것은 더 이상 자신을 주장하지 못한다(다시 말해서 더 이상 그 있는 그대로 보존되지 못하는 것이다). 있는 것은 이제 그저 눈앞에-놓여져 있을(vor-gefunden) 따름이다. 그리고 그것은 단지 그저 있을 뿐이다(Es ist Befund). 완성된 것(das Vollendete)은 이제 더 이상 자신의 한계성을 지키는(다시 말해서, 자신의 모습을 고수하는) 것이 아니라, 단지 끝마쳐진 것(das Fertige)으로, 아무 누구에게나 사용될 수 있는 것, 그저 손에 닿는 것(das Vorhandene)으로, 그래서 거기에는 결코 세계라는 것이 세계가 될 수 없는, 그와 같은 것이 되어 버리고 만다. 이런 경우에서는 인간들은, 그들이 마음대로 사용할 수 있는 것들만으로, 세상을 마음대로 지배한다. 있는 것은 관찰을 위한(양상, 모습), 아니면 만드는 것을 위한, 만들어진 것으로서의, 아니면 계산된 것으로서의 대상(Gegenstand)이 되어 버리고 마는 것이다. 원초적으

로 세계를 세계로서 이루어 주는 것, φύσις(피지스)는, 이제 모조하기 위한 그리고 모사하기 위한 모형으로 추락하고 만다. 자연(Natur)은 이제 예술과 모든 생산될 수 있는 것들과 기획될 수 있는 것들과 그 영역을 달리하는 한 특수 영역이 되어 버리고 만다. 그 원초적인 다스리는 힘, 열려 펼쳐짐, 안에서 자신을 똑바로 세움, 한 세상의 나타남이라는 웅장한 의미에서의 나타나 보임, φαίνεσθαι(파이네스타이)는 이제 그저 손에 닿는 사물들의 가리켜질 수 있는, 보여질 수 있는 어떤 것이 되어 버리고 마는 것이다. 언젠가는 다스림 안을 꿰뚫어 봄으로써 그 계획을 꿰뚫어 볼 수 있었던, 이렇게 꿰뚫어 봄으로써 역사(投事)를 이루어 나갈 수 있었던, 이와 같은 원초적인 꿰뚫어 봄, 눈, 본다는 것은 이제 다만 하나의 단순한 지각한다는 것, 하나의 단순한 검사(檢査), 하나의 단순한 멍청하게 바라보는 것이 되어 버리고 마는 것이다. 어떤 광경이라는 것은 이제 단순한 어떤 시각적인 것일 뿐이다(Der Anblick ist nur noch das Optische). (쇼펜하우어의 '세계의 눈'(Weltauge) —— 순수인식.)

그럼에도 불구하고 아직도 있는 것은 있다. 이것들의 혼잡은 그 어떤 때보다도 더 요란하고 더 넓게 자리 잡고 있다. 그러나 이것들로부터 있음이 등을 돌린 것이다. 있는 것은 단지, 무척 다양한 그리고 끝없는 산업을 위한 '대상'이 됨으로써, 겉으로 보기에 아직도 자신의 지속성을 보존하고 있는 것처럼 나타나 보인다.

만일 위대한 일을 성취하는 사람들이 민중으로부터 멀어지고, 단지 하나의 단순한 흥밋거리, 하나의 장식품, 하나의 세상 삶에서 동떨어진 기인(奇人)으로서 그저 용납될 뿐이라면, 만일 진정한 투쟁은 사라지고 이러한 투쟁은 단지 하나의 논쟁(Polemische)이 되어 버려,

그저 손 앞에 닿는 있는 것들 안에서의 인간들의 간계와 조작이 되어 버린다면, 퇴폐(Verfall)는 이미 시작된 것이다. 왜냐하면, 만일 어떤 세대가 이미 전승되어 얻어진 자신들 현존재의 수준과 품위를 지키기 위해서만 노력한다면, 이것은 벌써 그 수준의 하락을 의미하기 때문이다. 진정한 수준은 모든 시대에 있어서 창조적으로 상승함으로써만 지켜 나갈 수 있다.

'있음'(Sein)은 그리스인들에게 두 가지 의미에서 **불변성**(Ständig-keit)을 말한다.

1) 생-성(生-成, Ent-stehen)이라는 의미에서의 자신 안에서-스스로-일어나-서 있음($\phi\acute{\upsilon}\sigma\iota\varsigma$).

2) 그러나 바로 이와 같은 것으로서 '불변적인'(ständig), 다시 말해서 그렇게 머무르는, 그렇게 지속하는 것($o\mathring{\upsilon}\sigma\acute{\iota}\alpha$).

여기에 따라서 있지-않음(Nicht-sein)은 이와 같은 생-성된 불변성으로부터 뛰쳐나오는 것: $\mathring{\epsilon}\xi\acute{\iota}\sigma\tau\alpha\sigma\alpha\iota$(에크시스타스타이)-'실존'(Existenz), '실존한다'(existieren)라는 것은 그리스인들에게 있어서는 있지-않음(nicht-sein), 바로 그것이었던 것이다. 사람들은 아무 생각 없이 '실존'(Existenz) 그리고 '실존한다'(existieren)라는 말을 있음(Sein)을 표시하는 말로 사용하고 있으며, 또 이렇게 하면서 만족하고 있음은 다시 한번, 있음에 대한 그리고 그 원래에 있어서의 있음을 힘차고 규정적으로 해석한 것에 대한 소외와 퇴색이 얼마나 진행되었는지를 다시 한번 잘 증명해 주고 있다.

21절 그리스적 언어의 이해

πτῶσις(프토시스), ἔγκλισις(엑크리시스)는 넘어지다, 기울어지다를 말한다. 이것은 다시 말해서, 자신의 본래 위치의 불변성으로부터 뛰쳐나오는 것, 그래서 그것으로부터 이탈되는 것, 바로 이것 이외에는 다른 아무것도 의미하지 않는다. 우리는 왜 언어학적 연구에 있어서 바로 이 두 명칭이 사용되게 됐는지를 질문했다. 이 πτῶσις(프토시스)-ἔγκλισις(엑크리시스)의 의미는 그 안에 똑바로 서 있는 어떤 것의 표상을 그 전제로 삼고 있다. 우리는 그리스인들이 그들의 있음의 이해에 따라 언어를 어떤 있는 것으로서 이해한다고 이야기 했다. [있는 것의 그] 있다(Seiend)라는 것은 불변적인 것이며 자신을 바로 이것으로서 나타내 보이는 것, 이렇게 나타나 보이는 것이다. 이런 것은 다른 무엇에 앞서 보는 것(Sehen)에 나타나 보이는 것이다. 그리스인들은 언어를 어떤 광범위한 의미에서 볼 때 시각적(optisch)으로, 다시 말해서 쓰여진 언어를 통해서 이해했다. 쓰여진 언어 안에 말해진 언어가 자리 잡아 서 있게 되는 것이다. 언어는 있다, 다시 말해서 그것은 단어의 문자적 모습 안에, 문자적 표시 안에, 문자 안에, γράμματα(그라마타) 안에 서 있다(Die Sprache ist, d.h. sie steht im Schriftbild des Wortes, in den Schriftzeichen, in den Buchstaben, 'grammata'). 그렇기 때문에 이 문법(die Grammatik)이라는 것이 언어의 있음을 표상해 준다. 여기에 반해서, 언어라는 것은 말해진다는 흐름을 통해서는 단지 아무런 불변성도 없는 것 안으로 사라져 버리고 만다. 이렇게 해서 오늘날에까지, 언어학적 이론이라는 것은 문법적으로 해석되어 내려온 것이다. 그러나 그리스인들은 φωνή(포네)라는 [G 69]

언어의 음성적(音聲的) 특징도 알고 있었다. 그들은 수사학(Rhetorik)과 시학(Poetik)을 창설했다. [그러나 이 모든 것은 그 자체만으로서는, 언어의 본질에 상응해서 언어를 규정하는 데까지는 이르지 못했다.]

1. 단어의 부정형은 동사라는 것이 다른 경우에는 나타내 보이는 것을 더 이상 나타내 보이지 못한다는 것에 대하여

문법적(die grammatische)인 것이 언어연구에 있어서의 표준이 되는 것으로 자리 잡고 있다. 그런데 단어들 중에는 그 근본적 형태에서 변형, 변화된 상태의 것들이 있다. 명사(Substantiv)의 근본형태는 명사형 단수이다. 예를 들어서 ὁ χύχλος(오 퀴크로스), 원(der Kreis)이 그것이다. 동사의 근본형태는 직설법, 현재, 일인칭, 단수이다. 예를 들어서 λέγω(레고), 나는 말한다(ich sage)가 그것이다. 여기에 반해서 부정법(不定法, Infinitiv)은 동사의 한 특별한 화법(Modus), 즉 하나의 ἔγκλισις(엥크리시스)이다. 어떤 양상의? 이것을 우리는 지금 규정하고자 한다. 이와 같은 것은 한 예를 통해서 알아보는 것이 가장 손쉬운 방법이다. 앞에서 말한 λέγω(레고)의 한 형태에 λέξαιντο(렉사인토)라는 것이 있다. '그들(지금 문제가 되고 있는 사람들)은 말해지고 지적될 수 있다' —— 예를 들어서 배신자로서. 좀 더 구체적으로 말해서 이와 같은 변형은 그 형태가 다른 격(제3격), 다른 수(단수가 아니라 복수), 다른 형(능동형 대신에 수동형), 다른 시제(현재시제 대신에 부정형 과거 'Aorist' 시제), 좁은 의미에서의 다른 화법(직설법이 아니라 원망법[願望法, Optativ])으로 되는 것 속에서 이루어지는 것이다. λέξαιντο(렉사인토)라는 단어 안에서 이름 불린 것은 실재로 존재하는 것처럼 가리켜진 것이 아니라, 단지 있는 것이 마치 가능한 것처럼만 생각되고 있는 것이다.

　이 모든 것은 그 변형된 단어 형태를, 동시에, 나타내 보여 주고 있으며, 직접적으로 이와 같은 것을 이해하도록 해 주고 있다. 다른 것을 함께 나타내 주는 것, 함께 돌출시키는 것, 함께 보여 주는 것, 이것이 바로 ἔγκλισις(엥크리시스)의 능력이며, 이 안에서 똑바로 서 있는 단어가 그 스스로 한쪽으로 기울어지는 것이다. 그렇기 때문에 이것은 ἔγκλισις παρεμφατιχός(엥크리시스 파렘화티코스)라고 불리기 도 한다. 이 특징적인 단어, παρεμφαίνω(파렘화이노)는 정말, 여기에서 [G 70] 는 불변적인 것을 의미하는, 있는 것에 대한 그리스인들의 근본적인 관계로부터 말해진 것이다.

　이 단어는 예를 들어서 플라톤의 저서 중 매우 중요한 부분에서 발견된다(『티마이오스』, 50 e). 거기에서 질문되고 있는 것은 변화하 는 것에 있어서의 변화의 본질이 무엇인가이다. 변화는 있음으로 되 는 것을 말한다(Werden heißt: zum Sein kommen). 여기서 플라톤은 이 를 세 가지 경우로 구분한다. 1) τὸ γιγνόμενον(토 기그노메논), 변화하 는 것(das Werdende). 2) τὸ ἐν ᾧ γίγνεται(토 엔 오 기그네타이), 무엇 안 에서, 즉 변화하는 것이 변화하기 위해 그 안에서, 어떤 매개체 안에 자신을 몰입시키는 것, 그리고 그렇게 한 그다음, 변화된 것으로서 존 재하는 것. 3) τὸ ὅθεν ἀφομοιούμενον(토 오텐 아포모이오우메논), 변화 하는 것이 그것에 맞추어 변화하는 그 척도(尺度, Maßstab). 왜냐하면 모든 변화하는 것은 그것이 어떤 것으로 되기 위해서, 그것이 그렇게 될 어떤 것을 미리 표본(Vorbild)으로 취하기 때문에.

　παρεμφαίνω(파렘화이노)의 의미를 밝히기 위해서 우리는 위의 구분 중 2)에 주목하여야 한다. 무엇 안에서 어떤 것이 변화하는 것

은 우리들이 '공간'(Raum)이라고 부르는 것을 의미한다. 그리스인
들은 '공간'을 위한 어떤 단어도 알지 못했다. 이것은 결코 어떤 우연
에서 생긴 일이 아니다. 왜냐하면 그들은 어떤 공간적인 것을 확장
(extensio)으로부터 이해한 것이 아니라, χώρα(코라)로서의 장소(Ort,
τοπος[토포스])로부터 이해했으며, 여기서 χώρα(코라)는 장소를 의미
하는 것도, 공간을 의미하는 것도 아니다. 이것은 거기-서-있는 것
(Dastehende)을 통해서 취해지는, 자리 잡히는(besetzt wird) 그런 것
을 말한다. 장소는 사물 자체에 속해 있는 것이다. 여러 가지 서로 다
른 사물들은 그 각각이 그 자신의 서로 다른 장소를 가지고 있다. 이
와 같은 장소적인 '공간' 안에, 변화되는 것은 놓이고, 또 그로부터 변
화되어 밖으로 나오는 것이다. 그런데 이와 같은 것이 가능할 수 있
기 위해서는, 이 '공간'은, 변화되는 것이 다른 어디로부터 그와 같
은 것을 취할 수 있기 위해서, 외관상으로 보이는 것(Aussehen)의 모
든 양상으로부터 오롯이 벗어나 있어야만 한다. 왜냐하면, 만일 이
것('공간')이 그 안에 들어와 자리 잡는 것이 지니고 있는 외관상으
로 보이는 것의 어떤 양상과도 비슷한 점을 보인다면, 그런 경우 (변
화되는 것은) 다른 곳으로부터 그 형상을 받게 되었을 때, 그 받은 것
이 자신의 모습에 반대되는 본질일 수도 그리고 자신의 본질에 전적
으로 다른 것일 수도 있으며, 따라서 이는 그 표본을 잘못 완성시키
는 일이 될 것이기 때문이다. 왜냐하면 이런 경우 자기 자신의 형상
(Aussehen)을 (다른 것과) 함께 나타내 보일 것이기 때문이다.

ἄμορφον ὂν ἐχείνων ἁπασῶν τῶν ἰδεῶν ὅσας μέλλοι δέχεσθαί ποθεν. ὅμοιον γὰρ
ὂν τῶν ἐπεισιόντων τινὶ τὰ τῆς ἐναντίας τά τε τῆς παράπαν ἄλλης φύσεως ὁπότ'

ἔλθοι δεχόμενον χαχῶς ἄν ἀφομοιοῖ τὴν αὐτοῦ παρεμφαῖνον ὄφιν.

그 안에 변화되는 사물이 자리를 잡을, 그와 같은 것은 자기 고유의 모습과 자기 고유의 형상을 지녀서는 안 된다. [『티마이오스』의 이 부분에 관한 지적은 단지 παρεμφαῖνον(파렘화이논)과 ὄν(온)의, 즉 함께-나타나 보임과 불변성으로서의 있음의 함께-속해-있음(Zusammen-gehörigkeit)을 뚜렷하게 하고자 할 뿐만 아니라, 동시에 플라톤의 철학을 통해서, 다시 말해서 플라톤이 있음(存在, Sein)을 ἰδέα(이데아)로 해석함을 통해서, 아직 제대로 파악조차도 하지 못한, 장소(Ort, τοπος[토포스])와 χώρα(코라)의 본질이 확장(Ausdehnung)을 통해서 규정된 '공간'(Raum)으로 바뀌어 가는 것을 준비시켰음을 암시하고자 하는 것이다. χώρα(코라)는 다음과 같은 것을 의미할 수는 없는가? 즉 모든 개별적인 것으로부터 자신을 별개의 것으로 지키는, 모든 개별적인 것을 피하는, 바로 이렇게 함으로써 다른 것을 있도록 놓아두는, 그래서 다른 것에게 '자리를 만들어 주는' 그런 어떤 것.] 앞에서 이야기한 λέξαιντο(렉사인토)라는 단어 형태로 되돌아가자. 이 형태에 대해서 우리는 그것이 어떤 ποικιλία(포이키리아), 의미의 방향을 나타내 보여 준다고 말할 수 있다. 그렇기 때문에 이것은 ἔγκλισις παρεμφατιχός(엑크리시스 파렘화티코스), 하나의 변형, 하나의 굴절이라고 불리는 것이며, 이것은 동시에 격, 수, 시칭, 형[(능동-수동)형], 화법을 나타내 보여 줄 수 있다. 이렇게 할 수 있는 근거는, 단어라는 것이 이와 같은 단어로서, 즉 이렇게 나타내 보여 주는 것으로서(δηλοῦν, 데로운) 있기 때문이다. 만일 우리가 λέξαιντο(렉사인토)라는 단어 형태 옆에 λέγειν(레게인)이라는 부정형(不定形, Infinitiv)

[G 71]

의 단어 형태를 마주 세워 본다면, 우리는 이 단어 역시 λέγω(레고)라는 근본형의 단어에 대해서 어떤 변형을, ἔγκλισις(엑크리시스)를 나타내고 있음을 발견한다. 그러나 이 변형은 격, 수, 화법을 나타내 보여주지 않는다. 여기에서 이 ἔγκλισις(엑크리시스)는 의미의-방향을-나타내어-보여 줌에 있어서 어떤 결핍을 증명하고 있다. 그렇기 때문에 이와 같은 형태의 단어는 ἔγκλισις ἀπαρεμφατιχός(엑크리시스 아파렘화티코스)라고 불리는 것이다. 이 부정적(negativ)인 이름은 라틴어의 modus infinitivus(不-定形)에 상응한다. 이 단어 형태 In-finitivus의 의미는 격, 수 등등을 안중에 두고 규정되거나 만들어져 있지 않다. ἀ-παρεμφατιχός(아-파렘화티코스)의 이 라틴어 번역 in-finitivus는 주목을 받을 만하다. 이 번역 안에는 원래 그리스어가 지니고 있던, 어떤 모습과 그것을 그렇게 나타내 보여 줌 속에서, 그 스스로가 서 있던가 아니면 기울어진다는 것을 보여 주던, 그런 의미가 사라져 버리고 만 것이다. 이 번역에 남아 있는 중요 안목은 단지 단순한 형식적 한계성의 표상뿐이다.

　물론 그리스어에도 수동형, 중간형의 infinitiv라는 것이 있다. 그리고 현재형, 완료형, 미래형에도 infinitiv는 존재하며, 이것은 형(능동-수동형)과 시제를 나타내어 준다. 이와 같은 것이 infinitiv에 대한, 우리가 여기서 더 이상 다루려고 하지 않는 여러 가지 논쟁들을 불러일으켰다. 단지 여기서 우리는 한 가지 사실만은 뚜렷이 하고자 한다. λέγειν(레게인), 말한다라는 부정형(infinitiv)은 사람들이 이것에서 더 이상 어떤 형(능동-수동)과 시제를 생각하지 않고, 다만 이 동사가 말하고자 하는 것만을, 그리고 나타내 보이고자 하는 것만을 생각할 수 있는 그런 것으로 이해될 수 있다. 이러한 관점에서 볼 때 그리스어의 원래적인 표현은 이와 같은 개별적 사실을 특별히 잘 표현해 주고 있다. 라틴어적인 의미에서의 infinitiv는 한 단어 형태이며, 이것은 그 안에 의미된 것을 여기에 관련되고 있는 다른 모든 개별적인 의미들과 절연(絶緣)시키는 형태인 것이다. 그 의미는 이렇게 해서 다른 모든 구체적·개별적 의미들로부터 추상화(ab-strahiert)되어 버린 것이다. 이와 같은 추상화됨 속에서 Infinitiv는 단지 사람들이 일반적으로 어떤 단어에 대해서 생각할 수 있는 것만을 보여 준 것이다. 그렇기 때문에 오늘날의 문법은, Infinitiv는 '동사적 추상개념'(abstrakte Verbalbegriff)이라고 부르는 것이다. 사람들이 의미하고자 하는 것 중에서, Infinitiv는 단지 일반적인 것만을 취해서 이해할 뿐이다. 그래서 결국 이것은 의미하고자 하는 것의 일반적인 것만을 가리키게 되었다. 독일어는 Infinitiv를 동사의 명사형이라고 부른다. Infinitiv의 단어 형태와 그 의미의 표현양상에는 어떤 결핍성이, 어떤 잘못된 것이 내재되어 있는 것이다. Infinitiv는 동사(das Verbum)가 다른 경우에 나타내 보이는 것을 더 이상 나타내 보이지 못한다.

2. εἶναι(에이나이)라는 그리스 단어의 부정형

Infinitiv는 언어의 단어 형태 생성의 시간적인 서열에 있어 매우 늦은 그리고 맨 마지막의 결과이다. 우리는 이와 같은 것을, 처음에 그것을 질문될 가치를 지닌 말이라고 인정함으로써 설명을 시작한, 그리스어 단어의 infinitiv형으로부터 보여 줄 수 있을 것이다. '있음'은 그리스어로 εἶναι(에이나이)이다. 우리는 어떤 고정된 표준말이 대지와 역사에 원래적으로 뿌리박고 있는 방언들과 사투리들로부터 점차로 발달해 왔다는 것을 잘 알고 있다. 그렇기 때문에 호머(Homer)의 언어는 여러 가지 방언들의 혼합체인 것이다. 이 방언들은 오래된 언어 형태들을 잘 지켜 오고 있다. Infinitiv의 형성에 있어서 그리스의 방언들은 그 서로서로가 가장 멀리 떨어져 있는 것으로 나타난다. 그렇기 때문에 언어학자들은 그들의 연구에 있어서 바로 이 infinitiv들이 서로 다른 것을 '방언들을 서로 구분하고 또 같은 방언에 속한 것으로 모으기 위한' 가장 큰 표식으로 삼은 것이다(J. Wackernagel, *Vorlesungen über Syntax I*, p. 257 이하 참조).

[G 73] 있음(存在, Sein)은 아티카어로 εἶναι(에이나이), 아르카디아어로 ἦναι(에나이), 레스비아어로 ἔμμεναι(엠메나이), 도리아어로 ἔμεν(에멘)이다. 있음은 라틴어로 esse(에세), 오스키아어로 ezum(에줌), 움부리아어로 erom(에롬)이다. 이 두 개의 언어에는 modi finiti(모디 피니티)가 벌써 자리 잡고 있었으며 일상적으로 통용되고 있었으나, ἔγκλισις ἀπαρεμφατιχός(엑크리시스 아파렘화티코스)는 아직도 그것의 방언적 요소를 지니고 있었으며, 아직 고정되지 않은 상태에 있었다. 우리는 이와 같은 상황을 infinitiv가 언어 전체에 매우 중요한 의미를 지닌다는 한 표시로서 보고자 한다. Infinitiv 형태가 지니고 있는 오랜 지속성이 이 형태가 지니고 있는 추상성과 늦게 형성되었다는 사실 속에 자리 잡고 있는 것인지, 아니면 이 형태가 동사의 모든 변형에도 불구하고, 그 밑바닥에 깔려 있는 그 어떤 것을 가리킨다는 사실에 기인하는지 하는 문제는 아직도 질문으로 남아 있다. 다른 한편, 이 infinitiv라는 단어 형태를 조심스러운 눈으로 보아야 한다는 경고 또한 옳다. 왜냐하면 이 단어 형태야말로, 문법적으로 보았을 때, 동사가 지니고 있는 의미를 가장 적게 표현해 주는 것이기 때문이다.

3. 단어의 의미가 가장 일반적이고도 빈 형태로 고정되는 것에 대하여

단지 이렇게 문제시되고 있는 이 단어 형태는, 우리가 '있음'(sein)에 대해서 이 단어 형태 아래서 말하고 있다는 사실을 최소 한도로 명심하고 있다면, 아직도 완전히 설명된 것은 아니다. '있음'(das Sein)이라고 우리는 말한다. 이렇게 말하는 것은 우리가 추상적 infinitiv 형태를 그 앞에 한 정관사를 붙임으로써 명사형으로 바꾸는 것으로부터 주어진다: τὸ εἶναι(토 에이나이). 관사는 원래는 한 지시대명사였다. 이 것은 그 어떤 것으로 지시되는 것이 그 스스로 서 있으며 그리고 있다라는 것을 의미해 준다. 언어에 있어서, 이렇게 지시하면서 소개하는 이름 지어 부름은 늘 커다란 역할을 맡아 왔다. 우리가 만일 단지 '있음'(sein)이라고만 말한다면 이것이 지시하는 것은 벌써 이것만으로도 무척 불확정적이다. 그런데 이 infinitiv 형태를 문법적으로 (동사형) 명사(Verbalsubstantiv)로 바꿈을 통해서 이 infinitiv 형태 안에 벌써 자리 잡고 있던 의미의 빈 상태는 더욱 고조되는 것이다. '있다/이다'(sein)는 마치 어떤 고정적인 대상처럼 세워졌다. 이제 명사형의 '있음'(Sein)은 이렇게 불린 것 자체가 마치 '있는 것처럼'(sei) 전제하고 있는 것이다. 이제 '있음'(das Sein)은 그 자신이 '있는'(ist) 것으로 되어 버린 것이다. 사실 거기에는 있음은 있지 않음에도 불구하고 단지 있는 것이 있을(nur Seiendes ist) 뿐이다. 그럼에도 불구하고 만일 있음(das Sein) 자체가 어떤 있는 것들 중의 한 있는 것(Seinendes)이라면, 우리는 그것을 어떻게든지 찾을 수 있어야 할 것이다. 왜냐하면, 비록 우리가 그것이 지니고 있는 개개의 개별적 특성을 확정적으로 붙잡을 수는 없다 치더라도, 있는 것 안에는 있는-있음(das Seiendsein)이 우리에게 나타나 보이기 때문에.

[G 74]

있음(das Sein)의 단어 형태 자체가 이미 이렇게 그 의미를 빈 것으로 만드는 것이고 또 이렇게 빈 것처럼 나타나 보임을 확고히 하기 위해서 형성된 것이라면, 우리는 아직도 이 단어가 이렇게 의미상으로 비어 있음에 놀랄 수 있을 것인가? '있음'이라는 이 단어는 우리에게 있어서는 하나의 경고다. 우리는 이와 같은 (동사적) 명사형이라는 최고의 빈 형태에 유혹당해서는 안 된다. 우리는 또한 '있다/이다'(sein)라는 추상적인 infinitiv에 사로잡혀서도 안 된다. 만일 우리가 언어로부터 '있다/이다'(sein)에 이르고자 한다면, 우리는 오히려 ich bin(나는 … 있다/이다), du bist(너는 … 있다/이다), er, sie, es ist(그는, 그 여자는, 그것은 … 있다/이다), wir sind(우리는 … 있다/이다) 등등과 ich war(나는 … 있었다/이었다), wir waren(우리는 … 있었다/이었다), sie sind gewesen(그들은 … 적이 있었다) 등등을 주목하여야만 할 것이다. 그러나 단지 이와 같은 것으로부터는, 여기에서 '있다/이다'(sein)라고 불리는 것에 대한, 그리고 어디에 그 본질이 놓여 있는 것인지에 대한 우리의 이해는 조금 더 분명해지지 않는다. 오히려 그 반대가 사실이다. 이것이 그런가 아닌가를 알아보기 위해서 한번 시도해 보자!

우리는 'ich bin'(나는 … 있다/이다)이라고 말한다. 누구든지 이렇게 의미된 있음을 각자 자기 스스로로부터만 말할 수 있는 것이다: mein Sein(나의 있음/나의 존재). 이것은 어디에 성립하는 것이며, 어디에 숨겨져 있는 것인가? 어쩌면 우리는, 우리에게 있어서 가장 가까이 있는 것은 우리 자신 이외에 다른 어떤 것도 아니기에, 이와 같은 것을 우선적으로 밝혀 볼 필요가 있는 것인지도 모른다. 만일 우리 자신이 있지 않는다 할지라도 다른 모든 있는 것들은 이미, 그리고 아직도 '있다'. 우리는 다른 어떤 있는 것에 대해서도 우리 자신에게 보다는 더 가까울 수 없다. 사실 우리는 우리 자신 스스로인 이 있는 것에 대해서는 가깝게 있다고 말할 수조차도 없다. 그럼에도 불구하고 각자는 자기 스스로 자신에 대해서, 마치 이 ich(나)라는 것이 'Du bist'(너는 … 있다/이다) 안의 du(너)만큼, 가장 먼 존재인 것이다.

그러나 오늘날에는 wir(우리들)라는 것이 중요시되고 있다. 지금 은 '나-시대'(Ichzeit)인 대신에 '우리-시대'(Wirzeit)인 것이다. 이 문 장을 통해서 우리는 어떤 있음(Sein)을 말하고자 하는 것인가. 우리 는, 창문은 있다, 돌멩이는 있다라고 말하기도 한다. Wir-sind(우리들 은-있다/이다). 이 문장 안에는 여러 '나'들이 있음을 확인하는 그런 것이 말해지고 있는 것인가? 그리고 'Ich war'(나는 … 이었다), 'Wir waren'(우리는 … 이었다)처럼 있음이 과거에 놓여 있는 경우는 어떤 가? 있음은 우리에게서 떠나가 버린 것인가? 아니면, 우리는 바로 우 [G 75] 리가 … 이었던 바로 그것인가(Oder sind wir gerade das, was wir waren)? 우리는 바로 우리 자신으로 있는(sind) 그와 같은 것만으로 되는 (werden) 것이 아닌가(Werden wir nicht gerade nur das, was wir sind)?

'있다/이다'(sein)의 어떤 **특정한** 동사형태를 관찰하는 것은 우리 를 다만 있음(Sein)을 밝혀 주는 것과는 반대의 방향으로 이끌어 줄 뿐이다. 여기에 더해서 이와 같은 것은 우리에게 새로운 한 문제를 제 시한다. 이제 'sagen'(말한다)이라는 infinitiv 형태의 단어, 그리고 'ich sage'(나는 말한다)라는 근본형태를 'sein'(있다/이다)이라는 infinitiv 형태와 'ich bin'(나는 … 있다/이다)이라는 근본형태와 비교해 보자. 여기서 'sein'(있다/이다)과 'bin'(… 있다/이다)은 마치 그 어간에 있 어서 그 둘이 서로 다른 말인 것처럼 나타나 보인다. 이 두 개의 경우

에 또 다르게 나타나는 것은 'war'('나'는 … 이었다) 그리고 'gewesen'
이라는 과거형이다. 우리는 지금 'sein'(있다/이다)이라는 단어의
서로 다른 어간들에 대한 질문에 부딪치고 있는 것이다.

2. '있다/이다'(sein)라는 단어의 어원

**22절 '있다/이다'(sein)라는 동사가 지니고 있는 세 개의 어간의 어원학적
기원과 그 일치성에 대하여**

언어학적 연구가 '있다/이다'(sein)라는 동사의 변형에서 나타나고 있
는 어간에 대해 알고 있는 것을 우선 간단하게 소개하는 일이 필요할
것이다. 이에 대한 오늘날의 연구결과는 결코 결정적이지는 않다. 이
것은 어떤 새로운 사실들이 또 나타날 수 있기 때문이 아니라, 오히려
지금까지 이미 알려진 것들이 새로운 눈으로 그리고 진정한 질문함
으로써 다시 한번 철저하게 검사될 것으로 기대되고 있기 때문이다.
'있다/이다'(sein)라는 동사의 모든 다양한 변형들은 세 개의 서로 다
른 어간들로부터 이루어지고 있다.

우선적으로 말해질 두 개의 어간은 인도-게르만어에 속하는 어
간이며, 그리스어와 라틴어에 있어서 '있다/이다'(sein)라는 단어에
상응하는 단어들 속에도 나타난다.

1) 원래적이고 가장 오래된 어간은 'es'이며, 산스크리트어의
'asus'이다. 이것은 삶(das Leben), 살아 있는 것, 즉 그 스스로 서 있고,

가고, 쉬는, 그와 같은 것을 의미한다: 자립적인 것(das Eigenständige). 산스크리트어에 있어서 여기에는 동사적 형태, esmi, esi, esti, asmi 가 속해 있다. 여기에 상응해서 그리스어에는 εἰμί(에이미) 그리고 εἶναι(에이나이)가 있으며, 라틴어에는 esum 그리고 esse가 있다. 같은 어간에 속해 있는 것으로서는 sunt, sind 그리고 sein이 있다. 한 가지 주목해야 할 것은, 모든 인도-게르만어들 속에는 'ist'(ἔστιν[에스틴], est…)가 그 시작에서부터 계속 살아남아 있다는 사실이다. [G 76]

2) 다른 또 하나의 인도-게르만어의 어간은 bhû, bheu이다. 이 어간에 그리스어의 열려 펼쳐짐, 다스림, 스스로로부터 그 위치에 이름 그리고 이와 같은 위치, 품위에 머무름을 의미하는 φύω(퓌오)가 있다. 이 bhû는 φύσις(피지스)와 φύειν(퓌에인)에 대한 통상적인, 피상적인 해석에 따라 자연(Natur) 그리고 '생장한다'(wachsen)처럼 설명되었다. 초기 그리스 철학과의 대화에서 얻어진 더 원래적인 해석에 따르면, 이 '생장한다'(wachsen)라는 것은 열려 펼쳐진다(aufgehen)로, 이것은 다시금 거기-있다(出席, Anwesen) 그리고 나타나 보인다(Erscheinen)로 규정된다는 것이 밝혀졌다. 새로운 한 가지 사실로서는 사람들이 φα-(파-), φαίνεσθαι(파이네스타이) 등과 관련해서는 어간 φν-(퓌-)를 말한다는 것이다. 그렇다면 φύσις(피지스)는 빛 안으로 열려 펼쳐지는 것(das ins Licht Aufgehende), φύειν(퓌에인)은 빛남(Leuchten), (빛이) 비침(Scheinen) 그리고 그렇기 때문에 나타나 비침(나타나 보임, Erscheinen)을 의미할 것이다(*Zeitschrift für vergl. Sprachforschung*, Bd. 59 참조).

같은 어간에 속하는 것으로서는 라틴어 완료형의 fui, fuo가 있으며, 독일어의 'bin', 'bist', wir 'birn', ihr 'birt'(14세기에 사라짐)가 있다.

지금까지 남아 있는 'bin' 그리고 'bist'와 함께 명령법 'bis'가 전해지고 있다('bis mein Weib, sei mein Weib'[내 아내가 되어 다오]).

3) 세 번째 어간은 단지 'sein'(있다/이다)이라는 게르만어 동사의 변화에서만 찾아볼 수 있다: wes; a.ind.(고인도어), vasami; germ.(게르만어), wesan, wohnen(거주하다, 살다), verweilen(머무르다), sich aufhalten(체류하다); 이 ves에는 Fεστία(훼스티아), Fάστν(화스투), Vesta(고대 로마의 아궁이 및 가정신神), vestibulum이 속해 있다. 이것들로부터 독일어의 'gewesen', 그리고 'was, war, es west, wesen'이 형성되었다. 'wesend'라는 분사(das Particip)는 아직도 an-wesend(출-석/出-席하고 있는), ab-wesend(부-재/不-在하고 있는)이라는 말 속에 포함되어 있다. 명사 **'본질'**(Wesen)은 원래 무엇-이라는 것(Was-sein), quidditas(퀴디타스)를 의미하는 것이 아니라, 지금-앞에-있다(Gegenwart, 현재), 출-석하고 있다(An-wesen), 부-재하고 있다(Ab-wesen)라는 의미에서의 Währen(존속하다, 지속하다)을 의미하는 것이었다. 라틴어의 prae-sens 그리고 ab-sens에 나타나는 'sens'는 잃어버리고 말았다. 'Dii con-sentes'라는 말은 모든 이 자리에 함께 참석하고 있는 신(神)들을 의미하는 것인가?

이 세 어간으로부터 우리는, 그 원래적인, 쉽게 눈앞에 그릴 수 있는(anschaulich) 다음과 같은 세 가지의 확정적인 의미들을 가려낼 수 있다: 살다(leben), 열려 펼쳐지다(aufgehen), 머무르다(verweilen).

[G 77] 언어학은 이와 같은 것을 확인했다. 언어학은 또한 이 원래적인 의미들이 오늘날에는 사라져 버렸다는 것도, 그래서 오늘날에 있어서 '있다/이다'(sein)라는 단어 속에는 단지 '추상적'인 의미만이 내포되어 있다는 것도 확인한다. 그럼에도 불구하고 여기서 한 결정적인 질문

이 제기되는 것이다: 위에서 말해진 세 개의 어간들은 어떻게 그리고 어디에 서로 일치하는 것인가? 이 있음에 대해서 말하는 것은(die Sage des Seins) 무엇을 담고 있는 것이며 어디를 향하고 있는 것인가? 이와 같은 모든 언어적 변화를 뒤에 두고 있는 우리의 이 있음(Sein)에 대해서 말하는 것은 어디에 그 바탕을 두고 있는가? 이렇게 (있음에 대해서) 말하는 것과 있음의 이해(Seinsverständnis)는 서로 동일한가, 그렇지 않은가? 우리가 앞에서 이야기한 언어학적 연구결과들은 매우 가치 있는 것들이기는 하지만, 우리는 거기에만 머물러 있을 수는 없다. 왜냐하면 이 결과들에 뒤따라 우선 다음과 같은 질문을 하지 않을 수 없기 때문이다.

우리는 다음과 같은, 줄줄이 이어지는 질문들을 제기하여야만 한다.

1) '있다/이다'(sein)라는 단어 형성에 있어서 어떤 양상의 '추상'(Abstraktion)이 중요한 역할을 한 것인가?

2) 도무지 이 경우에 있어서 '추상'이라는 것이 말해질 수 있는 것인가?

3) 어떤 의미가 이와 같은 '추상'에도 불구하고 아직 남아 있는 것인가?

4) 여기서 이렇게 열려 전개되고 있는 현상, 즉 이와 같은 여러 다른 의미들이, 다시 말해서, 체험들이 어떤 임의적으로 모인 것이 아니라, 단지 하나의 동사에 속해 있는 변화들로서 자라난 것을, 사람들은 단순히 그와 같은 것에 있어서, 무엇이 잃어져 없어졌다고 말하는 것만으로 완전히 설명이 끝났다고 생각할 수 있을 것인가? 어떤 단순한, 무엇이 잃어져 없어지는 것만을 통해서는 아무 일도 생겨나지 않

는다. 더군다나 원래 서로 다른 여러 가지 의미들이 한 통일성 안에 혼합, 일치되는 그와 같은 일은 결코 일어나지 않는다.

5) 어떤 주도적인 근본의미가 여기서 이루어진 혼합을 이렇게 이끌어 나간 것인가?

6) 이와 같은 혼합을 통해서 지워져 버린 모든 것에도 불구하고, 거기에는 어떤 방향지시의 의미가 아직도 남아 있는 것인가?

7) 만일 우리가 이 '있다/이다'(sein)라는 단어의 어간이 지니고 있는 의미들(살다, 열려 펼쳐지다, 거주하다)이 말해질 수 있는, 이름 불릴 수 있는 영역에 속해 있는 어떤 임의적인 그리고 개별적인 것이 아니라, 이 단어의 지시함을 통해서 그와 같은 것들을 처음으로 나타내 보여 주는 것임을 염두에 둔다면, 우리는 바로 이 단어의 경우에 있어서는, 이 단어의 내적 단어역사를 어원학적으로 연구되고 있는 다른 어떤 임의적인 단어들로부터 구분해서 생각해야만 할 것이 아닌가?

[G 78]

8) 단지 논리적인, 그리고 문법적일 뿐인 해석을 통해서, 우리에게 이렇게 '추상적'으로만 나타나 보이는, 또 그렇기 때문에 추론된 것으로 나타나 보이는 이 있음의 뜻(der Sinn des Seins)은 그 자체로서는 충만되고 원천적일 수도 있을 것인가?

9) 그와 같은 것은 언어의 본질을 충분히 원천적으로 이해함을 통해서 분명히 할 수 있을 것인가?

23절 '있음'(das Sein)에 대한 문법적, 어원학적 설명의 결과: 이 단어의 의미가 비어 있고 불확정적인 것은 그 구체적 의미들이 지워지고 혼합된 결과라는 것에 대하여

형이상학의 근본문제로서 우리는 '왜 있는 것은 도대체 있고 차라리 아무것도 아니지 않는가?'(Warum ist überhaupt Seiendes und nicht vielmehr Nichts?)라고 질문한다. 이 근본문제 안에는 이미, '있음은 어떻게 존재하는가?'(wie steht es mit dem Sein?)라는 선행되는 질문이 꿈틀거리고 있다.

우리는 이 단어 '있다/이다'(sein), '있음'(das Sein)을 통해서 무엇을 말하는 것인가? 이 질문에 어떤 답을 찾으려는 시도에 있어서 우리는 곧 당황하게 된다. 우리는 붙잡을 수 없는 어떤 것(Un-greifbare)을 붙잡게 되는 것이다. 그럼에도 불구하고 우리는, 우리 자신 또한 '있는 것'임을 스스로 알고 있는 중에, 끊임없이 있는 것과 부딪치고, 있는 것에 이끌려 관계되어 왔던 것이다.

'있음'(das Sein)은 우리들에게 단지 하나의 단순한 단어, 한 낡아 닳아빠진 단어처럼 여겨졌다. 우리들에게 단지 이와 같은 것만이 남아 있다면, 우리는 최소 한도 우리들에게 속해 있는 이 마지막 나머지만이라도 파악할 수 있도록 노력해야만 한다. 그렇기 때문에 우리는, "있음'(存在, das Sein)이라는 단어는 어떻게 존재하는 것인가?' 라고 질문하는 것이다.

이 질문에 대해서 우리는 이 단어의 문법과 어원학이라는 두 가지 길을 통해 그 답을 찾았다. 우리는 그 결과를 이제 다음과 같은, '있음'이라는 단어에 대한 두 가지 설명으로써 간추려 보고자 한다.

1)이 단어 형태의 문법적 고찰은 다음과 같은 결과를 보여 주었다. Infinitiv 단어 형태 속에는 이 단어의 어떤 구체적 의미가 더 이상 나타나 보이지 않는다. 그와 같은 것은 이미 지워져 없어진 것이다. 이 단어를 명사화하는 과정에서는 이와 같은 지워져 없어짐이 더욱 확고한 것으로 확정되고 객관화되었다. 이 단어는 어떤 불확정적인 것을 가리키는 하나의 명사(名詞)로 전락했다.

[G 79]

2)이 단어의미에 대한 어원학적 고찰은 다음과 같은 결과를 보여 주었다. 우리가 오늘날, 그리고 이미 오래전부터 이 '있음'이라는 이름을 통해서 부르는 것은, 그 의미상에서 볼 때 세 개의 서로 다른 어간의 혼합을 통해서 이루어진 것이다. 이 이름의 의미 속에는 이 셋 중 어느 것도 뛰어나게 두드러져 나타나지는 않는다. 혼합과 지워져 없어짐이 동시에 이루어지고 있는 것이다. 이와 같은 두 개의 과정을 동시에 고찰하는 속에서, 우리는 '있다/이다'(sein)라는 단어는 의미적으로 비어 있으며, 불확정적이다라는, 우리가 처음 출발한 이와 같은 사실의 충분한 설명을 발견했다.

3장 있음의 본질에 관한 질문

24절 '있음'을 이해함에도 불구하고 이해하지 못하는 묵과할 수 없는 사실에 대하여

우리는 있음이라는 단어가 지니고 있다고 여겨지는, 그 사실이라는 것을 깊이 파고들어 가, 그것이 어디에 속해 있는 것인지, 그것을 그 옳은 장소에 자리 잡게 하고자, '있음'이라는 단어에 대해서 숙고하기로 마음먹었다. 우리는 이 사실이라는 것을 마치 강아지나 고양이가 존재한다는 사실처럼 맹목적으로 단순하게 받아들이려고는 하지 않는다. 우리는 이 사실에 대해서 우리 스스로의 한 관점을 얻고자 한다. 이와 같은 노력으로 우리는 다음과 같은 위험, 즉 우리의 이 '의지'가 마치 외떨어지고 비실재적인 어떤 것을 실재로서 간주하려고 하며 단지 단어의 아무짝에도 소용없는 분석에만 몰두하고 있음으로써, 외고집만을 부리고 세상에서 동떨어져 물정을 전혀 모르고 있다는 인상을 줄 그런 위험을 뚫고 지나가려고 하는 것이다. 우리는 이 사실이라는 것을 철저히 규명하고자 한다. 우리들 시도의 결과는, 언어라는 것이 그 발전과정에 있어서, 예를 들어서 '있음'(sein)과 같은 '부정형'(Infinitiv)이라는 것을 형성하고, 시간이 흐름에 따라 언어는 이 단어의 의미에 단지 오랜 사용 속에 낡아 닳아빠진, 불확정적인 의미만을 남겨 놓았다는 것이다. 이것은 사실 그런 것이다. 사실의 철저한 규명 대신에 우리는 또 다른 하나의 언어사적(言語史的) 사실을 그 옆에서, 아니면 그 후면에서 발견한 것이다.

이제 우리가 다시금 이 언어사적 사실에 대해서 주목하고, '왜 그것은 그것이 그렇게 보여 주듯 그렇기만 한 것인가?'라고 질문한다면, 아마도 우리가 이제 어떤 가능한 설명의 근거로서 말하고자 하는 것은 결코 이 문제를 밝혀 주기는커녕 오히려 더 어둡게만 만들 터이다. 이 '있음'(Sein)이라는 단어가 그것이 그렇게 있는 그대로 그렇다는 이 사실은, 바로 이것이 피할 수 없는 사실이라는 점에서 더욱더 견고하게만 나타나 보이는 것이다. 이와 같은 것은 이미 잘 알려져 있다. 그리고 일반적으로 철학은 바로 이와 같은 것을 근거로 삼아 다음과 같이 미리부터 설명해 버림으로써 그 길을 가고 있는 것이다: '있음'(Sein)이라는 단어는 가장 비어 있는, 그렇기 때문에 가[G 81] 장 광범위한 의미를 지닌다. 이 단어를 통해서 무엇을 생각하는가, 즉 그 개념이라는 것은 위의 연유로 최고의 류(類)의 개념(der oberste Gattungsbegriff), '게누스'(das genus)이다. 그러나 전통적인 존재론이 말하는 '엔스 인 게네레'(ens in genere, 최고의 류의 개념)에 관해서 우리는 겨우 그것을 가리킬 수 있을 뿐, 아무런 확실성도 그 안에서 더 찾아낼 수는 없다. 이 가장 비어 있는 단어 '있음'(Sein)을 형이상학의 결정적 문제와 연결시키고자 하는 것은 단지 모든 것을 뒤죽박죽으로 만들어 버리는 것에 불과하다.

이와 같은 경우 여기에는 앞에서 말한 사실, 이 단어가 비어 있는 단어라는 사실을 인정한다는, 그래서 그것을 그렇게 놓아둔다는, 단지 한 가지의 가능성만이 남아 있다. 우리는 이 사실이 언어사를 통해서 역사적으로 설명이 되어 있기에, 더욱 아무런 거리낌 없이 이를 그렇게 놓아두어도 좋은 것이다.

25절 '있음'의 유일무이성은 단지 아무것도 아닌 것과 비교될 수 있음에 대하여

자 그러니까 이 '있음'이라는 단어의 빈 모습(leeren Schema)으로부터 떠나가 버리자! 그런데 어디로? 여기에 대한 답은 그리 어렵지 않다. 단지 우리는 우리가 이 '있음'이라는 단어에 이렇게도 오랫동안 그리고 이렇게도 번거롭게 생각하며 머물러 있은 것을 스스로 놀랍게 여길 수 있을 뿐이다. '있음'(Sein)이라는 텅 비어 있는, 일반적인 단어로부터 떠나자. 그리고 있는 것의 개별적인 영역 자체를 분별하는 것으로 돌아가자! 이렇게 하려고 하는 경우, 거기에는 당장에 여러 가지 사물들이 눈에 띈다. 우선 손에 잡히는 사물들, 우리들이 늘 사용하는 모든 도구들, 작업에 필요한 도구들, 운송을 위한 도구들 등등. 만일 우리들에게 이 개개의 사물들이 '형이상학'을 위해서는 그 섬세함에 있어서 그리고 우리들의 정감(情感)을 위해서 너무 일상적인 것으로 나타나 보인다면, 우리는 우리를 둘러싸고 있는, 대지, 바다, 산, 강, 숲과 같은 자연에 눈을 돌릴 수도 있을 것이다. 그리고 그 안에 있는 또 다른 개개의 사물, 나무, 새, 곤충, 풀, 돌멩이 들에 눈을 돌릴 수도 있을 것이다. 만일 우리가 어떤 거대한 있는 것에 눈을 돌리고자 한다면 우리는 우리 가까이에서 지구를 발견할 수 있을 것이다. 그리고 저 가까이 있는 산등성이로 떠오르는, 아니면 그 뒤로 사라지는 달 또는 다른 행성 또한 같은 양상의 있는 것인 것이다. 있는 것은 번잡한 가로 (街路)의 서로 밀며 오가는 수많은 사람들이다. 있는 것은 우리 자신들이다. 있는 것은 일본 사람들이다. 있는 것은 바흐의 푸가이다. 있

[G 82] 는 것은 스트라스부르의 대성당이다. 있는 것은 횔덜린의 찬가이다. 있는 것은 범죄자이다. 있는 것은 정신병자 수용소의 정신병자이다.

있는 것은 어디에나 있으며, 자기가 원하는 대로 찾을 수 있는 것이다. 과연. 단지 한 가지, 우리는 무엇으로부터 우리가 이렇게 아무런 의심 없이 이름 부르고 열거하고 있는 것들이 그 개개의 경우에 있어서 있는 것임을 알고 있는 것인가? 이와 같은 질문은 좀 엉뚱하게 들려온다. 왜냐하면 우리들은 아무런 거짓말을 하지 않더라도 모든 정상적인 사람들에게 이 개개의 있는 것들이 있다는 것을 분명하게 할 수 있기 때문이다. 그것은 과연 그렇다. [우리는 이와 같은 것에 있어서 일상 언어에 생소한 단어들, '어떤 있는 것'(Seiendes) 그리고 '있는 것'(das Seiendes)을 사용하는 것조차도 필요로 하지 않는다.] 또한 우리는 지금 우리의 의심을 과학적이라고 불리는 다음과 같은 확정성에 근거해서, 즉 우리는 우리의 육체를 결코 떠날 수 없으므로 우리가 위에서 말한 그 모든 것에 관련되어 경험하는 것은 단지 우리의 감각 작용(Empfindungen)에 불과할 뿐이라는, 그래서 도무지 이 모든 있는 것들이 **과연** 있는지를 의심하려고 하는 것도 아니다. 여기서 우선 한 가지 이야기해 두어야 할 것은 이와 같은, 가장 비판적이며 월등한 것 같은, 그런 인상을 아주 손쉽게 주기 쉬운 사고방식은 그 바닥에서

부터 비판적 정신과는 전혀 거리가 멀다는 것이다.

사실에 있어서는 우리는 있는 것들을 그 있는 그대로, 우리의 일 상생활에 아니면 우리의 어떤 결정적인 순간에 있어서나 마찬가지 로, 그들이 우리를 핍박하는 대로, 우리에게 밀려오는 대로, 우리에 게 날개를 주는 대로 그리고 우리를 내려치는 대로, 그렇게 그냥 놓 아두는 것이다. 우리는 모든 있는 것들을 그들이 있는 그대로 있도록 그냥 놓아둔다(Wir lassen all das Seiende sein, wie es ist). 그럼에도 불구 하고, 비록 우리가 정신을 집중함이 전혀 없이 자연스럽게, 우리의 흘 러가는 역운적 현-존재의 흐름 속에 우리 자신을 이렇게 대응하도록 하고 있다 할지라도, 비록 우리가 있는 것을 그 개개의 있는 것으로 서 있도록 그냥 놓아둔다고 할지라도, 그럼에도 불구하고 우리는 이 모든 것들에 대해서 '있다' 그리고 '있음'이 무엇을 말하는지를 미리 알고 있어야만 하는 것이다.

만일 우리가 존재한다(sein)와 존재하지 않는다(Nichtsein)를 미 리부터 분명하게 구별할 수 없다면, 우리는 어떻게 우리가 언젠가 어 디에 있으리라고 생각했던 것이 있지 않음을 확인할 수 있을 것인가? 만일 우리가 이와 같은 구별에 있어서 우리가 구별하면서 의미하는 것 그 자체, 즉 존재(Sein)와 비존재(Nichtsein)를 적어도 같은 정도에 있어서 확실하고 결정적인 양상으로 알지 못한다면, 도대체 우리는 이와 같은 결정적인 구별을 어떻게 할 수 있을 것인가? 만일 우리가 존재(Sein)와 비존재(Nichtsein)를 미리부터 이해하지 못한다면, 도대 체 어떻게, 개개의 경우에 있어서 그리고 언제나, 어떤 있는 것이 우 리에게 있는 것으로서 있을 수 있는 것인가?

그런데 우리는 끊임없이 어떤 있는 것과 만나고 있다. 우리는 이

것에서 이것의 이렇게 있음(Sosein)과 다르게 있음(Anderssein)을 구분하며, 이것의 존재(Sein)와 비존재(Nichtsein)에 대해서 판단한다.

이런 것을 통해서 볼 때 우리는 '있음'(Sein)이라는 것이 무엇을 말하는 것인지를 명백하게 잘 알고 있다. 만일 그렇다면, 이 단어가 아무것도 가리키지 않고 비어 있을 뿐이라는 주장은 단지 하나의 피상적인 말장난일 뿐이며 하나의 오류일 것이다.

우리는 이와 같은 사색을 통해서 극도의 갈등적인 상황에 이르게 되었다. 처음에 우리는 다음과 같은 사실을 확인했다. 즉 '있음'(Sein)이라는 단어는 우리에게 규정되어 있는 아무것도 말해 주지 않는다는 것. 우리는 거기에 대해서 아무것도 미리 말하지 않았으며, 우리는 '있음'이라는 단어가 단지 오락가락하는, 아무런 규정적인 의미도 지니지 않고 있다고 생각했으며 또 지금도 그렇게 생각하고 있다. 그런데 다른 한편으로는 조금 전의 사색을 통해서, 우리가 '존재'(Sein)를 명확하고 확실하게 비존재(Nichtsein)로부터 구별한다고 스스로 굳게 믿고 있는 것이다.

이와 같이 난처한 상황에서 우리 자신의 길을 찾기 위해서는 다음과 같은 사실을 주목해야 한다. 우리는 어떤 개개의 있는 것이, 언제 그리고 어디에서, 정말 있는지 아니면 있지 않는지가 의심스럽게 여겨지는 경우에 부딪칠 수 있다. 예를 들어서 우리는 하나의 있는 것인, 저기 저 창문이 열려 있는지 아니면 열려 있**지 않는지**에 관해서 잘못 판단할 수 있다. 단지 한 가지 말해 둘 것은, 이와 같은 것이 의심스럽게 여겨질 수 있다는 이 사실 자체 속에는 이미 어떤 확정적인 존재와 비존재의 구별이 놓여져 있어야 한다는 점이다. 우리는 위와 같은 경우 존재와 비존재가 서로 구별되는 것인지 어떤지에 관해서는 의

심하지 않는 것이다.

'있음'(Sein)이라는 단어는 이렇게 해서 그 의미상에서 볼 때 불확정적이며 동시에 우리는 그것을 확정적으로 이해하고 있다. '있음'(Sein)은 최고의 확정적임과 동시에 전적으로 불확정적인 것으로 그 스스로를 나타낸다. 일반논리학에 비추어 생각한다면 여기에는 누구나가 다 인정할 한 모순이 놓여 있다. 그런데 그 자체 스스로 모순되는 어떤 것은 존재할 수 없다. 사각형의 원은 존재하지 않는다. 그런데도 불구하고, 있음은 최고의 확정적임과 동시에 전적으로 불확정적이라는 모순은 존재한다. 만일 우리가 우리의 일상생활에서 우리 자신을 속이려고 하지 않는다면, 그리고 수많은 해야 할 일들과 귀찮은 일들로부터 멀어져 한순간 이와 같은 것에 대해서 생각할 시간을 가질 수 있다면, 우리 자신이 이 모순의 한가운데 놓여 있다는 것을 스스로 볼 수 있다. 우리의 이와 같은 상황은 우리들이 보통 말하는 강아지나 고양이, 자동차와 신문이라는 사실보다도 훨씬 더 사실적인 것이다.

있음(Sein)이 우리에게 단지 하나의 빈 단어라는 사실은 돌연히 또 다른 하나의 모습을 드러낸다. 그래서 우리는 마지막에 가서는 이 빈 말이라는 주장에 대해서 좀 믿어지지는 않는다는 인상을 받게 된다. 우리가 좀 더 가까이 이 단어에 대해서 사색한다면, 끝에 가서 다음과 같은 사실에 접하게 된다: 이 단어에 있어서 그 의미를 전부 지워 버리는 것, 혼합하는 것 그리고 일반화시키는 것에도 불구하고 우리는 이 단어를 통해서 어떤 규정된 것을 의미한다는 사실. 그리고 이렇게 규정된 것은 그 양상에 있어서 유일무이하고 그렇게나 규정되어 있기에, 우리는 다음과 같이 말하지 않을 수 없는 것이다.

[G 84]

개개의 임의적인 있는 것들에서 볼 수 있고 그래서 가장 평범한 속에 흩어져 나타나는 있음이라는 것은 도대체 모든 있는 것들 중에서 최고의 유일무이성을 지니고 있는 것이다라고.

다른 모든 것들은 그리고 그것이 무엇이든지 간에, 다시 말해서 모든 그리고 개개의 있는 것들은 비록 그것이 아무리 유일한 것이라 할지라도 다른 것들과 비교될 수 있다. 이 비교가능성을 통해서 규정 가능성 또한 늘어난다. 이와 같은 근거 위에 위의 것들은 다양의 비규정성 안에 놓여 있는 것이다. 반면에 있음의 경우 다른 어떤 것과도 비교될 수 없다. 그에게 있어서 다른 것이라 함은 다만 아무것도 아닌 것(無, das Nichts)일 뿐이다. 그래서 거기에는 아무것도 비교할 게 없는 것이다. 만일 있음이 이렇게 유일무이한 양상으로 그리고 최고로 규정된 것으로서 스스로를 나타내 보인다면, 그렇다면 '있음'이라는 단어 또한 빈 것으로 머물러 있을 수 없다. 진실에 있어서 이 단어는 결코 비어 있는 것이 아닌 것이다. 우리는 이와 같은 것을 다음과 같은 비교를 통해서 쉽게 납득할 수 있다. 우리가 이 '있음'(Sein)이라는 단어를 어떤 소리로서 듣거나 아니면 문자화된 형상으로서 볼 때, 즉 인지했을 때 이것은 즉시 소리로서 아니면 문자의 서열로서 '아브라카다브라'(abrakadabra)와는 다른 것으로 나타난다. 이 후자는 소리의 연속이기는 하지만, 우리는 즉시 이것이, 비록 어떤 마술적 의미는 지닐 수 있다 할지라도, 아무런 의미도 지니고 있지 않다고 말하는 것이다. 이것에 반해서 '있음'은 위와 같은 의미에서 의미가 없는 것은 아니다. 그리고 이것은 '있음'(Sein)이라고 문자로 쓰이고 보였을 경우에도 '크조밀'(kzomil)과는 다르다. 이 후자 역시 하나의 문자들의 열거이기는 하지만, 이것을 통해서 우리는 아무것도 생각할 수 없다. 빈 단어라는 것은 존재하지 않는다. 단지 아직도 그 의미를 지니고 있는, 그러나 너무 사용되어 낡고 닳아빠진 단어들이 존재할 뿐이다. '있음'(Sein)이라는 이름은 이렇게 불린 그 힘을 지니고 있는 것이다. "'있음'(Sein)이라는 빈 단어로부터 떠나 개개의 있는 것으로!"라는 지시는 단지 하나의 너무 성급한 말일 뿐만 아니라 극히 문제 삼아질 수 있는 지시이다. 이제 이 모든 것을 다시 한번, 우리들이 우리의 질문영역 안에 끌어들이고 있는 예 또한 다른 모든 예에서나 마찬가지로 결코 모든 사실들을 그 최대한의 범위에서 분명히 해 줄 수 없기 [G 85] 때문에 늘 어떤 제한성을 지니고 있다는 사실을 염두에 두고, 한 예를 통해서 생각해 보자.

26절 '있음'의 '일반성'과 '특별한 것'으로서의 '있는 것': '있음의 이해'가 선행되어야만 한다는 필요성에 대하여

이제 일반적 개념(Begriff) '있음' 대신에 한 예를 들기 위한 것으로서 다른 일반적 표상(Vorstellung) '나무'를 생각해 보자. 이제 우리가 나무의 본질(Das Wesen des Baumes)이 무엇인가를 규정하기 위해서 일반적 상념을 떠나 특정한 종류의 나무들과 이 종류에 속해 있는 개개의 나무들에 우리의 관심을 돌린다고 하자. 이와 같은 사고과정은 너무나도 당연한 것이기에 우리는 이것을 말하는 것조차 꺼릴 정도이다. 그럼에도 불구하고 문제는 **그렇게** 간단하지는 않다. 도대체 우리는 어떻게 이렇게 자주 일컬어지는 특정한 그리고 개개의 나무들을 그와 같은 나무로서 발견할 수 있을 것인가, 우리는 도대체 어떻게 나무라는 어떤 것을 **찾기조차** 할 수 있다는 말인가, 만일 우리에게 미리부터 도대체 나무라는 것이 무엇인가 하는 표상이 밝혀져 있지 않다면? 만일 이 일반적 표상인 '나무'라는 것이 전적으로 규정되지 않은 것이고 그리고 그렇게나 흐트러진 것이라서 우리들이 찾고 발견하는 데 있어서 어떤 확실한 지시도 주지 않는 것이라면, 우리는 나무의 한 예로서 또는 나무의 한 특정한 종류로서 자동차나 토끼를 뒤따라 다니는 경우도 생길 수 있는 것이다. 우리가 '나무' 본질의 본질적 다양성을 더 가깝게 규정하기 위해 개별적인 것을 통해서 이와 같은 것을 이루어야 함이 비록 옳다고 할지라도, 그럼에도 불구하고 나무의 본질과 본질적 다양성의 규명은 우리가 '나무'라는 일반적 본질, 다시 말해서 이 경우 '식물'의 본질, '살아 있는 것'의 본질, 그리고 이것은 다시금 '삶'의 본질을 더욱더 원래적인 양상으로 표상하고 앎으로써만 이루어질 수 있으며 발전할 수 있다는 것 또한 위의 이야기와 동등하게 옳다. 우리는 수천, 수만의 나무들을 관찰할 수 있을 것이다. 그러나 이와 같은 것에 있어서 만일 '**나무적**'(Baumhaften)이라는 것이 그 스스로 미리 우리에게 알려져 있지 않다면, 그리고 이것의 본질적 근거로부터 볼 수 있는 것으로 규정되어져 있지 않다면, 이와 같은 관찰은, 이것으로부터 우리가 단지 나무들만을 보는 그러나 나무를 보지 못하는, 무모한 시도에 불과한 게 되어 버리고 말 것이다.

[G 86]

　　그럼에도 불구하고 이제 누군가가 바로 이 '있음'이라는 일반적 의미에 대해서 다음과 같이 반문할 수 있을 것이다: 이것은 가장 일반적인 것이기에, 이것으로부터는 표상이라는 것이 더 이상 높이 올라갈 수 없다고. 최고의 그리고 가장 일반적인 개념의 경우에 있어서는 그 '밑에' 놓여 있는 것에 주의를 돌리라고 지시하는 것이, 만일 우리가 그 빈 것을 극복하고자 한다면, 그럴 수 있기 위한 단지 하나의 생각해 볼 만한 가치가 있는 방법이 아니라 이렇게 하는 것만이 유일한 탈출구로 남아 있다고.

이와 같은 숙고가 아무리 커다란 설득력을 지니고 있는 것처럼 우리에게 나타나 보인다 할지라도 거기에는 진리가 결핍되어 있다. 두 가지의 이유를 들면:

1) 있음의 일반성이 그 자체로서 종(種, genus) 개념의 일반성인지 자체가 도무지 의심스럽다는 것. 이와 같은 의심성에 대해서는 벌써 아리스토텔레스도 무엇인가를 감지하고 있었다. 그에 따르면, 바로 이 도토리나무가 '나무 일반'의 예가 될 수 있는 것과 마찬가지로 어떤 개개의 있는 것이 도무지 있음의 예가 될 수 있는지 어떤지가 의심스럽다는 것이었다. 즉 있음의 양상들(자연이라는 의미에서의 있음, 역사라는 의미에서의 있음)이 '있음'이라는 종에 속해 있는 '류'(類)들을 나타내고 있는지가 의심스러운 것이었다.

2) '있음'(存在, Sein)이라는 단어는 하나의 일반적 이름이고 여러 단어들 중에 단지 하나일 뿐인 듯 보이는 게 사실이다. 그러나 이와 같이 보이는 것이 우리를 속이는 것이다. 이 이름이 부르는 것 그리고 이렇게 불린 것은 유일무이한 것이다. 그렇기 때문에 모든 예를 통한 설명은 다음과 같은 의미에서 근본적으로 잘못되었다. 즉 이 경우 모든 예들은 너무 많은 것을 증명하기 때문이 아니라 언제나 너무 적게 증명하기 때문이다.

우리가 위에서 주의를 돌린, 그 필연성, 즉 개별적인 나무 종류와 개개의 나무들을 그와 같은 것으로서 찾고 또 찾아낼 수 있기 위해서 우리는 '나무'가 무엇인지를 미리부터 알고 있어야만 한다는 그와 같은 필연성은 한층 더 결정적인 양상으로 있음에 대해서 적용된다. 우리가 이 단어 '있음'을 벌써 이해하고 있어야만 한다는 이 필연성은 최고의 필연성이며 다른 어떤 것과도 비교될 수 없는 것이다. 그렇기 때문에 모든 있는 것들에 대한 '있음'의 일반성으로부터는, 우리가 이것으로부터 가능한 한 빨리 떠나 개별적인 것으로 눈을 돌려야 한다는 주장이 성립되지 않으며, 오히려 그 반대로 우리는 그와 같은 일반성에 머물러 견뎌야 하며, 이 이름의 유일성 그리고 이렇게 이름 지어 부름을 우리의 앎으로까지 승화시켜야 한다.

[G 87]   우리들에게 '있음'(Sein)이라는 단어가 그 의미상에 있어서 규정되지 않은 아지랑이처럼 나타난다라는 이 한 사실의 반대편에 맞서 있는, 우리들이 다른 한편으로는 있음을 이해한다는, 그리고 이것을 아무것도 아닌 것(無, Nichtsein)으로부터 틀림없이 구분한다는 이 사실은, 단지 또 다른 하나의 두 번째의 사실일 뿐만 아니라, 이 두 사실은 하나 안에 서로 함께 속해 있는 것이다(beide gehören in Eins zusammen). 이 하나라는 것은 이렇게 해서 우리들에게는 도무지 그것이 사실이라는, 그와 같은 특성을 잃어버리고 만다. 우리는 이 하나라는 것을 우리가 눈앞에 볼 수 있는 여러 어떤 것들 중 하나인 것으로서는, 즉 그 역시 어떤 눈앞에 볼 수 있는 것으로서는 결코 찾아볼 수 없다. 그 대신에 우리는, 우리가 지금까지 단지 하나의 사실일 뿐이라고 여겨 왔던 것 안에서 무엇인가가 일어나고 있음을 어렴풋이 짐작한다. 그리고 이것은 보통으로 일어나는 어떤 '사건'들의 테두리에서 벗어나는 그와 같은 양상으로 일어나고 있는 것이다.

27절 근본적 시도: 있음의 이해라는 것을 피해갈 수 없음에 대하여. 있음의 이해 없이는 말함이 존재할 수 없으며, 말함이 없이는 인간존재가 존재할 수 없다는 사실에 대하여

우리가 앞에서 말한, 그와 같은 사실 안에서 이루어지고 있는 그 어떤 것을 그 진실 안에서 포착하기 위해 한층 더 많은 노력을 기울이기에 앞서, 다시 한번 그리고 마지막으로 그와 같은 것을 어떤 잘 알려진 것처럼 그리고 임의적인 것처럼 취급하고자 하는 그런 시도를 감행해 보기로 하자. 앞에서 말한 사실이 전혀 존재하지 않는다는 것을 인정하는 경우를 고찰해 보자. 있음의 규정되지 않은 의미라는 것이 존재하지 않는다고, 그리고 우리는 이 의미가 무엇을 말하는 것인지를 이해하지 못한다고 치자. 그렇다면 그것은 어떤 것일 수 있단 말인가? 그것은 단지 우리 언어에 있어서 하나의 명사, 그리고 하나의 동사가 더 적어짐을 의미할 뿐이란 말인가? 그렇지 않다. 만일 그것이 그렇다면 이와 같은 경우 언어는 도무지 존재조차 하지 못할 것이다. 그런 경우, 이름 불리고 논의될 수 있도록, 그렇게 단어들 안에서의, '있는 것이 그 있는 그대로를 스스로 열어 보인다'가 도대체 존재하지 않을 것이기 때문이다. 왜냐하면 있는 것을 그 있는 그대로로서 말한다는 것은 그 자체로서 다음을 내포하고 있다: 있는 것을 있는 것으로서, 다시 말해서 그것의 있음을 미리 이해한다. 만일 우리가 있음을 전혀 이해하지 못한다고, 만일 '있음'이라는 단어가 우리가 앞에서 말한 오락가락하는 의미조차도 지니고 있지 않다고 친다면, 그럴 경우 단 하나의 단어조차도 존재할 수 없다. 우리 자신 또한 결코 말하는 자(Sagende)가 될 수 없다. 우리는 우리 자신인 바로 그것조차로서도 존재할 수 없는 것이다. 왜냐하면 인간이란, 말하는-자로 있음/존재함 (ein Sagender sein)을 의미하는 것이기에. 그리고 그렇기 때문에만 인

간은 '그렇다' 그리고 '아니다'를 말하는 존재인 것이다. 왜냐하면 그는 자신의 본질에 있어서 한 말하는 존재, 유일한 말하는 존재이기 때문이다. 이것이 바로 그의 특성이며 동시에 그의 필요(Not)이다. 이것이 인간을 돌멩이와 풀과 동물들, 그리고 신들(Götter)에 대해서 다른 것으로 구분시켜 주는 것이다.

만일 우리가 천 개의 눈과 천 개의 귀, 천 개의 손과 또 다른 여러 가지 감각기능과 감각기관을 지닌다 할지라도, 만일 우리들의 본질이 말의 힘 속에 놓여져 있는 것이 아니라면, 우리들에게는 모든 있는 것들이 감추어져 있을 뿐이다. 우리들 자신이기도 한 있는 것은 우리들 자신이 아닌 것보다 덜 있는 것이 아니다(Das Seiende, das wir selbst sind, nicht minder als das Seiende, das wir selbst nicht sind).

28절   인간 현존재의 근거로서의 있음의 이해

그래서 지금까지 말한 것을 다시 한번 간추려 본다면 다음과 같을 것이다. 우리는 제일 처음, 우리에게는 있음이 오락가락하는 의미만을 지닌 단지 하나의 빈 단어라는 것을(처음에는 아무런 이름을 붙임이 없이) 하나의 사실로 인정함으로써 있음을 그 품위보다 낮은 것으로서 생각하고, 있음을 그 본래적 품위의 서열에서 하락시켰다. 그 반대로, 비록 그것이 잘 규정된 양상은 아니라 할지라도, 있음을 이해한다는 사실은 우리들 현존재에게 있어서는 있음이, 이 있음 안에 우

리들 현존재의 본질적 가능성이 근거 지어지고 있는 그 어떤 힘이 자신 스스로를 나타내어 보인다는 의미에서 그 품위의 서열에 있어 최고의 위치를 차지함을 의미했다. 만일 언제나 역운적 현존재(ein geschichtliches Dasein)인 우리들의 현존재가 우리들 자신에게 그저 아무런 관심도 줄 수 없는 그런 것이 아니라면, 이 사실은 다른 여러 사실들 중의 그저 한 사실에 불과한 것이 아니라, 그 자신의 품위에 알맞는 최고의 존엄성을 요구하는 그와 같은 사실인 것이다. 또한 우리들의 현존재가 아무런 관심도 줄 수 없는 그와 같은 있는 것으로 머무르는 경우에 있어서도 우리는 있음을 이해하여야만 한다. 이와 같은 있음의 이해 없이는 우리는 우리의 현존재에 대해서 '아니다'(Nein)라고조차도 말할 수 없다.

우리는 있음의 이해를 그 품위에 맞추어 그 우선적인 존엄성을 인정함으로써만 있음의 품위를 지킬 수 있다. 어떤 양상으로 우리는 이 품위를 그 존엄성에 맞추어 지킬 수 있을 것인가? 이것은 우리들의 임의에 맡겨진 일은 아니다.

29절 있음을 이해함과 있음 그 자체가 모든 질문에 있어서 가장 질문되어 [G 89] **야만 할 존엄성을 지녔다는 것에 대하여. 있음의 의미에 대한 질문**

우선 그리고 대부분의 경우에 있어서 있음의 이해라는 것이 규정되지 않은 형태로 오락가락하기에, 그럼에도 불구하고 이렇게 알고 있는 속에 확정적이고 규정된 형태로 머물러 있기에, 그리고 있음의 이해라는 것이 그 품위의 우월성에 연유해서 늘 어두운 것으로, 흐트러진 것으로, 덮인 것으로 그리고 감추어진 것으로 있기에, 우리는 이 있음의 이해를 밝히고, 간추리고, 숨겨진 것으로부터 끌어내야만 하는 것이다. 이와 같은 것은 단지 우리들이 지금 하나의 사실로서 일단 인정하고 있는, 이 있음의 이해를 질문 안에 세워 놓기 위해서 **다시 한 번** 질문함으로써만 이루어질 수 있다.

질문한다는 것이야말로 우리들의 현존재를 그 힘 안에 보존해 주고 있는, 최고의 품위를 지니고 있는 것의 존엄성을 인정하는 유일한, 진정한 그리고 알맞는 방법이다. 따라서 우리들의 이 있음에 대한 이해, 그리고 이것으로부터 있음(存在, Sein) 자체의 이해야말로 모든 질문들 중에서 가장 질문될 가치가 있는 것이다. 우리는 이 최고의 질문될 가치가 있는 것에, 즉 있음이 우리들에게 전적으로 규정되어 있지 않고 있음에도 불구하고 또한 최고의 규정된 형태로 이해되고 있다는 이 사실에, 직접적으로 그리고 끊임없이 가까이 머무름으로써 더욱더 성실하게 질문할 수 있다.

우리는 이 단어 '있음'을 이해하며 따라서 여기서 파생된 다른 모든 단어들을 이해한다. 비록 이와 같은 이해가 규정되지 않은 양상으로 나타나 보인다 할지라도. 우리가 이해하는 어떤 것, 이해 속에 어떻게든지 간에 무엇인가를 **열어 보이는 것**에 대해서 우리는 다음과 같이 말한다: 그것은 어떤 뜻을 지니고 있다(es hat einen Sinn)라고.

이것이 이해된다는 의미에서 있음이라는 것은 어떤 뜻(einen Sinn)을 지니고 있는 것이다. 있음이라는 것을 최고의 질문될 가치가 있는 것으로서 체험하고 터득한다는 것, 그리고 스스로 있음을 찾아나선다는 것은, 이것 이외에 다른 아무것도 아닌, 즉 있음이라는 뜻에 대해서 질문함(nach dem Sinn von Sein fragen)을 말한다.

철학의 역사상 이 있음의 뜻에 대한 질문이 '있음과 때'(存在와 時間, Sein und Zeit) 안에서 최초로 **질문으로서** 질문되고 전개되었다. 이 책 속에는 뜻이라는 것이 무엇을 말하는지가 그 충분한 이유와 함께 자세하게 설명되고 있다. (다시 말해서 단지 있는 것의 그 있는 그대로 로서의 그것뿐만 아니라, 있음 자체의 열려 보임에 대해서. 『존재와 시간』, §§ 32, 44, 65 참조.)

왜 우리는 지금 이야기한 것을 더 이상 한 사실(eine Tatsache)이 라고 부르지 못하는 것인가? 왜 이렇게 이름 부르는 것은 처음 시작 부터 잘못 이끌어 인도하는 것이었나? 그것은 우리가 있음을 이해한 [G 90] 다는 것이 우리들 현존재에 있어서, 마치 우리들이 이러이러하게 생 긴 귀뿌리를 지니고 있는 것처럼, 그저 그렇게 따라 붙어 있는 것이 아니기 때문이다. 이렇게 생긴 귀뿌리 대신에 다른 모양의 어떤 청각 기관이 그 자리를 차지할 수도 있을 것이다. 그러나 우리가 있음을 이 해한다는 것은 단지 실재적일 뿐만 아니라 필요한 것이다. 만일 이 와 같은 있음의 열려짐(Eröffnung des Seins)이 없다면, 우리는 도무지 이 '인간'일 수조차도 없다. 우리가 있다는 것, 존재한다는 것은 그렇 게 꼭 필요한 것은 아니다. 그 자체로서 볼 때, 도무지 인간이라는 것 이 존재하지 않을 수도 있는 가능성은 주어져 있다. 그 언젠가 인간이 존재하지 않았던 때가 있었던 것이다. 그러나 엄격하게 따져서 말한 다면, 우리는 그 언젠가 인간이 존재하지 않았던 때가 **있었다**라고 말 할 수 없다. 모든 **시간**(Zeit)에 걸쳐서 인간은 있었고, 있고, 있을 것이 다. 왜냐하면 인간이 있는, 존재하는 한에 있어서만 시간은 그 스스 로를 시간화할 수 있는 것이기 때문에(weil Zeit sich nur zeitigt, sofern der Mensch ist). 인간이 없었던 때는 없다. 그것은 인간이 영원으로부터 그리고 영원에서 영원으로 있는 것이기 때문이 아니라, 시간이 영원이 아니기 때문이며, 시간은 단지 인간적-역운적인 여기-이-있음(현존재, Dasein)으로서만 스스로를 하나의 시간으로서 시간화하는 것이기 때문이다. 그러나 만일 인간의 있음이라는 것이 여기-이-있음(현존재, Dasein) 안에 놓여 있는 것이라면, 그가 이렇게 여기-이-있음(Da-sein)일 수 있기 위한 한 조건이 필요하며, 그것은 바로 그가 있음을 이해하는 것이다. 그리고 이와 같은 것이 필요한 한에 있어서만 인간은 역운적으로도 실재한다. 그렇기 때문에 우리는 있음을 이해하며, 이것은 처음에 그렇게 나타나 보이는 것처럼 그 단어의미에 있어서 오락가락하는 양상으로서만이 아닌 것이다. 우리가 불확정적인 의미를 그 안에서 이해하는 이 확정성은 차후에 덧붙인 어떤 것으로서가 아니라, 우리가 알지 못하는 사이에 우리를 그 근본에서부터 지배하고 있는 것으로서 명백하게 규정지을 수 있는 것이다. 이를 보이기 위해서 다시 '있음'이라는 단어로부터 출발하자. 여기서 우리가 한 가지 기억해 두어야 할 것은, 우리는 처음에 말해진 형이상학의 방향을 가리키는 질문(Leitfrage)에 상응해서, 이 단어의 경계를 단지 아무것도 아닌 것(無)에만 볼 수 있는 것으로, 그와 같이 광범위한 의미에서 사용한다는 것이다. 그것이 어떤 것이든, 그것이 순수하게 아무것도 아닌 것이 아닌 한, 그것은 있으며, 마침내는 아무것도 아닌 것(無, das Nichts)조차도 '있음'(Sein)에 속하게 되는 것이다.

30절 지금까지의 사색을 되돌려 고찰함: 별 관심을 줄 수 없는 한 사실로부터 가장 질문되어질 문제점을 내포하고 있는 '이루어짐'으로의 결정적 전진이라는 중요한 사실에 대하여

앞서가는 사색에 있어서 우리는 결정적인 한 걸음을 내딛었다. 어떤 강의는 이와 같은 한 걸음에 모든 것이 달려 있다.

이 강의에 대해서 가끔 나에게 던져지는 질문들은, 사람들이 많은 경우 잘못된 방향으로 듣고 있으며, 세부적인 것에 머물러 붙잡혀 있음을 나에게 다시금 새로이 일깨워 주었다. 개개의 학문분야 강의의 경우에 있어서도 중요한 것은 그 내적 맥락이다. 단지 개개의 학문분야의 경우 이것은, 개개의 학문분야를 위해서, 그것이 어떤 양상이든지 간에, 미리 주어져 있는 그 학문분야의 대상으로부터 직접적으로 결정되는 것이다. 이에 반해서 철학의 경우 그 대상이라는 것은 미리 주어지지 않았을 뿐만 아니라, 철학에는 아무런 대상이 없다. 철학은 있음이 (그에게 고유하게 속해 있는 열어 보임이라는 것을 통해서) 늘 새로이 실현해야 하는 하나의 이루어짐(ein Geschenhnis)이다. 다만 이와 같은 이루어짐 안에서만 철학적 진리는 자신을 열어 보이는 것이다. 그렇기 때문에 여기서는, 이와 같은 이루어짐 하나하나의 발걸음을 뒤따라서 그리고 함께 이루어 가는 일이 결정적인 것이 된다.

어떤 발걸음을 우리는 옮겨 왔는가? 어떤 발걸음을 우리는 늘 새로이 옮겨 가야만 하는 것인가?

우리는 처음 다음과 같은 것을 하나의 사실로서 목격했다: '있음'이라는 단어는 몹시 불분명한 의미를 지니고 있으며, 그 의미가 거의 비어 있는 단어라는 것. 이와 같은 사실에 대한 좀 더 정밀한 사색은 다음과 같은 결과를 우리에게 보여 주었다: 그 의미가 이렇게 불분명하게 된 것은 다음의 이유들에서 찾아볼 수 있다.

1) 부정형(Infinitiv)의 성립 과정에서 일어난 의미의 지워짐.

2) 세 개의 원래적 어간이 지니고 있었던 의미들의 혼합.

그다음 우리는 이렇게 설명된 사실을 '있음'에 대한 모든 전통적 형이상학의 질문들이 출발한, 흔들리지 않는 출발점으로 특징지었다. [전통적 형이상학의] 이 질문들은 **있는** 것에서 출발해서 이것으로 돌아오는 것이다. 이 질문들은 **있음**으로부터 출발하지 **않으며**, 질문될 존엄성을 지니고 있는 (있음의) **열려 보임**으로 향하고 있지 **않는** 것이다. 이와 같은 경우 '있음'이라는 것의 의미와 개념이 최고의 일반성을 띠고 있는 것이기 때문에, '형이상학'(Meta-physik)은 '물리학'(Physik)

[G 92]

으로 머무르게 되며, 더 가깝게 있음을 규정하기 위해서 더 이상 높이 오르지 못한다. 그래서 이런 경우 단지 한 가지 돌출구만이 남아 있다: 일반적인 것에서 떨어져 나와 개별적인 있는 것으로. 이렇게 함으로써 있음의 빈 개념은 **있는** 것들로부터 채워졌다. 이제 '있음으로부터 떨어져 나와 개별적인 있는 것들로'라는 이 지시는 그 스스로가 자신을 조롱하고 있으며, 그러면서도 어떻게 그렇게 된 것인지조차도 모르고 있는 것이다.

왜냐하면 이렇게 자주 말해지고 있는 개별적 **있는** 것은, 우리들 각자가 있음이라는 것을 그 본질에 있어서 미리 이해하는 한에서만 그 스스로를 그 **있는** 그대로로서 우리에게 **열어 보일** 수 있기 때문이다.

이 본질은 이미 스스로 밝혀져 있는 것이다. 그러나 이것은 아직도 아무런 질문도 제기하지 않는 것으로 머물러 있다.

이제 우리가 처음 시작할 때 제기한 질문을 다시 한번 상기해 보

자: '있음'이라는 것은 단지 하나의 빈 단어에 불과한 것인가? 아니면 있음과 있음에 대한 질문은 서양의 정신적 역운의 운명을 말하는 것인가?

있음(存在, Sein)이라는 것은 단지 실재의 증발해 버린 마지막 연기에 불과한가, 그래서 이와 같은 것에 대해서는 단지 이것을 철저하게 무관심 속에 사라져 버리게 놓아둔다는, 그와 같은 태도만이 유일하게 허락되어 있는가? 아니면 있음이라는 것은 질문되어질 가장 높은 존엄성을 지니고 있는가?

이렇게 질문해 나아감으로써, 우리는 아무런 관심도 줄 수 없는 하나의 사실로부터 그리고 '있음'이라는 단어가 단지 하나의 빈 단어일 뿐이라는 주장을 떠나, 있음이라는 것이 필연적으로 우리의 이해 속에 자신을 열어 보여야만 한다는 가장 질문될 만한 존엄성을 지니고 있는 것으로, 우리의 결정적인 발걸음을 옮긴 것이다.

첫눈에 그렇게도 흔들릴 수 없는 것으로 나타나 보이는, 형이상학이 눈뜬 장님처럼 늘 의지하고 있는, 이 하나의 단순한 사실은 이제 흔들리기 시작한다.

31절 다른 모든 '있는 것'의 단어들에 비교해서 볼 때 '있음'이라는 단어가 지니고 있는 특성에 대하여: '있음'과 '말씀'이 상호 간에 본질적으로 의지하고 있음에 대하여

지금까지 우리는 있음에 대한 질문에 있어서 우선적으로 이 단어의 단어 형태와 그 의미의 파악을 시도했었다. 그리고 이 시도는 우리에게 다음과 같은 사실을 보여 주었다. 즉 있음(存在, Sein)에 대한 질문은 문법이나 어원학이 다룰 문제가 아니라는 것. 그럼에도 불구하고 우리가 이제 다시금 이 단어로부터 우리의 사색을 시작한다면, 이것은 언어가 이 경우에 대해서 그리고 일반적으로 어떤 특정한 관계 속에 놓여 있음을 말한다.

[G 93]

　일상적으로 언어라는 것, 그리고 단어라는 것은 어떤 체험에 뒤따라서, 아니면 이것에 스쳐 지나가는 한 표현으로서 이해된다. 이와 같이 사물과 어떤 과정이 체험되는 한에 있어서, 과연 언어는 간접적으로, 즉 이렇게 체험된 있는 것을 재반복하는 한 표현인 것이다. 예를 들어서 '시계'라는 단어는 우리에게 잘 알려져 있는 세 가지 구분을 잘 보여 주고 있다:

　1) 이 단어를 들을 수 있다, 볼 수 있다는 관점에서의 단어 형태.

　2) 사람들이 이 단어를 통해서 무엇인가를 표상한다는 관점에서의 단어의미.

　3) 이 하나의, 개개의 시계라는 관점에서의 사물(die Sache).

　이와 같은 것에 있어서 1)은 2)를 위한 기호이며, 2)는 3)을 가리키는 지시이다. 이렇게 해서 우리는 아마도 '있음'이라는 단어에 대해서도 단어 형태, 단어의미 그리고 사물을 구분할 수 있다. 여기서 우리는 어렵지 않게 다음과 같은 사실을 발견할 수 있을 것이다. 즉 우리들이 단지 단어 형태와 단어의미에 머물러 있는 한, 우리는 우리의 있음에 대한 질문을 질문함에 있어서 아직도 그 핵심(사물, zur Sache)에 이르지 못하고 있다는 것. 만일 우리가 단지 단순한 단어해설 그리고 단어의미의 해설을 통해서 벌써 그 핵심(사물, die Sache)과 그 핵심의 본질(사물의 본질, das Wesen der Sache), 다시 말해서 있음(das Sein)

을 파악하기에 이르렀다고 주장하고자 한다면, 그것은 누구나 다 알아볼 수 있는 오류일 것이다. 우리는 이와 같은 잘못에 거의 빠질 수 없다: 왜냐하면 이와 같은 잘못은, 누가 에테르나 물질의 운동 과정, 즉 원자들의 운동 과정을 연구하고 측정하기 위해서, 어떤 필요한 물리적 실험을 하는 대신에 '원자' 그리고 '에테르'라는 단어에 대한 문법적 설명을 시도함과 거의 흡사한 것이기 때문이다.

만일 '있음'이라는 단어가 불확정적인, 아니면 확정적인 의미를 지니고 있다 치더라도, 그리고 아니면 그 <u>스스로</u>가 보이고 있듯이 이두 가지를 동시에 지닌다 하더라도, 우리는 이와 같은 의미의 영역을 벗어나 핵심(사물, zur Sache)에 이르러야만 하는 것이다. 그런데 '있음'은 시계나 집과 같은, 도대체 하나의 어떤 있는 것과 같은 하나의사물(eine Sache)인 것인가?

우리는 지금까지 자주 이와 같은 문제에 부딪쳤으며, 우리 자신또한 충분히 이와 같은 것에, 즉 있음이라는 것은 있는 것이 아니며있는 것의 한 부분이 아니라는 것에 부딪쳐 고심했다. 저기 저 건너편에 서 있는 건물의 있음이라는 것은 어떤 것도 아니며 지붕이나 지하실과 같은 양상의 것도 아니다. '있음'이라는 단어와 그 의미에는 아무런 사물(Sache)도 대답하지 않는다.

그럼에도 불구하고 우리는 위와 같은 사실로부터 있음이 단지단어와 그 의미 안에서만 존재한다고 결론지을 수는 없다. 단어의 의 [G 94]
미는 그것이 의미라는 점에서 결코 있음의 본질을 만들어 주지 않는다. 만일 이것이 그런 것이라면, 그것은 있는 것의 있음, 예를 들어서저 건물의 있음이 어떤 단어의 의미 속에 존재한다는, 그와 같은 말이되고 만다. 이런 주장은 누구나 다 알 수 있듯이 이치에 닿지 않는 소리이다. 우리는 이 '있음'이라는 단어를 통해서, 즉 이것의 의미를 통해서, 있음 자체를 말하고자 하는 것이며, 만일 사물(die Sache)이라는 것이 어떤 있는 것을 말한다면, 있음은 결코 사물이 아닌 것이다.

이것으로부터 다음이 결론지어진다: '있음'이라는 단어는 그 모든 언어학적 영역에 속해 있는 파생어와 또 다른 모든 것을 통틀어서 함께 생각해 볼 때, 결국 이 단어와 그 의미가 그것이 가리키는 것과 가장 원래적인 양상으로 연결되어 있으며, 그 반대의 경우 또한 같다. 즉 있음 자신은 다른 어떤 있는 것과는 달리, 그 양상에 있어서, 전혀 다른 어떤 의미에서 그리고 본질적인 의미에서, 이 단어와 관련을 맺고 있는 것이다.

'있음'이라는 단어, 그리고 그에서 파생된 모든 다른 단어들은, 이것을 통해서 말해진 있음 그 자체에 대해서, 다른 모든 명사들과 동사들이 이것들을 통해서 말해진 있는 것에 대해서 지니는 연관성과는 전혀 다른 양상의 연관성을 지니고 있다.

이것으로부터 역으로 거슬러서 생각해 본다면, 지금까지 '있음'이라는 단어에 대해서 논술한 것은, 이와 유사한 임의의 사물에 대한 단어나 단어의 사용에 관한 어떤 설명들과는 전혀 다른 양상의 의미를 지니고 있다. 만일 지금 여기서, 이 '있음'이라는 단어의 경우에 있어서도, 단어와 의미 그리고 있음 그 자체 사이에, 비록 여기서는 그 가리켜진 사물(die Sache)이 결핍되어 있다 할지라도, 어떤 원래적 고유적 연관성이 존재한다면, 그렇다고 해서 우리는 단어의 의미가 지닌 특성을 밝히는 것만으로 벌써 있음의 본질을 얻었다고 믿어서는 안 되는 것이다.

32절 '있음'의 고유한 규정성과 '있음'으로부터 지시되어 주어진 우리들의 있음의 이해. '있다/이다'(ist)에 대한 여러 가지 다른 예

이제 있음에 대한 질문이 이 단어에 대한 질문과 극히 내적인 연관성을 지니고 있다는, 이와 같은 고유성에 대한 중간사색을 그만 마치고 다시 우리들 질문함의 길을 계속해서 나아가자. 지금부터 우리가 다루어야 할 것은, 도대체 그리고 얼마만큼 있음에 대한 우리들의 이해가 정말 어떤 고유적인 규정성을 지니고 있는 것인지, 그리고 이것은 있음으로부터 정말 그 방향지시를 받는 것인지이다. 그것이 어떤 형태이든지 간에, 우리는 언제나 그리고 본질적으로, 있음이라는 단어를 말하도록 강제되어 있다는 사실을 염두에 둔다면, 그래서 이제 있음이 말해지고 있는 어떤 말함으로부터 출발한다면, 우리는 거기에서 말해진 있음 자체에 우리의 모든 주의를 돌리는 일이 필요한 것이다. 이제 있음이라는 단어 형태가 그렇게도 자주 사용되어, 그것이 사용되고 있는지조차도 생각하지 않고 사용되는, 아주 단순한 그리고 상용적인 경우를 그 예로 들어 보자.

우리는 말한다: '신(神)은 있다'(Gott ist), '지구는 있다'(die Erde ist), '강연은 강의실에 있다'(강의실에서 행해진다, Der Vortrag ist im Hörsaal), '이 사람은 슈바브 지방 사람이다'(Dieser Mann ist aus dem Schwäbischen), '이 잔은 은잔이다'(Der Becher ist aus Silber), '농부는 들에 있다'(Der Bauer ist aufs Feld), '이 책은 내 것이다'(Das Buch ist mir), '그는 죽은 사람이다'(Er ist des Todes), '붉은색은 (배의) 좌현이다'(Rot ist backbord), '러시아에는 기근이 들었다'(In Rußland ist Hungersnot), '적군은 후퇴 중이다'(Der Feind ist auf dem Rückzug), '포도밭에는 포

도혹벌레가 끼었다'(In den Weinbergen ist die reblaus), '개는 마당에 있다'(Der Hund ist im Garten), '모든 정상(頂上)에는/고요함이 있다'(Über allen Gipfeln/ist Ruh).

각각의 경우 '있다, 이다'(ist)는 다르게 의미되고 있다. 이와 같은 것은 우리가 이 '있다'를 말하는 것을, 단지 어떤 문법의 평범한 한 예로서, 아니면 단순한 어떤 문장으로서가 아니라, 각각의 경우 어떤 특정한 상태에서, 어떤 특정한 목적 아래, 아니면 어떤 특정한 기분으로, 정말 실제로 말해지는 것처럼 취했을 때 별 어려움 없이 알아볼 수 있다.

'신(神)은 있다': 이 경우 이것은 실재로 현존(現存)한다를 말한다. '지구는 있다': 이 경우 이것은, 우리는 지구를 늘 신변에 가까이 있는 것으로 경험하고 또 그렇게 생각하고 있음을 의미한다. '강연은 강의실에 있다'는 거기에서 진행된다를. '이 사람은 슈바브 지방 사람이다'는 그 사람의 고향은 그 지방이다를. '이 잔은 은잔이다'는 이 잔은 은으로 만들어졌다를. '농부는 들에 있다'는 농부는 그의 머무르는 장소를 들로 옮겼다, 거기에 머무르고 있다를. '이 책은 내 것이다'는 이 책은 내게 속해 있다를. '그는 죽은 사람이다'는 그는 죽음의 손에 떨어졌다를. '붉은 색은 (배의) 좌현이다'는 그쪽을 가리킨다를. '개는 마당에 있다'는 거기서 뛰놀고 있다를. '모든 정상에는/고요함이 있다'는??? 이 시구 중의 '있다'는 고요함을 찾을 수 있다를, 아니면 고요함을 신변에 가까운 것으로 느낄 수 있다를, 아니면 고요함이 진행되고 있다를, 아니면 고요함이 자리 잡고 있다를 의미하는 것인가? 이 경우 이 모든 것들은 잘 부합되지 않는다. 그럼에도 불구하고 여기 이것 또한 단순한 그리고 똑같은 '있다'인 것이다. 아니면 이 시구는, 마치 어떤 교실에 고

[G 96]

요함이 지배하고 있듯이, 모든 정상에는 고요함이 **지배하고 있다**를 의미하는 것인가? 이것은 좀 그 뜻에 가까워진 것 같다. 그러나 이렇게 둘러 설명하는 것이 여기에서는 적합하지 않다.

'모든 정상에는/고요함이 있다'(Über allen Gipfeln/ist Ruh). 여기의 이 '있다'는 도무지 어떻게 둘러 설명할 수 없다. 그럼에도 불구하고 이것 또한 단지, 괴테가 일메나우 근처에 있는 키켈한의 어떤 조그만 움막집의 창가 나무 판때기에 분필로 지나가면서 적은 몇 시구 중에 나타나는, 이 '있다'일 뿐인 것이다(1831년 9월 4일 첼터에게 보내는 편지 참조)! 놀랍게도 여기서 우리의 둘러 설명하기는 흔들리고 있으며, 우리는 그렇게 하기를 주저하고 있으며 결국에는 그렇게 하기를 포기하고 마는 것이다. 이는 그것을 이해하기가 복잡하거나 아니면 어렵기 때문이 아니라, 오히려 이 시구가, 우리가 우리의 일상적인 언어 사용 중에 아무런 생각도 없이 사용하고 있는 그와 같은 '있다'보다도 훨씬 더 단순하게, 유일하게 이 '있다'를 말하고 있기 때문이다. 어떻게 개개의 예를 해석하는 것이 옳은가는 차치해 둔다 할지라도, 지금까지 인용한 '있다'를 말함은 우리에게 다음 한 가지 사실을 뚜렷하게 보여 주고 있다. '있다'라는 말 속에 있음은 여러 가지 양상으로 스스로를 열어 보이는 것이다. 여기서, 우리를 쉽게 납득시킬 수 있는 주장, 있음은 단지 하나의 빈 단어라는 이 주장은, 다시 한번 명확하게 진리가 아님을 보여 주고 있다.

33절 '있다/이다'(ist)가 지니고 있는 의미의 다양성에 대하여. '있다/이다'(ist)로부터 이해된 있음의 이해: 지속적 출석(οὐσία/우시아)

그러나 어떤 사람은 다음과 같이 반문할 수 있을 것이다. 만일 '있음'이 이처럼 다양한 양상으로 의미된다 할지라도, 그것은 결코 '있음' 자신이 그런 것이 아니라, 다만 위의 여러 가지 문장들이 그 서로 다른 문장들 안에 서로 다른 있는 것들을, 예를 들어서 신(神), 지구, 잔, 농부, 책, 기근, 정상(頂上)의 고요함 등을 말하게 됨에 따라서 생겨나는, 이 서로 다른 문장들이 지나고 있는 서로 다른 사물내용(Sachgehalt)으로부터 오는 것이라고. 단지 '있다'(이다)라는 것이 그 자체로서 확정되지 않고 그 의미가 비었기 때문에, 이렇게 '개개의 경우의 필요에 따라서' 채워지고 규정될 수 있도록, 그와 같은 다양한 사용이 가능하도록 준비되어 있는 것이라고. 그렇기 때문에 위에서 보여 준 의미의 다양성은 증명하려고 의도했던 바의 반대를 오히려 증명해 주고 있는 것이라고. 위에 열거한 예들은 단지, 있음은 확정될 수 있기 위해서, 불확정적인 것으로 머물러 있어야만 함을 단적으로 증명해 주고 있을 뿐이라고.

　　여기에 대해서 우리는 무엇을 말할 수 있을 것인가? 우리는 지금 여기서 다음과 같은 한 결정적인 질문이 속해 있는 영역에 들어선 것이다. 즉 '있다'(이다)라는 것은, 이것이 말해지고 있는 개개 문장의 내용에 따라서, 즉 이 문장이 무엇에 관해서 말하고 있는, 그 무엇의 영역에 근거해서 이와 같은 다양성에 이르게 되는 것인지, 아니면 '있다'(이다), 다시 말해서 있음 자신 안에 이와 같은 다양성을 숨기고 있어서 이 다양성이 우리들로 하여금 개개의 있는 것들이 그렇게 있는 그대로 그 다양성 안에 만날 수 있도록 해 주는 것인지 하는 질문. 이 질문은 이제 단지 제기되었을 뿐이다. 그러나 우리는 아직 이 질문을 더 전개시키기 위한 준비를 충분히 갖추지 못하고 있다. 우리는 이제 단지 다음과 같은 부정할 수 없는 한 사실만을 뚜렷이 하고자 한다: '있다'(이다)는 말해지는 속에서 의미의 풍성한 다양성을 보여 주고 있다. 우리는 이것을 말하기 전에 또는 그 후에 '있다'(이다)에 대한 아무런 특별한 설명을 붙임이 없이, 더군다나 있음에 대해서 사색함이 없이, 각각의 경우 거기에 알맞는 그러나 동일한 하나의 '있다'(이다)를 말하고 있는 것이다. 이 '있다'(이다)는 우리가 이러이러하게 의미하고자 할 때, 우리의 말함 속에 즉시 그리고 그냥 단순하게 뛰쳐나오는 것이다. 그럼에도 불구하고 그 의미의 다양성은 결코 임의적인 것은 아니다. 이제 우리는 이것을 곧 확인해 보고자 한다. 이제 순서에 따라 우리가 위에서 '있다'(이다)의 의미를 돌려 설명한 것을 나열 [G 98] 해 보자. '있다'(이다)를 통해서 말해진 '있음'의 여러 다른 의미들은 다음과 같았다. '실재로 현존한다', '늘 신변에 가까이 있는 것으로 경험한다', '진행된다', '어느 곳이 고향이다', '무엇으로 만들어졌다', '머무른다', '속해 있다', '무엇의 손에 떨어졌다', '무엇을 위해서 있다', '지배한다'. 이와 같은 것들로부터 이 모든 의미들을 포용할 수 있는 하나의 개념을 어떤 일반적 종(種)의 개념(Gattungsbegriff)으로 축출하고자 하는 것은, 그래서 위에서 말해진 여러 가지 '있다'(이다)의 서로 다른 양상들을 마치 종(種)에 속한 하나하나의 류(類, Art)로서 그 아래 두고자 하는 것은 어려운 일일 뿐만 아니라 본질에 어긋나는 일이기에 아마도 불가능할 것이다. 그럼에도 불구하고 이 모든 것을 꿰뚫고 지나가는 어떤 획일적인 무엇이 있다. 그것은 '있음'의 이해를, 그와 같은 지평선으로부터 이해함이 이루어질 수 있는, 어떤 확정된 지평선으로 지시하고 있다. '있음'의 뜻(Sinn von 'Sein')의 경계선은 현재(Gegenwärtigkeit) 그리고 참석(Anwesenheit)으로부터, 그리고 성립함(Bestehen)과 존립(Bestand), 머무름(Aufenthalt)과 (어떤 일이) 생겨남(Vor-kommen)으로부터 경계 지어지는 것이다.

이 모든 것은, 우리가 처음에 그리스인들이 어떻게 있음을 경험하고 또 이것을 해석했는지를 특징지었을 때 대한 적이 있는 그것과 똑같은 방향을 가리키고 있다. 만일 우리가 통상적인 부정형(Infinitiv)의 해석에 주의를 기울인다면, 그것은 '있음'(das Sein)이라는 이 단어는 우리의 이해를 이끌어 가고 있는 지평선의 획일성 그리고 확정성으로부터 그 뜻을 받아 얻고 있음을 보여 줄 것이다. 이 모든 것을 다시 한번 종합해 보면: 우리는 (동사형) 명사 '있음'(Sein)을 부정형(Infinitiv)으로부터 이해하고 있으며, 이 마지막 경우의 있음은 다시금 '있다/이다'(ist)와, 그리고 우리가 앞에서 제시한 이것의 다양한 모습들과 연관성을 지니고 있다. '있다/이다'(ist)라는 규정된 그리고 단일적인 동사형, 즉 **직설법 현재의 3인칭 단수**(dritte Person des Singular im Indicativ des Praesens)는 모든 것에 있어서 우선권을 지니고 있다. 우리는 '있음'(das Sein)을 'du bist', 'ihr seid', 'ich bin' 또는 'sie wären'을 향해서 이해하는 것이 아니다. 그럼에도 불구하고 이 모든 것은 'ist'와 똑같이 그리고 똑같이 훌륭하게 '있음'(Sein)의 파생어이다. '있음'(Sein)은 우리들에게 마치 'ist'의 부정형(Infinitiv)인 것처럼 여겨진다. 그 반대의 경우에도 우리는 마치 다른 것은 불가능한 것처럼, 부정형 '있다/이다'(sein)를 'ist'로부터 설명한다.

이와 같은 것에 맞추어 생각해 볼 때, '있음'(das Sein)은 있음의 본질에 관한 그리스적 이해를 연상시키는, 즉 어떤 곳에서 임의로 우리에게 떨어진 것이 아니라, 우리의 역운적 현존재를 옛적부터 지배해 내려온, 하나의 규정성을 보여 주고 있는 것이다. 이렇게 해서 우리의 '있음'이라는 단어의미의 확정성을 찾는 것은 단번에 우리의 숨겨진 역운의 기원, 그것이 무엇인지에 대한 사색으로 이전해 간 것이다. '있음은 어떻게 존재하는가?'라는 이 질문은 자신 고유의 역운적 영향범위를 넓히고 고수할 수 있기 위해서, 있음의 역운 안에 그 스스로를 안주시켜야만 한다. 그리고 우리는 이와 같은 우리 질문의 전개를 위해서 다시금 있음의 말함에 머물러 있고자 한다. [G 99]

4장 있음의 제한

34절 다른 것과 구별하여 있음에 대해서 말해지는 숙어화된 양상들: 있음 과 …(Sein und …)

우리들이 'ist'(… 이다/있다)에서 매우 통상적인 있음에 대해 말하는 양상을 대하듯이, 'Sein'(있음)이라는 명사를 불렀을 때에도 다음과 같은 아주 규정된, 거의 숙어처럼 되어 버린 말하는 양상에 부딪치게 된다: 있음과 됨(Sein und Werden), 있음과 가상(Sein und Schein[假像]), 있음과 생각(Sein und Denken), 있음과 당위(Sein und Sollen).

우리가 '있음'(Sein)이라고 말하는 경우, 우리는 계속해서 더 말하도록 거의 강제된 것처럼, 있음(Sein) 그리고 … 라고 말하는 것이다. 이 '그리고'는 단순히 어떤 것을 거기에 덧붙임만을 의미하지 않고, 그 어떤 것에 마주 부딪쳐 '있음'이 그것으로부터 자신을 구별하는 것을 우리는 덧붙여 말한다. 있음(Sein) 그리고 … 아님. 그러나 우리는 이와 같은 숙어화된 명칭을 통해 동시에, 있음에 마주 서서 그와 구별되면서도 그럼에도 불구하고 어딘지 그에게 속해 있는, 비록 그것이 단지 그의 다른 모습이라 할지라도(wenn auch nur als sein Anderes), 그와 같은 것을 말하고자 한다.

지금까지의 우리들이 질문해 온 과정은 다만 우리들 질문의 영역만을 분명하게 한 것은 아니었다. 우리는 사실 처음에는, 그 질문 자체를, 즉 형이상학(Meta-physik)의 근본문제를 단지 어디에선가로부터 우리에게 전시된 그리고 부과된 어떤 것처럼 받아들였을 뿐이다. 그러나 이 질문은 자신이 지니고 있는 질문되어야 할 존엄성을 조금씩 조금씩 우리에게 열어 보인 것이다. 이제 이 질문은 우리들 역운적 현존재의 숨어 있는 근거인 것처럼 점점 더 자신을 드러내 보인다. 이와 같은 것은 다음과 같은 경우에 있어서도, 특히 그와 같은 경우에는 더욱 하나의 엄연한 사실로 머물러 있다: 비록 우리가 마치 어떤 심연(Abgrund)을 살짝 덮어놓은 것과 같은 그런 것 위를, 자기만족 속에서 그리고 여러 가지 바쁜 일거리로 정신없이 헤매고 다닌다 할지라도.

35절 있음과 다른 것들과의 구별에 대한 사색에 필요한 일곱 개의 방향 제시 [G 101]

우리는 이제 다른 것에 대해서 있음이 어떻게 구분되는지를 고찰하고자 한다. 이와 같은 것에 있어서 우리는 있음이 통상적인 속견들과는 달리 하나의 빈 단어이기는커녕 오히려 그렇게나 다방면으로 규정되어 있어, 그 규정성들을 일일이 다 살피기에 여러 가지 어려움이 있음을 경험하여야만 할 것이다. 그러나 이것만 가지고는 불충분하다. 그와 같은 경험은 미래를 위한 우리들 역운적 현존재에 대한 근본

경험으로 성숙되어야만 하는 것이다. 우리들이 이와 같은 구분을 그 시작에서부터 적절하게 이끌어 나갈 수 있게 하기 위해서는, 우리들에게 방향을 제시해 주는 다음과 같은 몇몇 점들에 유의하는 것이 필요하다.

1) 있음(das Sein)은 다른 것들에 마주서서 한계 지어졌으며, 그렇기 때문에 이와 같은 한계 지음(Grenzsetzung) 안에는 이미 어떤 규정성이 내포되어 있다.

2) 이와 같은 한계 지음은 서로서로 연관성을 지니고 있는 네 개의 관점으로부터 이루어진다. 따라서 있음에 대한 규정성의 정도는 이와 같이 분기(分岐)에 따라 더 높아지든가 아니면 더 낮아지든가 해야만 한다.

3) 이와 같은 구분들은 결코 우연적이 아니다. 이 구분 속에서 서로 나누어져 있는 것들은, 하나로 모이려는 원래적인 경향성을 지니고 있다. 따라서 이 구분들은 그들 자신의 어떤 고유한 필요성을 내포하고 있는 것이다.

4) 그렇기 때문에 이렇게 첫눈에 보이기에 마치 숙어처럼 보이는 이 마주 서서 대립되는 것들은, 어떤 우연한 경우에 임의적으로 생성되어 언어 속에 관용어화되어 버린 것이 아니다. 이들은, 그 열려보여짐이 서양 역운을 기준 지어 주고 있는, 있음(Sein)이 각인(刻印), 형성되는 것과 깊은 연관성을 가지고 생성된 것이다. 이들은 철학적 질문의 최초 시작으로부터 함께 시작되었다.

5) 이 구분들은 단지 서양철학 안에서만 그 위세를 발휘하는 것으로서 머물러 있지 않는다. 이들은 모든 앎, 행동, 말함 속에 스며들어 가고 있으며, 이들이 이와 같은 이름으로 불리지 않는 곳에도, 이

들이 전혀 말해지지 않는 곳에도 침투되어 있는 것이다.

6) 이 명칭들을 열거한 그 순서는 이미, 이들 서로 간에 존립하고 있는 본질적 연관성의 질서에 관한, 그리고 이들이 어떤 순서로 역운적으로 각인, 형성되었는지에 관한 한 암시를 내포하고 있다. [G 102]

말해진 것들 중, 그 처음 두 개의 구분들(있음과 됨[Sein und Werden], 있음과 가상[Sein und Schein])은 벌써 그리스 철학의 시작 시기에 형성된 것이며, 이들은 가장 오래되었기에 또한 가장 널리 통용된다.

세 번째 구분(있음과 생각[Sein und Denken])은 앞에서 말한 두 개의 구분보다 결코 더 늦게 시작된 것은 아니며, 특히 **플라톤**과 **아리스토텔레스**의 철학을 통해서 결정적으로 전개되었지만, 이것의 고유한 모습은 근대(Neuzeit)의 시작 시기에 와서야 그 면모를 제대로 갖추게 되었다. 이것은 이 시작 시기를 형성해 주는 데 있어서도 본질적으로 함께 기여하고 있다. 이와 같은 것에 상응해서 이것의 역사는 가장 복잡하며 그 의도하는 바는 가장 의문시된다. [그렇기 때문에 이것은 우리들에게 있어서는 가장 질문될 가치가 있다.]

네 번째의 구분(있음과 당위[Sein und Sollen])은 단지 원거리에서만 [그리스 철학의] ἀγαθόν(아가톤, 最高善)으로서의 ὄν(온, 있는 것)에 비추어 형성되었으며, 사실 근대에 속하는 구분이다. 이 구분은 또한 18세기 말엽 이후의 있는 것에 대한 근대정신을 지배하고 있는 한 커다란 주류를 규정시켜 주고 있다.

7) 있음의 본질이 지니고 있는 진리를 전개시킬 의무를 이해한, 있음의 질문(Seinsfrage)을 원래적으로 질문한다는 것은, 이 구분들 속에 잠재해 있는 위력들 앞에서 이 질문 스스로에 대한 결정을 시도해

야만 하며, 이렇게 함으로써 이들 구분들을 그들 자신의 진리 속으로 되돌려 보내야만 하는 것이다.

우리는 이와 같이 미리 말해진 모든 주의사항들을 우리가 앞으로 이어 나갈 모든 사색 속에서 끊임없이 염두에 두고 있어야만 한다.

[G 103]

1. 있음과 됨

36절 (변화)됨에 마주 서 있는 있음. 파르메니데스와 헤라클레이토스: 지속적인 것의 내적 집중과 성숙이라는 의미에서의 있음

이 가름과 마주 세움은 있음에 대한 질문의 시초에 서 있다. 이것은 오늘날에 있어서도 있음을 다른 것에 마주 세워 한계 지우는 가장 널리 통용되는 구분이다. 왜냐하면 이것은 있음을 어떤 당연한 것으로 여기는 일상적인 고정된 상념으로부터 즉각적으로 눈앞에 나타나는 것이기 때문이다. [앞으로] 되어질 어떤 것은 아직 있지 않다(Was wird, ist noch nicht). [이미] 있는 어떤 것은 더 이상 될 필요가 없다(Was ist, braucht nicht mehr zu werden). '있는' 그 무엇, 있는 것은, 만일 그것이 도무지 그렇게 된 것이라면 그리고 그렇게 될 수 있었던 것이라면, 모든 됨이라는 것을 이미 그 뒤에 놓아두고 있는 것이다. 그 무엇이 '있다'라는 것은, 그 고유성에 비추어 볼 때, 모든 '됨'의 밀려닥침에 대항하고 있는 것이다.

기원전 6세기에서 5세기로 넘어가는 시기에 생존한 파르메니데스는 자신이 해야 할 일에 맞추어 그리고 멀리 바라봄 속에서, 됨에 대항해 서 있는 있는 것의 있음을 시적-사색적으로 두드러져 드러나게 했다. 그의 '교훈시'(教訓詩, Lehrgedicht)는 단지 단편적으로만, 그러나 모든 본질적인 것들을 포함하는 큰 단편들로 전승되었다. 여기서 우리는 그들 중에서 다만 몇 줄만을 인용하고자 한다(단편 VIII, 1~6).

μόνος δ'ἔτι μῦθος ὁδοῖο/λείπεται ὡς ἔστιν. ταύτηι δ'ἐπὶ σήματ' ἔασι/πολλὰ μάλ', ὡς ἀγένητον ἐὸν καὶ ἀνώλεθρόν ἐστιν, ἔστι γὰρ οὐλομελές τε καὶ ἀτρεμές ἠδ' ἀτέλεστον, οὐδέ ποτ' ἦν οὐδ' ἔσται, ἐπεὶ νῦν ἔστιν ὁμοῦ πᾶν, /ἕν, συνεχές./

Einzig aber noch die Sage des Weges bleibt

(auf dem sich eröffnet), wie es um sein steht, auf diesem (Weg) es Zeigendes gibt es gar Vieles;

wie Sein ohne Entstehen und ohne Verderben,

voll-ständig allein da sowohl

als auch in sich ohne Beben und gar nicht erst fertig zu stellen;

auch nicht ehemals war es, auch nicht dereinst wird es sein,

denn als Gegenwart ist es all-zumal, einzig einend einig

sich in sich aus sich sammelnd (zusammenhaltend voll von Gegenwärtig-keit).

길(道)에 대한 전설이 오로지 남아 있을 뿐이로다

있음은 어떻게 존재하는지를 (알려 주기 위해서 이 길은 열려 있노

라); 이 (길) 위에는 많은 것들이 나타나 손짓하노라;

있음은 어떻게 태어나지도 않고 파멸하지도 않는지를,

거기에 오로지 홀로 서 있어

스스로 전율함도 없고, 결코 스스로를 먼저 완성시킬 필요도 없음일

진대;

지난날에 있었던 것도, 앞으로 오는 날에 있을 것도 아닌 것을,

오로지 현재처럼 그는 한꺼번에 모든 것이로다,

스스로 안에 스스로를 모아(현재 안에 모든 것을 감싸), 하나로 되어

홀로 하나일 뿐인 것을.

[G 104]

이 몇 마디의 말들은 마치 그리스 초기의 입상(立像)처럼 거기 우뚝 서 있다. 우리가 아직도 소유하고 있는 파르메니데스의 교훈시는 모두 합쳐 보아도 겨우 얇은 소책자 정도의 양일 뿐이기는 하지만, 이것은 도서관에 소장되어 있는 전 철학서들의, 그들이 자칭해서 주장하고 있는, 필연적인 존재이유라는 것을 우스운 것으로 만들어 버린다. 현대인으로서 누가 만일 이와 같은 사색적 말의 차원을 알고 이해한다면, 그는 아마도 책을 쓰고 싶은 마음을 한꺼번에 다 잃어 버리고 말 것이다.

있음으로부터 말해진 이것들은 σήματα(쎄마타)이다. 이것은 있음의 징후나 기호가 아니며, 있음의 술어(述語)도 아니며, 오히려 사람들이 그들의 눈을 있음으로 돌렸을 때, 있음이 자기 자신으로부터 스스로 나타내 보이는 그와 같은 것이다. 이와 같은 있음을 향한 눈길 속에서는 우리는 과연 있음으로부터 모든 탄생, 멸망 등등을 능동적인 의미에서 간과해 버려야만 한다: 보는 것을 통해서 그와 같은 것들

을 멀리 두고 제거해 버려야만 한다. ἀ-(알파-)와 οὐδέ(오우데)를 통해서 제거된 것들은 있음에 상응하지 못하는 것들이다. 있음의 척도는 다른 것이다.

이로부터 우리는 다음을 결론지을 수 있다: 이 교훈시 속에서 있음은 모든 경망스러운 것과 모든 변화로부터 초월된, 스스로의 고유성 안에 스스로를 모은, 지속적인 것의 견실성으로 나타나 보인다. 오늘날에도 사람들은 서양철학의 시작을 소개하는 데 있어서 아직도 이 파르메니데스의 교설을 헤라클레이토스의 교설과 마주 세운다. 사람들은 이 헤라클레이토스에게서, 그렇게나 자주 인용되고 있는 말 πάντα ῥεῖ (판타 레이), '모든 것은 흐른다'라는 말이 시작되었다고 생각하며 이에 따른다면 있음은 존재하지 않으며, 모든 것은 변화 (Werden)하고 '있다'(ist)라고 말하는 것이다.

사람들은 여기에는 있음(Sein), 저기에는 변화됨(Werden)과 같은 상반된 교설이 등장하는 것을 당연하게 여기고 있다. 왜냐하면 이와 같은 것을 통해서 사람들은 이미 철학의 시작 시기에 모든 철학사를 통해서 이루어질 것을, 즉 어떤 철학자가 A라고 말하는 곳에서 다른 어떤 철학자는 B라고 말하지만 만일 이 나중의 사람이 A라고 말한다면 그 먼저 사람은 B라고 말한다는 것을 미리 관찰할 수 있기 때문이다.

그러나 만일 이와 같은 의견에 반대해서, 전 철학의 역사를 통해서 모든 철학자들은 본질적으로 동일한 것에 대해서 말하고 있다고 확언한다면, 이것은 통상적인 사고방식의 소유자에게는 또다시 이상하게 들릴 것이다. 만일 모든 철학자들이 동일한 것에 대해서 말하고 있다면, 그렇다면 무엇 때문에 그리고 무엇을 위해서 그처럼 다양한,

복잡한 서양철학사라는 것이 존재하는가? 단 하나의 철학으로서 충분할 것이 아닌가? 모든 것은 이미 말해졌던 것이 아닌가? 그러나 바로 이 '동일한 것'(dasselbe)은 그 내적 진리에 있어서 무한의 풍성함을 지니고 있으며, 그렇기 때문에 마치 매일매일이 그것의 첫날인 듯 매일매일 그렇게나 동일한 것이다.[1]

[G 105] 사람들이 파르메니데스의 가르침에 거칠게 마주 세우는 헤라클레이토스의 변화됨에 관한 가르침은 실제로 파르메니데스와 동일한 것을 말하고 있다. 만일 그가 다른 것을 이야기했다면, 그는 결코 위대한 그리스인들 중에서도 가장 위대한 사색가들 중의 하나로 손꼽힐 수는 없었을 것이다. 사람들은 그의 변화됨에 관한 가르침을 19세기에 나타난 다윈주의자들이 상상하는 양상에 따라서만 해석해서는 안 된다. 말할 것도 없이 이 서로 상반되는 있음과 변화됨에 관한 후세의 이론 전개는 결코 더 이상 파르메니데스의 교훈시에서처럼 그렇게 독특하게 그 스스로의 안에만 머무를 수는 없었다. 이 위대한 시대에 있어서는, 있는 것의 있음에 대해서 말하는 것 자체가 그 속에, 있음의 (숨겨진) 본질을 그 스스로 자체 안에 지니고 있었던 것이다. 이와 같은 역운적 필연성 안에 위대함의 신비가 숨겨져 있다. 우리는 '있음과 됨'(Sein und Werden)이라는 첫 번째 가름에 대한 설명을, 앞으로 더욱 명백해질 이유 때문에, 지금까지 이야기한 것으로 우선 마치고자 한다.

---

1 [옮긴이] Henri Paissac, "La Vocation du Métaphysicien", eds. Henri Paissac and Pierre Thévenaz, *L'Homme: méaphysique et transcendance*, Neuchâel: Éditions de la Baconnière, 1948 참조.

2. 있음과 가상

37절 있음과 가상(Sein und Schein)이라는 구별을 통상적인 당연한 것으로 받아들임에 대하여 ── 있음과 가상이 원천적으로 서로 갈라져 나감과 이들이 상호 간에 원래적으로 함께 속해 있다는 사실에 대한 이해의 부재. 가상의 세 가지 양상

이 가름은 첫 번째의 가름과 같은 정도로 오래된 것이다. 이 두 개의 가름(있음과 됨, 있음과 가상)이 같은 기원을 가지고 있다는 것은 이 두 개가, 오늘에까지도 잘 숨겨져 있는, 서로의 어떤 깊은 상관관계에 놓여 있음을 보여 준다. 이 두 번째로 불린 가름(있음과 가상, Sein und Schein)은 과연 오늘날에 이르기까지 그 참된 내용을 다시 발전시킬 수 없었다. 이를 위해서는 원천적으로, 다시 말해서 그리스적으로 이 것을 이해하는 일이 필요한 것이다. 그런데 이것은 우리들, 즉 근대적 인식론이 가져온 잘못된 해석의 영향 밑에 놓여 있는 우리들에게 있어서는, 그리고 이 영향 밑에서 본질적인 것의 단순함을 단지 어렵게 만 볼 수 있는, 그리고 그렇기 때문에 대부분의 경우 이 본질적인 것의 단순함이 마치 빈 것처럼만 보여지는 우리들에게 있어서는 결코 쉬운 일이 아니다.

우선 이 가름은 명확한 것처럼 나타나 보인다. 있음은 실재(Wirkliches), 그리고 이것은 비실재(Unwirkliches[가상])에 반대되고 구별되는 것으로서, 또 진짜, 즉 가짜에 반대되고 구별되는 것을 말해 준다. 이 가름 속에는 동시에 있음이 그 우월성을 인정받는 어떤 가치판 [G 106]

단이 들어 있다. 이것은 우리가 기적과 기적적인 것, 가상과 가상적인 것이라고 말하는 경우에도 마찬가지이다. 사람들은 이 구별, 있음과 가상을 자주 우리가 말한 첫 번째 구분, 있음과 됨으로 되돌려 보낸다. 가상적(假像的, das Scheinbare)인 것은, 지속성으로서의 있음(Sein als dem Ständigen)에 반대되는, 가다가 나타나서는 또 이와 마찬가지로 순간적으로, 아무 붙잡을 곳도 없이 다시금 사라져 버리는 것이다.

있음과 가상의 구분은 우리들에게 있어서 일상적이며, 우리가 피상적인 일상생활에서 아무 생각도 없이 이 손에서 저 손으로 옮겨 주는 낡고 닳아빠진 여러 동전들 중의 하나이다. 최선의 경우 우리는 이 구별을 하나의 도덕적인 그리고 생활규범의 한 지침으로서 말하는 것이다. 허울(假像, Schein)을 피하고 그 대신에 있음(存在, Sein)을 찾아야 한다고: '허울 대신에 더 많은 있음을'(mehr sein als scheinen).

그럼에도 불구하고 이 모든 당연한, 그리고 일상적인 구별 안에서 우리는 바로 이 있음과 가상의 구별이 어디에서부터 원래적으로 존재하는지를 이해하지 못하는 것이다. 이와 같은 구별이 이루어진다는 것은 이 둘이 서로 함께 속해 있음을 암시하고 있다. 어디에 이 둘은 함께 속해 있는 것인가? 이 숨겨져 있는 있음과 가상의 일치성(Einheit)을 우리는 우선 이해해야만 한다. 우리는 이 구별이 역사적으로 자라나는 그 시작 시기로부터 멀어져 있기에, 그리고 이제 우리들에게 있어서 이 구별은 언젠가 어디에서 한번 이루어져 그저 통용되는 것일 뿐이기에, 이와 같은 일치성을 더 이상 이해하지 못하는 것이다.

이 구별을 이해하기 위해서도 우리는 여기서 다시 한번 그 시작으로 되돌아가야만 한다.

그러나 만일 우리가 늦추지 않고, 여러 생각 없는 잡설들로부터 간격을 취할 수 있게 된다면, 우리는 벌써 우리들 가까이에서 이 구별을 이해할 수 있는 한 자취를 발견할 수도 있다. 우리는 '가상'(假像, Schein: 나타나 보임, 허울)이라고 말하며, 비가 오는 것과 해가 비치는 것(Sonnenschein: 햇빛)을 안다. 해가 비친다(Die Sonne scheint: 해가 나다, 해가 나타났다). 우리는 이야기 속에서, "방은 촛불의 빛으로 희미하게 비추어지고 있었다(die Stube war vom Schein einer Kerze matt erleuchtet: 희미한 촛불 빛이 방을 밝혀 주고 있었다)"라고 말하는 것이다. 알레만 지방의 방언에는 'Scheinholz'(비치는 나무)라는 단어가 있다. 즉 이것은 어둠 속에서 빛을 발하는 나무를 말하는 것이다. 우리는 또한 성인(聖人, Heiligen)들을 그린 그림에서 성인들의 머리둘레를 둥글게 감싸며 빛나고 있는, 신성한 빛(Heiligenschein)을 알고 있다. 그러나 우리는 또한 성인처럼 보이기는 하지만 성인이 아닌, 가짜 성인(Scheinheilige)이라는 말을 알고 있다. 우리는 싸우는 것처럼 보이는 거짓 싸움(Scheingefecht)을 알고 있다. 해는 나타나 빛난 [G 107] 다, 그리고 이렇게 나타나 (빛나는) 것을 통해서 마치 지구 주위를 돌고 있는 것처럼 나타나 보인다(Die Sonne scheint sich, indem sie scheint, um die Erde zu bewegen). 달은 마치 그 지름이 두 길 정도 되는 것처럼 산 위에 나타나 (빛나) 보이고(scheint), 단지 그렇게 나타나 (빛나) 보일 뿐(scheint nur so)이며, 이것은 단지 하나의 나타나 (빛나) 보임, 가상(假像, Schein)일 뿐이다. 우리는 여기서 두 종류의 나타나 (빛나) 보임(Schein)과 나타나 (빛나) 보이다(scheinen)에 부딪치고 있다. 이 둘은 단순하게 하나 옆에 다른 것이 놓여 있는 그런 양상이 아니라, 그 하나가 다른 것의 변형이다. 예를 들어서 해는 지구 주위를 돌고 있다는 나타나 (빛나) 보임, 허울(假像, Schein)을 그 자체로부터 보여 줄 수 있는 것은, 단지 그것이 나타나 (빛나) 보이기(scheint) 때문이며, 이것은 다시 말해서 해가 빛나고 그 빛남 속에서 나타나 보이기(erscheint) 때문에, 즉 눈앞에 등장하기(zum Vorschein kommt) 때문이다. 말할 것도 없이 우리는 해의 나타나 (빛나) 보임(Scheinen)을 동시에 빛남으로써 그리고 비침으로써, 그리고 이 비침을 따뜻함으로 경험하는 것이다. 해가 나다(해가 나타나 (빛나) 보인다), 즉 해가 자신을 나타내 보인다. 그래서 따뜻해진다. 찬란한 신성한 빛(Heiligenschein)의 둥그런 모양의 빛의 비춤은 이것을 보여 주는 성인을 성인(聖人)으로서 눈앞에 나타내어 보여 주는 것이다.

우리가 주의를 기울여 생각한다면, 나타나 (빛나) 보임(假象, Schein)에는 세 가지 양상이 있음을 알 수 있다.

1) 찬란함, 빛남으로서의 Schein(나타나 (빛나) 보임).

2) 나타남(erscheinen), 눈앞에 등-장함(登-場, Vor-scheinen), 즉 무엇이 다가옴이라는 양상의 Schein(나타나 (빛나) 보임).

3) 단지 무엇 무엇인 양 나타나 보임(Anschein), 어떤 것을 무엇인 것처럼 보여 주는 양상의 Schein(나타나 (빛나) 보임).

동시에 두 번째 양상의 'Scheinen'(나타나 (빛나) 보임), 즉 스스로를 나타내어 보임이라는 의미에서의 나타남(Erscheinen)은 찬란하게 빛남(Glanz)이라는 의미에서의 Scheinen(나타나 (빛나) 보임)으로, 그리고 무엇인 양 나타나 보임(Anschein)으로 이해되기에도 적합하며, 이것은 이들의 어떤 임의적인 한 특성으로서가 아니라, 이들이 존재할 수 있는 가능성의 근거로서이다. 나타나 (빛나) 보임(假像, Scheinen)의 본질은 나타나 보임(Erscheinen)이다. 이것은 스스로를-

보임(das Sich-zeigen), 스스로를-거기에-세워 놓음(Sich-dar-stellen), 다가와-섬(An-stehen), 앞에-놓여짐(Vor-liegen)을 말하는 것이다. 오래 기다리던 책이 이제야 나타났다(Das lang erwartete Buch erscheint jetzt)라는 것은 이 책이 (눈)앞에-놓여 있다(liegt vor), 손 잡히는 곳에 놓여 있다(vorhanden), 그렇기 때문에 소유할 수 있다(zu haben)를 말하는 것이다. 만일 우리가 '달이 비친다(떴다)'(der Mond scheint)라고 말한다면, 이것은 단지 달이 어떤 빛을, 어떤 밝음을 펼치고 있음만을 말하려는 것이 아니라, 달이 하늘에 떠 있음(er steht am Himmel)을, 달이 하늘에 자리 잡고 있음(er west an)을, 달이 하늘에 있음(er ist)을 말하고자 하는 것이다. 별이 비친다는 것은 별이 밝게 빛나며 자리 잡고 있다는 것을 말하는 것이다(Die Sterne scheinen: leuchtend sind sie Anwesende). 나타나 (빛나) 보임(Schein)은 여기서 있음(Sein)과 전적으로 동일한 것을 말한다. [사포(Sappho)의 시: "ἄστερες μέν ἀμφὶ κάλαν σελάνναν …"(아스테레스 멘 암피 카란 세란난 …)과 마티아스 클라우디우스의: 「달빛 아래서 자장가를 노래함」(Ein Wiegenlied bei Mondschein zu singen)이라는 시는 있음과 가상(Sein und Schein)에 대해서 사색할 좋은 계기를 제공한다.]

38절 있음과 가상의 내적 연관성에 대하여. 열려 펼쳐져-머물러-다스림과 나타나 빛남, φύσις(피지스)로 이해된 그리스적 '있음'에 대한 이해 [G 108]

우리가 이렇게 위에서 이야기한 것에 주의를 기울인다면 있음(Sein)과 가상(假像, Schein, 나타나 (빛나) 보임) 사이에 놓여 있는 내적 연관성을 발견할 수 있다. 그러나 우리는 이 연관성을 단지, 우리가 있음에 관해서도 그것에 상응해서 원천적으로, 즉 그리스적으로 이해할 수 있을 때에 비로소 완전히 파악할 수 있다. 그리스인들에게 있음(存在, Sein)이라는 것은 φύσις(피지스)로서 열어 보였다는 것을 우리는 알고 있다. 열려 펼쳐져-머물러 다스림은 그 자체가 동시에 나타나 (빛나) 보임인 것이다. 그리스어의 어간 φυ-(퓌-)와 φα-(파-)는 동일한 것을 말한다. 자기 스스로 안에 정주(定住)하는 열려 펼쳐짐이라는 뜻의 φύειν(피에인)은 φαίνεσϑαι(파이네스타이), 즉 번쩍 빛나다(Aufleuchten), 스스로를 나타내 보이다(Sich-zeigen), 나타남(Erscheinen)인 것이다. 우리가 지금까지 열거하는 모양으로 있음의 규정적 양상에 대해서 이야기하고 파르메니데스의 시에 관해서 이야기한 이 모든 것들은 그리스인들의 있음에 대한 근본단어가 무엇을 의미하는지를 이미 어느 정도 우리에게 보여 주고 있다.

그리스의 위대한 시(詩)로부터 이 단어의 이름 지어 부르는 힘(Nennkraft)을 좀 더 명확하게 하는 일은 우리들에게 많은 것을 가르쳐 줄 수 있을 것이다. 여기서는, 예를 들어서 φυά(피아)가 핀다르(Pindar)에게 있어서 현존재를 근본적으로 결정짓는다는, 이 한 예로서 충분할 것이다: τὸ δὲ φυᾷ χράτιστον ἅπαν(토 데 피아 크라티스톤 아판), φυά(피아)로부터 그리고 이것을 통해서 존재하는 것은 전적으로 가장 힘 있는 것이다(ol. IX, 100). φυά(피아)는, 나중에 강제된 것, 만들어진 것과는 달리 원천적으로 그리고 고유하게 이미 존재하는 어떤 것을 의미한다. 있음은 고귀한 인간과 귀족을 규정하는 그 근본이다(이것은 다시 말해서 누가 높은 본질적 기원[hohe Wesensherkunft, 家風]에서 태어났으며, 거기에 근거하고 있음을 말한다). 이 같은 것과 관련해서 핀다르는 다음과 같은 말을 각인(刻印)하고 있다: γένοι' οἷος ἐσσί μαθών(게노이 오이오스 에스시 마톤, Pyth. II, 72). "그대는 배우는 가운데 그대가 그대인 것으로 되어지기를." 그리스인들에게 있어서 스스로-안에-서-있다는-것(das Insichstehen)은 다른 아무것도 아닌, 저기-서-있음(Da-stehen), 빛-안에-서-있음(Im-Licht-stehen)을 말하는 것이다. 있음(Sein)은 나타나 보임(Erscheinen)처럼 존재한다 (Sein west als Erscheinen).

이와 같은 것을 통해서 그리스 철학은 근대철학의 주관주의 (Subjektivismus)와는 다르게 '사실주의적으로'(realistisch) 객관적 있음 그 자체를 가르쳤다라는, 일반적으로 널리 통용되고 있는 이와 같은 그리스 철학에 대한 표상은 하나의 순전한 허구로서 부서져 버리고 마는 것이다. 이와 같은 통상적인 표상은 피상적인 이해함에 근거하고 있다. 우리는 다음과 같은, '주관적'(subjektiv), '객관적'(objektiv), '사실주의적'(realistisch), '이상주의적'(idealistisch)이라는 표제들을 옆으로 제쳐 버려야만 한다. [G 109]

39절 φύσις(피지스)와 ἀλήθεια(알레테이아, 진리) 사이의 유일무이한 본질적 관계성에 대하여 ── 진리는 있음의 본질에 속한다

그러나 우리는 이제, 이 그리스적으로 의미된 있음에 상응하는 이해를 통해서, 있음과 가상(Sein und Schein)이 지니고 있는 그들 사이의 내적 연관성을 우리들에게 열어 보여 줄, 그와 같은 결정적인 걸음을 내디뎌야만 하는 것이다. 여기서 중요한 것은, 원래적으로 그리고 고유하게 그리스적인, 그럼에도 불구하고 서양의 전 정신적 역사를 규정지어 주고 있는 그와 같은 연관성에 대한 하나의 통찰적 이해를 얻는 것이다. 있음은 φύσις(피지스)처럼 존재한다(Sein west als φύσις). 열려 펼쳐져 다스림은 나타나 보임(Erscheinen)이다. 이것은 (무엇을) 출현시킨다(bringt zum Vorschein). 이와 같은 것 안에는 이미 있음(Sein), 나타나 보임(Erscheinen)은 (무엇을) 숨겨져 있는 것(Verborgenheit)으로부터 밖으로 나오게 한다가 의미되어 있는 것이다. 있는 것이 그 있는 그대로 있다는 사실을 통해서, 있는 것은 자신을 **숨겨져 있지 않음**, ἀλήθεια(알레테이아) 안에 세우며, 그 안에 서 있다. 우리는 이 단어를 아무 생각 없이 'Wahrheit'(진리)라는 말로 번역하고 있으며, 이것은 다시 말하자면, 이 단어를 곡해(曲解, mißdeuten)하고 있는 것이다. 사람들은 요즈음에 와서야 이 그리스어의 단어 ἀλήθεια(알레테이아)를 점점 문자 그대로 번역하고 있기는 하다. 그러나 만일 사람들이 이 번역에 뒤따라 즉시 'Wahrheit'(진리)라는 것을 그리스적이 아닌 전혀 다른 의미에서 이해하고, 이 다른 의미를 이 그리스어의 단어에다 삽입한다면, 이 새로운 번역은 별 새로운 도움을 주지 못한다. 왜냐하면 그리스적 진리의 본질이라는 것은 단지 있음의 본질을 φύσις(피지스)로 보는 그리스적 이해와의 일치 안에서만 가능한 것이기 때문이다. φύσις(피지스)와 ἀλήθεια(알레테이아) 간의 유일무이한 본질적 연관성의 근거 아래 그리스인들은, 있는 것은 있다는 그것으로서 참되다(Das Seiende ist als Seiendes wahr)라고 말하는 것이다. 참된 것은 그와 같은 것으로서 바로 있다는 그것이다(Das Wahre ist als solches seiend). 이것은, '스스로를 나타내 보이며 그 안에 머물러 있는 것은 숨겨져 있지 않음(Unverborgenheit) 안에 서 있다'

를 말하는 것이다. 숨겨져-있지-않음(Un-verborgenheit)으로서의 진리(Wahrheit)는 있음에 덧붙여지는 어떤 게 아닌 것이다.

진리는 있음의 본질에 속해 있다(Die Wahrheit gehört zum Wesen des Seins). 있는 것으로 있다라는 것 안에는, 출현됨, 나타나 보이면 [G 110] 서 등장함, 스스로를 소개함, 무엇을 새로이 세움(재건함, her-stellen)이 들어 있다. 여기에 반대해서 있지 않음(Nichtsein)이라는 것은, 나타나 보임으로부터, 출석으로부터 퇴장을 말한다. 나타나 보임의 본질 속에는 출-퇴(出-退, Auf-Abtreten), 진정한 지시사(指示詞, demonstrativen)적인, 가리켜 보인다는 의미에서의 저기-여기(Hin-, Her-)가 내포되어 있다. 있음(das Sein)은 이렇게 여러 양상의 있다는 그것으로 흩어져 있다. 이와 같이 흩어져 있는 있다는 그것이 가까이-있는 것으로서, 그리고 늘-있는 것으로서 여기저기에서 자신을 과시하는 것이다. 나타나-보이는 것으로서 이것은 어떤 체모(體貌, Ansehen), δοχεῖ(도케이)를 지니게 된다. δόξα(독사)는 체모(Ansehen)를, 즉 누가 서 있는 모습을 말하는 것이다. 만일 이 모습이 그의 내면으로부터 열려 펼쳐지는 것에 상응하는 어떤 뛰어난 것이라면, 이와 같은 경우 δόξα(독사)는 찬란하게 빛남, 영광(榮光, Ruhm)을 의미한다. 헬레니즘적 신학에 있어서, 그리고 신약성서에 있어서 δόξα θεοῦ(독사 테오우)라는 것은 gloria Dei(글로리아 데이), 신(神)의 영광(die Herrlichkeit Gottes)을 의미한다. 찬양함(das Rühmen)이라는 것은, 즉 누구에게 경의를 표함 그리고 이 경의를 나타내 보임은 그리스어로 말해서: 누구를 빛(Licht) 안에 세움, 이것을 통해서 지속성, 즉 있음을 부여함을 말한다. 그리스인들에게 있어서 영예(榮譽, Ruhm)라는 것은 누가 얻는 것, 또는 얻지 못하는 것이 아니라, 존재

(있음, Sein) 그 자체가 지닐 수 있는 최고의 존재하는 양상인 것이다. 영예는 오늘날의 인간들에게는 벌써 오래전에 하나의 명성(名聲, Berühmtheit)이 되어 버렸다. 그러나 이 명성이라는 것은 그 자체로서 볼 때, 신문과 방송을 통해서 여기저기에 던져 주어진, 그리고 얻은, 거의 있음에 반대되는, 그와 같은 의심스러운 것이다. 만일 핀다르에게 있어서 영예(榮譽)가 시작(詩作)의 본질을 이루어 주는 것이라면, 그리고 시(詩)를 창작함이, 빛 안에 세우는 것(빛나게 하는 것)을 의미한다면, 이것은 빛에 관한 표상(表象, Vorstellung)이 핀다르에게 있어서 어떤 특별한 의미를 지니기 때문이 아니라, 그가 오로지 그리스인으로서 생각하고 시작(詩作)한다는 것에, 다시 말해서 그가 그에게 부여된 있음의 본질 속에 서 있음에 기인하는 것이다.

40절 δόξα(독사)의 여러 가지 의미 ─ 있음을 지키기 위한 가상에 대한 투쟁

지금까지 우리는 그리스인들에게는 나타나-보임(Erscheinen)이 있음(Sein)에 속해 있다는 것을, 그리고 그것이 어떻게 속해 있는가를, 좀 더 명확하게 말해서, 나타나-보임 속에 있음이 어떻게, 그리고 함께 그 본질을 이루고 있는가를 보여 주고자 노력했었다. 우리는 이와 같은 것을 그리스인들이 생각하고 보여 주었던, 인간존재의 최대의 가능성, 즉 영광(榮光)과 찬양함을 통해서 분명하게 했다. 영광은 그리스어로 δόξα(독사)이다. δοκέω(도케오)는 '나 자신을 보인다', '나를 나타낸다', '나를 빛 안으로 등장시킨다'를 의미한다. 여기에서 주로 보는 것, 시각(視覺)을 통해서 경험되고 있는 '누가 그 안에 서 있다'는 체모(體貌, Ansehen)라는 것을, 또 다른 하나의 영광을 의미하는 단어 χλέος(크레오스)는 주로 부르는 것, 청각(聽覺)을 통해서 경험되고 있다. 그렇기 때문에 영광이라는 것은 '누구를(에게서) 부르는(들려오는) 소리(Ruf)'인 것이다. 헤라클레이토스는 말한다(단편 29):

αἱρεῦνται γὰρ ἕν ἀντὶ ἁπάντων οἱ ἄριστοι, κλέος ἀέναον θνητῶν, οἱ δὲ πολλοὶ κεκόρηνται ὅκωσπερ κτήνεα.

es wählen nämlich Eines vor allem anderen die Edelsten:

Ruhm, ständig verbleibend gegenüber dem, was stirbt;

die Vielen aber sind satt wie das Vieh.

가장 고귀한 사람이 다른 모든 것에 앞서 선택하는 것은 단 한 가지밖에 없노라: 사멸(死滅)될 것들에 반대되는, 늘 머물러 있는 것, 영광(榮光, Ruhm, κλεος); 그러나 많은 사람들은 짐승들처럼 배불러 있다.[2]

---

2 [옮긴이] 헤라클레이토스의 이 단편 해석에 관한 문제점을 독자들에게 좀 더 명확하게 하기 위해서, 이 단편 그리고 하이데거의 위의 번역에 관한 장 브랭(Jean Brun, *Héraclite: ou Le Philosophie de léternel retour*, Paris: Éditions Seghers, 1965, p. 160)의 다음과 같은 주해 전문을 싣는다: "Le terme κλεος pose un certain nombre de problème à partir du moment où on le compare à δόξα. Chez Platon la δόξα c'est l'opinion subjectiv, vaine et fragile sur laquelle ne saurait se fonder aucune sagesse; c'est pourquoi Platon oppose les philosophes aux philodoxes. Mais dans le grec néotestamentaire δόξα θεου signifie la gloire de Dieu. Heidegger pense que c'est au fond là le sens primitif du terme qui se serait ensuite dévalorisé à partir de Platon principalement(il serait plus juste de dire: à partir des Sophistes); dès lors δοκεω signifierait: je me montre, j'apparais, j'entre dans la lumière. Nous retrouvons là cette idée chère à Heidegger que l'Etre et l'Apparaître ne faisaient qu'un à l'origine de la pensée grecque. Quant à la considération dont jouit quelqu'un, ce qui est

그러나 이 모든 것에는, 사실의 요점과 동시에 그 본질의 완전한 모습을 보여 주는 한 단서(Einschränkung)가 붙여져야만 한다. δόξα(독사)는 누가 그 안에 서 있는 체모(Ansehen)를 말하며, 이것은 광범위한 의미에서의 체모(Ansehen), 즉 개개의 있는 것이 자신을 그 안에 숨기거나 아니면 나타내 보이는 그와 같은 모습(Aussehen)(εἶδος[에이도스], ἰδέα[이데아])을 말한다. 어떤 도시는 웅장한 광경(Anblick)을 보여 주고 있다. 어떤 있는 것의 면모(面貌, Ansicht, 얼굴)는 자기 스스로 안에 지니고 있는 것이며, 단지 그렇기 때문에 자기 스스로로부터 자신을 이렇게, 개개의 서로 다른 관점(Augenpunkt)에서 취할(보여질) 수 있도록 놓아둘 수 있는 것이다. 이와 같은 서로 다른 관점에 상응해서 이렇게 스스로를 제공하는 그 면모 또한 다르게 나타나 보이는 것이다. 따라서 이 면모는 항상 있는 것이며, 동시에 우리가 취해서 형성하는 그런 것이다. 있는 것들을 조작하고 경험하는 데 있어서 우리는 있는 것들의 모습에 대해서 늘 어떤 견해(Ansicht)를 형성한다. 그리고 이와 같은 것은 보통 우리가 사물 자체를 분명하게 파악함이 없이 이루어진다. 우리는 어떤 일이나 사물에 대해서 이러이러한 길을 통해서 그리고 이러이러한 이유로 한 견해(Ansicht)를 형성한다.

우리는 그와 같은 것에 대해서 한 의견(Meinung)을 형성한다. 우리가 지니고 있는 견해(Ansicht)가 실재 사물(사실)에 상응하지 않는,

---

saisi à partir du vu et du nommé, ce serait le κλέος. opposé à la δόξα. Et Heidegger traduit ainsi le fragment 29: 'Il y a une chose que les plus nobles choisissent avant toute autre: la gloire qui reste constante en face de ce qui meurt; mais la multitude est rassasiée comme le bétail.' (Introduction à la métaphysique, p. 115)."

그런 것이 될 수도 있다. 이런 경우 이 견해는 그저 단순한 한 견해, 한 가정(Annahme)일 뿐이다. 우리는 어떤 것을 이렇게 또는 저렇게 가정한다. 이런 경우 우리는 단지 추측할 뿐이다(Wir meinen dann nur). **가정한다(Annehmen)**는 그리스어로 δέχεσθαι(데케스타이)라고 한다. [무엇을 가정하는 것은 나타나 보이는 것에 연관되어 있다.] 이렇게 저렇게 가정해서 취한 것 '독사'가 의견인 것이다.

우리는 이제 우리가 이르고자 하는 곳에 도착했다. 있음(das [G 112] Sein), φύσις(피지스)는 나타나 보임 속에, 모습과 면모의 그렇게-거기에-보여 줌(Darbieten) 속에 존재하는 것이므로, 그 본질에 있어서, 그리고 또 그렇기 때문에 필연적으로 그리고 언제나, 진리(Wahrheit) 안에 서 있는, 다시 말해서 숨겨져-있지-않음(Unverborgenheit) 속에 서 있는 있는 것을 덮고 감추는, 그와 같은 모습(Aussehen)의 가능성 앞에 서 있는 것이다. 있는 것이 이렇게 지금 그 안에 서 있게 되는 이와 같은 체모(Ansehen)야말로, 그저 무엇 무엇인 양 나타나 보인다(Anschein)라는 의미에서의 나타나 보임, 즉 **가상**(假像, Schein, 허울)인 것이다. 있는 것의 숨겨져-있지-않음(Unverborgenheit)이 존재하는 곳에는 가상(Schein, 허울)의 가능성이 함께 주어져 있는 것이며, 그 반대도 마찬가지이다: 있는 것이 허울 속에 서 있는 경우, 그리고 그것이 오래되고 그 안에 이미 자리를 잡았다 할지라도, 이 허울(Schein)은 깨어지고 붕괴될 수 있다.

δόξα(독사)라는 이름을 통해서 여러 가지 다른 것들이 불렸다: 1) 영광이라는 의미에서의 체모(Ansehen), 2) 어떤 것을 보여 주는, 단순한 광경이라는 의미에서의 면모(Ansehen), 3) 단지 무엇 무엇인 양 보여진다(Anschein)라는 의미에서의, '가상'(Schein)이라는 의미에서

의 허울(Ansehen), 4) 어떤 사람이 스스로 만들어 내는, (추측적) 가정(Meinung)이라는 의미에서의 견해(Ansicht), 이와 같은 의미의 다양성은 결코 언어라는 것이 허술해서가 아니라, 있음의 본질적인 경향을 잘 보존하고 있는, 이 훌륭한 언어의 성숙한 지혜 속에 깊이 자리잡고 있는 [언어가 지니고 있는] 유희(Spiel)를 말해 주고 있다. 우리가 여기서, 그리고 처음부터 이와 같은 것을 똑바로 볼 수 있기 위해서는, 우리는 이 가상(Schein)이라는 것을 그저 단순하게 마치 '상상되어진 것', '주관적인 것'일 뿐으로 취급하는 오류에 빠지는 일을 조심하여야만 한다. 오히려 우리는 나타나-보임(Erscheinen)이라는 것이 있는 것 자체에 속해 있다는 사실을, 그래서 가상(Schein) 또한 있는 것에 속해 있는 것이라는 사실을 알아들어야만 한다.

해를 생각해 보자. 해는 매일 뜨고 진다. 단지 몇몇의 천문학자들과 물리학자들과 철학자들만이 ─ 그러나 이 사람들 또한 단지 그들에게 친숙해 있는 어떤 특별한 관점에 근거해서만 ─ 이 사실을 즉시 다르게 경험한다. 즉 지구가 해의 주위를 돌고 있다고. 그러나 해와 지구가 보여 주고 있는 가상(假像, Schein), 예를 들어 새벽 아침의 풍경, 저녁 노을이 지는 바다, (깜깜한) 밤, 이것들은 모두 나타나 보임(Erscheinen)인 것이다. 이와 같은 가상(Schein)은 아무것도 아닌 것은 아니다. 이들은 또한 참되지 않은 것도 아니다. 이들은 또한 자연현상 속에 나타나는, 사실에 있어서는 다르게 형성되어 있는, 단순한 어떤 상관관계의 나타나 보임도 아니다. 이 가상(假像, Schein)은 역운적(geschichtlich)이며, 역운(Geschichte)인 것이다: 이것은 시(詩)와 전설(Sage) 속에 발견되고 거기에 그 뿌리를 박고 있으며, 그래서 이것은 또한 우리들 세계(Welt)의 한 본질적인 영역을 이루고 있다.

단지 피곤해져 있는, 늦게 태어난, 자칭 똑똑하다고 생각하는 오늘날 인간들의 재치만이, 이와 같은 가상(假像, Schein)의 역운적인 위력을 '주관적'(subjektiv)이라고 설명해 버리는 것만으로 극복할 수 있다고 생각한다. 그들은 여기서 이 '주관성'(Subjektivität)이라는 것이 극히 문젯거리라는 사실을 잊고 있다. 그리스인들은 그것을 다르게 [G 113] 경험했다. 그들은 끊임없이 있음(das Sein)을 가상(Schein)으로부터 끌어내어 가상에 대항해서 이것을 보존해야만 했던 것이다. [있음은 숨겨져-있지-않음(Un-verborgenheit)으로부터만 존재하는 것이다.]

그들은 오로지 있음(Sein)과 가상(Schein) 사이에 벌어지는 투쟁을 통해서만 있는 것들에게 있음을 부여할 수 있었으며, 있는 것들을, 즉 신들(Götter)과 국가, 성전(Tempel)과 비극(Tragödie), 운동경기와 철학을 지속성과 숨겨져 있지 않음 속에서 보존할 수 있었다. 이 모든 것은 언제나 가상(假像, Schein)의 가운데에서, 늘 가상의 위협 속에서, 그러나 이 가상이 지니고 있는 힘을 앎으로써, 또 이와 같은 힘을 진지하게 여기는 속에서 이루어졌다. 소피스트 시대에 이르러 그리고 플라톤(Platon)에 이르러 처음으로 가상(Schein)을 단순한 가상(Schein)으로 단정해 버렸으며, 이와 같은 것을 통해서 이 가상이 지니고 있는 힘을 간과해 버리게 되었다. 동시에 ἰδέα(이데아)라는 것은 어떤 초감성적인 장소(übersinnlichen Ort)로 높이 올려지게 된 것이다. 여기 이 아래 세상의 단지 가상적일 뿐인 있는 것과 저기 어느 높은 세상의 실재하는 있음(Sein) 사이에 존재하는 갈라진 틈, χωρισμός(코리스모스)는 이제 존재하게 되었으며, 그다음 이 갈라진 틈(die Kluft)은 그리스도교의 교리 안에서, 이 아래 세상의 있는 것을 창조된 것으로서, 그리고 그 높은 곳의 있음을 창조자로서, 이 두 세상 사이에 다시금 자리 잡게 된 것이다. 그리고 이렇게 만들어진 무기를 손에 들고 고대인들에(이교인들에게) 대항했으며, 이렇게 함으로써 이 고대인들을 마치 잘못된 것처럼 위장하게 되었다. 그래서 니체는 다음과 같이 말하고 있으며, 이것은 옳다: "그리스도교는 민중들을 위한 하나의 플라톤주의이다"(Christentum ist Platonismus fürs Volk).

여기에 반(反)해서 그리스적 현존재의 전성기라는 것은 있음과 가상(Sein und Schein)이라는 여러 형태로 엇갈리고 있는 두 힘의 혼돈 속에서의 창조적인 자신의 주장, 오로지 그것뿐이다. (인간의 현존재와 있음 그 자체, 그리고 숨겨져 있지 않음이라는 의미에서의 진리[Wahrheit], 또한 덮여져 있음이라는 의미의 비진리[Unwahrheit] 사이에 놓여 있는 원천적이고도 본질적인 연관성에 관해서: 『존재와 시간』, 44, 68절 참조.)

41절   있음과 가상의 투쟁은 그리스인들에게 어떻게 시적으로 각인되었는가?

그리스의 초기 사상가들의 생각에 있어서도, 있음과 가상(Sein und Schein)이 지니고 있는 일치성과 또 그 사이에 일어나고 있는 투쟁은 원천적이며 또한 거대한 것이었다. 그러나 이 모든 것은 그리스인들의 비극시(悲劇詩, Tragödiendichtung) 안에 가장 순수한 형태로, 또 그 최고의 형태로 표현되고 있다. 소포클레스의 「오이디푸스 왕」(Oedipus Tyrannus)을 생각해 보자. 처음에 오이디푸스는 신들의 가호를 받는, 모든 영광을 한 몸에 지닌 국가의 구제자이며 지배자였다. 그러나 그는 이 가상(假像, Schein)으로부터 —— 이 가상은 결코 오이

[G 114]

디푸스가 자기 자신에 대해서 지니고 있었던 어떤 주관적인 견해는 아니었다 ── 즉 자신의 현존재가 이루어져 나타나-보임(Erscheinen)으로부터, 종말에 가서는 자신의 있음(存在, Sein)이 부친의 살해자로 그리고 모친을 욕보인 자로, 숨겨져 있지 않음(Unverborgenheit) 속에서 드러날 때까지 끌려져 나오게 되는 것이다. 그 처음에 누렸던 영광에서부터 그 마지막 전율에 이르는 이 도정(道程)은 단지 하나의, 가상(假像, Schein, 숨겨져 있음과 위장) 그리고 숨겨져 있지 않음(Unverborgenheit, 있음)과의 투쟁인 것이다. 전왕(前王) 라이오스를 살해한 숨겨져 있는 살인자가 도성(都城)을 둘러싸고 진을 치고 있다. 영광에 대한 열정과 빛나는 영광 속에서, 그리스 사람인 오이디푸스는 열망적으로 이 숨겨져 있음을 열어 펼치기를 시작한다. 그러나 그는 한 걸음 한 걸음 자기 자신을 숨겨져 있지 않음(Unverborgenheit) 안에 세워 놓아야만 하는 것이다. 그래서 그는 종말에 가서는, 이와 같은 것을 단지 스스로 자신의 눈을 찌름으로써만, 다시 말해서 모든 빛으로부터 도망함으로써만, 이렇게 자신의 주위에 모든 것을 감싸 주는 깜깜한 밤이 깃들게 함으로써만 견딜 수 있다. 그러고 나서 그는 마치 미친 사람처럼 모든 대문들을 열어젖히고, 그가 있는(ist) 그대로가 백성들에게 알려질 수 있도록 소리치는 것이다.

우리는 이 오이디푸스에게서 멸망해 가는 어떤 한 인간상만을 보아서는 안 될 것이다. 오히려 우리는 이 오이디푸스에게서, 있음을 열어 펼쳐 보이려는, 다시 말해서 있음 자체를 위해서 싸우고자 하는, 근본적 열망을 최대한으로 그리고 가장 야성적으로 감행하는, 그리스적 현존재를 이해하여야만 하는 것이다. 횔덜린은 「사랑스러운 푸른 빛 속에 꽃은 피고…」(In lieblicher Bläue blühet…)라는 시 속에서

예언자적 눈으로 다음과 같이 말하고 있다. '아마도 오이디푸스 왕은 눈이 하나 더 있는 것인지도 모른다'라고. 이 하나 더 있는 눈은 모든 큰 질문함과 앎의 근본 전제조건이며, 그들의 유일한 형이상학적 근거인 것이다. 그리스인들의 학문과 앎은 바로 이와 같은 정열 그 자체인 것이다.

오늘날 사람들이 학문에게 백성들의 시중을 드는 것이 되기를 요구한다면, 이 요구는 필연적이고 또 중요하기는 하지만, 너무 적게 요구하는 것이며 그 본질적인 것을 요구하고 있지는 못하는 것이다.

[G 115] 있는 것을 현존재의 열려-보임 안으로 전환시키고자 하는, 숨겨져 있는 의지라는 것은 더 많은 것을 이루고자 하는 것이다. 학문이 변혁되기 위해서는, 다시 말해서 원천적인 앎이라는 것을 일깨우기 위해서는, 우리의 현존재는 전혀 다른 어떤 형이상학적 근원을 필요로 한다. 우리의 현존재는 다른 무엇에 앞서, 있는 것 전체의 있음에 대한, 튼튼하게 기초 지어지고 그 위에 참되게 세워진, 어떤 근본적 연관성을 다시 되찾는 일이 필요하다.

오늘날의 인간들인 우리들에게 있어서, 사람들이 있음(Sein), 진리(Wahrheit), 가상(Schein)이라고 부르는 것에 대한 우리들의 연관성은 벌써 오래전부터 그렇게나 혼돈 속에 빠져 있고, 아무런 기초도 지니지 못하고, 아무런 열정도 불러일으키지 못하기에, 그리스의 (비극)시를 해석하고 자기 것으로 만드는 데 있어서도 이 그리스적 현존재가 지니고 있었던 시적(詩的) 말함(Sagen)의 그 힘 자체를 단지 미소(微小)하게만 추측할 수 있는 것이다. 우리가 오늘날 **카를 라인하르트**(Karl Reinhardt)에게 감사하고 있는 최근에 이루어진 소포클레스의 해석(1933)은, 라인하르트가 이 비극적 사건을 있음(Sein), 숨겨

196 하이데거의 형이상학 입문

져 있지 않음(Unverborgenheit), 가상(Schein)의 근본적 흐름으로부터 이해하고 질문하고 있기에, 다른 모든 전에 이루어진 시도들보다 훨씬 더 본질적으로 그리스적 현존재와 있음에 가까워질 수 있었던 것이다. 비록 거기에는 아직도 근대적 주관주의와 심리학적 요소들이 섞여 있다 할지라도, 폭군 오이디푸스를 '가상의 비극'(Tragödie des Scheins)으로 해석한 것은 한 커다란 업적이었다.

이제 나는 **소포클레스**의 폭군 오이디푸스의 한 부분을 인용함으로써, 그리스인들에게 있어서 있음과 가상(Sein und Schein) 사이에 이루어지는 투쟁에 대한 시적 각인이 어떤 것이었는가에 대한 우리의 암시를 끝마치고자 한다. 또한 이 인용부분은 우리들에게, 우리가 앞에서 지속성(Ständigkeit)으로 특징지었던 그리스적 있음(Sein)과 조금 전 나타나 보임(Erschein)으로 특징지은 있음(Sein) 사이의 연관성을 스스로 자유롭게 되찾을 수 있는 기회를 줄 것이다.

이 비극의 마지막 합창곡 중에서 발췌된 몇 줄의 시구는 다음과 같다(v. 1189 이하):

τίς γὰρ τίς ἀνὴρ πλέον

τᾶς εὐδαιμονίας φέρει

ἢ τοσοῦτον ὅσον δοχεῖν

χαὶ δόξαντ' ἀποχλῖναι

Welcher denn, welcher Mann bringt mehr

des gebändigt - gefügten Daseins bei

denn so viel, daß er im Schein steht,

um dann – als ein scheinender – abzubiegen?

(nämlich aus dem Gerade-in-sich-dastehen)

길들여지고 잘 처신하는 인간존재들에게

그 누가, 어떤 인간이 더 많은 것을 가르쳐 줄 수 있는 것인가

그다음에는 곧, (스스로-안에-그렇게-서-있음으로부터) 나타나 보

이는 자로 기울어지는 자가 되기 위해서

우선 나타나 보임 속에 그렇게나 서 있는 자 이외에는?

**42절 나타나 보임이라는 의미에서의 가상은 있음에 속해 있다는 사실에
대해서. 있음(Sein), 숨겨져 있지 않음(Unverborgenheit), 가상(Schein)이
서로 엇갈려 교차됨으로써 나타나는 '오류'에 대하여**

'부정형'(Infinitiv)의 본질을 밝히는 중에 우리는 기울어짐(Ab-
biegen), 기울어져 넘어짐(Umfallen, casus, 격)을 의미하는 ἔγκλισις(엥
크리시스)라는 단어에 대해서 이야기했다. 이제 우리는 다음과 같
은 것을 목격하고 있다: 가상(假像, Schein)은, 기울어져 넘어짐
(Umfallen)에서와 같이, 일종의 있음(Sein)의 변형이라는 것. 기울어
져 넘어짐은 그-자신-스스로-안에-똑바로-서 있음(Gerade-in-sich-
aufrecht-dastehen)이라는 의미에서의 있음(Sein)의 변형인 것이다. 있
음의 이 두 변형은 그 규정성을, 빛-안에-서-있음의 지속성이라는
의미의 있음, 즉 나타나 보임(Erscheinen)으로부터 얻는 것이다.

이제 다음과 같은 것이 분명해져야 한다. 나타나 보임(Erscheinen)이라는 의미에서의 있음 그 자체에 가상(假像, Schein)이라는 것이 속해 있다. 있음(Sein)은 가상(Schein)으로서도, 숨겨져 있지 않음(Unverborgenheit)이라는 의미에서의 있음(Sein)과 똑같이 막강한 것이다. 가상이라는 것은 있는 것 안에서, 있는 것 그 자체와 함께 형성된다. 그러나 가상은 단지 있는 것을 그것이 사실에 있어서는 그렇지 않은 것을 나타내 보여 줄 뿐만 아니라, 그리고 있는 것을 단지 꾸며 속일 뿐만 아니라, 그것이 가상이라는 그 자체를 덮어 감춘다. 그래서 우리는 가상은 우리를 속인다라고 옳게 말하는 것이다. 이 기만은 가상 그 자체에 속해 있다. 가상이 그 스스로를 속일 수 있기 때문에, 단지 그렇기 때문에 가상은 사람들을 속일 수 있으며, 사람들을 속음과 실망(Täuschung)으로 이끌어 갈 수 있는 것이다. 속는다는 것, 착각한다는 것(Sichtäuschen)은 있음(Sein), 숨겨져 있지 않음(Unverborgenheit), 그리고 가상(Schein)이라는 것이 교차되는 삼각세계 안에서 인간들이 움직이는 여러 양상들 중의 단지 하나일 뿐이다.

있음, 숨겨져 있지 않음 그리고 가상이 열어 주는 공간(Raum)과도 같은 것을 나는 **헷갈림**(Irre)이라고 부른다. 가상, 속임, 속음, 헷갈림은 그 본질적 관계에 있어서, 그리고 그 형성관계에 있어서, 벌써 오래전부터 심리학과 인식론을 통해 곡해된 상태에 놓여 있으며, 이로부터 또한 우리는 우리의 일상생활에서 이들을 한 힘으로서 경험하거나 인식하는 것이 거의 불가능하게 되어 버리고 말았다. [G 117]

지금 우리에게 있어서 중요한 것은, 있음을 φύσις(피지스)로 이해한 그리스적 있음(存在, Sein) 해석의 근거 아래, 그리고 **단지** 이와 같은 것으로부터, 어떻게 숨겨져 있지 않음(Unverborgenheit)이라는 의미에서의 **진리**(Wahrheit), 그리고 열려 펼쳐져 스스로를 나타내 보임

(aufgehenden Sichzeigen)의 한 특정한 양상이라는 의미에서의 가상(假像, Schein)이 필연적으로 함께 있음(Sein)에 속해 있는지를 똑바로 이해하는 것이다.

43절 철학의 시작 시기에 있어서의 사색: 파르메니데스의 사색이 존재 (Sein)와 숨겨져 있지 않음의 길, 비존재(Nichtsein)의 길 그리고 가상(Schein)의 길이라는 세 개의 길을 연 것에 대하여

있음과 가상은 함께 속해 있는 것이기에, 이 둘은 항상 한 쌍으로 존재한다. 그리하여 늘 혼란 속에서 그리고 이로부터 늘 헷갈림과 착오의 가능성을 제공한다. 따라서 철학은 그 시작 시기에서부터, 즉 있는 것의 있음이 처음 열어 보인 시기에서부터, 철학적 사색의 가장 중요한 노력은 가상(Schein)에 의해서 위협되고 있는 있음(Sein)을 그 위협으로부터 보호하는, 가상과 있음을 구별하는 데 집중되었다. 그리고 이것은 다시금 숨겨져 있지 않음(Unverborgenheit)이라는 의미에서의 진리를 숨겨져 있음(Verborgenheit)에 대항해서, 덮개를 열어 펼치는 것을 덮는 것과 겉꾸미는 것에 대항해서 그 우선적인 품위를 지키는 것을 요구하게 되었다. 그러나 있음(Sein)이 다른 것들로부터 구별됨에 따라, 그리고 φύσις(피지스)로 확정되지 않을 수 없음에 따라, 있음(Sein)과 있지 않음(Nichtsein)의 구별이 성립되었으며, 동시에 있지 않음(Nichtsein)과 가상(假像, Schein)의 구별 또한 성립되었다. 그러나 이 두 구별은 서로 꼭 포개지는 것이 아니다.

있음(Sein), 숨겨져 있지 않음(Unverborgenheit), 가상(Schein) 그

리고 있지 않음(Nichtsein)이 위의 양상으로 존재하기 때문에, 그래서 언제나 그 스스로를 열어 보이는 있음 안에 머물고 있는, 또 언제나 이러한 머무름으로부터 이렇게 또는 저렇게 있는 것들과 관계하고 있는 인간들에게는 세 개의 길이 필연적이다. 인간이 자신의 현존재를 있음(存在, Sein)의 밝음 속에서 자기의 것으로 삼고 세워 놓고자 한다면, 인간은 가상(Schein) 안에서 가상(Schein)에 대항해서 견뎌야만 하는 것이며, 가상(Schein)과 있음(Sein)을 동시에 있지 않음 [G 118] (Nichtsein)이라는 심연(Abgrund)으로부터 끌어내야만 하는 것이다.

인간은 이 세 개의 길을 구별해야만 하며, 이들 길에 상응해서 그리고 이들 길에 대항해서 결정해야만 한다. 이 세 개의 길을 닦고 여는 것이 바로 그 시작 초기에 있어서의 철학의 사색(Denken)이었던 것이다. 이 구별은 인간을 하나의 앎을 지닌 존재로서(als ein Wissenden) 그가 끊임없이 결-정(決-定, Ent-scheidung)하도록, 이 길들과 그 교차로에 세워 놓은 것이다. 이와 같은 것으로부터 역운(易運, Geschichte)이 시작되는 것이다. 이와 같은 역운 안에서, 그리고 단지 그 안에서만, 모든 것은, 신들(Gätter)에 관해서까지도 결정된다. [이와 같은 것에 상응해서 생각해 볼 때, 여기서 말해지고 있는 이 결-정(決-定, Ent-scheidung)이라는 것은 인간의 선택(Wahl)이나 판결(Urteil)을 의미하는 것이 아니라, 앞에서 말한 있음(Sein), 숨겨져 있지 않음(Unverborgenheit), 가상(Schein) 그리고 있지 않음(Nichtsein)을 그 서로 함께 있는 것으로부터 가름을 의미한다.]

이와 같은 세 개의 길을 닦고 열어 준 가장 오래된 철학적 사색은 앞에서 이미 말한 **파르메니데스**의 교훈시를 통해서 우리들에게 전승되었다. 우리는 단지 몇몇의 단편들을 인용함으로써 이 세 개의 길을 특징짓고자 한다. 완전한 해석은 여기에서는 불가능하다.

단편 4를 번역해서 소개하면:

Wohlan denn so sage ich: nimm aber du in Hut das Wort, das du hörst(darüber),

Welche Wege als die einzigen eines Erfragens in den Blick zu fassen sind.

Der eine: wie es ist, (was es, das Sein, ist)und wie auch unmöglich (ist) das Nichtsein.

Des gegründeten Vertrauens Pfad ist dies, er folgt nämlich der Un-verborgenheit.

Der andere aber: wie es nicht ist und auch wie notwendig Nichtsein.

Dieser also, so gebe ich kund, ist ein Fußsteig, zu dem gar nicht zugeredet werden kann,

weder nämlich vermagst du Bekanntschaft zu pflegen mit dem Nichtsein,

denn es ist gar nicht beizubringen,

noch kannst du es mit Worten angeben.

들을지어다. 나는 이렇게 말하노라: 그대는 (다음에 말해지는 것을) 주의 깊게 명심해야 하나니

질문하는 자는 어떤 길을 그가 가야 할 유일한 길로서 생각해야만 하는 것인가?

그 하나는: 어떻게 그것이 있는지 하는 (있음[das Sein]이 무엇인지 하는), 그리고 있지 않음[das Nichtein]이 (있을 수 있기에는) 어떻게 불가능한 것인지 하는 길인저.

이 길은 믿음성 있는 길이로다. 이 길을 가기 위해서는 단지 숨겨져 있지 않음만이 필요한 것을.

그 다른 하나는: 어떻게 그것이 있지 않은지 하는, 그리고 어떻게 있지 않음이 필연적인 것인지 하는 길인저.

이 길은, 나는 경고하노라, 결코 오르기를 권고할 수 없는 가파른 길이라는 것을,

과연 그대는 있지 않음에 대해서는 알 수도 없으며, 왜냐하면 그것은 어떻게 보여 줄 수 있는 것이 아니기에,

또한 그대는 그것을 말로써도 가리킬 수 없기 때문인 것이로다.

여기서는 우선 두 개의 길이 서로 대응되어 분명하게 구별되고 있다.

[G 119]

1) 있음(Sein)으로의 길: 이 길은 동시에 숨겨져 있지 않음(Unverborgenheit)으로의 길이기도 하다. 이 길을 가는 것은 꼭 필요하다.

2) 있지 않음(Nichtsein)으로의 길: 이 길은 갈 수 없는 길이기는 하지만, 바로 그렇기 때문에, 갈 수 없는 길로서, 즉 있지 않음(Nichtsein)으로 인도하는 길로서 그것을 알고 있어야만 한다.

이 단편은 우리들에게 다음과 같은 사실에 대한 가장 오래된 철학적 증거문서를 제공한다: 있지 않음(Nichtsein)으로의 길은 있음(Sein)으로의 길과 함께 동시에 생각되어야만 한다는 것. 따라서 아무것도 아닌 것(無, Nichts)은 누구나 다 알고 있듯이 있는 것이 아니라는 이유를 (아무것도 아닌 것[無, das Nichts]이 어떤 있는 것이 아니라는 사실은 그것이 그 자신의 어떤 양상으로 있음에 속해 있을 수도 있

다는 가능성을 결코 배제시키는 것은 아니다) 근거 삼아 아무것도 아닌 것으로부터 등을 돌린다면, 이것은 있음에 대한 질문을 잘못 이해하는 것이라는 사실.

이 두 길에 대한 사색을 통해서만, 그리고 이와 같은 사색 속에서, 첫 번째 길과 특별하게 대립되는 세 번째 길의 설명이 가능하다. 이 세 번째 길은 첫 번째 길과 매우 흡사하게 보이기는 하지만, 있음(Sein)으로 인도해 주지는 않는다. 이로부터 이 길 또한 단지 아무것도 아닌 것(無, Nichts)이라는 의미에서의 있지 않음(Nichtsein)으로 인도해 주는 길이라는 인상을 주게 된다.

단편 6은 우선 단편 4에서 말해진, 있음(Sein)으로의 그리고 있지 않음(Nichtsein)으로의 두 개의 길에 대해서 극단적으로 대립시켜 이야기하고 있다. 그러나 동시에 두 번째의 길, 즉 아무것도 아닌 것(無, Nichts)으로 인도하는, 그래서 막다른, 더 이상 갈 수 없는 길에 상반되는 세 번째의 길을 우리에게 보여 주고 있다.

Not tut das sammelnde Hinstellen sowohl als das Vernehmen : Seiend in dessen Sein ;

Das Seiend nämlich hat Sein ; Nichtsein hat kein 'ist' ; dies freilich heiße ich dich, dir kund zu halten.

Vor allem nämlich von diesem Wege des Erfragens halte dich weg.

Aber dann auch von dem, den offenbar die Menschen, die nicht-wissenden,

sich zurechtmachen, die Zwieköpfe ; denn das Sichnichtzurecht-finden ist ihnen das Richtmaß in ihrem irrenden Vernehmen ; die aber werden hin und her geworfen,

stumpf zumal und blind, verdutzt; die Sippschaft derer, die nicht scheiden,

denen Satzung ist, das Vorhandene und Nichtvorhandene sei dasselbe

und auch nicht dasselbe, denen in allem widerwendig ist der Pfad.

이것을 모아 주장하는 것이, 그리고 알아듣는 것이 필요하노라: 있음
속에서의 있는 그것.

있는 그것은 과연 있음을 지니고 있노라; 있지 않음은 '있지' 않노라;

나는 이와 같은 것을 그대로 하여금 알아들으라고 말하노라.

우선 그대는 이 질문하며 찾는 길을 멀리 피하여야만 하노라.

그다음 (그대는) 또한 무-지(無-知, nicht-wissenden)한 인간들이 잘 드
러내고 있는,

그들 자신을 치장하는 쌍두(雙頭)로부터; 왜냐면 그들에게 있어서는
자신을 찾지 못하는 것이 그들의 흐트러진 알아들음의 판단기준일진
대; 그들은 이쪽저쪽으로 던져져,   [G 120]

한꺼번에 벙어리와 장님인 것처럼 어리둥절하고 있노라; 아무것도
구별하지 못하는 족속들,

그들에게는 출석(出席)하고 있는 것과 부재(不在)하는 것이 동일한 것
으로,

그리고 또한 동일하지 않은 것으로 여겨져, 모든 길들이 그들에게는
다시금 그 역(逆)이 되고 마는 것을.

지금 말해진 길은 가상(假像, Schein)이라는 의미에서의 δόξα(독
사)의 길이다. 이 길의 도정에서 있는 것은 잠깐은 이렇게, 또 잠깐은

저렇게 보여진다. 여기에서는 단지 의견(Ansichten)들만이 지배하고 있을 뿐이다. 사람들은 한 의견에서 다른 의견으로, 이쪽에서 저쪽으로 그리고 저쪽에서 이쪽으로 미끄러져 옮겨 간다. 그래서 그들은 있음과 가상을 끊임없이 혼합시키는 것이다.

이 길은 인간들이 그 도정에서 그들 자신을 완전히 잃어버리게 될 때까지, 그렇게나 일상적으로 늘 인간들에 의해서 걸어지고 있는 것이다.

그렇기 때문에 더욱더 이 길을 그와 같은 것으로서 아는 것이 필요하며, 이것은 또한 이렇게 앎으로써 가상(Schein) 안에서 가상(Schein)에 대항해서 있음(Sein)이 자신을 드러낼 수 있게 하기 위해서이다.

이와 같은 것에 상응하는 세 번째의 길에 대한 암시를, 그리고 이 길이 어떻게 첫 번째 길에 관련되고 있는지에 대한 암시를 우리는 단편 1, v. 28~32에서 발견한다.

··· Not tut aber(dir, der du den Weg zum Sein jetzt antrirrst) auch alles zu erfahren:

sowohl der schönkugeligen Unverborgenheit nichterzitterndes Herz,

als auch der Menschen Ansichten, denen kein Verlaß auf das Unver-borgene einwohnt.

Aber bei alldem sollst du gleichwohl auch das kennen lernen, wie das Scheinende daran gehalten bleibt,

scheinmäßig durch alles (auf seine Art) hindurchzuziehen, alles mitvollendend.

… 그렇기에 (지금 있음의 길로 들어서는 그대는) 또한 모든 것을 경험하여야 하노니:

아무런 흔들림이 없는 마음속에 자리 잡은 아름다운 원과도 같은 숨겨져-있지 않음[Unverborgenheit]과,

또한 숨겨져 있지 않음[Unverborgenheit]에 대한 아무런 흔적도 머물고 있지 않는, 인간들의 의견들 역시.

그러나 그대는, 동시에, 이 모든 것들에 있어서, 다음 것들을 배워야 하노니: 어떻게 나타나 보이는 것(가상적인 것)이 그들 안에 자리 잡고 있는지를,

모든 것을 (그것 고유의 양상으로) 관통해서 나타나 보임으로써, 어떻게 모든 것을 완성시켜 주는지를.[3]

세 번째의 길은 가상(假像, Schein)의 길이다. 이 길의 도정에서는 가상(Schein)이 있음(Sein)에 속해 있는 **그와 같은 것으로서** 경험될 것이다. 그리스인들에게 있어서 위에서 인용한 말들은 한 원천적인 충격적 힘을 지니고 있었다. 있음(Sein)과 진리(Wahrheit)는 그들의 본질을 φύσις(피지스)로부터 얻는다. 있는 것의 스스로 나타내 보임은 직접 있음에 속해 있기는 하지만, 또한 (다시금 그 본질적인 면에서 볼 때) 그에 속해 있는 것이 아니다. 그렇기 때문에 나타나 보임(das

---

3 [옮긴이] M. Heidegger, *Zur Sache des denkens*, Tübingen: Niemeyer, 1969, p. 74 이하 참조. Unesco, *Kierkegaard vivant, Colloque organisé par l'Unesco, à Paris du 21 au 23 avril 1964*, Paris: Gallimard, 1966, p. 167 이하, Martin Heidegger, "La fin de la philosophie et la tâche de la pensée", 특별히 p. 195 참조/마르틴 하이데거, 『사유의 사태로』, 문동규·신상희 옮김, 도서출판 길, 2008, 141쪽 이하 「철학의 종말과 사유의 과제」, 165쪽 참조.

Scheinen)은 동시에 그리고 늘 반복해서, 한 단순한 가상(假像, Schein)
인 것으로 골라내어져야만 하는 것이다.

세 개의 길은 그 자체 안에 통일성을 지니고 있는 다음과 같은 가
르침을 보여 주고 있다.

있음(Sein)으로의 길은 가야만 한다.

아무것도 아닌 것(無, Nichts)으로의 길은 갈 수 없다.

가상(假像, Schein)으로의 길은 언제나 갈 수 있으며, 가졌지만,
피할 수 있는 길이다.

진정한 지식인은 그렇기 때문에 맹목적으로 하나의 진리만을 뒤
쫓는 사람을 말하는 것이 아니라, 오히려 가상으로의, 있음으로의, 그
리고 있지 않음으로의, 이 세 개의 길을 언제나 알고 있는, 이와 같은
사람만을 의미한다.

이와 같은 앎에는 그리스인들이 그들의 전성기에 τόλμα(톨마)
라고 부르던 것이 속해 있다. 다시 말해서, 한번에 있음, 있지 않음 그
리고 가상에 한꺼번에 도전하는, 즉 자신의 현존재를 있음, 있지 않
음, 가상 사이에서 결-정(決-定, Ent-scheidung)하도록 세워 놓는 것
을 말한다. 이와 같은 있음에 대한 근본적 태도에 관해서 그리스인
들의 위대한 시인인 핀다르(Pindar, Nemea III, 70)는 ἐν δὲ πείρα τέλος
διαφαίνεσται(엔 데 페이라 텔로스 디아파이네스타이), 있는 것 사이에
서의 모험적 시련은 그 완성, 즉 그 품위에 이른 것 그리고 그 경계를
확정시킨 것, 다시 말해서 있음(Sein)을 드러낸다라고 말한다.

여기서 말해지고 있는 것은 이미 앞에서 인용한 헤라클레이토스
가 πόλεμος(폴레모스)에 관해서 밝혀 준 것과 동일한 근본적 태도이
다. 대-결(對-決, Aus-einander-setzung)은 단순한 논쟁이나 시비가 아

니라, 본질적인 것과 비본질적인 것, 고귀한 것과 비속한 것을 한계 지어 주고 나타내 보여 주는 투쟁될 수 있는 것에 대한 투쟁을 말하는 것이다.

단지 이와 같은 근본태도가 지니고 있는 성숙된 자신감만이 우리의 경이를 불러오는 것이 아니라, 동시에 이것을 언어와 돌을 통해서 표현한 (그리스인들의) 그 풍부성 또한 우리들로 하여금 말할 수 없는 경이를 불러일으키게 한다.

우리는 있음과 가상의 대립, 그리고 동시에 이들의 일치성에 대해서 밝히는 것을 헤라클레이토스(단편 123)의 다음과 같은 말로 끝마치고자 한다.

[G 122]

φύσις χρύπτεσθαι φιλεῖ(피지스 크뤼프테스타이 필레이): 있음(存在, Sein: 열려 펼쳐져 나타나 보임)은 그 자체 안에 자신을 숨기는 쪽으로 기울어지려는 경향을 지니고 있다. 왜냐하면 있음이라는 것은 열려 펼쳐져 나타나 보임, 즉 숨겨져 있는 것으로부터 밖으로 나오는 것을 말하기 때문이며, 그렇기 때문에 있음에는 본질적으로 숨겨져 있음과, 이것으로부터의 기원이 속해 있는 것이다. 이와 같은 기원은 있음의, 즉 나타나 보이는 것 그 자체의 본질 속에 놓여 있는 것이다. 있음은 그것이 커다란 장막, 그리고 침묵으로 감싸진 위대성이든지, 아니면 그저 껍데기뿐인 허울, 또는 덮여 숨겨져 있을 뿐인 어떤 것이든지 간에, 이와 같은 그의 기원으로 돌아가려는 경향을 지니고 있다. φύσις(피지스)와 κρύπτεσθαι(크뤼프테스타이)가 서로 아무런 간격도 없이 나란히 말해지고 있다는 것은 있음과 가상(假像, Schein)이 서로 투쟁하는 것으로서 그들이 서로 일치되고 있다는 것을 잘 드러내 주고 있다.

44절 '있음과 가상' 그리고 '있음과 (변화)됨'이라는 두 구분의 내적 연관성에 대하여

만일 우리가 이 형식적인 명칭 '있음과 가상'이라는 것을 아무것도 첨가하거나 빼놓지 않은, 그리스인들이 이 가름을 얻기 위해서 투쟁한 그 초기적인 힘에 비추어 이해한다면, 단지 있음을 가상에 대결시켜 구별하고 한계 지은 것만을 알아들을 수 있는 것이 아니라, 동시에 이와 같은 가름이 어떻게 '있음과 (변화)됨'이라는 가름과 내적으로 연관 지어져 있는가 하는 것도 알아들을 수 있게 된다. (변화)됨 안에 머무르고 있는 것은 한편으로 볼 때 더 이상 아무것도 아닌 것(無, Nichts)은 아니다. 그러나 이것은 아직 그가 그렇게 (되도록) 지정된 그것은 아닌 것이다. "더 이상 … 그리고 아직 …"이라는 것에 상응해서 (변화)됨은 있지 않음(Nichtsein)에 의해서 억눌리고 있는 것이다. 그럼에도 불구하고 그것은 결코 순수한 있지 않음은 아닌 것이며, 더 이상 이것이 아님에도 불구하고 아직은 저것도 아니며, 그래서 끊임없이 다른 어떤 것으로 머물러 있는 것이다. 그렇기 때문에 그것은 잠깐 동안은 이렇게 또 잠깐 동안은 저렇게 보인다. 그것은 그 자체로서 확정되지 않은 모습을 제시하고 있으며, (변화)됨이라는 것은 이렇게 보았을 때, 한 있음의 가상(Schein des Seins)인 것이다.

그렇기 때문에 (변화)됨이라는 것은 있는 것의 있음이 처음으로 얻어지던 시기에 가상(Schein)의 경우에서와 마찬가지로 있음에 대립시켜져야만 했던 것이다. 그러나 다른 한편 (변화)됨은 '열려 펼쳐짐'(Aufgehen)이라는 의미에서 φύσις(피지스)에 속해 있다. 우리가 만일 이 둘을 그리스적으로 이해한다면, 즉 (변화)됨이라는 것을 출석-으로-들어오는 것, 그리고 그것으로부터 떠나가는 것(In-die Anwesenheit-kommen und aus ihr Weg-gehen)으로서 이해하고, 있음(存在, Sein)이라는 것을 열려 펼쳐져 나타나 보이는 출석(Anwesen)으로 이해하고, 있지 않음(Nichtsein)이라는 것을 부재(不在, Abwesen)로 이해한다면, 열려 펼쳐짐((日)出, Aufgehen)과 져 버림((日)沒, Untergehen) 상호 간의 관계는 나타나 보임, 즉 있음(存在, Sein) 그 자체인 것이다. 마치 (변화)됨이 있음의 가상인 것처럼, 나타나 보인다는 의미에서의 가상은 있음의 (변화)됨인 것이다. [G 123]

이와 같은 것으로부터 우리는 벌써 '있음과 가상'이라는 가름을 '있음과 (변화)됨'이라는 가름으로 환원시키는 것이, 아니면 그 역으로 환원하는 것이 아무런 문제점을 제공하지 않는 것이 아님을 쉽게 포착할 수 있다. 따라서 이 두 가름 상호 간의 관계성에 관한 문제는 아직 해결되지 않고 열려 있는 것으로 간주해야만 한다. 이 문제에 대한 답은 어디에 있는 것의 있음이 존재하는가 하는 것을 얼마나 원천적으로, 얼마나 폭넓게 그리고 얼마나 견실하게 근거 지을 수 있는가 하는 데 달려 있다. 그렇기 때문에 그 시작 시기에 있어서의 철학은 단지 몇 개의 문구에 머무르는 것은 아닌 것이다. 물론 이 시기에 대한 후세의 역사적 서술은 우리에게 그와 같은 인상을 주고 있다. 과연 이 역사적 서술은 찬양하는 양식의 서술(doxographisch), 즉 위대한 사상가들의 의견과 견해들을 서술하는 양식의 서술인 것이다. 그러나 누가 만일 그들 자신의 의견과 견해에 맞추어 이 '독소그라피'(doxographisch)들을 샅샅이 뒤진다거나 엿듣는다면, 그와 같은 사람은 그가 어떤 결과에, 다시 말해서 자신의 철학을 위한 어떤 하나의 형식어(Formule)나 하나의 간판을 얻기도 전에 이미 잘못을 저지르는 것이며, 잘못된 길을 가고 있는 것이다. 있음과 (변화)됨, 그리고 있음과 가상이라는 거대한 힘들 사이에서 어떤 결정을 얻기 위해 그리스인들의 현존재와 생각(Denken)은 투쟁했다. 이와 같은 대-결(對 -決, Auseinander-setzung)은 생각과 있음과의 관계를 어떤 특정한 모습으로 발전시켰어야만 했을 것이다. 이와 같은 것 속에 그리스인들에게 있어서는 앞으로 말해질 세 번째의 가름의 형성이 이미 준비되고 있었던 것이다.

3. 있음과 생각

45절 '있음과 생각'이라는 구분의 독특성과 역사적 의미

우리는 이미 앞에서 여러 번에 걸쳐 결정적 표준(Maßgebende)이 되어 서양의 현존재들을 지배하고 있는 '있음과 생각'(Sein und Denken) 이라는 가름에 대해서 언급했었다. 이와 같은 우월적인 지배는 이 가름의 본질 속에 그 근거를 두고 있어야만 하는 것이며, 또 이와 같은 [G 124] 근거에 의해서 이 가름은 앞에서 이미 말해진 다른 두 개의 가름들, 그리고 앞으로 말해질 네 번째의 가름과는 다르게 두드러져 나타난다. 그렇기 때문에 우리는 그 시작에서부터 이 가름의 몇 가지 고유한 특성에 관해서 지적하고자 한다. 우선 이 가름과 앞에서 이야기한 두 개의 가름을 비교해서 이야기하겠다. 이와 같은 비교 속에서는 있음과 달리하는 것, 있음에 대립되는 것이 있는 것으로부터 스스로 우리에게 나타나 보일 것이다. 우리는 이와 같은 것을 있는 것의 영역에서 발견할 것이다. 단지 (변화)됨(Werden)뿐만 아니라, 가상(Schein) 또한 그 있는 그대로로서의 있는 것 안에서 우리들에게 나타나는 것이다. (해가 뜨고 지는 것, 자주 언급된 막대기를 물에 담구었을 때 부러진 듯이 나타나 보이는 것, 그리고 여러 가지 이와 같은 종류의 현상들을 참조할 것.) (변화)됨과 가상이라는 것은 있는 것의 있음과 함께, 그리고 그것과 같은 평면에 위치한다.

거기에 반(反)해서 **있음과 생각**(Sein und Denken)이라는 것은 단지 그 내용상에 있어서 (변화)됨 그리고 가상과 다를 뿐만 아니라, 그 대립되는 방향 또한 본질적으로 전혀 다르다. 생각이라는 것은 자신을 있음이라는 것에 그토록이나 대립시켜, 있음이 그것의 앞에-세워지는 것(표상되어지는 것, Vor-gestellt)이 되어, 그래서 마치 어떤 마주-세워진 것(대상, Gegen-stand, Ob-jekt)처럼 대립되는 것이다. 이것은 앞에서 말한 가름들과는 그 경우가 다르다. 이와 같은 것으로부터 이 가름이 왜 우월적 지배를 획득할 수 있었는지가 뚜렷해진다. 이 가름은 그 <u>스스로</u>를 다른 세 개의 가름 사이, 그리고 그 밑에 두지 않을 뿐만 아니라 이 모든 가름들을 <u>스스로-앞에-마주 세움</u>(표상함, sich vor-stellt)으로써 이들을 자신 앞에 마주 세움과 동시에 이들을 포위(umstellen)한다. 이렇게 해서 생각(das Denken)이라는 것은 하나의 또 다른, 단지 그 양상만을 달리하는 어떤 가름으로서 머무르는 것이 아니라, 이들 모든 구별의 바탕과 발 딛는 곳이 되어, 그곳으로부터 다른 대립되는 구별들이 결정되고, 이 결정이라는 것은 있음이라는 그 자체가 도무지 생각이라는 것으로부터만 그의 의미를 얻어야 할 만큼, 그렇게나 멀리까지 그 영향력을 발휘한다.

우리는 위의 방향에 주목함으로써만, 우리들이 지금 진행하고 있는 사색적 연구에서 이루고자 뜻한 바에 비추어, 이 가름이 어떤 특별한 역할을 맡고 있는지를 올바르게 평가할 수 있다. 왜냐하면, 우리는, 그 근본적인 면에서 생각해 볼 때, 있음은 어떻게 존재하는 것인지를, 어떻게 그리고 어디로부터 있음은 그와 같은 본질에 이르게 된 것인지를, 어떻게 그리고 어디로부터 있음이 그렇게 파악되고, 이해되고, 결정적인 표준으로서 평가받게 된 것인지를 질문하고 있는 것이기 때문이다.

[G 125]   우리는 겉으로 보기에 아무런 특별한 점도 없는 듯한 이 가름, 있음과 생각(Sein und Denken) 속에서 우리가 지금 공격하고 있는 서양 정신의 근본태도를 알아내야만 하는 것이다. 이것은 단지 근원적인 양상(ursprünglich)으로서만, 다시 말해서 이 가름이 지니고 있는 그 시작 시기의 진리를 그 고유한 한계 안으로 되돌려 보내 주고 그래서 이와 같은 것을 통해서 이 가름을 새로이 근거 지어 줌으로써만 극복될 수 있다.

우리는 우리의 사색적 연구의 질문이 지금 서 있는 위치에서 또 다른 한 가지를 미리 내다볼 수 있다. 우리는 앞에서 '있음'(存在, Sein)이라는 단어가 일상적 의견에 반(反)해서 잘 규정된 의미를 지니고 있음을 분명히 했다. 이것은 있음 그 자체가 어떤 특정한 규정된 양상으로 이해되고 있음을 의미한다. 바로 이렇게 이해된 것이 우리에게 나타나 보이는 것이다. 그런데 모든 이해라는 것은 열려(깨쳐)진다는 근본적인 양상으로서 어떤 특정한 규정된 눈길(안목, Blickbahn)을 따라 움직여야만 한다. 이 사물, 예를 들어서 이 시계라는 것은 그것이 무엇인지가, 만일 우리들에게 미리부터 시간, 시간을 헤아리는 것, 시간을 재는 것 등이 알려져 있지 않다면, 전혀 알려질 수 없다. 어떤 영역에 대한 눈길이 이미 미리부터 열려 있어야만 하는 것이다. 우리는 이와 같은 미리-앞선-눈길(Vor-Blickbahn)을 '전망'(展望, Perspektive)이라고 부른다. 따라서 있음(Sein)이라는 것은 단지 규정되지 않은 양상으로 이해되지 않을 뿐만 아니라, 있음을 규정적으로 이해하는 그 자체 또한 이미 어떤 특정한 규정된 눈길 안에서 움직이고 있다는 사실이 우리에게 분명해진다.

우리들에게 있어서는, 이와 같은 눈길 안에서 오고 가는 것들, 그리고 미끄러져 그 밖으로 뛰쳐나가는 것들은 너무나도 자명한 사실이 되어 버려, 그것을 알기는커녕, 그것에 대한 질문에 주의를 기울이지도 않으며, 그것을 이해조차 하지 못하는 것이다. 우리들의 모든 있음에 대한 이해를 지탱해 주고 인도해 주는 이와 같은 앞서는-눈길(展-望, Vor-blick) 그리고 꿰뚫어 보는 눈길(Durch-blick)의 어두워짐(상실이라고까지는 말하지 않기 위해서)은 점점 더 큰 힘을 발휘하고 동시에 점점 더 숨겨져 있는 것으로서 존재하게 된다. 이것은 또한 그리스인들이 이와 같은 전망의 길을 열었음에도 불구하고 어떤 본질적인 이유에 의해서(실패에 의해서가 아니라) 더 이상 그것을 명확하게 확정시킬 수 없었고, 또 더 이상 그것을 명확하게 확정시키지 못함으로 말미암아 더욱더 증가하게 된 것이다. 그럼에도 불구하고 그리스인들의 있음(존재, Sein)의 이해는 벌써 이 전망의 길이 형성되고 확정되는 과정 안에서 움직이고 있으며, 있음과 생각이라는 가름의 형성에 본질적으로 참여하고 있는 것이다.

그런데도 우리는 이 가름을 그 첫 번째의 것으로서가 아니라 세 번째의 것으로 자리 잡게 했다. 우리는 앞의 다른 가름에서의 경우와 [G 126]

마찬가지 양상으로 이 가름의 내용을 우선 밝혀 보고자 한다.

46절 '생각'이라는 것의 제한. 표상으로서의 생각

우리는 다시금, 지금 무엇이 있음에 대립시켜지고 있는가에 대한 일반적 특징을 밝히는 것으로서 우리들의 시도를 시작하고자 한다.

생각이란 무엇인가?(Was heißt Denken?) 사람들은 "인간은 생각하고 신은 지배한다"(Der Mensch denkt und Got lenkt: 모사는 재인이요 성사는 재천이다)라고 말한다. 생각이라는 것은 '여기서, 이것 또는 저것을 상상한다, 계획한다'를 의미한다; 이것 또는 저것에 대해서 생각한다라는 것은 '무엇을 할 의향을 가지고 있다'를 의미한다; '나쁜 것을 생각한다'(Böses denken)라는 것은 '그와 같은 것을 하려고 한다'를 의미한다; 무엇을 생각한다(an etwas denken)라는 것은 '그것을 잊지 않는다'를 의미한다. 생각이라는 것은 여기서 기념(記念, das Andenken), 회상함(das Gedenken)을 의미한다. 우리는 '무엇을 단순히 그저 생각한다'(sich etwas nur denken)라는 표현방법을 알고 있다. 이것은 단지 머릿속에서 무엇무엇이라고 그린다(ausmalen), 그저 상상한다(einbilden)를 의미한다. 만일 어떤 사람이, 내가 생각하기에 그 일은 잘 이루어질 것이다라고 말한다면, 그것은, 내가 보기에는 그것이 그렇다, 나의 견해는 그렇다, 나의 의견은 그렇다를 의미한다. 강조된 의미에서 생각(Denken)이라는 것은 심사숙고(Nach-denken)하는 것을 의미한다. 즉 어떤 것에 대해서, 어떤 경우에 대해서, 어떤 계획에 대해서, 어떤 사건(Ereignis)에 대해서 심사숙고하는 것을 의미한다. '생각'(Denken)이라는 것은 우리가 '생각하는 사람'(Denker)이라고 부르는 사람이 하는 일과 업무의 명칭으로도 불릴 수 있다. 동물들과는 달리 모든 인간들은 생각하는 것이기는 하지만은, 누구나가 다 생각하는 사람(Denker)은 아니다.

이와 같은 언어사용으로부터 우리는 무엇을 인지하는가? 생각(das Denken)은 미래의 사실, 과거의 사실, 그리고 또한 현재의 사실에 관계하고 있다. 생각은 어떤 것을 우리들 앞으로 가져와서 **우리 앞에 세워 놓는다**(우리들에게 소개한다, stellt es vor). 이 앞에-세움(表象, Vor-stellung)은 우리들로부터 시작되며, 언제나 우리들의 자유로운 처리와 지배에 속하는 것이기는 하지만, 결코 임의적인 것은 아니며, 오히려 통제된 것이다. 왜냐하면 우리는 이와 같은 통제를 통해서 우리가 표상하는 안에 이렇게 표상된 것(Vorgestellte)을 분석하고, 따로따로 나누고 또다시 합침으로써 다시 한번 생각하고, 차근차근 생각하는 것이기 때문이다. 우리는 생각하는 중에 단지 우리들로부터만 어떤 것을 우리들 앞에 세워 놓는 것이(표상하는 것이) 아니며, 또한 그것을 단지 그것이 분해되기 위해서만 분석하는 것이 아니라, 깊이 사색하는 속에 표상된 것(Vorgestellte)을 추종하는 것이다. 우리는 그것을 지금 막 우연히 떠오르는 그대로 단순하게 받아들이는 것이 아니라, 우리가 늘 이야기하듯이, 그것의 후면에 무엇이 있는지를 알기 위해서 사색의 여정을 떠나는 것이다. 거기에서 우리는 도대체 사실(die Sache)이 어떻게 된 것인지를 알 수 있다.

[G 127]

사람들이 '생각'(Denken)이라고 부르는 것에 대한 지금까지 열거한 특징들 중에서 우선 다음 세 가지만을 뽑아서 생각해 보자.

1) '우리들로부터' 표-상한다(앞에-세운다, vor-stellen)라는 것은

어떤 고유한 자유로운 태도이다.

2) 표-상하는 것은 분석하면서 종합하는 양상으로 이루어진다.

3) 일반적인 것을 표상함으로써 (우리들은) 파악한다.

어떤 영역 안에서 이 표-상한다라는 것이 움직이느냐에 따라, 표상하는 자유의 수준에 따라, 분석의 날카로움과 확실성에 따라, 이 파악이 미치는 범위에 따라, 생각은 피상적인 생각 또는 깊이 있는 생각, 아니면 빈 생각이거나 내용이 풍부한, 아니면 의무를 일깨우는, 아니면 강제적인, 또는 유희적인 아니면 진중한 생각이 되는 것이다. 그런데 우리는 이 모든 것에도 불구하고 왜 바로 생각이라는 것이 앞에서 말한 있음에 대한 그와 같은 근본적 위치를 차지하고 있는지를 쉽게 알아들을 수 없다. 생각한다라는 것은 갈망하는 것, 의욕하는 것, 느끼는 것과 마찬가지로 우리들의 한 기능이다. 이 모든 기능들 그리고 행동하는 양상들은 단지 생각에만이 아니라 있는 것에 관계되고 있다. 그것은 과연 그렇다. 그러나 이 가름 '있음과 생각'은 있는 것(Seiendes)과의 관계보다 더 본질적인 것을 의미한다. 이 가름은 있음(Sein) 그 자체로부터 갈라져 떨어져 나온 것이 그 처음부터 있음(Sein)에 내적으로 속해 있는, 그와 같은 것으로부터 태어났다. 이 명칭 '있음과 생각'은 있음(존재, Sein) 그 자체가 요구하는 어떤 가름을 의미하는 것이다.

지금까지 우리가 생각이라는 것을 특징지은 속에서는, 우리는 이와 같은 생각이 있음에 속해 있는 내적 연관성을 알아볼 수 없었다. 왜? 우리는 아직 생각이라는 것에 대한 충분한 개념을 얻지 못하고 있기 때문에. 그러나 우리는 어디에서부터 그와 같은 것을 얻을 수 있는 것인가? [G 128]

우리가 만일 이렇게 질문한다면, 마치 몇 세기 전부터 '논리학'(Logik)이라는 것이 존재하지 않는 듯이 행동하는 것이다. 이것은 생각의 학문(Wissenschaft vom Denken), 생각의 법칙 그리고 생각된 것의 형태에 관한 가르침이다.

그리고 이것은 또한 어떤 사람(한 개인)이 지니고 있는 세계관이나 그 방향이 거의 아무런 의미를 지니지 못하는, 철학이라는 테두리 안에서 이루어지고 있는, 그와 같은 (일반적인) 학문이며 가르침이다. 더욱이 여기에 더해서 논리학은 확실하고 믿을 수 있는 학문으로서 여겨지고 있다. 고대로부터 논리학은 동일한 것을 가르쳐 온 것이다. 어떤 사람은 이 전승된 가르침 중의 부분적인 것을 그 전체 구조 안에서 그리고 그 순서에 있어서 조금씩 다르게 변형시키기도 한다. 또 다른 어떤 사람은 인식론으로부터 논리학에 어떤 것을 첨가시키기도 한다. 또 다른 어떤 사람은 이 모든 것을 심리학으로부터 기초 짓기도 한다. 그 자체로서 볼 때 거기에는 기뻐할 만한 일치성이 넘치고 있다. 논리학은 번거롭게 생각의 본질에 대해서 질문하는 모든 힘든 일들을 우리들로부터 불필요한 것으로 만들어 주는 것이다.

그럼에도 불구하고 우리는 한 가지 질문을 하려고 한다. '논리학'

은 무엇인가? 이 명칭은 ἐπιστήμη λογική(에피스테메 로기케), λόγος(로고스)의 학문이라는 이름의 생략된 표현이다. 그리고 λόγος(로고스)는 서술함, 말함(Aussage, proposition)을 의미한다. 그런데 논리학은 생각에 대해서 가르치는 학문이 아닌가? 어떻게 해서 논리학이 서술함, 말함에 대한 학문이라는 말인가?

무엇 때문에 생각은 말함으로부터 규정되고 있는가? 이와 같은 것은 결코 자명한 일은 아니다. 우리는 앞에서 '생각'이라는 것을 말함 그리고 논설함(Aussage und Rede, proposition et discours)과는 아무런 관련시킴 없이 설명했다. 이에 따른다면, 생각의 본질에 관해서 사색하는 것은, 만일 그것이 λόγος(로고스)에 대한 사색을 의미하고 그래서 논리학(Logik)이 되는 것이라면, 퍽 기이한 느낌을 주게 되어 버린다. '논리학'(die Logik) 그리고 '논리적'(das Logische)이라는 것은 아무런 제한도 없이, 마치 그 이외에는 다른 어떤 것도 불가능한, 생각을 규정하는 **유일한** 양상인 것처럼, 받아들여질 수 있는 것은 아니다. 또 다른 한편, 생각에 대한 가르침이 '논리학'(Logik)이 된 것은 결코 단순한 우연에 의한 것은 아니다.

이 모든 것이 어떻든지 간에, 생각의 본질을 테두리 짓기 위해서 논리학을 불러들인다는 것은 의심스러운 일이며, 이는 논리학이 단지 그 부분적 가르침이나 이론에 있어서뿐만 아니라 그 자체로서 의심스러운 것으로 머물러 있기 때문이다. 그렇기 때문에 '논리학'이라는 것은 꺾쇠 안에 넣어 두어야만 하는 것이다. 이는 우리가 '논리적'(올바르게 생각한다라는 의미에서)인 것을 부정하려고 하기 때문은 결코 아니다. 우리는 생각에 봉사하기 위해서 도대체 어디에서부터 생각의 본질이 규정되는 것인지를 얻고자 노력하고 있는 것이다:

[G 129]

바로 '논리학'이라는 것에 의해서 잃어버리게 된 것, ἀλήθεια(알레테이아) 그리고 φύσις(피지스), 숨겨져 있지 않음으로서의 있음(存在, Sein)을 구하고자 하는 것이다.

도대체 언제부터, ─ 오늘날에까지도 우리들의 생각과 말함을 지배하고, 그래서 서양의 언어에 대한 근본적 태도를 본질적으로 함께 규정하고 있는 ─ 논리학이라는 것은 존재해 온 것인가? 언제부터 논리학의 성립은 시작된 것인가? 그것은 그리스의 철학이 종말을 고한 시기부터, 그래서 철학이라는 것이 학교와 조직과 기술에 속한 어떤 것이 되어 버린 그 후부터이다. 이와 같은 것은 ἐόν(에온), 있는 것의 있음(Sein des Seienden)이라는 것이 ἰδέα(이데아)로 나타나기 시작한 그 이후부터, 그래서 이것이 다시금 ἐπιστήμη(에피스테메, 인식)의 '대-상'(對-象, Gegen-stand)이 되어 버린 그 이후부터 시작되는 것이다. 논리학이라는 것은 플라톤-아리스토텔레스학파의 학교제도로부터 생성되었다. 논리학은 학교교사들의 발명품이지 결코 철학자들의 발명품은 아닌 것이다. 만일 어떤 철학자가 이것을 자기의 것으로 삼는 경우가 있다면, 그것은 논리학 그 자체를 위해서가 아니라, 언제나 더 원천적인 충동에 의해서 이루어진 것이었다. 전승된 논리학을 극복하려는 결정적인 노력이 세 명의 위대한 독일 철학자들, 라이프니츠, 칸트, 헤겔에 의해서 이루어진 것은 결코 우연이 아니다.

논리학은 이미 오래전에 한 특정한 양상으로 그리고 한 특정한 방향으로 있음과 생각이라는 가름이 이루어진 이후에 사고의 형태구조를 보여 주기 위해서 그리고 그 규칙들을 설정하기 위해서 처음으로 생성된 것이었다. 그렇기 때문에 논리학은 그 자체로서 그리고 그 역사를 통해서도 있음과 생각(Sein und Denken)이라는 가름의 기원을 결코 충분하게 설명해 줄 수 없다. 논리학이라는 것은 자신의 기원에 대해서 그리고 그 자신이 생각을 측정하는 표준이 된다고 주장할수 있는 권리에 대해서도 오히려 그 자체로부터의 하나의 설명과 근거를 필요로 하고 있는 것이다. 우리는 여기에서 학교의 한 학과로서 성립된 논리학의 역사적 기원과 그 세부적 발전과정에 대해서는 더이상 다루지 않으려고 한다. 그 반면에 다음과 같은 문제에 대해서 사색하려고 한다.

1) 왜 플라톤학파의 학교에서 '논리학'과 같은 것이 생성될 수 있었으며 생성되었어야만 했는가?

2) 왜 이 생각에 관한 가르침이 서술함, 말함(Aussage)이라는 의미에서의 λόγος(로고스)에 대한 가르침이었는가?

3) 그 이후 점점 더 그 위력을 발휘하는, 그래서 그 최종적 표현을 다음과 같은 **헤겔**의 말 속에서 발견할 수 있는, 논리적이라는 것의 지배적인 위치는 어디에 그 근거를 두고 있는가? "논리적인 것은 진리의 절대적 형상이며, 또한 거기에 더해서, 그것은 순수진리 그 자체이다"(『철학의 백과사전』, §19).[4] 이와 같은 '논리적인 것'의 지배적 위치에 상응해서 헤겔은 일반적으로 '형이상학'(形而上學, Metaphysik)이라고 불리는 가르침을 의식적으로 **논리학**(Logik)이라고 부르고 있는 것이다. 헤겔의 『논리학에 관한 학문』(*Wissenschaft der Logik*)은 일상적으로 통용되는 의미에서의 논리학서(論理學書)와는 아무런 상관도 없다.

---

4 [옮긴이] 원문은 다음과 같다: "Das Logische (ist) die absolute Form der Wahrheit und, noch mehr als dies, auch die reine Wahrheit selbst"(*Enzykl*, §19. WW Bd. VI, 29).

생각한다(Denken)는 라틴어로 intelligere(인텔리게레)라고 한다. 그것은 intellectus(인텔렉투스)의 일이다. 우리가 만일 주지주의(主知主義, Intellektualismus)에 대항해서 투쟁하는 것이라면, 이와 같은 투쟁을 정말로 이끌어 나가기 위해서는 그 적을 잘 알고 있어야만 한다. 즉 주지주의라는 것은 이미 오래전부터 준비되고, 서양 형이상학이라는 수단을 통해서 이루어진, 생각이라는 것을 우위적인 위치에 놓고자 하며 오늘날에도 횡행하고 있는, 그와 같은 경향의 매우 빈곤한 한 양상인 것이다. 사실 오늘날의 주지주의의 성장을 막는 것은 중요한 임무이다. 그러나 이와 같은 것을 통해서는 이 주지주의의 위치는 조금도 흔들리지 않을 것이며, 적중되지도 못할 것이다. 주지주의로 다시 빠져들어 갈 위험성은 바로 그것에 대항해서 투쟁하고자 하는 사람들에 의해서 지속된다. 단지 현대의 주지주의에 대한 오늘날의 투쟁은, 지금까지 전승되어 온 지성(知性, Intellekts)을 올바르게 사용하는 것을 방어하는 것처럼, 사람들로 하여금 마치 그들이 정의의 편에 서 있는 듯한 겉인상을 주는 것으로 이끌어 갈 뿐이다. 이와 같은 사람들은 주지주의자들은 아니지만 그들과 동일한 기원을 가지고 있다. 이처럼 그 이전의 것으로 되돌아가고자 하는 정신의 반작용은, [G 131] 한편으로는 자연적 게으름에 기인하는 것이며, 또 다른 한편으로는 의식적인 노력에 의한 것이다. 그리고 이 마지막 경우는 오늘날에 있어서 정치적 반작용의 중요한 근거지를 제공하고 있다. 생각한다라는 것의 왜곡 그리고 왜곡된 생각을 오용하는 것은 다만 진정한 원래적인 생각으로만 극복될 수 있으며 **다른 어떤 것으로도 불가능하다.** 이와 같은 것을 새로이 시작하고자 하는 데 있어서는 다른 무엇에 앞서 생각이 있음에 지니고 있는 본질적 연관성(Wesensbezug des Denkens

zum Sein)에 대해서 다시금 질문하는 것이 요구되며, 이것은 있음 그
자체(Sein als solchem)에 대해서 질문하는 것을 넓게 전개시킴을 의미
한다. 전승된 논리학을 극복한다는 것은 결코 생각이라는 것을 치워
버리고 다만 감정(bloßer Gefühle)만을 지배하도록 놓아두는 게 아니
라, 더 원래적인 더 준엄한, 있음에 속해 있는 생각을 '생각한다'를 의
미한다.

48절 λόγος(로고스)와 λέγειν(레게인)의 원천적인 의미에 대하여

우리는 이제 이와 같은 있음과 생각(Sein und Denken)이라는 가름에
대한 일반적인 특징들의 고찰을 마치고, 여기에 대한 좀 더 구체적인
질문들을 제기하고자 한다.

　　1) φύσις(피지스)와 λόγος(로고스)라는 의미에서의 있음(存在,
Sein)과 생각(Denken)의 원래적인 일치성(Einheit)은 어떻게 존재하
는 것인가?

　　2) φύσις(피지스)와 λόγος(로고스)가 서로서로 떨어져 나간 것은
원래적으로 어떻게 이루어진 것인가?

　　3) 어떻게 λόγος(로고스)는 밖으로 뛰쳐나와 등장하게 되었는가?

　　4) 어떻게 λόγος(로고스, '논리적이라는 것', das 'Logische')는 생각
의 본질(das Wesen des Denken)이 되었는가?

　　5) 그리스 철학의 그 시작 시기에 있어서 어떻게 해서 이성(理性,
Vernunft) 그리고 오성(悟性, Verstand)이라는 의미에서의 λόγος(로고
스)는 있음(存在, Sein)을 지배하는 위치를 차지하게 된 것인가?

앞에서 이미 이야기한 여섯 개의 원칙에 따라 우리는 이 가름에 있어서도 다시금 그것의 역사적 그리고 동시에 본질적인 기원을 찾고자 한다. 우리는 있음과 생각이 서로서로 떨어져 나간 것은, 만일 이것이 어떤 내적 필연성에 의한 것이라면, 이 둘이 원래적으로 함께 속해 있는 것 속에 그 근거를 두고 있어야만 함에 우리의 주의를 집중시키고자 한다. 그렇기 때문에 이 가름의 기원에 관한 질문은 동시에, [G 132] 그리고 그에 앞서, 생각과 있음이 어떻게 본질적으로 함께 속해 있는가 하는 데 대한 질문이기도 한 것이다.

이것은 역사적으로(geschichtlich) 다음과 같이 질문된다: 서양철학의 결정적인 그 시작 시기에 이 함께 속해 있는 것은 어떻게 존재한 것인가? 이 시작 시기에 생각이라는 것은 어떻게 이해된 것인가?

λόγος(로고스)에 대한 것이라는 의미에서의 그리스적 '생각에 대한 가르침'이 '논리학'(Logik)이 된 것은 우리들에게 어떤 방향을 제시해 줄 수 있을 것이다. 과연 우리는 φύσις(피지스)와 λόγος(로고스) 사이에 존재하는 어떤 근원적인 관계성을 여기서 만나게 되는 것이다. 단지 우리는 여기에서, λόγος(로고스) 그리고 λέγειν(레게인)이라는 것이 그 기원에 있어서 그리고 원래는 생각(Denken), 오성(悟性, Verstand) 그리고 이성(理性, Vernunft)을 의미하는 것이었다고 말하는 속견들로부터 멀리하는 것이 필요할 뿐이다. 만일 우리가 이 속견들과 같은 의견을 지니고 있다면, 그래서 그 후세에 말해지고 있는 논리학(Logik)이라는 것을 λόγος(로고스)를 이해하기 위한 기준으로 삼는다면, 그리스적 철학의 그 시작 시기에 이르려고 하는 우리의 노력에 있어서 우리는 단지 여러 가지 부조리한 사실들만을 만나게 될 것이다. 거기에 더해서 그와 같은 (로고스) 파악을 통해서는 결코 다음

과 같은 사실들이 분명해질 수 없는 것이다. 1) 무엇 때문에 λόγος(로고스)는 도대체 있는 것의 있음으로부터 갈라지게 된 것인지? 2) 왜 이 λόγος(로고스)가 생각(Denken)의 본질을 규정짓는 것이며, 그래서 생각이라는 것이 있음의 면전에 대변해서 서 있어야만 하는 것인지?

즉시 우리의 결정적인 질문을 제기해 보자. λόγος(로고스), λέγειν(레게인)이라는 것은 만일 이것이 생각을 말하는 것이 아니라면 무엇을 말하는 것인가? λόγος(로고스)는 말(das Wort, la parole), 이야기(die Rede, le discours)를 의미하며 λέγειν(레게인)은 이야기함(reden, parler)을 의미한다. 디아-로그(Dia-log)는 서로 담화하는 것이며, 모노-로그(Mono-log)는 혼자 하는 이야기이다. 그러나 원래적으로 λόγος(로고스)는 말, 이야기(Sagen)를 의미하지 않았다. 이 단어 자체는 그 의미상에 있어서 언어와는 아무런 직접적인 연관성도 없는 단어인 것이다. λέγω(레고), λέγειν(레게인), 라틴어의 legere(레게레)는 독일어의 'lesen'(레젠)과 같은 말이다: Ähren lesen(이삭을 모아 줍다), Holz lesen(나무를 줍다), die Weinlese(포도의 수확), die Auslese(골라서 선택함); 'ein Buch lesen'(어떤 책을 읽는다)이라는 것은 단지 이 원래적인 의미의 'Lesen'(레젠)의 한 변형일 뿐이다. 그것의 원래적인 의미는 어떤 것을 다른 것 옆에 놓는 것, 하나로 함께 놓는 것, 짧게 말해서 모아 놓는 것(sammeln)을 말한다. 이렇게 함으로써 어떤 사물은 동시에 다른 사물과 구별된다. 그리스의 수학자들은 이와 같은 의미에서 이 단어를 사용하고 있는 것이다. 동전을 수집한다(모은다)라는 것은 단순히 아무것이나 닥치는 대로 한 뭉텅이를 만드는 것을 의미하지는 않는다.

'아나로기'(Analogie, Entsprechung, 유추)라는 표현 안에서 우

리는 '상태'(Verhältnis), '관계'(Beziehung)로부터의, 그리고 '언 [G 133]
어'(Sprache), '이야기'(Rede)로부터의 원래적인 두 개의 의미가 나란
히 보존되어 있는 것을 발견할 수 있다. 그러나 이와 같은 것에 있어
서, 예를 들어서 우리가 'Entsprechung'(유추함/상응함)이라는 단어
를 말할 때 거의 'Sprechen'(말한다)을 생각하지 않는 것에 '상응해
서'(entsprechend) 그것과는 반대로, 그리스인들은 λόγος(로고스)라고
말할 때 아직 '이야기'(Rede)와 '말함'(Sagen)을 생각하지 않았으며 또
꼭 그럴 필요도 없었던 것이다.

λέγειν(레게인)이라는 단어가 '(함께) 모으다(Sammeln)'라는 원
래적인 의미로 쓰인 한 좋은 예를 우리는 호머(Homer)의 『오디세이』
(XXIV, 106)에서 발견한다. 이 장면은 죽은 사람들이 저승에서 아가
멤논과 만나는 것을 묘사하고 있다. 아가멤논은 그들을 알아보고 다
음과 같이 이야기한다.

"암피메돈, 그대들은 어떤 고통을 겪은 후 이 땅 밑의 어두운 나
라에까지 이르게 되었는가? 그대들, 모두 같은 연령의 훌륭한 자들이
여; 도시 전체를 샅샅이 뒤져 찾는다 할지라도 그대들과 같이 고귀한
자들을 어떻게 이렇게 한자리에 모을(λέξαιτο/렉사이토) 수 있을는지
나는 모르겠네."

아리스토텔레스는 그의 『물리학』(Θ I, 252a 13)에서 τάξις δὲ πᾶσα
λόγος(탁시스 데 파사 로고스), "모든 질서는 모음이라는 특성을 지니
고 있다"(jede Ordnung aber hat den Charakter des Zusammenbringens)
라고 말한다.

지금 우리는 아직 원래는 언어(Sprache), 말(Wort) 그리고 이야
기(Rede)와 아무런 상관도 없던 단어가 어떻게 이야기함(Sagen) 그리

고 이야기(Rede)라는 의미를 지니게 되었는지를 찾고 있는 것은 아니다. 우리는 여기서 단지 λόγος(로고스)라는 이름이, 벌써 오래전부터 이야기와 서술(Aussage)을 의미한다 할지라도, 그 자신의 원래적인 의미를, ― 즉 이것이 '어떤 것과 다른 어떤 것과의 관계'를 의미한다는 점에서 ― 아직 잃어버리지 않았다는 것을 다시 한번 우리의 기억에 불러 본 것뿐이다.

우리가 만일 λόγος(로고스)의 근본적인 의미, Sammlung(모음), Sammeln(모으다)에 대해서 사색한다 할지라도, 다음과 같은 질문을 밝힐 수 있기 위해서는 아직도 모자란다: 그리스인들에게 있어서 있음과 로고스라는 것은 어느 정도로 하나이자 동일한 것이었으며, 또 어떤 특정한 근거에 의해서 갈라져야만 했던 것인가라는 질문. λόγος(로고스)의 근본의미에 대한 암시는, 단지 그리스인들에게 '있음'(存在, Sein), 즉 φύσις(피지스)가 무엇을 의미했었는지를 우리가 이미 이해할 수 있는 한에서만 우리들에게 어떤 방향을 제시해 줄 수 있는 것이다. 우리는 그리스적으로 의미된 있음을 이해하기 위해서 단지 개괄적으로만 노력한 것이 아니라, 바로 앞서간, 있음을 (변화)됨과 가상에 마주 세워 두드러지게 함을 통해서 있음의 의미를 점점 더 분명하게 테두리 지어 왔다.

[G 134]

우리가 앞에서 말해진 것을 늘 반복해서 우리의 내적 눈길 앞에 직접적으로 생각한다는 것을 전제로 한다면, 우리는 다음과 같이 말할 수 있다: φύσις(피지스)로서의 있음(存在, Sein)이라는 것은 열려 펼쳐져 다스림이다. (변화)됨(Werden)에 대치되어 이것은 지속성(Ständigkeit), 지속적 출석(ständige Anwesenheit)으로 그 자신을 나타내 보인다. 가상(假像, Schein)에 대치되어서, 이것은 나타나 보임(Erscheinen)으로서, 즉 드러나 보이는 출석(offenbare Anwesenheit)으로서 자신을 알려 온다.

로고스(모음, Sammlung)는 이렇게 해석된 있음과 도무지 어떤 관련성을 지니고 있는 것인가? 우선 다음이 질문되어야만 한다: 그것이 어떤 양상이든지 간에, 그리스 철학의 그 시작 시기에 있어서 이와 같은 있음과 로고스 간에 존재하는 관계를 밝혀 본 적이 있었던가? 과연, 우리는 다시금 파르메니데스와 헤라클레이토스, 이 두 표본적인 사색가들을 통해서 그리스인들의 세계에 들어갈 수 있는 한 입구를 새로이 찾고자 한다: 그들 세계의 특색은 비록 그것이 구부러지고, 뒤로 밀쳐지고, 추락되고, 숨겨져 있다 할지라도, 그럼에도 불구하고 우리들의 세계를 지탱하고 있다는 것이다. 우리는 끊임없이 다음과 같은 점을 강조해야만 한다: 우리는 전통(傳統, Überlieferung)이라는 것을 알아야만 한다라는 점. 왜냐하면 그것은 우리가 한 늙은 세계의 거추장스러운 것들을 치우고 그 위에 진정으로 새로운 세계를, 다시 말해서 역운적인 세계를 다시 건설하고자 하는, 오랜 시일을 요하는 거대한 임무를 시도하고 있기 때문이다. 우리는 더 많이 알아야 한다. 다시 말해서 우리는 우리들에 앞서간 어떤 사고(思考)의 혁명이나 다른 어떤 시대보다도 그 양상에 있어서 훨씬 더 엄격하고 구속력을 지니는 앎을 소유해야만 하는 것이다.

단지 철저한 역운적(geschichtlichen) 앎만이 우리들의 비상한 임무를 느낄 수 있게 해 줄 것이며, 우리들을 단순한 재건과 비창조적인 모방의 유혹으로부터 보호해 줄 것이다.

49절 서양철학의 그 시작 시기에 나타나는 λόγος(로고스)와 φύσις(피지스)의 내적 연관성에 대한 증명. 헤라클레이토스의 λόγος(로고스)의 개념

우리는 헤라클레이토스의 한 해석을 통해서 서양철학의 그 시작 시기에 존재했던 λόγος(로고스)와 φύσις(피지스)와의 상호관계를 증명하는 것으로써 우리의 시도를 시작하고자 한다.

[G 135] 헤라클레이토스는, 한편으로는 서양 역사의 진행과정 중 가장 비그리스적으로 곡해된 사색가이며, 또 다른 한편으로는 근세와 최근에 이르러, 고유한 그리스적인 것을 재인식하는 데 있어서 가장 강한 영향력을 발휘한, 가장 오래된 그리스의 사색가이다. 그래서 헤겔과 횔덜린, 이 두 친구는 각자 그들 나름대로, 헤라클레이토스로부터의 풍요하고도 웅장한 영향력 아래에 서 있는 것이다. 그러나 이 두 사람 사이에는 헤겔은 과거로 거슬러 생각하며 그 길을 막는 반면, 횔덜린은 앞을 바라보며 그 길을 열어 준다는 차이점이 있다. 니체의 헤라클레이토스에 대한 관계는 또 다른 것이다. 한 가지 자명한 사실은 니체가 세간에 횡행하고 있는, 파르메니데스와 헤라클레이토스를 대립시키는 옳지 않은 속견의 희생물이 되었다는 사실이다. 또한 왜 그의 형이상학이 결정적인 질문에까지 이르지 못했는가 하는 데 대한 그 본질적인 이유가 여기에 놓여 있다. 그러나 다른 한편 니체는 모든 그리스적 현존재(Dasein)의 위대한 그 시작 시기를 한 특이한 양상으로 이해했으며, 이와 같은 이해에 있어서 단지 횔덜린만이 더 멀리 갈 수 있었던 것이다.

헤라클레이토스의 사색을 변형시킨 것은 그리스도교에 의해서였다. 벌써 고대 그리스도교의 교부(敎父)들에 의해서 그와 같은 것은 시작되었다. 그들은 헤라클레이토스의 로고스에 대한 가르침을 신약성서의 요한복음 첫 장이 다루고 있는 로고스에 앞서가는 것으로서 말했다. (요한복음에 있어서) 로고스는 그리스도이다(Der Logos ist Christus). 그런데 헤라클레이토스가 이미 로고스에 대해서 이야기하고 있으므로 그리스인들은 절대적인 진리, 즉 계시된 그리스도교의 진리의 바로 그 문 앞에 서 있는 것이다. 이렇게 해서 나는 얼마 전에 내가 받은 글 속에서 다음과 같은 것이 써 있는 것을 읽을 수 있었다: "신적-인간적 형상에 의해서 실재적으로 나타나 보여진 진리는 모든 있는 것들이 로고스에 의해서 지배된다는 그리스 사색가의 철학적 인식에 의해서 엄숙하게 인정되었다. 이와 같은 엄숙한 인정과 봉인(封印, Besiegelung)은 그리스 철학의 고전성(古典性, Klassizität)을 근거지어 주는 것이다."

이와 같은 세간에 횡행하고 있는 역사서술에 의한다면, 그리스인들은 철학의 고전적 사색가들인 것이다. 왜냐하면 그들은 아직 덜 성숙한 그리스도교의 신학자들이었기 때문에. 헤라클레이토스를 복음사가(史家) 요한에 앞서가는 어떤 한 사람으로 취급하는 것이 과연 옳은지 어떤지는, 우리가 헤라클레이토스 자신을 들어 본 후에 자연히 알아볼 수 있을 것이다. [G 136]

헤라클레이토스가 의식적으로 λόγος(로고스)에 대해서 이야기하고 있는 두 개의 단편을 듣는 것으로 시작해 보자. 우리는 우선 이 단편의 상호관계 속에서 그 의미를 파악할 수 있기 위해서, 이 결정적인 단어 λόγος(로고스)를 일부러 번역하지 않고 그대로 놓아두었다.

단편 1. "λόγος(로고스)는 끊임없이 그 자체로서 머물러 있는 데 반(反)하여, 인간들은 그들이 이것을 듣기 전에도 그리고 이것을 처음 들은 후에도 마치 아무것도 이해하지 못하는 사람처럼 행동한다"(아쉬네토이)["Während aber der λόγος ständig dieser bleibt, gebärden sich die Menschen als die Nichtbegreifenden"(ἀξύνετοι), sowohl ehe sie gehört haben, als auch nachdem sie erst gehört haben]. 과연 모든 것은 κατὰ τὸν λόγον τόνδε(카타 톤 로곤 톤데), 이 λόγος(로고스)에 의해서 그리고 그것에 상응해서 있는 것이 된다. 그럼에도 불구하고 그들은 비록 내가 κατὰ φύσιν(카타 피신), 있음에 따라, 사물들을 따로따로 구별하고, 이들이 어떻게 있는지를 설명하는 그와 같은 나의 일과 나의 말을 시도해 보기는 하지만, 그들은(인간들은) 마치 아무런 모험적 경험도 해 본 적이 없는 사람들처럼 행동한다. 그러나 다른 사람들(그들이 있는 그대로의 다른 모든 사람들, οἱ πολλοί)에게는 마치 그들이 잠 속에서 무엇을 한 것처럼, 그래서 깨어나자마자 다시 잊어버리고 마는 것과 같이, 그들이 깨어 있으면서 무엇을 하고 있는지를 모르고 있다.

단편 2. "그렇기 때문에 이와 같은 것을 따르는 것이, 다시 말해서 있는 것들 모두에 속해 있는 것에 자신을 머무르게 함이 필요하다; λόγος(로고스)가 이 있는 것을 모두에 속해 있는 것으로 존재함에도 불구하고, 중생(衆生)들은 마치 그들 각자가 자기 고유의 이해력(상식)을 지니고 있는 것처럼 살아간다"["Darum tut es not, zu folgen dem, d. h. sich zu halten an das Zusammen im Seienden; während aber der λόγος als dieses Zusammen im Seienden west, lebt die Menge dahin, als hätte je jeder seinen eigenen Verstand(Sinn)"].

우리는 이 두 단편으로부터 무엇을 얻을 수 있는가?

로고스에 대해서 다음이 말해졌다: 1) 지속성, 머물러 있음이 그것을 특징짓는다. 2) 그것은 있는 것들 모두에 속해 있는 것으로, 있는 것들을 함께 있게 하는 것으로, 있는 것들을 모으는 것으로 존재한다. 3) 이루어지는 모든 것은, 다시 말해서 있음(存在, Sein) 안으로 들어오는 것은, 이 끊임없는 함께(있음)에 상응해서 이루어진다; 이 것이야말로 다스리는 섭리(das Waltende)인 것이다.

여기서 λόγος(로고스)에 대해서 말해진 것은 바로 이 단어의 고유한 의미, 모음(Sammlung)에 상응하는 것이다. 마치 독일어의 1) das Sammeln(모음) 그리고 2) die Gesammeltheit(모아 놓은 것)이 의미하듯이, λόγος(로고스)는 모아서 모아 놓음(die sammelnde Gesammeltheit), 원래적인 모음을 의미한다. λόγος(로고스)는 여기서 뜻(Sinn), 말(Wort), 가르침(Lehre)을 의미하는 것이 아니며, 더군다나 '어떤 가르침의 뜻'(einer Lehre Sinn)을 의미하는 것은 아니다. 이것은 스스로 [G 137] 그 안에 끊임없이 주재하고(waltende) 있는 원천적인 모아서 모아 놓음을 의미한다.

단편 1.을 그 문맥에 따라 살펴볼 때 λόγος(로고스)를 말(Wort) 또는 이야기(Rede)라는 의미에서 해석함이 가장 그럴듯하고 유일하게 가능한 해석인 것처럼 나타나 보인다. 왜냐하면 여기에서는 인간의 '들음'(Hören)에 대해서 이야기되고 있기에. (헤라클레이토스의) 단편들 중에는 이와 같은 로고스와 '들음'(Hören)의 관계가 직접적으로 언급되고 있는 단편이 하나 있다.

"그대들이 만일 나(내 말을)를 듣지 않고 λόγος(로고스)를 들었다면, 거기에 맞추어 이렇게 말하는 것이 지혜로울 것이다: 하나는 모든 것이다"(단편 50)["Habt ihr nicht mich, sondern den λόγος gehört, dann ist es weise, demgemäß zu sagen: Eines ist alles"].

여기서 λόγος(로고스)는 '들을 수 있는 것'(Hörbares)으로 이해되고 있다. 그렇다면 이 이름은 발음하는 것(Verlautbarung), 이야기, 말이라는 의미 이외에 또 다른 어떤 것을 의미할 수 있다는 말인가? 더군다나 헤라클레이토스의 생존 시기에 λέγειν(레게인)이라는 단어가 이야기함, 이야기라는 의미로 통용되었음을 감안한다면?

헤라클레이토스 자신도 다음과 같이 말하고 있다(단편 73): "사람들은 잠 속에서처럼 행동하고 말하여서는 안 된다"(nicht soll man wie im Schlaf tun und reden).

여기서 λέγειν(레게인)이라는 말은 ποιεῖν(포이에인)이라는 말과는 달리 이야기, 말함을 의미하는 것이 자명한 사실이다. 그럼에도 불구하고 λόγος(로고스)는 (단편 1과 2의) 결정적인 부분에서 이야기(Rede) 그리고 말(Wort)을 의미하지 않는 것 또한 분명하다. 단편 50은 특별히 λόγος(로고스)를 이야기(Rede)라는 의미로 해석하기를 요구하는 것처럼 보이기는 하지만, 우리가 이 단편을 잘 숙고해서 해석했을 경우, 이것은 λόγος(로고스) 이해의 전혀 다른 방향을 우리에게 가르쳐 준다.

'끊임없는 모음'(ständiger Sammlung)이라는 의미에서의 λόγος(로고스)가 정확하게는 무엇을 의미하는지를 보고 또 이해할 수 있기 위해서는, 우리는 앞에서 인용한 두 단편의 상호관계를 한층 더 분명하게 파악해야만 한다.

인간들은 로고스를 파-악(把-握, be-greifen)하지 못하는(ἀξύνετοι, 아쉬네토이) 존재로서 로고스에 마주 서 있다. 헤라클레이토스는 이 단어를 자주 사용한다(특히 단편 34 참조). 이것은 'zueinander bringen'(서로를 함께 있도록 한다)을 의미하는 συνίημι(쉬니에미)라는 말의 부정(否定)이다: ἀξύνετοι: 인간들은 … 을 함께 있도록 하지 못하는 존재이다. 무엇을? λόγος를. 즉 **끊임없이 함께 있는 것을**(was ständig zusammen ist), 모아 놓음(die Gesammeltheit)을. 인간들은 그들이 그것을 이미 들었든지 아니면 아직 채 듣지 못했든지에 관계없이, 함께 모아 있게 하지 못하는, 파-악(be-greifen)하지 못하는 하나로 움켜잡지 못하는 그와 같은 존재로 머물러 있는 것이다.

그다음 문구는 무엇을 의미하고자 했는지를 말해 주고 있다. 인간들은 비록 그들이 말들(Worten)을 통해서, ἔπεα(에페아)를 통해서 노력한다 할지라도 로고스에 이르지 못하는 것이다. 과연 여기에서 말과 이야기가 언급되고 있다. 그러나 그것은 λόγος(로고스)와는 다른 의미에서 그리고 오히려 그것에 반대되는 의미에서 말해지고 있다. 헤라클레이토스는, 인간들은 듣고 또 말을 듣기는 하지만, 이와 같은 들음을 통해서는 말을 듣는 것처럼 들을 수 있는 것이 아닌 것, 이야기(Rede)가 아닌 것, 즉 λόγος(로고스)를 '들을 수도', 따를 수도 없다고 말하고 있다. 단편 50은 그것을 똑바로 이해했을 경우, 사람들이 이 단편에서 읽는 것과 정반대의 것을 증명하고 있다. 이 단편은, 그대들은 말에 얽매여서는 안 되며, 로고스를 들어야 한다고 말하고 있다. 왜냐하면 λόγος(로고스) 그리고 λέγειν(레게인)은 이미 논술함, 이야기를 의미하고 있기에, 그럼에도 불구하고 이것이 λόγος(로고스)의 본질이 아니기에, 그렇기 때문에 여기에서 λόγος(로고스)를 그리스어(에페아)에, 논술함(Rede)에 반대되는 것으로 마주 세우고 있는 것이다. 이에 상응해서, 단순한 들음과 이것저것 주워들음은 진정한 들을-귀를-가지고-들음(Hörig-sein, 순명함)에 반대된다. 단순한 들음과 이것저것 주워들음은 사람들로 하여금 그들이 (아무 생각 없이) 일상적으로 말하고 의미하는 것, 풍-문(風-聞, Hören-sagen) 속으로, δόξα(독사), 가상(假像, Schein) 속으로 자신을 흩뜨려 잃어버리게 한다. 진정한 들을-귀를-지니고-있음(Hörig-sein)은 귀나 입하고는 아무런 상관도 없으며, 이것은 λόγος(로고스)가 무엇인지에, 즉 있는 것 자체의 자신의 집중(die Gesammeltheit des Seienden selbst)에 순종하는 것을 말한다. 우리는, 단지 우리가 이미 순명(Hörige sind)할 수 있을 때에만 진실되게 들을 수 있다. 들을-귀를-지니고-있음, 순명(Hörigkeit)이라는 것은 귀뿌리와는 아무런 상관도 없다. 누가 만일 들을-귀를-지니고 있지 않다면, 순명할 수 없다면, 따를 수 없다면, 그는 미리부터 그가 귀를 가지고 이미 들었든지 또는 지금까지 도무지 들어 본 적이 없었든지에 상관할 바 없이 λόγος(로고스)로부터 멀리 떨어져 있으며, 그것으로의 길이 막혀 있는 것이다. 곳곳에 그의 귀를 두고 단순히 '듣기만 하는' 사람은, 그리고 이렇게 들은 것을 자신의 주위에 차고 다니는 사람은 ἀξύνετοι(아쉬네토이), 파-악(이해, be-greifen)하지 못하는 사람이며, 이와 같은 사람으로 머물러 있을 뿐이다. 이와 같은 사람이 어떤 양상의 사람인가에 대해서 단편 34는 다음과 같이 말하고 있다:

"언제나 함께 모으는 것을 모으지 못하는 사람은 비록 듣기는 하지만 귀머거리나 마찬가지이다"(die, die das ständige Zusammen nicht zusammenbringen, sind Hörende, die den Tauben gleichen).

그들은 말과 말하는 것을 듣기는 하지만, 들어야만 될 것을 듣지 못하는 것이다. 다음과 같은 격언이 그들이 어떤 사람인가를 증명한다: 출석해 있으면서 부재하는 사람들(Anwesende abwesend). 그들은 거기에 있으면서, 그럼에도 불구하고 거기 없다. 사람들은 대부분의 경우 어디에 있는 것이며, 또 대부분의 경우 **어디로부터** 그곳에 부재하는 것인가? 단편 72는 이와 같은 질문에 다음 답을 주고 있다:

"왜냐하면, 그들은 그들이 늘 함께 만나는, λόγος(로고스)에 등을 돌리고, 그들이 매일매일 부딪치는 것이 그들에게는 낯설게만 나타나 보인다"(denn, womit sie am meisten fortwährend verkehren, dem λόγος, dem kehren sie den Rücken, und worauf sie täglich stoßen, das erscheint ihnen fremd). [G 139]

λόγος(로고스)는 사람들이 끊임없이 만나는 것이기는 하지만, 사람들은 그것으로부터 늘 멀리 떨어져, 그 앞에서 출석하면서 부재(Anwesende abwesend)하고 있는, 그래서 ἀξύνετοι(아쉬네토이), 이해하지 못하는 자로 머물러 있는 것과 같다.

만일 사람들이 말을 듣기는 하지만 λόγος(로고스)는 이해하지 못하는 것이라면, 어디로부터 이 이해하지 못함, 이해할 수 없음은 기인하는가? 어느(무엇의) 곁에서, 어디로부터 그들은 부재하고 있는 것인가? 인간들은 늘 있음(存在, Sein)과의 관계 속에 놓여 있다. 그렇지만 그것은 그들에게 낯설다. 그들은 항상 있는 것(zu Seiendem)을 대함으로써, 있음(存在, Sein)과 늘 상관하고 있으면서도, 이것은 그들에게는 낯선 것이며, 이것을 전혀 이해하지 못해서가 아니라, 오히려 있는 것은 그저 있는 그것일 뿐 더 이상 아무것도 아니다라고 (그들의 의견을) 주장하는 속에서 그들은 있음(存在, Sein)으로부터 등을 돌리는 것이다. 그들은 깨어나 있는 것이기는 하지만(있는 것에 관한 한, in bezug auf das Seiende), 그럼에도 불구하고 그들에게는 있음(存在, Sein)이 숨겨져 있다. 그들은 잠자는 것이다. 그리고 그들은 그들이 잠자는 중에 해 놓은 것조차도 다시금 잃어버리고 마는 것이다.

이렇게 그들은 있는 것(Seienden)의 주위를 방황하며, 언제나 손쉽게 붙잡을 수 있는 것만을 이해할 수 있는 것으로 생각한다. 그렇기 때문에 어떤 사람이라도 그들은 그들 자신의 주위에, 그들이 가깝게 붙잡을 수 있는 것들을 가지고 있는 것이다. 어떤 사람은 이것을, 다른 사람은 저것을 붙잡으며, 각자는 그들 머리를 자기 고유의 일거리들로 가득 채우고 있는 것이며, 이것이야말로 아-집(我-執, Eigen-Sinn)이다. 이와 같은 것은 그들이 '그 스스로 안에 모으는 것'(das in sich Gesammelte)을 미루어 똑바로 이해하기를 방해하고, 그들이 들을 귀를-지니는 것, 그리고 그에 맞추어 듣는 것을 불가능하게 한다.

λόγος(로고스)는 끊임없는 모음, 있는 것이 그 스스로 안에 스스로를 모아 우뚝 서 있는 것, 즉 있음(存在, Sein)이다. 그렇기 때문에 단편 1에서 κατὰ τὸν λόγον(카타 톤 로곤)은 κατὰ φύσιν(카타 피신)과 같은 것으로 말해졌다.

φύσις(피지스)와 λόγος(로고스)는 동일한 것이다. λόγος(로고스)는 있음(存在, Sein)을 또 다른 하나의 새로운 안목으로 보여 준다: 있는 어떤 것은, 다시 말해서 그 스스로 안에 똑바로 그리고 뚜렷하게 서 있는 것은, 그 자신 스스로로부터 자신을 모은 것이며, 자신을 이와 같은 모음(Sammlung) 속에 두고 있는 것이다. ἐόν(에온), 있는 그것(das Seiend)은 그 본질에 따라서 볼 때 ζυνόν(쉰온), 모여진 출석(Gesammelt Anwesen)이다: ζυνόν(쉰온)은 '일반적인 것'(Allgemeine)을 말하는 것이 아니라 모든 것을 그 스스로 안에 모으는 것 그리고 이렇게 모아 두는 것을 의미한다. 이와 같은 ζυνόν(쉰온) 중의 하나가, 예를 들어서 단편 114에 말해지고 있는 πόλις(폴리스)를 위한 νόμος(노모스)인 것이며, 이것은 정관(定款, Satzung: 함께 모아 조직한다라

는 의미에서 자리 잡게 하다[setzen als zusammenstellen]), 즉 πόλις(폴 [G 140]
리스)의 내적 구조를 말한다. 이것은 아무 누구, 개개인에게도 관계
없는, 그들의, 모든 것의 머리 위를 날아다니는 일반적인 것이 아니
라, 서로서로 대립되어 경쟁하는 것들을 원천적으로 일치시켜 주는
일치(einigende Einheit)를 말한다. 아집(我執, Eigensinn)이라는 것은,
ἰδία φρόνησις(이디아 프로네시스)는, λόγος(로고스)에 이를 수 없는 것
이며, 이편 또는 저편의 한편에만 집착해서 그것이 진리라고 주장하
는 것이다. 단편 103은 "원의 둘레에는 시작과 끝이 동일하며 하나로
모여 있다"(in sich gesammelt, dasselbe ist der Ausgang und das Ende auf
der Kreislinie)라고 말한다. 여기서 ξυνόν(쉰온)을 '일반적인 것'((das)
Allgemeine)으로 이해하려고 하는 것은 전혀 무의미한 일이다.

아집에 사로잡혀 있는 사람(den Eigensinnigen)에게 있어서 삶이
라는 것은 단지 삶일 뿐이요, 죽음이라는 것은 죽음, 바로 그것일 뿐
이다. 그러나 삶의 있음(das Sein des Leben)은 동시에 죽음이다. 삶 안
으로 들어오는 모든 것은 그 순간부터 벌써 죽기 시작하는 것이며, 자
신의 죽음을 향해서 가고 있는 것이며, 그래서 죽음은 동시에 삶이
다. 헤라클레이토스는 그의 단편 8에서 "서로 대립되는 것은 그 스스
로 안에 그 다른 것을 지니고 있으며, 이쪽 것은 저쪽 것으로, 저쪽 것
은 이쪽 것으로 옮겨 간다. 그래서 그들은 그 스스로로부터 그 스스로
안에 스스로를 모은다"(Das Gegeneinander-stehende trägt sich, das eine
zum anderen, hinüber und herüber, es sammelt sich aus sich)라고 말한다.
서로 대립되는 것은 모으는 모아짐, λόγος(로고스)인 것이다. 모든 있
는 것의 있음(存在, Sein)은 최고로 빛나는 것이며(das Scheinendste),
이것은 다시 말해서 가장 아름다운 것(das Schönste), 그 스스로 가장

항구적인 것(das in sich Ständigste)이다. 그리스인들이 '아름다움'(die Schönheit)이라고 의미한 것은, 자제(自制, Bändigung)를 말하는 것이었다. 극단적으로 대립되는 것을 모으는 것이 바로 위에서 말한 대-결(對-決, Aus-einander-setzung)이라는 의미에서의 πόλεμος(폴레모스), 투쟁(Kampf)이다.

　오늘날의 인간들에게 있어서 아름다움(das Schöne)이라는 것은 오히려 그 반대의 것, 즉 긴장을 풀어 주는 것, 휴식적인 것 그리고 그렇기 때문에 즐기기를 위해서 준비된 것을 의미한다. 그래서 예술(die Kunst)은 달콤한 과자를 만드는 과자가게의 영역에 속하게 되는 것이다. 예술작품을 즐기는 것이 전문가나 심미가(審美家, Aestheten)의 발달된 감각을 만족시켜 주기 위해서라든가 아니면 심적(心的) 상태를 도덕적으로 승화시키기 위해서라든가 하는 것은, 그 본질적인 면에서 볼 때 아무런 차이도 없다. 그리스인들은 ὄν(온)과 καλόν(칼온)이 동일하다고 말했던 것이다. [출석이라는 것은 순수한 나타나 보임이다(Anwesen ist reines Scheinen).] 미학(die Aesthetik)은 논리학과 똑같이 오래된 학문이다. 예술은 미학에게 있어서는 마음에 맞는 것, 즉 마음을 즐겁게 해 주는 것이라는 의미에서의 아름다움(die Schöheit)을 표현하는 것이다. 그럼에도 불구하고 예술(die Kunst)은 있는 것의 있음(存在, Sein)을 열어 보이는 것이다. 우리는 이 '예술'(藝術, Kunst)이라는 단어 그리고 이것이 이름 지어 부르고자 하는 것에, 있음(Sein)에 대한 원래적인 재인식을 통해서 새로운 내용을 부여해야만 한다.

　우리는 헤라클레이토스가 사색한 로고스의 본질을 특징짓는 것을, 이 사색이 지니고 있는, 사람들이 아직도 뚜렷하게 찾아 추려 내지 못하고 있는 그 이중(二重, ein Zwiefaches)적인 양상에 우리의 특별한 관심을 돌리는 것으로써 끝마치고자 한다.

1) 말함과 들음(das Sagen und Hören)이라는 것은 단지 그것이 미리부터 있음(存在, Sein), 즉 로고스를 향해 있을 때에만 올바른 것 [G 141] 이 된다. 단지 이 있음 그리고 로고스가 자신을 열어 보이는 곳에서만, 말소리(das Wortlaut)는 말(말씀, das Wort)이 되는 것이다. 단지 있는 것의 있음이 스스로 열어 보이는 것을 알아듣는(vernommen) 곳에서만 단순한 귀를 기울이는 것은 (알아)듣는 것이 된다. 그러나 λόγος(로고스)를 알아차리지 못하는 사람들은, ἀκοῦσαι οὐκ ἐπιστάμενοι οὐδ᾽ εἰπεῖν(아쿠사이 욱 에피스타메노이 오우드 에이페인), "들을 수도 말할 수도 없다"(sind zu hören nicht imstande und auch nicht zu sagen, 단편 19). 그들은 그들의 현존재(現存在, Dasein)를 있는 것의 있음 안에 세워 놓지 못하는 것이다. 단지 이것을 실현시킬 수 있는 사람들만이, 시인(Dichter)과 생각하는 사람(Denker)만이 언어라는 것을 지배한다. 다른 사람들은 단지 아집(Eigensinn)과 무지(Unverstand) 속에서 취해 비틀거릴 뿐이다. 그들은 단지 그들이 살아가는 길 위에서 그들의 비위를 맞추어 주는 것, 그들에게 잘 알려져 있는 것만을 어떤 가치 있는 것으로서 인정한다. 그들은 마치 강아지와도 흡사하다: κύνες γὰρ καὶ βαΰζουσιν ὧν ἂν μὴ γινώσχωσι(퀴네스 가르 카이 바우초우신 온 안 메 기노스코시), "왜냐하면 강아지들 또한 누구든지 알지 못하는 사람을 보면 짖어 대는 것이다"(Denn díe Hunde bellen auch jeden an, den síe nicht kennen, 단편 97). 그들은 당나귀이다: ὄνους σύρματ᾽ ἂν ἑλέσθαι μᾶλλον ἢ χρυσόν(오노우스 쉬르마트 안 에레스타이 말론 에 크뤼손), "당나귀는 황금보다 겨를 더 좋아한다"(Esel mögen Spreu lieber

als Gold, 단편 9). 그들은 끊임없이 그리고 곳곳에서 있는 것과의 일거리에 정신을 빼앗겨 종사한다(betreiben). 그러나 있음(存在, Sein)은 그들에게 숨겨져 있는 것이다. 있음(存在, Sein)은 잡을 수도, 만져 볼 수도, 귀로 들을 수도, 냄새 맡을 수도 없다. (그러나) 있음은 단순한 아지랑이나 연기와는 전혀 다른 어떤 것이다: εἰ πά-ντα τὰ ὄντα καπνὸς γένοιτο, ῥῖνες ἂν διαγνοῖεν(에이 판타 타 온타 카프노스 게노이토, 리네스 안 디아그노이엔), "만일 모든 있는 그것이 연기로 사라져 버리는 것이라면, 아마도 코가 그것을 구별하고 감지할 수 있을 것이다"(Wenn alles Seiende in Rauch aufginge, so wären die Nasen es, die es unterschieden und faßten, 단편 7).

2) 원천적인 모음, 로고스는 모든 것을 모두 똑같은 가치를 지닌 것으로서, 아니면 아무런 가치도 지니지 못하는 것으로서, 아무것이나 막 섞어 쑤셔 넣는 포대가 아니라 바로 있음(存在, Sein)이기에, 만일 이 있음(존재, Sein)이 자신을 열어 보여야만 하는 것이라면 그것은 그 자신의 품위를 지녀야만 하는 것이며 또 이것을 고수해야만 한다. 헤라클레이토스가 마치 강아지와 당나귀인 것처럼 다수(den Vielen)에 대해서 말하고 있는 것이 바로 위와 같은 태도를 특징지어 준다. 이것이야말로 그리스인들의 현존재에 본질적으로 속해 있는 태도인 것이다.

만일 오늘날에 와서 사람들이 그리스의 폴리스에 높은 관심을 표명하고 있는 것이라면, 그들은 위에서 말한 것과 같은 측면을 잊지 말아야 할 것이다. 그렇지 않을 경우, 폴리스는 쉽게 대수롭지 않은 감상적 개념이 되어 버리고 말 것이다. 품위에 따르는 것이야말로 강한 것이다. 그렇기 때문에 있음(存在, das Sein), 모아 놓은 화협음(der gesammelte Einklang)[5]으로서의 로고스는 그렇게 손쉽게 또 그렇게 싼 값으로 누구든지 도달할 수 있는 것이 아니며, 모든 긴장을 제거한, 단지 하나의 평준화일 뿐인, 그래서 언제나 하나의 타협일 뿐인 그와 같은 일치(음)에는 전혀 대립되며 숨겨져 있는 것이다: ἁρμονίη ἀφανὴς φανερῆς κρείττων(하르모니에 아파네스 파네레스 크레이톤), "(직접적으로 그리고 아무런 힘들임도 없이) 그렇게 스스로를 나타내 보이지 않는 화협음은 (누구에게나) 알려져 있는 그것보다 훨씬 더 강하다"(단편 54)["der nicht (unmittelbar und ohne weiteres) sich zeigende Einklang ist mächtiger denn der (allemal) offenkundige"]. [G 142]

왜냐하면 있음(存在, Sein)이란 바로 λόγος(로고스), ἁρμονία(하르모니아), ἀλήθεια(알레테이아), φύσις(피지스), φαίνεσθαι(파이네스타이)이기 때문이며, 그렇기 때문에 자신을 그렇게 임의적으로 아무렇게나 나타내 보이지 않는다. 진실된 것은 누구에게나 주어지는 것이 아니라, 단지 강한 사람에게만 주어지는 것이다. 이와 같은 있음의 내적 우월성과 그 숨겨져 있음을 안중(眼中, im Hinblick)에 두고서, 첫눈에 보기에는 전혀 그리스적이 아닌 것처럼 보이는, 그러나 있는 것의 있음에 대한 그리스적 경험의 본질을 바로 잘 증명해 주고 있는, 다음과 같은 놀라운 말이 말해진 것이다: ἀλλ᾿ ὥσπερ σάρμα εἰχῇ κεχυμένων ὁ κάλλιστος κόσμος(알르 오스페르 사르마 에이케 케퀴메논 오 칼리스토스 코스모스), "가장 아름다운 세상이라는 것은 마치 아무렇게나 흩트려 펼쳐 놓은 거름 덩어리와 같을 뿐이다"(단편 124)["wie ein

---

5 [옮긴이] 원효가 대승기신론 연구에서 말하고 있는 원음(圓音)을 참조할 것.

Misthaufen, wüst hingeschüttet, ist die schönste Welt"]. σάρμα(사르마)라는 것은 λόγος(로고스)에 반대되는 개념이다: 그 스스로를 모아 서 있는 것에 반대되는, 단지 아무렇게나 흩트려 펼쳐 놓은 것, 모아 놓음에 반대되는 뒤섞인 무더기, 있음(存在, Sein)에 반대되는 반존재(反存在, Unsein)인 것이다.

세간에 횡행하고 있는 헤라클레이토스 철학의 소개는 'πάντα ῥεῖ'(판타 레이), 'alles fließt'(모든 것은 흐른다)라는 말로 그의 철학을 종합한다. 만일 이 말이 헤라클레이토스 자신이 한 말임이 사실이라면, 이는 모든 것은 단순한 흐름이며 변화일 뿐이라는 것이다. (모든 것은) 순수한 무상(無常, Unständigkeit)일 뿐이라고 의미하지는 않는 것이다. 이 말은 오히려, 있는 것 전체는 그 있음 속에서 끊임없이 대립되는 한 쪽에서 다른 쪽으로, 그리고 다른 쪽에서 이쪽으로 던져져 있다는 것을, 그래서 있음(存在, Sein)은 이와 같은 대립적 불안을 모아 놓음이라는 것을 의미한다(Das Sein ist die Gesammeltheit dieser gegenwendigen Unruhe).

우리가 만일 λόγος(로고스)의 근본의미를 모음(Sammlung), 모아 놓음(Gesammeltheit)으로서 이해한다면, 우리는 여기에서 다음과 같은 사실들을 분명하게 확정시켜야만 한다.

모음(die Sammlung)이라는 것은 결코 단순한 끌어모음, 한 무더기를 만드는 것을 의미하지 않는다. 모음은 대결하고 있는 것들, 그리고 대립되고 있는 것들을 상호일치성(Zusammengehörigkeit) 안에 붙잡아 두고 있는 것이다. 모음은 그것들을 단순한 흩어짐 그리고 내던짐 속에 부서져 버리도록 내버려 두지 않는다. 이렇게 붙잡아 둔다라는 의미에서의 λόγος(로고스)는 다스려 지배한다(Durchwalten), φύσις(피지스)라는 특징을 지니고 있다. 모음은 그가 주재해서 지배하는 것들을 내용 없는, 속 빈, 대립의 부재라는 것 속에 용해시켜 버리는 것이 아니라, 오히려 이 대립되는 것들을 일치시킴 속에서 이들을 그들이 지닐 수 있는 최고의 긴장 상태 안에 보존한다.

여기서 우리는 특히 신약성서에 나타나는 그리스도교적 로고스 개념이 어떤 것인가 하는 질문에 잠시 되돌아가서 사색하고자 한다. 문제를 정확하게 서술하기 위해서 우리는 다시금 공관복음서(Synoptikern)와 요한복음을 구별하여야만 한다. 그러나 다음이 근본적으로 말해질 수 있을 것이다: 신약성서에 있어서의 로고스는 우선적으로 헤라클레이토스가 말하는 있는 있음과는 같지 않다는 것. 여기서의 로고스는 하느님(神)의 아들(Sohn Gottes)이라는 하나의 특정한 있는 것(Seiendes)을 의미한다. 이 신의 아들은 다시금 신과 인간 사이의 중재자의 역할을 의미하고 있다. [G 143]

이 신약성서에 나타나는 로고스의 표상은 유대 종교철학, 즉 필로(Philo)에 의해 발전된 것이며, 그의 창조론 안에서 로고스는 μεσίτης(메시테스), Mittler, 중재자의 특성을 지니게 되는 것이다. 어떻게 해서 그와 같은 중재자가 λόγος(로고스)라고 불리는 것인가? 그것은 구약성서의 그리스어 번역(Septuaginta: 70인 역)에 있어서 λόγος(로고스)가 말(씀)을 의미하는 것으로 옮겨지고 있으며, 이 '말씀'(Wort)이라는 것은 명령, 즉 계명이라는 특정한 의미에서 이해되고 있기 때문이다. οἱ δέκα λόγοι(오이 데카 로고이)는 신의 십계명(Dekalog, 데카로그)을 말한다. 이렇게 해서 λόγος(로고스)는 계명과 명령을 전달하고 중개하는 κῆρυξ(케류스), ἄγγελος(악게로스), 기별자, 전달자가 된 것이다.

λόγος τοῦ σταυροῦ(로고스 토우 스타우로우)는 십자가 위의 말씀을 의미한다. 십자가를 기별해 주는 사람은 그리스도 자신인 것이다. 그는 구제의 로고스이며, λόγος ζωῆς(로고스 초에스), 영원한 삶이다(Die Verkündigung vom Kreuz ist Christus selbst; er ist der Logos der Erlösung, des ewigen Lebens, λόγος ζωῆς). 이 모든 것과 헤라클레이토스 사이에는 한 다른 세계가 놓여 있는 것이다.

50절   φύσις(피지스)와 λόγος(로고스)가 그 원래적인 일치성으로부터 갈라지게 된 그와 같은 내적 필요성과 가능성에 대하여. 파르메니데스의 사색 속에 나타나는 λόγος(로고스)와 파르메니데스의 '원천적인 말'(Ursatz)

우리는 λόγος(로고스)가 본질적으로 φύσις(피지스)에 속해 있다라는 것을, 이 일치성으로부터, 이들이 서로 갈라지게 된 그 내적 필연성과 가능성을 이해하고자 하는 의도에서 되찾아 밝히려고 시도해 왔다.

   그러나 이와 같이 헤라클레이토스의 로고스를 특징짓는 것에 대해서 아마도 사람들은 다음과 같은 반대질문을 던지고 싶은 충동을 느낄지도 모른다: 여기에서, 있음 그 자체에 로고스가 본질적으로 속해 있다는 것은 그만큼 내적이기 때문에, 이와 같은 φύσις(피지스)

[G 144]   와 λόγος(로고스)의 일치성과 동일성으로부터 어떻게 생각(Denken)이라는 의미에서의 로고스와 있음(存在, Sein)의 대립이 뛰쳐나와 성립될 수 있었는가가 다시금 전적으로 문제시되어야만 한다. 과연 이것은 한 문젯거리이며, 비록 우리에게 이 질문을 간단하게 처리해 버리고 싶은 유혹이 아주 없지는 않다 할지라도, 결코 이 질문을 쉽게

다루어 그냥 넘어갈 수는 없다. 지금 당장 우리는 단지 다음과 같은 것만을 말해 줄 수 있다: 만일 φύσις(피지스)와 λόγος(로고스)의 일치성이 그렇게나 원천적인 것이라면, 거기에 상응해서 그 갈라짐 또한 원천적인 것이어야만 한다는 것. 만일 여기에 더해서, 그리고 이 있음과 생각(Sein und Denken)이라는 가름이 앞서간 가름들과는 다른 양상의 것이고 다른 방향을 향한 것이라면, 그렇다면 여기서 이들의 서로 갈라짐 또한 다른 특성을 지니고 있어야만 하는 것이다. 그렇기 때문에 우리는 다른 무엇에 앞서 후세에 이루어진 모든 λόγος에 대한 왜곡된 해석으로부터 우리를 멀리 해야만 하며, 이것을 φύσις(피지스)의 본질로부터 이해될 수 있도록 노력해야만 하는 것이다. 이것은 다시 말해서, 이 φύσις(피지스)와 λόγος(로고스)의 서로 갈라짐이 순수 그리스적인 것으로, 즉 이 갈라짐을 다시금 φύσις(피지스)와 λόγος(로고스)로부터 이해하도록 노력해야만 하는 것이다. 왜냐하면 우리는 이 φύσις(피지스)와 λόγος(로고스), 있음과 생각(Sein und Denken)이라는 대립, 그리고 이들의 서로 갈라짐에 대한 질문에 있어서, φύσις(피지스)와 λόγος(로고스)의 일치성을 해석하는 것에 있어서보다도 훨씬 더 직접적이고도 끈질긴 근세적 왜곡의 위험성에 직면하고 있기 때문이다. 어떤 점에서?

있음과 생각(Sein und Denken)이라는 서로 대립되어 마주 서 있는 것을 규정지은 데 있어서 우리는 다음과 같은 통상적인 도식(圖式, Schema) 안에서 움직이고 있다. 있음은 객관적인 것(das Objektives), 객체(das Objekt)이고, 생각은 주관적인 것(das Subjektives), 주체(das Subjekt)이다. 생각이 있음에 대해서 지니고 있는 관계는 주체가 객체에 대해서 지니고 있는 관계이다. 사람들은 그리스인들이 아직 인식론의 수업을 충분히 받지 못했기 때문에, 이와 같은 철학의 그 시작 시기에 있어서 무척 미개한(primitiv) 양상으로 사색했다고 상상한다. 그래서 사람들은 이 있음과 생각이라는 대립되어 마주 서 있는 것 속에서 도대체 무엇이 질문을 요구하고 있는지를 발견하지 못하는 것이다. 그럼에도 불구하고 우리는 질문하여야만 한다.

φύσις(피지스)와 λόγος(로고스)가 서로 갈라진 과정의 본질적 법칙이란 어떤 것인가? 이 과정이 드러나 보일 수 있게 하기 위해서 우리는 λόγος(로고스)와 φύσις(피지스)의 일치성, 그리고 함께-속해-있음(Zusammengehörigkeit)을 앞에서보다도 더 분명하게 파악해야만 [G 145] 한다. 우리는 이것을 이제 **파르메니데스**로부터 시도해 보려고 한다. 이는 의식적으로 시도되는 것이다. 왜냐하면, 세간에 횡행하고 있는 의견들에 의한다면 로고스에 관한 가르침은 사람들이 그것을 어떻게 해석하든지에 상관없이, 결국 **헤라클레이토스** 철학에 속하는 특별한 어떤 것이기 때문이다.

파르메니데스는 헤라클레이토스와 동일한 위치를 나누고 있다. 이 두 그리스의 사색가들은, 만일 그것[동일한 위치]이 있는 것의 있음이 아니라면 다른 어떤 곳에 서 있을 수 있다는 말인가? 파르메니데스에게 있어서도 있음은 ἕν(엔), ξυνεχές(취네케스), 그 스스로를 스스로 안에 모아 견디는 것(das sich in sich zusammenhaltende), μοῦνον(모우논), 유일한 양상으로 일치하게 해 주는 것(einzig einigende), οὖλον(오우론), 완-전(完-全, das voll-ständige)한 것, 끊임없이 항구적으로 자신을 나타내 보이는 다스림(das ständig sich zeigende Walten), 그리고 이와 같은 항구성 안에서 단일성과 다양성이라는 나타나 보임(Schein)을 그 속까지 비추어 나타내 보여 주는 것을 말한다. 그렇기 때문에 있음에 이르기 위해서 꼭 거쳐 가야만 하는 길은 숨겨져 있지 않음(Unverborgenheit)을 거쳐서 가도록 인도되고 있기는 하지만, 그럼에도 불구하고 언제나 세 갈래의 길인 것이다.

그런데 파르메니데스는 어디에서 λόγος에 대해서 말하고 있는 것인가? 도대체 어디에서 우리가 지금 찾고 있는 있음과 로고스(Sein und Logos)의 서로 갈라짐에 대해서 말하고 있는가? 만일 우리가 이와 같은 관점에 대한 어떤 것을 파르메니데스에게서 하나라도 찾을 수 있다면, 그것은 우리가 찾고 있는 서로 갈라짐의 정반대되는 것처럼, 그렇게 그 스스로를 우리에게 나타내 보이는 것이다. 최소 한도 이것은 우선 그렇게 보인다. 파르메니데스로부터 한 문구가 우리에게 전승되어 내려오고 있다. 파르메니데스는 이 문구를 두 가지 서로 다른 모양으로 말하고 있다. 그 하나가 단편 5에 실린 다음 말이다: τὸ γὰρ αὐτὸ νοεῖν ἐστίν τε καὶ εἶναι(토 가르 아우토 노에인 에스틴 테 카이 에이나이). 이것은 벌써 오래전부터 익숙해진 번역에 의한다면 대개 다음 말이 된다: "그러나 생각과 있음은 동일한 것이다"(dasselbe aber ist das Denken und das Sein). 이 자주 언급된 문구를 비그리스적으로 오해하는 일은 헤라클레이토스의 로고스에 대한 가르침을 곡해한 것보다 더 적지 않다.

νοεῖν(노에인)을 사람들은 생각(Denken)으로서 그리고 생각이라는 것을 주체에 의해서 이루어지는 어떤 행위로서(Tätigkeit des Subjekts) 이해한다. 주체에 의해서 이루어지는 생각이 있음(存在, Sein)이 무엇인지를 규정하는 것이다. 있음이라는 것이 다른 아무것도 아닌 생각이라는 하나의 주관적 행위로 머물러 있음으로써, 파르메니데스가 생각과 있음은 동일한 것이다라고 말한 것은, 모두 주

관적인 것이 되어 버리고 만다. 그 스스로 그 자체로서 존재하는 있는 것은 어디에도 없다(Es gibt kein an sich Seiendes). 그래서 사람들은 이와 같은 가르침이야말로 바로 칸트와 독일 이상주의(Deutschen Idealismus) 안에서 발견된다고 말하는 것이다. 파르메니데스가 이들의 가르침을 이미 미리 앞서서 가르쳤던 것이다. 그래서 그는 이와 같은 진보적인 업적으로, 그것도 그리스 후세의 사색가인 아리스토텔레스와 비교되어 찬양되고 있다. 그런데 아리스토텔레스는 플라톤의 이상주의(Idealismus)에 반대되는 사실주의(Realismus)를 주창했으며, 그래서 중세의 선구자로 여겨지고 있는 것이다.

[G 146]

여기서 우리는 이와 같은 세간에 일반적으로 통용되고 있는 해석에 대해서 적어도 한 번은 의식적으로 언급해야만 한다. 이것은 그와 같은 해석이 단지 모든 그리스 철학의 역사적 서술에 있어서 행패를 부리기 때문만은 아니며, 또 단지 근세철학이 자신들에 앞서간 그들의 역사를 그와 같은 의미에서 해석했기 때문만은 아니다. 이것은 다른 어떤 것에 앞서 위에서 인용한 해석의 횡행이 과연 우리들에게 근원적 그리스적인 파르메니데스의 말을 그 고유한 진리 속에서 이해하는 데 커다란 장애가 되고 있기 때문이다. 우선 이렇게 (고유한 진리 안에서 파르메니데스를) 이해하는 것이 이루어졌을 경우에만, 우리는 근세에 와서 처음으로가 아니라, 이미 고대의 마지막 시기부터 그리고 그리스도교가 도래한 그 이후의 시기부터 서양에는 어떤 정신적 변화가, 다시 말해서 어떤 고유한 역사적 변화가 일어났는지를 측정해 볼 수 있는 것이다. τὸ γὰρ αὐτὸ νοεῖν ἐστίν τε καὶ εἶναι(토 가르 아우토 노에인 에스틴 테 카이 에이나이), 이 문구를 이해하기 위해서는 다음과 같은 세 가지 점을 잘 알아듣는 것이 필요할 테다.

1) τὸ αὐτό(토 아우토) 그리고 τε … καί(테 … 카이)라는 것은 무엇을 말하는가?

2) νοεῖν(노에인)이라는 것은 무엇을 말하는가?

3) εἶναι(에이나이)라는 것은 무엇을 말하는가?

세 번째로 질문된 것은 우리가 앞에서 φύσις(피지스)에 대해 언급한 것으로서 충분하게 설명되었다 여겨질 수 있다. 그러나 두 번째로 질문된 것, νοεῖν(노에인)은 만일 우리가 이 동사를 즉시 '생각한다'(denken)로 옮기지 않는다면 그리고 이 문구를 논리학적 의미에서 마치 하나의 분석적 문장으로 이해하지 않는다면, 아직 깊은 어둠 속에 가려져 있다. νοεῖν(노에인)은 알아듣다(Vernehmen)를, νοῦς(누스)는 알아들음(Vernehmung)을 다음과 같은 늘 함께 속해 있는 이중의 의미에서 말한다: 알아듣다라는 것은 우선 받아-들인다(hin-nehmen), 자신에게 오도록 놓아둔다를 의미한다. 무엇을? 자신을 나타내 보이는 것, 나타나 보이는 것(das, was sich zeigt, erscheint)을. 알아듣다라는 것은 그다음, 어떤 증인을 듣는 것(einen Zeugen vernehmen), 그를 심리(審理)하는 것, 그래서 이와 같은 것을 통해서 사실이 어떻게 된 것인지를 그리고 이것은 증인과 어떤 관계에 있는 것인지를 현장상황을 조사하고 기록하는 것을 통해 확-인(確-認, fest-stellen)하는 일을 의미한다. 이와 같은 이중적인 의미에서의 알아들음(Vernehmung)은, 누구에게 오도록 놓아두는 것, 그것을 그냥 단순히 받아들이는 것이 아니라, 스스로를 나타내 보이는 것에 대해서 일종의 방어진지(Aufnahmestellung)를 구축하는 일을 의미한다. 만일 어떤 군대가 방어진지를 구축한다면 그것은 그들에게 다가오는 적군을 맞아들이기 위해서다. 그러나 여기서 받아들인다는 것은 그들 적군 [G 147]

을 최소 한도 (그 자리에) 서 있도록 받아들이는 것을 의미한다. 이와 같은, 나타나 보이는 것을 받아들이면서 (그 자리에) 서 있도록 하는 것이 바로 νοεῖν(노에인)이다. 받아들임(Vernehmen)에 대해서 파르메니데스의 문구는, 그것이 있음(存在, Seín)과 동일한 것이라고 말하고 있다. 이것을 통해서 우리는 우리가 첫 번째로 질문한 것, ʼτὸ αὐτό(토 아우토), 동일(同一, das Selbe)이란 무엇인가?ʼ라는 질문을 밝힐 준비가 되었다.

　우리들에게 있어서 다른 어떤 것과 같은 어떤 것은 마찬가지로, 그 두 개가 두 개가 아니라 하나로, 같은 것으로 여겨진다(Was mit anderem dasselbe ist, gilt uns als einerlei, als ein und dasselbe). 여기서 동일성의 하나(das Eíne des Selben)는 어떤 의미에서 그렇게 말해지고 있는 것인가? 이것을 규정하는 것은 우리들의 임의에 달리지 않았다. 오히려, ʼ있음ʼ(存在, Sein)에 대한 말을 다루고 있는 이 경우, 우리는 이 ʼ하나ʼ, 일치성(die Einheit, lʼunité)을 파르메니데스가 ἕν(엔)이라는 단어를 사색하고 있는 그와 같은 의미로써 이해해야만 하는 것이다. 우리는 일치성이 여기서 결코 속 빈(형식적) 같음(leere Einerleiheit, lʼunifomité vide)을 말하는 것이 아니며, 단순한 동-등성(同等性, gleich-gültigkeit)이라는 의미에서의 동일성(同一性, Selbigkeit, lʼidentité)을 말하는 것이 아님을 잘 알고 있다. 일치성이라는 것은 서로 반대되는 것의 서로 함께 속해 있음을 말한다(die Einheit ist Zusammengehörigkeit des Gegenstrebigen). 이것이야말로 원천적인 일치(一致, Einige, lʼunion)인 것이다.

　왜 파르메니데스는 τε καί(테 카이)라고 말하는 것인가? 그것은 있음과 생각(Sein und Denken)이 서로 대립된다는 의미에서 서로 일치하는 것, 즉 서로 함께 속해 있다는 의미에서의 동일한 것이기 때문이다. 우리는 이것을 어떻게 이해해야만 하는가? φύσις(피지스)라는 의미로 우리에게 이미 여러 각도에서 분명해진 있음(存在, Sein)이라는 것으로부터 출발해 보자. 있음(存在, Sein)은 빛 안에 서다, 나타나 보이다, 숨겨져 있지 않음 속으로 나타나다를 말한다. 이와 같은 것이 이루어지는 곳, 다시 말해서 있음이 지배하는 곳에는 다음이 거기에 속하는 것으로서 함께 이루어진다: 스스로 항구적인 것이 그 스스로를 나타내 보임. 받아들임으로써 (저항해서) 서 있게 하는 알아들음(Vernehmung). 파르메니데스는 이와 같은 것을 더 명확하게 그의 단편 8, 34절에서 말하고 있다. ταὐτὸν δ'ἐστὶ νοεῖν τε καὶ οὕνεκεν ἔστι νόημα(타우톤 데스티 노에인 테 카이 우네켄 에스티 노에마), "알아들음과 그 무엇을 위해서 이 알아들음이 이루어지는 것은 같은 것이다"(Dasselbe ist Vernehmung und das, worumwillen Vernehmung geschieht). 알아들음은 있음(存在, Sein)을 위해서 이루어지는 것이다. 그리고 있음은 단지 숨겨져 있지 않음(Unverborgenheit), 자신을 열어 보임이 이루어지는 경우에 있어서만 나타나 보임으로써 숨겨져 있지 않음 속으로 나타나는 것이다. 파르메니데스의 문구는 이 두 개의 서로 다른 표현방식을 통해서 φύσις(피지스)의 본질에 대한 또 다른 훨씬 더 원천적인 안목을 우리들에게 제공하고 있다. 거기(φύσις)에는 알아들음(Vernehmung)이라는 것이 속해 있으며, 그것의 지배란 알아들음이 함께 지배하는 것을 의미한다.

51절   파르메니데스의 단편에 나타나는, 있음의 본질로부터 주어지는 인간존재의 규정(인간의 정의): 있음과 알아들음이 본질적으로 서로 함께 속해 있다라는 이루어짐에 대하여

첫눈에 볼 때 이 문구는 인간에 대해서 아무것도 말하고 있지 않다. 더군다나 주체라는 의미에서의 인간에 대해서, 그리고 이로부터 모든 객관적인 것을 주관적인 어떤 것으로 만들어 버리는 그와 같은 주체에 대해서 아무것도 언급하고 있지 않다. 이 문구는 오히려 그 반대되는 것을 말하고 있다: 있음(存在, Sein)은 지배한다. 그리고 바로 있음이 지배하는 것이기 때문에, 또 있음이 지배하고 나타나 보이는 한에 있어서, 나타나 보임과 함께 필연적으로 알아들음 또한 이루어지는 것이다. 그런데 이와 같은 나타나 보임(Erscheinung)과 알아들음(Vernehmung)에 인간이 참여할 수 있기 위해서는, 인간 스스로가 있음에 속해 있어야만 한다. 그렇다면, 인간존재의 본질과 그 양상은 단지 있음의 본질로부터만 규정지어질 수 있다(Das Wesen und die Weise des Menschseins kann sich dann aber nur aus dem Wesen des Seins bestimmen).

만일 φύσις(피지스)라는 의미에서의 있음(存在, Sein)에 나타나 보임(das Erscheinen)이 속해 있는 것이라면, 있는 것으로서의 인간은 이 나타나 보임에 속해져 있어야만 하는 것이다. 그런데 이 인간존재란 있는 것 그 전체 안에서 자기 고유의 있음을 창조함이 분명하므로, 이 인간존재의 고유한 특성(Eigenheit des Menschseins)이란 그 자신이 어떻게, 지배하면서 나타나 보임이라는 의미에서의 있음(Sein)에 속해 있는지 하는, 그와 같은 고유한 양상으로부터 자라난 것이다.

이와 같은 나타나 보임(Erscheinen)에 알아들음(Vernehmung)이라는 것이 속해 있는 한에 있어서, 즉 자신을 나타내 보이는 어떤 것을 받아들이는 알아들음이라는 것, 바로 이것으로부터 인간존재의 본질이 규정되고 있음을 우리로 하여금 추측하게 한다. 그렇기 때문에 우리는 파르메니데스의 문구를 해석하는 데 있어서, 어떤 후세에 설립된 또는 오늘날의 인간존재에 대한 표상을 이 문구에 투사하거나 또는 이 문구로부터 그와 같은 것을 끌어내 읽어 내려고 해서는 안된다. 오히려 그 반대로, 이 문구가 그 자체로부터 우선 우리들에게, 이 문구에 따른다면, 다시 말해서 있음의 본질에 따른다면, 어떻게 인간존재가 규정되는 것인지를 지시해 주어야만 하는 것이다.

'인간이란 무엇인가?' 하는 것은 헤라클레이토스의 말에 의한다면 단지 πόλεμος(폴레모스) 속에서만, 즉 신들(Götter)과 인간이 서로 갈라짐 속에서, 있음(存在, Sein) 자체의 돌연한 침입이 이루어지는 곳에서만, 밖으로 드러나 나타나 보이는(ἐδείξε, 에데익세) 것이다. '인간이 무엇인가?' 하는 것은 철학을 위해서 하늘 어떤 곳에 쓰여 있는 것이 아니다. 오히려 여기에서는 다음이 이해되어야만 한다.

1) 인간의 본질에 대한 규정이라는 것은 결코 어떤 답이 아니며, 하나의 본질적인 질문이다. [G 149]

2) 이 질문을 질문하는 것 그리고 이에 대해 어떤 결정을 내리는 것은 도무지 역운적(geschichtlich)일 뿐만 아니라 역운의 본질이다.

3) '인간이 무엇인가?' 하는 질문은 언제나 '있음은 어떻게 존재하는가?'(wie es mit dem Sein steht)라는 질문과의 본질적 연관성 안에서 질문되어야만 한다. 인간에 대한 질문은 결코 인간학적(anthropologische) 질문이 아니며, 오히려 역사적 형-이상학적(形-而

上學, meta-physische)인 질문이다. [이 질문은 그 본질에 있어서 '물리학'(Physik)으로 머물러 있는 전승된 형이상학(Metaphysik)의 영역 안에서는 충분히 질문될 수 없는 것이다.]

그렇기 때문에 우리는 파르메니데스의 문구 속에 νοῦς(누스) 그리고 νοεῖν(노에인)이 무엇을 말하는 것인지를 우리가 (오늘날) 지니고 있는 인간개념을 통해서 잘못 해석해서는 안 되는 것이며, 오히려 우선, 있음(存在, Sein)과 알아들음(Vernehmung)이 본질적으로 서로 함께 속해 있음이 이루어지는 것을 통해서 인간의 있음이 규정된다는 것을 경험 속에서 배워야만 한다.

이 있음과 알아들음의 지배 안에서 인간이란 무엇인가? 우리가 앞에서 이미 대한 적이 있는 단편 6의 시작은 이에 한 답을 주고 있다: χρὴ τὸ λέγειν τε νοεῖν τ' ἐὸν ἔμμεναι(크레 토 레게인 테 노에인 테에온 엠메나이), "있다는 그것의 있음을 '레게인'하는 것과 알아듣는 것이 똑같이 필요하다"(Not ist das λέγειν sowohl als auch die Vernehmung, nämlich des Seiend in dessen Sein).

우리는 여기서 νοεῖν(노에인)을 아직 생각(Denken)으로 해석해서는 안 된다. 그러나 우리가 그것을 알아들음(Vernehmung)으로서 이해하는 것만으로는 불충분하다: 특히 우리가 '알아들음'(Ver-nehmung)이라는 것을, 앞에서 말한 모든 것에도 불구하고 다시금 무의식적으로 그리고 통상적으로, 인간에 속해 있는 어떤 무엇을 대하는 한 양상, 어떤 능력으로 이해하는 경우에 있어서는 더욱 그렇다. 왜냐하면 우리는 여기서 인간을 아무 내용도 없는 피상적인 생물학, 심리학 그리고 인식론에서 말해지는 그와 같은 것으로 표상하고 있는 것이기 때문이다. 그리고 이것은 우리가 이와 같은 표상을 일부러

불러오지 않는 경우에도 똑같이 이루어지고 있다.

알아들음(Vernehmung) 그리고 파르메니데스의 문구가 이것에 대해서 말하고 있는 것은 이미 규정된 인간의 어떤 능력이 아니라, 하나의 이루어짐(Geschehen)이며, 이 이루어짐 안에서 인간은 처음으로 존재하는 것으로서 역운 안에 등장하는, 나타나 보이는(erscheint) 것이다. 다시 말해서 (문자가 의미하는 그대로) 그 스스로가 있음(存在, Sein)에 이르는 것이다.

알아들음은 인간이 소유하고 있는 어떤 특성과도 같은 일종의 행동 양상이 아니라, 오히려 그 반대로, 그것이 인간을 소유하는 그와 [G 150] 같은 이루어짐인 것이다. 그렇기 때문에 언제나 νοεῖν(노에인), 그렇게 단지 순수하게 알아들음이라고만, 그렇게밖에는 달리 말해질 수 없었던 것이다. 이 (파르메니데스의) 말 안에서 이루어져 완성된 것은 다음보다 더 작은 사실이 아니다: 인간이 역운적인 존재로서 (있음을 수호하는 자로서, Verwahrer des Seins) 나타나 보임 안에 등장한다는 사실. (파르메니데스의) 이 말은 있음(存在, Sein)에 대한 본질적인 특징지음을 내포하고 있는 것과 마찬가지로, 서양의 인간 규정을 위한 결정적인 지표가 되고 있다. 있음과 인간존재의 본질이 서로-함께-속해-있음(Zusammengehörigkeit) 속에서 서로 갈라짐이 뚜렷하게 밝혀지는 것이다. '있음과 생각'(Sein und Denken)이라는 이미 오래전에 창백해지고 속 빈 그리고 뿌리 없는 가름을 통해서는, 우리가 그 근원으로 되돌아가지 않는 한, 그 근원을 더 이상 알아볼 수 없다.

있음과 생각이라는 대립의 방향과 그 양상은, 여기에서 인간이 있음의 면전에 등장하는 것이기에 그토록 독특하다. 이와 같은 이루어짐이야말로 역운적인 인간의 의식적 출현인 것이다

(Dieses Geschehnis ist die Wissende Erscheinung des Menschen als des geschichtlichen). 인간이 이렇게 있는 것으로서 처음으로 알려진 이후에, 비로소 인간은 ζῷον λόγον ἔχον(초온 로곤 에콘), animal rationale, vernünftiges Lebewesen, 이성적 동물이라는 개념으로 '정의'(定義, definiert)되었다. 이 인간의 정의 안에는 λόγος(로고스)라는 말이 들어있다. 그러나 그것은 전혀 알아볼 수 없는 모습으로, 그리고 아주 이상야릇한 분위기 속에서의 모습이다.

위의 인간에 대한 정의는 본질적으로 볼 때 한 동물학(Zoologie)적인 정의이다. 이 동물학의 ζῷον(초온)이라는 것은 여러 각도에서 많은 질문을 야기시킨다. 단지 이와 같은 인간에 대한 정의의 테두리 안에서 서양의 모든 인간에 대한 학문, 즉 모든 심리학, 윤리학, 인식론, 인간학이 성립되고 있는 것이다(alle Psychologie, Ethik, Erkenntnistheorie und Anthropologie hineingebaut). 우리들 자신은 이미 오래전부터 이 학문들로부터 채용한 개념과 표상의 혼란한 뒤섞임 속에서 갈팡질팡하고 있다.

이 정의에 대한 후세의 해석은 차치한다 치더라도, 이 모든 것을 뒷받쳐 주고 있는 인간에 대한 정의가 이미 하나의 추락된 것이기에, 우리는 이 정의가 이미 지정해 놓은 안목(Blickbahn) 안에서 생각하고 질문하는 한에 있어서는, 파르메니데스가 그의 말을 통해서 말하고자 하는 것을 그리고 무엇이 거기에서 이루어지고 있는지를 전혀 알아볼 수 없는 것이다.

세간에 횡행하고 있는 각양각색의 인간에 대한 표상(表象, Vorstellung)은 단지 우리들이 인간본질의 그 나타나 보임이라는 것이 그렇게 성립된, 그렇게 서 있게 된 공간으로 들어감을 가로막고 있을 뿐이다. 또 다른 하나의 장애물은 우리가 위에서 말한 인간에 대한 **질문** 그 자체까지도 아직 우리에게 생소한 것으로 머물러 있다는 사실이다.

'인간은 무엇인가?'(Was ist der mensch?)라는 제목을 붙인 책들이 없는 것은 아니다. 그러나 이 질문은 단지 책 표지의 문자 안에서만 서 있다. 그것은 질문되지 않고 있는 것이다. 그것은 결코 사람들이 많은 책을 저술하는 가운데 이 질문을 잊어버려서가 아니라, 오히려 이 질문에 대한 어떤 답을, 더군다나 그것이 이 답과 동시에 더 이상 이와 같은 질문을 질문하지 말아야 한다는 단서가 붙은 그와 같은 답을 사람들이 이미 지니고 있기 때문이다. 누가 만일 가톨릭의 교리를 말하고 믿는다면 그것은 개개인의 일이며, 그와 같은 것이 여기에서 문제시되고 있는 것이 아니다. 그러나 누가 만일 자기 저서의 표지에 '인간은 무엇인가?'라는 질문을 써 놓고서도 질문하고자 하지 않기 때문에 그리고 질문할 수 없기 때문에 질문하지 않는다면, 이것은 진중하게 다루어져야 할 모든 권리를 이미 포기한 행동으로 간주되어야만 하는 것이다. 그래서 만일 예를 들어 『프랑크푸르트 차이퉁』(*Frankfurter Zeitung*)이라는 신문에, 책 표지에서만 질문되고 있는 그와 같은 책에 '보통을 넘어서는, 훌륭한, 용감한' 책이라는 호평이 실릴 수 있다는 사실은, 우리들이 지금 어떤 상태에 놓여 있는가를 눈먼 사람들에게까지도 잘 보여 주고 있다.

왜 나는 파르메니데스의 말을 해석하는 중에 그것과는 별로 상관이 없는 것들을 열거하고 있는가? 위에서 말한 종류의 서적들은 결국 그 자체로서 아무런 무게도, 의미도 지니지 못하는 것이 아닌가? 이에 있어서 무의미하지 않은 것은, 이미 오래전부터 곳곳에서 모든

질문하고자 하는 열의가 마비되어 고통을 받고 있다는 사실이다. 이
와 같은 상태는 모든 표준과 태도의 혼란을 수반하며 그래서 많은 사
람들은 어디에서 그리고 어떤 가능성들 중에서 참된 결정을 내려야
만 할는지를 모르게 되는 것이다: 만일 그것이 여기에서 커다란 역운
적 의지를 뚜렷하고 원천적인 역운적 앎과 연결 짓는 것이 문제시되
고 있는 것이라면, 위의 암시는 우리들에게 역운적 존재의 이루어짐
이라는 의미에서의 질문한다는 것이 우리들로부터 얼마나 멀리 떨어
져 있는 것인가를 잘 보여 주고 있는 것이다. 그러나 이것뿐만 아니라
우리는 이미 이 질문을 이해하는 것까지도 잃어버렸다. 그렇기 때문
에 여기서 우리는 우리들이 앞으로 해 나갈 사색의 길을 뚜렷하게 하
기 위해서 다음과 같은 방향지표를 설정하여야만 한다.

[G 152]

　　1) 인간본질의 규정이라는 것은 결코 어떤 답이 아니며 오히려
한 본질적인 질문이다.

　　2) 이 질문을 질문한다는 것은 원천적인 의미에서 역운적
(geschichtlich) 사실이며, 이 질문함이 처음으로 역사를 창조해 준다.

　　3) 그것은 '인간은 무엇인가?'라는 질문이 단지 있음(存在, Sein)
에 대한 질문 안에서만 질문되어질 수 있는 것이기 때문이다.

　　4) 단지 있음이 질문 안에서 그 스스로를 열어 보이는 곳에서만,
역사라는 것은 이루어지며, 이와 함께 위에서 말한 인간의 있음(Sein
des Menschen) 또한 이루어진다. 그리고 이 이루어짐의 힘을 통해서
인간은 그 스스로가 있는 것 그대로와의 대결을 감행할 수 있다.

　　5) 이와 같은 질문하는 중에 이루어지는 대결만이 인간을 그 자
신 스스로이기도 한 그 있는 그대로의 있는 그것에, 즉 있음(存在,
Sein)에 이르도록 해 주는 것이다.

6) 인간은 단지 질문하는-역운적인 존재로서 자기 자신으로 되돌아오며, 이렇게 해서 한-자기-스스로-자신(ein Selbst)인 것이다. (이 인간의) 자기 스스로 자신으로 있음(die Selbstheit, l'ipséité)은 여기서 인간에게 열어 보이는 있음이 인간을 역사로 변형시킨다는 것, 그리고 그 안에 있음 자신이 서 있음으로써 자리 잡는다는 것을 의미한다. 그러나 (이 인간의) 자기 스스로 자신으로 있음은 우선적으로 어떤 '나'(Ich) 또는 어떤 '개별자'(einzelner)를 말하는 것이 아니다. 마찬가지로 이것은 또한 어떤 '우리들'(Wir) 또는 어떤 '공동단체'(Gemeinschaft)를 의미하지 않는다.

7) 인간은 역운적인 존재로서만 자기 스스로 그 자신으로 존재하는 것이므로, 자기 자신의 고유한 있음(存在, Sein)에 대한 질문은 '인간이란 무엇인가?'라는 질문 양상으로부터 '누가 인간인가?'(Wer ist der Mensch?, Qui est 1'homme?)라는 질문 양상으로 변화되어야만 한다.

파르메니데스의 문구가 말하고 있는 것은 있음 자체의 본질로부터 주어진 인간본질에 대한 한 규정인 것이다(Was der Spruch des Parmenides ausspricht, ist eine Bestimmung des Wesens des Menschen aus dem Wesen des Seins selbst).

그럼에도 불구하고 우리는 여기서 인간의 본질이 어떻게 규정되고 있는가를 아직 알지 못하고 있다. 우선 이 (파르메니데스의) 말이 말해지고 있는, 그리고 **이렇게 말해짐 안에** 함께 열려지는 공간을 표시해 보는 것이 중요할 테다. 그러나 이와 같은 일반적 지시는, 인간에 대한 통상적인 표상으로부터, 그리고 이와 같은 표상이 동반하는 개념적 규정이라는 양상으로부터 우리를 해방시켜 주기에는 아직도 부 [G 153]

족하다. 우리가 이 말을 이해할 수 있기 위해서는, 그리고 이 말의 진리를 알아들을 수 있기 위해서는 그리스 현존재와 그 존재로부터 그 어떤 긍정적인 것을, 최소 한도 미루어 추측할 수 있어야 한다.

52절 인간존재의 본질을 열어 보임이라는 의미에서의 사색적 시작(詩作). 세 개의 행로에 걸친 소포클레스의 『안티고네』에 나타나는 첫 번째 합창곡의 해석

앞에서 여러 번 인용한 헤라클레이토스의 말들을 통해서 우리는, 단지 πόλεμος(폴레모스) 안에서만, 즉 (존재의) 대-결(對-決, Auseinander-setzung)을 통해서만 신들과 인간의 서로 갈라짐이 이루어짐을 알고 있다. 단지 이와 같은 투쟁만이, ἔδειξε(에데익세), zeigt, 보여 주는 것이다. 즉 이와 같은 투쟁은 신들과 인간들을 그들의 있음(存在, Sein) 안에서 드러나 보이도록 해 주는 것이다. '누가 인간인가?' 하는 것을 우리는 어떤 학술적인 정의(定義, Definition)를 통해서 알게 되는 것이 아니라, 오로지 인간이 있는 것과 대결함으로써, 그리고 이와 같은 대결 속에서 그것의 있음(存在, Sein)에 이를 수 있게 하고자 노력함으로써, 다시 말해서 그들에게 한계를 세워 주고 모습을 제공함으로써, 즉 하나의 (아직 존재하지 않는) 새로운 한계와 모습을 기획(企劃, entwirft)해 줌으로써, 다시 한번 바꾸어 말한다면, 원천적인 시작(詩作, dichtet)을 통해서 시적(詩的)으로 근거 지어 줌으로써만 알게 되는 것이다.

파르메니데스와 헤라클레이토스의 생각은 아직 시적(詩的, dichterisch)인 것이다. 다시 말해서 학문적이 아니라 철학적인 것이다. 그러나 이렇게 창조적으로 시작(詩作)하는 생각(dichtenden Denken) 안에서 생각이라는 것이 그 우위를 차지하고 있기에, 인간의 있음에 대한 생각 또한 그 자신 고유의 방향과 척도를 얻을 수 있게 된다. 이와 같은 시적 사색의 이해를 준비하기 위해서, 우리는 이제 그리스적, 사색적 시작(思索的 詩作, denkerische Dichten), 특히 그리스인들의 있음(存在, Sein)과 (거기에 속해 있는) 그들 현존재가 정초(stiftet) 지어지고 있는 그와 같은 비극(Tragödie)에 대해서 질문하고자 한다.

우리는 '있음과 생각'(Sein und Denken)이라는 갈라짐을 그 기원에서부터 이해하려고 한다. 이 갈라짐은 서양정신의 근본적 태도를 가리키는 명칭이다. 이로부터 있음(存在, Sein)은 생각과 이성 [G 154] (Vernunft)이라는 시야(Gesichtskreis) 속에서 규정된다. 이와 같은 것은 서양의 정신이 '비이성적'(Irrational)인 것이 되고자 의욕하거나 '비논리적'(Alogisch)인 것을 찾는 경우에도, 즉 단순하게 이성의 지배로부터 도피하려고 하는 경우에도 마찬가지로 똑같이 적용되는 것이다.

있음과 생각(Sein und Denken)이라는 갈라짐의 기원을 찾아감에 있어서 우리는 τὸ γὰρ αὐτὸ νοεῖν ἐστίν τε καὶ εἶναι(토 가르 아우토 노에인 에스틴 테 카이 에이나이)라는 파르메니데스의 말에 부딪쳤다. 통상적인 이해와 번역에 의한다면, 이 말은 "생각과 있음은 같은 것이다"(Denken und Sein ist dasselbe)를 의미한다.

우리는 이 문구를 서양철학의 지침원리(Leitsatz der abendländ - ischen Philosophie)라고 부를 수 있을 것이다. 그러나 이것은 단지 우리가 여기에 다음과 같은 주석을 붙였을 경우만이다.

이 말은 우선, 사람들이 이 말의 원래적인 진리를 더 이상 붙잡아 둘 수 없었기 때문에, 그래서 더 이상 이해할 수 없게 되었기 때문에 서양철학의 지침원리가 되었다. 이 말이 진리 밖으로 떨어져 나가는 추락 현상은 파르메니데스 이후에 즉시 그리스인들, 그 자신들 안에서 이루어지기 시작했다. 그 영향범위에 있어서 이와 같은 중요성(Tragweite)을 지니는 말의 원천적 진리라는 것은, 단지 끊임없이 그것이 있는 그대로 있을 수 있는, 그렇게 존재할 수 있는 가능성을 지닐 수 있을 때에만 원천적인 것으로 머물러 있을 수 있는 것이다. 여기서 원천(Ursprung)이라는 것은 (본질의 숨겨져 있음으로부터) 솟구쳐 나옴(Entspringen)을 의미한다. 우리는 이 말의 원천적인 진리를 다시 되찾을 수 있기 위해서 노력하고 있는 것이다. 그 해석의 변화에 대한 첫 번째 암시를 우리는 다음과 같은 새로운 번역을 통해서 제공하고자 한다. 이 문구는 '생각과 있음은 같은 것이다'(Denken und Sein ist dasse1be)를 말하는 것이 아니라, '알아들음과 있음은 상호 간에 서로 함께 순응하며 속해 있다'(Zusammengehörig sind Vernehmung wechse1weise und Sein)를 말하는 것이다.

그렇다면 이것은 무엇을 의미하는가?

이 문구는 어디에서인가 한 특정한 양상으로 인간에 대해서 말하고 있다. 그렇기 때문에 이 문구를 이해하는 데 있어서 통상적인 인간에 대한 표상을 삽입하지 않는 것은 거의 불가능한 일이다.

다만 이렇게 함으로써, 그것이 그리스도교적인 것이든, 아니면 근대적 인간개념이든, 아니면 이들을 혼합한 창백하고 아무 의미도 지니지 못하는 그런 것이든, 우리는 그리스적으로 경험된 인간본질을 오해하게끔 된다.

[G 155]

그러나 이와 같은 그리스적인 것이 아닌 인간표상을 향한 오해는 그냥 지나쳐 버려도 좋을, 그 정도의 조그만 불행에 불과하다.

여기에서 숙명적인 화(禍, das eigentlich Verhängnisvolle)가 되고 있는 것은, 사람들이 이 말의 진리라는 것을 똑바로 적중시키지 못하고 그 근본에서부터 빗나가고 있다는 사실이다.

그것은 왜냐하면 이 말을 통해서 처음으로 인간의 결정적 규정이라는 것이 이루어지고 있기 때문이다. 그렇기 때문에 우리는 이 말의 해석에 있어서 단지 이것 또는 저것과 같은 부적당한 인간이라는 것에 대한 표상(Vorstellung vom Menschen)을 멀리할 필요가 있을 뿐만 아니라, 모든 인간에 대한 표상 일반을 멀리하는 것이 필요하다. 우리는 거기에서 말해지고 있는 것을 들을 수 있도록, 단지 그렇게만 노력해야 하는 것이다.

그런데 우리는 이와 같은 듣기(Hören)에 다만 익숙해져 있지 않을 뿐만 아니라, 거기에 더해서 늘 똑바로 듣기를 방해하는 것들로 우리들의 귀를 꽉 채우고 있기에, '누가 인간인가?'라는 질문이 똑바로 질문될 수 있는 그 전제조건들을 몇 가지 열거했어야만 했다.

그러나 파르메니데스가 이루어 놓은 사색적 인간규정이라는 것은 직접적으로 접근하기에는 너무 어렵고 또 기이한 느낌을 주기에, 이와 같은 직접적인 접근에 앞서 우선 그리스인들의 인간존재에 대한 한 시적 기획(dichterischen Entwurf des Menschseins)을 들음으로써 여기에 필요한 도움과 방향지시를 얻고자 한다.

우리는 소포클레스의 『안티고네』(v. 332~375)에 나오는 첫 번째 합창을 여기서 낭독하고자 한다. 그것이 어떻게 울리는 것인지를 들어 보기 위해서 우선 그리스어로 듣겠다. 그 번역문은 다음과 같다.

Vielfältig das Unheimliche, nichts doch

über den Menschen hinaus Unheimlicheres ragend sich regt.

Der fährt aus auf die schäumende Flut

beim Südsturm des Winters

und kreuzt im Gebirg

der wütiggeklüfteten Wogen.

Der Götter auch die erhabenste, die Erde,

[G 156]   abmüdet er die unzerstörlich Mühelose,

umstürzend sie von Jahr zu Jahr,

hintreibend und her mit den Rossen

die Pflüge.

Auch den leichtschwebenden Vogelschwarm

umgarnt er und jagt

das Tiervolk der Wildnis

und des Meeres einheimisch Gerege

der umher sinnende Mann.

Er überwältigt mit Listen das Tier,

das nächtigt auf Bergen und wandert,

den rauhmähnigen Nacken des Rosses

und den niebezwungenen Stier

mit dem Holze umhalsend

zwingt er ins Joch.

Auch in das Getöne des Wortes

und ins windeilige Allesverstehen

fand er sich, auch in den Mut

der Herrschaft über die Städte.

Auch wie er entfliehe, hat er bedacht,

der Aussetzung unter die Pfeile

der Wetter, der ungattigen auch der Fröste.

Überall hinausfahrend unterwegs, erfahrungslos ohne Ausweg

kommt er zum Nichts.

Dem einzigen Andrang vermag er, dem Tod,

durch keine Flucht je zu wehren,

sei ihm geglückt auch vor notvollem Siechtum

geschicktes Entweichen.

Gewitziges wohl, weil das Gemache

des Könnens, über Verhoffen bemeisternd,

verfällt er einmal auf Arges

gar, Wackeres zum anderen wieder gerät ihm.

Zwischen die Satzung der Erde und den

beschworenen Fug der Götter hindurch fährt er.   [G 157]

Hochüberragend die Stätte, verlustig der Stätte

ist er, dem immer das Unseiende seiend

der Wagnis zugunsten.

Nicht werde dem Herde ein Trauter mir der,

nicht auch teile mit mir sein Wähnen mein Wissen,

der dieses führet ins Werk.

두려운 것은 많으나, 그러나 아무것도

자신을 드러내어 인간을 뛰어넘을 만큼 그렇게 두려운 것은 없나니.

겨울의 남쪽 바람을 타고

인간은 거품 이는 망망대해를 향해 돌진하여

광란하는 파도의 정상과 심연을 가로 건너 항해하는구나.

그렇게도 피곤할 줄 모르는, 파괴될 수 없는

가장 너그러운 신인 대지까지도

말이 끄는 쟁기로 해를 거듭해서

갈고 또 갈아 고갈시키는구나.

용의주도한 인간은

하늘을 가볍게 날아다니는 새들의 무리 또한

그물을 쳐 잡으며 야생의 짐승들과

바닷속에 살며 꿈틀거리는 것들을 사냥하는구나.

간계를 써 산중에서 밤을 보내며 돌아다니는

뭇 짐승들을 사로잡으며,

가장 난폭한 말의 목과 아직 한 번도 길들여져 본 적이 없는

황소의 목둘레에 나무틀을 만들어

멍에를 지도록 강제하나니.

언어의 번거로움 속에서도

바람처럼 빠른 경박한 박식(博識) 속에서도

그는 도시를 다스릴 용기를 지녔노라.

매서운 날씨의 화살과 엄동설한을

어떻게 피할 것인지 또한

그는 잘 생각해 내는 것인저.

곳곳으로 경험을 쌓기 위해 돌아다니며, 결국은 아무런 경험도

얻지 못하고 막다른 길에 이르러

그는 아무것도 아닌 것(無)에 이르고야 마는 것을.

비록 그가 운명적인 불행을 피하는 수가 있다 할지라도,

결코 피하는 것으로써는 대항할 수 없는,

오로지 단 하나의 밀어닥쳐 오는 것, 죽음만은 그 또한

감수해야 하는 것을.

아, 우스운 일이로다. 자칭 수단(手段)이라는 것을 통해서

재주를 부리는 이 인간은

모든 예측과는 달리

또 다른 야무진 인간이 그를 실패시킴으로써

언젠가는 완전히 비참하게 되어 버리고 마는 것을.

대지의 법칙과 신들이 선서한 섭리 사이에서

인간은 자신의 길을 걸어가는구나.

그에게는 늘 있지 않은 것이 있는 것으로 여겨지기에,

언제나 그는 과감한 행동을 즐기게 되는 것이며,

높은 문화성역(文化聖域)을 지배하는가 하면, 높은 문화성역에서
쫓겨나기도 하는 것을.

그가 나의 집안에 친밀한 친구가 되지 않기를,
또한 그의 망상이, 나의 과업을 성취시켜 주는 나의 앎과
서로 뒤섞이지 않기를.

앞으로 이루어질 설명은 필연적으로 불충분할 수밖에 없다. 그
것은 우선 이 설명이 이 시인의 작품 전체 또는 이 비극 전체로부터
이루어지는 것이 아니기 때문이다. 또한 여기에서 우리는 더 이상, 우
리가 선택한 이 읽는 방법, 그리고 이 작품에 가해진 변경에 대해서
문제 삼지 않기로 한다. 우리는 이 해석을 세 개의 행로(Gängen)에 걸
쳐서, 즉 각 행로마다 서로 다른 관점에서 이 합창시(合唱詩) 전체를
통틀어 다루는 양상으로 해석해 나가고자 한다.

그 첫 번째 행로에서 우리는 무엇이 이 시의 내적 본질을 이루어
주는 것인지를 두드러져 나타나 보이게 하고자 하며, 또한 여기에 상
응하는, 이 시 전체를 통해서 흐르고 있는, 이 시를 지탱해 주고 있는
언어적 형태에 대해서 사색하고자 한다.

그 두 번째 행로에서 우리는 이 시를 각 절(Strophe)과 그에 대응
되는 절(Gegenstrophen)에 따라 살피고자 하며 이 시를 통해서 열려
진 모든 영역의 그 둘레를 답사하고자 한다.

그 세 번째 행로에서는 우리는 이 시적 이야기에 의한다면 누가
인간인지 하는 것을 살펴보기 위해서, 이 시 전체의 중심을 이루고 있
는 것으로부터, 이 시가 취하고 있는 위치와 입장을 분명히 해 보도록

시도할 것이다.

1. 첫 번째 행로: 가장 두려운 것의 본질에 대한 내적 개관, 그 지배와 운명의 영역과 펼쳐짐

첫 번째 행로. 우리는 여기서 이 시 전체를 통해서 흐르고 있는 것, 이 시를 지탱해 주고 있는 것을 찾고자 한다. 그러나 사실 우리는 이것을 찾을 필요가 없다. 그것은 과연, 마치 세 번씩이나 반복해서 우리에게 밀어닥쳐 오는, 그래서 우리들의 일상적인 질문함의 척도 그리고 [G 158] 규정함의 척도를 미리부터 때려 부수는, 그와 같은 삼중의 공격인 것이다.

그 첫 번째의 밀어닥침은 시작 부분이다. πολλὰ τὰ δεινὰ(폴라 타 데이나)….

Vielfältig das Unheimliche, nichts doch

über den Menschen hinaus Unheimlicheres ragend sich regt.

두려운 것은 많으나, 그러나 아무것도

자신을 드러내어 인간을 뛰어넘을 만큼 그렇게 두려운 것은 없나니.

이 첫 두 시구에서 앞으로 이 합창시 전체를 통해서 말해질 것이, 즉 이 시가 그 각 부분에서 말하고자 하는 것 그리고 이 시의 언어적 구조 속에 고정시켜야 할 것이 미리 주어지고 있다. 인간은 한마디로 말해서 τὸ δεινότατον(토 데이노타톤), 가장 두려운 것(das Unheimlichste)이다. 이 인간에 대한 말(Sagen)은 인간의 있음(存在, Sein)이 지니고 있는 극단(極端, äußersten Grenzen)과 거기에서 돌연히 보여지는 심연(jähen Abgründen)을 통해서 인간을 파악하고 있다. 이와 같은 돌연적인 것 그리고 종말적인 것은 눈앞에 놓여 있는 어떤 것을 묘사하거나 확인하는 단순한 눈을 통해서는, 비록 그 눈이 인간의 속성과 그 영혼 상태를 인간 속에서 찾고자 하는 수천 개의 눈이라 할지라도, 결코 보이지 않는다. 다만 시적-사색적 구상(dichterisch-denkerischen Entwurf)에게만 이러한 있음(存在, Sein)이 그 스스로를 열어 보이는 것이다. 이와 같은 것에 있어서 우리는 눈앞에 주어진 어떤 표본적 인간을 서술한 것과 같은 것은 전혀 찾아볼 수가 없다. 우리는 또한 불만족에서 오는 불쾌감으로부터나, 또는 이루지 못한 어떤 중대성을 다시 되찾기 위해서 인간의 본질을 맹목적으로 아래로부터 위로 승화시키는 그와 같은 것도, 어떤 훌륭한 인물의 특출함도, 전혀 찾아볼 수가 없다. 그리스인들에게는 아직 인격성(人格性, Persönlichkeit)이라는 것이 존재하지 않았다(그렇기 때문에 또한 초인격성[Über-Persönlichkeit]이라는 것도). 인간은 τὸ δεινότατον(토 데이노타톤), 두려운 것 중에서 가장 두려운 것(das Unheimlichste des Unheimlichen)이다. 그리스어의 δεινόν(데이논)이라는 말과 우리의 번역어는 여기서 하나의 앞서가는 설명을 요구하고 있다. 그러나 우리는 이 설명을 단지 우리가 아직 언급하지 않은, 이 합창시 전체에 대한 개관, 즉 오로지 이 첫 두 시구에 대한 합당한 해석을 제공할 수 있는 그와 같은 개관으로부터만 말할 수 있을 것이다. 그리스어의 δεινόν(데이논)이라는 말은 불분명하다: 이 불분명성은 있음(存在, Sein)의 뒤틀어진, 서로-마주 서서-대립됨(die gegenwendigen Aus-einander-setzungen des Seins)이라는 것을 그리스인들이 그들의 말함 속에서 측정한, 그렇게 두려운 불분명성이다.

한편으로 δεινόν(데이논)은 두려운 것(das Furchtbare, le terrible)을 의미한다. 그러나 이것은 어떤 잠깐 섬뜩하는 것을 의미하지도, 또는 오늘날 사람들이 '굉장히(두려울 만큼, 끔찍할 만큼) 귀엽다'(furchtbar niedlich, terriblement gentil)라고 말하는 것과 같은, 아무런 의미도 지니지 못하는, 추락된, 몰상식한 그런 것을 의미하는 것은 더군다나 아니다. δεινόν(데이논)은 (강렬하고) 압도적인 지배(überwältigenden Walten)라는 의미에서의 두려운 것을 의미한다. 이것은 같은 양상으로 어떤, 속에 뭉친, 말 못 할, 속으로만 느끼는 그와 같은 진정한 불안(Angst, angoisse)을 불러오기도 하는 것이지만, 정신 차릴 수 없는 경악(panischen Schrecken, la terreur panique)을 불러오기도 하는 것이다. [G 159]

여기에서 지배(Walten)의 본질적 특성 그 자체는, 그것이 압도적이라는 것, 위압적(폭력적)이라는 것(das Gewaltige)이다. 이와 같은 것이 폭발되는 곳에서는, 자신의 이러한 압도적인 힘이 자신 안에서 자제될 수도 있다. 그러나 그럴 경우 그것은 아무 해도 끼치지 않는 것으로 변화하는 것이 아니라 오히려 더 두려워지고 더 먼 것이(친근하지 못한 것이) 되는 것이다.

δεινόν(데이논)은 다른 한편으로는 또 다른 의미에서 위압적(폭력적, das Gewaltige)인 것을 의미한다: 여기서 이것은 단지 위력(폭력)을 사용할 수 있는 자라는 의미에서뿐만 아니라, 그에게 있어서는 위력(폭력)을 사용한다는 것이 그의 행동에 있어서뿐만 아니라 그의 현존재에 있어서 근본양상을 이루고 있다는 의미에서 위력(폭력)의 사용을 필요로 하는 자라는 의미이다. 우리는 여기서 이 폭력-행위성(Gewalt-tätigkeit)이라는 말에, 이 단어가 지니고 있는 단순히 야비하

고 거칠은 난폭성이나 행동의 방자함을 의미하는 통상적인 의미를 근본적으로 넘어서는, 어떤 본질적인 의미를 부여하고 있다. (이 일상적인 의미에서의) 폭력이라는 것은, 상호 보상의 약속과 서로 간의 보살핌이라는 것이 현존재가 존재하는 척도로서 통용되는 곳에서, 또 그와 같은 관점에서 보아지고 있는 것이기 때문에, 모든 폭력은 필연적으로 난동 또는 침해라는 경멸적인 의미에서 취급된다.

있는 것 전체의 지배라는 것은 δεινόν(데이논)의 첫 번째 의미에서의 압도적인 것(Überwältigende)이다. 인간은 우선 그가 이와 같은 압도적인 것의 지배 아래 놓여 있기 때문에, 다시 말해서 본질적으로 있음(Sein)에 속해 있기 때문에, 그 또한 δεινόν(데이논)이다. 그러나, 동시에, 인간은 앞에서 말한 의미에서의 폭력-행위자(der Gewalt-tätige)이기 때문에 또한 δεινόν(데이논)이다. [인간은 이 지배하고 있는 것을 모으고 또 이것이 드러나도록 한다(Er versammelt das Waltende und läßt es in eine Offenbarkeit ein).] 인간은 폭력적인 다른 어떤 것들 곁에서 그리고 그것들의 범주 밖에 존재하는 또 다른 하나의 폭-력적인 어떤 것이 아니라, 오로지 그의 근본으로부터 폭-력적인 것 안에서 압-도적(Über-wältigende)인 것에 대항해 폭력을 사용해야만 한다는 의미에서 폭-력적이다. 이처럼 그가 원래적으로는 하나인, 그러나 이중적인 의미에서 δεινόν(데이논)이기 때문에, 그는 τὸ δεινότατον(토 데이노타톤), 가장 폭력적인 것이다. 다시 말해서 압도적인 것의 그 중심부에 자리 잡고 있는 폭력적인 것이라는 의미에서의.

그런데 왜 우리는 δεινόν(데이논)을 '친밀하지-않은'(두려운, unheimlich)이라고 옮기는가? 이것은 압도적이라는 그리고 폭-력적이라는 의미로 이해된 폭력적인 것의 의미를 약화시키고 숨기는 게 아닌가? 그러나 사실은 그 정반대이다. 왜냐하면 여기서 δεινόν(데이 논)이 최상급으로 그리고 인간 존재에 연결 지어져 말해지고 있는 것이기 때문에, 여기서 이렇게 규정지어진 존재(있음, Sein) 또한 한 [G 160] 결정적인 관점으로부터 드러나 나타나 보여야만 하는 것이다. 그럼 에도 불구하고 폭력적이라는 것의 특징을 '친밀하지 않은'(두려운, Unheimlich) 것으로 표시함은, 사실 δεινόν(데이논)이 어떻게 존재하 는지를 이해해야 함에도 불구하고, 폭력적이라는 것이 우리들에게 어떻게 가해지고 있는가라는 (어떤 이차적인) 관점에서 본, 후에 덧 붙여진 규정이 아닌가? 그러나 우리는 이 두려운 것(친밀하지 않은 것, das Unheimliche)을 통해서 우리의 감정상태에 부과되는 어떤 인 상을 의미하려고 하는 것이 아니다.

친밀하지-않은 것(두려운, das Un-heimlich)을 통해서 우리는 우 리를 '친밀한 것'(Heimlichen), 고향적인 것(Heimischen), 익숙해져 있 는 것, 일상적인 것, 안전한 것으로부터 밖으로 밀쳐 쫓겨 나온 것으 로 이해한다. 두려운 것(친밀하지 않은 것, das Unheimliche)은 우리를 토착적이 되도록 내버려 두지 않는다. 바로 이와 같은 것 안에 압-도 적인(Über-wältigende) 것이 자리 잡고 있다. 그런데 인간이야말로 가 장 친밀하지 않은 존재이다. 그것은 그가 단지 이렇게 이해된 친밀하 지-않은 것의 중심에서 자신의 본질을 소모하고 있기 때문이 아니라, 오히려 그가 자신의 친밀한, 익숙해져 있는 것의 한계로부터 뛰쳐나 와 그것으로부터 도망치기 때문이며, 이것은 그가 폭-력적인 존재로 서, 압도적인 것이라는 의미에서의 친밀하지 않은 것을 향해서, 익숙 해져 있는 것들의 경계선을 지나쳐 넘어서기 때문이다.

그러나 이 합창시 속에서 인간에 대해서 말해지고 있는 것을 그 모든 중요성에 비추어 이해하기 위해서는, 우리는 다음을 함께 생각하여야만 할 것이다: 인간이 τὸ δεινότατον(토 데이노타톤), 가장 두려운 것(가장 친밀하지 않은 것, das Unheimlichste)이라는 이 말은 인간에게 마치 그가 이 이외에 또 어떤 다른 것일 수도 있음을 의미하기 위해서, 어떤 한 특성을 부여하려 함이 아니라는 것. 오히려 가장 두려운 것으로 존재하는 것이야말로 인간본질의 근본적 양상이며, 다른 모든 인간 양상들은 여기에 연관 지어 생각되어야만 한다는 것. '인간은 가장 두려운 존재이다'(der Mensch ist das Unheimlichste)라는 이 말은 그리스인들의 인간에 대한 고유한 정의(Definition)를 말한다. 우리는 우리가 가상(假像, Schein)의 위력과 현존재 자체 속에 본질적으로 속해 있는 이 가상에 대결해서 이루어지는 투쟁을 동시에 경험하는 경우에만, 무엇이 이 비-친밀성의 이루어짐(Geschehenis der Un-heimlichheit)인지를 깊숙이 이해할 수 있게 되는 것이다.

　　이 첫 시구 다음에 그리고 이 첫 시구를 안중에 두고서, 시구 360에서 두 번째로 이 시 전체를 통해서 흐르고 있는 것, 이 시 전체를 지탱해 주고 있는 것이 다음과 같이 말해지고 있다. 이 시구는 두 번째 구절의 중심 부분을 이룬다: παντοπόρος ἄπορος ἐπ' οὐδὲν ἔρχεται(판토포로스 아포로스 에프 오우덴 에르케타이), "곳곳으로 경험을 쌓기 위해서 돌아다니며, 결국은 아무런 경험도 얻지 못하고 막다른 길에 이르러 그는 아무것도 아닌 것(無)에 이르고야 마는 것이다"(Uberall hinausfahrend unterwegs, erfahrungslos ohne Ausweg kommt er zum Nichts). 여기서 중요한 말은 παντοπόρος ἄπορος(판토포로스 아포로스)이다. πόρος(포로스)라는 단어는 무엇을 통과해서 무엇으로 넘어가는, 즉 길을 의미한다. 인간은 방방곡곡으로 자신의 길을 닦는다. 모

든 있는 것들의 영역, 즉 압도적인 지배의 영역 안에서, 그는 모험을
감행하며, 바로 이렇게 하는 중에 모든 길로부터 밖으로 던져진다. 이
와 같은 것을 통해서 처음으로 이 가장 친밀하지-않은 것의 친밀하
지-않은 것 전체가 열려져 나타나 보인다. 그것은 단지 그가 있는 것
전체를 그 비-친밀성 안에서 경험하기 때문만이 아니라, 그리고 단지
그가 이렇게 행동하는 중에 폭-력자로서 그 스스로를 자신의 친근해
져 있는 것으로부터 그 밖으로 밀쳐 던져 버리기 때문만이 아니라, 다
른 무엇에 앞서 모든 길 위에서 자신의 모든 친근해져 있는 것들로의
길이 막혀 버려 막다른 길에 이르게 되기 때문에, 그래서 ἄτη(아테),
파멸(der Verderb), 재난(das Unheil), 추락, 불행이 그를 덮치게 되기
때문에 가장 친밀하지-않은 것이 되는 것이다.

우리는 이 παντοπόρος ἄπορος(판토포로스 아포로스)가 어느 정도
까지 δεινότατον(데이노타톤)의 해석을 내포하고 있는지를 추측할 수
있다.

해석은 시구 370에서 말해지는 세 번째의 우뚝 두드러져 솟아
있는, ὑψίπολις ἄπολις(위프시폴리스 아폴리스)로 그 절정에 이른다. 우
리는 이 단어가 앞에서 우리가 본 παντοπόρος ἄπορος(판토포로스 아포
로스)와 같은 모양으로, 그리고 여기 이 대응되는 구절 속에 같은 모
양으로 그 중심에 자리 잡고 있음을 발견한다. 단지 이것은 있는 것이
가리키는 또 다른 한 방향에 대해서 말하고 있는 것이다.

여기서는 πόρος(포로스)가 아니라 πόλις(폴리스)에 대해서 이야
기되고 있다. 즉 있는 것들의 모든 영역 안에서의 모든 길들에 대해서
가 아니라, 인간 현존재가 서 있고 존재하는, 이 모든 길들이 교차되
는 근거지와 장소, πόλις(폴리스)에 대해서 이야기되고 있는 것이다.

사람들은 πόλις(폴리스)를 국가(Staat, Etat) 또는 도시국가(Stadtstaat, cité)라고 번역한다: 이 번역은 이 말의 완전한 의미를 옮겨 주고 있지 않다. 오히려 πόλις(폴리스)는 그 안에서 그리고 그것에 의해서 현-존재(現-存在, Da-Sein)가 역운적인 존재로 존재하는 그와 같은 장소(Stätte, site), 저곳(Da, là)을 의미한다. πόλις(폴리스)는 그 안에서, 그곳으로부터, 그것을 위해서 역사라는 것이 이루어지는 그와 같은 역운적 장소(Geschichts-stätte)인 것이다. 이와 같은 역운적-장소에는 신들(die Götter), 성전들(die Tempel)과 승려들(die Priester), 축제(die Feste)와 경기(die Spiele), 시인들(die Dichter)과 사색가들(die Denker), 왕(der Herrscher)과 연로자 평의회(der Rat der Alten), 민중들의 회의(die Volksversammlung), 육군과 전함(die Streitmacht und die Schiffe)이 속해 있다. 만일 이 모든 것이 πόλις(폴리스)에 속해 있는 것이라면, 이것은 정치적(politisch)인 것이다. 그러나 정치적이라는 것은 이 모든 것이 어떤 정치가 또는 어떤 최고 사령관 그리고 국가 사업에 어떤 연관성을 맺고 있기 때문에 정치적인 것이 되는 게 아니라, 오히려 역운 [G 162] 적-장소 안에서만, 예를 들어서, 사색가는 단지 진정한 사색가이며, 시인은 단지 진정한 시인이며, 승려들은 단지 진정한 승려이며 왕은 단지 진정한 왕이기 때문이다. 여기서 이다(Sind)라는 것은 폭-력적인 것으로서 폭력을 사용한다는 것 그리고 창조자로서, 행동가로서 역운적 있음(存在, Sein)이라는 것 안에서 아주 뛰어남을 의미한다. 역운적 장소 안에서 아주 뛰어남으로써 그들은 **동시에** ἄπολις(아폴리스), 도시와 국가가 없는 자, 고-독(Ein-same)한 자, 친밀하지-않은 자(두려운 자, Un-heimliche)가 되어 버려, 있는 것 전체 안에서 막다른 길에 이른 자, 동시에 아무런 한계와 규칙을 지니지 못하는 자, 아무런 설계와 질서를 지니지 못하는 자가 되어 버리는 것이다. 왜냐하면 창조하는 자로서 그는 그 스스로 이 모든 것을 우선 정초(gründen) 지어 주어야만 하기 때문이다.

이 첫 번째 행로는 가장 두려운 것의 내적 구조, 그 영역 그리고 그 지배적 영향력이 뻗치는 한계, 또 그 운명을 우리에게 보여 주고 있다. 우리는 여기서 다시 처음으로 되돌아가서 그 해석의 두 번째 행로를 시도해 보고자 한다.

2. 두 번째 행로: 인간존재(Sein des Menschen)의 전개를 통해서 나타나 보이는 가장 두려운 것에 대하여

두 번째 행로. 이제 우리는 앞에서 이야기된 것에 비추어 그다음 구절을 살펴보고자 하며, 인간존재(Sein des Menschen)가 어떻게 해서 가장 두려운, 가장 친밀하지 않은 존재로서 전개되는지에 우리의 귀를 기울이고자 한다. 우리는 δεινόν(데이논)이 정말로 그 첫 번째 의미에서 말해지고 있는 것인지 그리고 이것이 어떻게 말해지고 있는지, 이 δεινόν(데이논)의 두 번째 의미가 그 첫 번째 의미와 어떤 연관성을 가지고 어떻게 말해지고 있는지, 그리고 또 이들의 상호 교환적인 연관성이 가장 친밀하지 않은 존재의 본질적 구조를 어떻게 우리 눈앞에 하나하나 구축해 나가고 있는지를 살펴보고자 한다.

첫 번째 구절은 그 각각의 모든 다른 양상에서 압도적인 것(δεινόν)인 바다와 대지를 부르고 있다. 물론 여기에서 말해지고 있는 바다와 대지라는 것은, 오늘날의 인간들이 관조하는 것과 같은, 그래서 이와 같은 것에 동반하는 보잘것없는 순간적인 감상에 잠시 잠겨 보기도 하는 어떤 자연현상 같은 단순한 지리학적 그리고 지질학적인 의미가 아님은 말할 필요도 없다. '바다', 여기서 그것은 마치 이 세상에서 처음으로 말해진 것처럼 말해지고 있으며, 또한 바다가 끊임없이 자신의 심연을 열어 보이는, 그리고 그 스스로를 끊임없이 그 안으로 몰아치는, 그와 같은 겨울바다의 파도를 부르고 있다. 그 시작
부분의 중심적이고도 지배적인 테마에 잇달아, 합창단은 다음과 같은 말로 그들의 노래를 계속한다: τοῦτο καὶ πολιοῦ (토우토 카이 폴리오우). 합창단은 바닥 없는, 소용돌이 치는 심연으로의 돌진, 딛고 설 수 있는 대지를 버리고 떠나가는 것에 대해서 노래한다. 그 출발은 결코 광채를 발하며 잔잔히 물결치는 그와 같은 바다에서 이루어지는 것이 아니라, 겨울 폭풍 속에서 이루어진다. 이 출발을 말하는 것은 각 단어와 시구의 운율법칙에 그렇게도 잘 조화되고 있는 것이며, 이것은 시구 336에서 χωρεῖ (코레이)가 시구가 바뀌는 바로 그곳에 자리 잡고 있는 것과 마찬가지로 적중하고 있는 양상이다. χωρεῖ (코레이), 어떤 장소를 버린다, 장소를 바꾼다 ─ 그리고 스스로를 장소 없는 바다의 조류에 맡기는 모험을 감행한다를 의미하는 이 단어는 이 시구라는 건축물 가운데 마치 한 기둥처럼 우뚝 서 있다.

그런데 바다라는 압도적인 것을 향한 이 폭력적인 출발은 대지의 파괴될 수 없는 지배에 대한 피곤할 줄 모르는 도전과 내적으로 서로 깊이 얽혀 있다. 여기서 우리는 대지가 최고의 신이라고 불리고 있음을 잊지 말아야 한다. 폭-력을 감행함으로써 인간은, 아무런 힘들임 없이도 먹고 생식하는, 모든 평온한 생장을 방해하는 것이다. 여기에 있어서 압도적 지배라는 것은 그 스스로 얽히고설키는 야생성(in der sich selbst verschlingenden Wildheit) 안에 존재하는 것이 아니라, 마치 어떤 커다란 풍부함이 지니고 있는 조용한 우월성에서처럼, 아무

런 힘들임도 피곤해짐도 없이 무진장으로, 모든 번잡한 노력을 초월하여 성숙하고, 선물하는 속에 존재하는 것을 말한다. 이와 같은 지배를 폭-력자는 침해하는 것이며, 해를 거듭해서 쟁기로 파헤치는 것이다. 그리고 또 아무런 노력도 필요로 하지 않는 것들을 자신의 노력이라는 것 속에서 안절부절하지 못하도록 떠밀어 재촉하는 것이다. 바다와 대지, 출발과 파헤침, 이 둘은 시구 334의 καί(카이)를 통하여 서로서로 얽히고 있으며, 이것은 시구 338의 τε(테)에 상응하고 있다.

이제 이 모든 것에 대응해서 대답하고 있는 대응구절을 들어 보자. 이 구절은 공중에 날아가는 새 떼와, 물 속에 사는 물고기들과, 산에 사는 황소와 말을 부르고 있다. 자기 스스로 안에서 가벼운 꿈을 즐기는, 자신들에게 친밀한 영역 안에서 신나 하는, 살아 있는 것들은 끊임없이 자기 자신을 벗어난 늘 새로운 모습을 취하기는 하지만은, 그럼에도 불구하고 그것들은 단지 그들에게 유일한, 하나뿐인, 그들의 길에 머물러 있으며, 어디에서 밤을 지내야 할 것인지, 어디에서 움직여야 할 것인지를 알고 있다. 살아 있는 것으로서의 이들은 바다와 대지의 섭리(지배)에 순응하고 있다. 자기 고유의 순환이라는 것, 자기 고유의 순응함이라는 것, 자기 고유의 근거라는 것을 모르는, 그와 같은 하루같이 되돌아오는 똑같은 삶에 인간들은 그물과 올가미를 던지며, 그것들을 그들의 순환법칙으로부터 앗아 내어 사육장과 울타리 안으로 잡아 가두는 것이다. 그러고는 그들에게 멍에를 지도록 강요한다. 앞 구절에서는 출발과 파헤침, 이 구절에서는 사로잡음과 굴종의 강요. [G 164]

우리는 여기서, 우리가 이 시의 두 번째 구절과 그 대응 구절로 넘어가기 전에, 특히 근대적 인간에게 있어서 쉽게 범해지고 자주 이루어지고 있는, 이 시 전체를 잘못 이해하는 것을 미리 방지하기 위해서 한 주의사항을 삽입하고자 한다. 우리는 앞에서 이 시의 주제가 다른 있는 것들 사이에 한 있는 것으로 나타나는 인간의 다양한 행동영역과 그의 행동양상을 서술하거나 나열하려는 것이 아니라, 오히려 자기 자신의 존재(있음, Sein)를 그 최대한의 가능성과 한계성에 비추어 시적으로 구상하는 것이라고 이미 언급했었다. 이것을 통해서 우리는 이미 이 시는 원시적 수렵인, 그리고 통나무배를 타던 인간들로부터 도시 건설자와 문명인으로 발전해 나아가는 인간상을 노래하고 있다는 오해를 해소시켰다. 이와 같은 것은 단지 민속학자들이나 원시인들의 심리학을 연구하는 사람들의 상상일 뿐이다. 이와 같은 것은 그릇된 자연과학을 인간의 존재에 잘못 적용시킴으로써 생겨난다. 이와 같은 사고방식의 저변에 깔려 있는 근본적인 오류는 다음과 같은 상식, 즉 역사의 시작이라는 것은 원시적이며, 아직 채 발달되지 못한, 서투르고 빈약한 것이라는 의견 속에 놓여 있다. 사실은 정반대이다. 시작은 가장 두렵고 가장 웅장한 것이다. 후에 이루어지는 것은 발달이 아니라 오히려 단순히 멀리 퍼지게 되었다는, 그와 같은 의미에서의 천박스럽게 되는 것을 의미하며, 이것은 그 시작의 위대성을 더 이상 자기 자신 안에 간직하지 못하는 것을 말하며, 대수롭지 않은 것으로 되어 버림을 말하며, 그 시작을 과장함으로써 이루어지는, 단지 숫자와 수량의 확장이라는 것을 통한 기형화에 불과하다. 가장 두려운 것은 그가 있는 그대로 있을 뿐이다(Das Unheimlichste ist, was es ist). 왜냐하면 그것은 그 안에, 모든 것이 언젠가는 그 충만함으로부터 압도적인 것으로, 다스려져야 할 것으로 한꺼번에 터져 나오는, 그러한 시작을 자기 안에 품고 있기 때문이다.

이 시작을 설명할 수 없는 것은 결코 우리들이 지니고 있는 역사적 지식의 결핍이나 무능력에 기인하지 않는다. 이 시작이 지니고 있는 이와 같은 신비성을 이해하는 것이야말로 진정한 그리고 훌륭한 역사적 인식이다. 어떤 역사를 그 원천에서부터 안다는 것은 결코 원시적인 것을 발견해 내는 것이나 뼈다귀를 주워 모아 수집하는 것이 아니다. 이와 같은 앎은 결코 반쯤의, 또는 전적으로의 자연과학이 아 [G 165] 니다. 만일 이 앎이 도무지 어떤 것이라면, 그것은 신화(Mythologie) 이다.

그 첫 구절과 그에 대응하는 구절은 압도적인 것으로서의 바다와 대지와 짐승들을 부르고 있다. 이것들은 그들의 압도적인 것 안에서, 폭-력적 인자가 침입해서 그 자신을 드러낼 수 있도록 그렇게 놓아둔다.

그 두 번째 구절은 피상적으로 보았을 때, 바다와 대지와 짐승들을 묘사하는 것으로부터 인간을 특징짓는 것으로 넘어간다. 그러나 그 첫 구절과 그에 대응하는 구절에서는 좁은 의미의 자연에 대해서 말해지고 있는 것이 아니듯이, 이 두 번째 구절에서도 단지 인간에 대해서 말해지고 있는 것은 아니다.

지금 불리어지고 있는 것들, 즉 언어, 이해, 그 기분상태, 그 열정, 또 건설이라는 것은 오히려 바다나 대지나 짐승들에 못지않게 압도적인 웅장함에 속하는 것들이다. 그 차이는 단지 이것들은 인간들을 (밖으로부터) 감싸 휘둘러 지배하고, 받쳐 주고, 억압하고 그 방향을 가르쳐 주는 데 반하여, 먼저의 것들은 인간들이, 그 자신 있는 그대로로서의 있는 것으로서, 스스로 이와 같은 것들을 도맡아 감수해 나아가야 하는 그와 같은 양상으로, 그들 안으로부터 지속적으로 지배한다는 그와 같은 차이인 것이다.

이 (그 안으로부터의) 지속적인 지배는, 그것이 압도적이라는 사실을, 인간 자신이 이것들을 자신의 치하에 놓아두고 이용한다는 사실을 통해서도 하나도 잃지 않는 것이다. 이와 같은 것은 단지 언어와 열정이 지니고 있는 두려운 것, 그와 같은 것을 감출 뿐이다. 이와 같은 두려운 것들 안에서 인간은 역운적인 존재로서 단지 이들에 따르고 있음에도 불구하고, 인간들은 마치 인간들이 이들을 지배하고 있는 것처럼 생각하고 있다. 이 위력들의 두려운 점은 그들이 마치 일상적인, 친근한 어떤 것으로 나타나 보이는 속에 놓여 있는 것이다. 이들은 인간들에게 직접적으로는 단지 그들의 본질이 아닌 것만을 지배하도록 놓아둠으로써, 인간들을 그들의 본질 밖으로 끌어내어 거기에 붙잡아 둔다. 그리고 이와 같은 양상을 통해서, 인간들에게는 바다와 대지보다도 근본적으로 훨씬 더 멀리 떨어져 있고, 훨씬 더 두려운 것이, 마치 그들에게 가장 가까운 것인 듯 여겨지도록 나타나 보이는 것이다.

인간이 그 자신의 고유한 본질에 대해서 얼마나 두려운 것인가는, 그 자신이 언어와 이해, 건축과 시작(詩作)을 발명한 존재라고, 또 발명할 수 있었던 존재라고 믿는 속에서, 자기 스스로에 대해서 지니고 있는 자만심을 통해 잘 드러내 보여 주고 있다.

어떻게 인간이 그를 지속적으로 지배하는 것을, 이것의 기초 위에 인간이 처음으로 도대체 인간이란 것으로 존재할 수 있는 것을 어떻게 발명해 낼 수 있다는 말인가? 우리가 만일 시인은 여기서 인간들로 하여금 건설과 언어를 발명해 내도록 하고 있다고 생각한다면, 우리는 이 노래 속에서 폭력적인 것(δεινόν, 데이논), 두려운 것에 대

284 하이데거의 형이상학 입문

해서, 이야기되고 있다는 사실을 전적으로 잊어버리고 있는 것이다. ἐδιδάξατο(에디닥사토)라는 말은 인간은 발명하였다를 의미하는 것이 아니라, 그는 압도적인 것 안에서 자신 스스로를 찾았으며, 이와 같은 것 안에서 처음으로 자기 자신을, 즉 행동하는 자의 폭력이라는 것을 찾았음을 의미한다. '자기 자신'(Sich Selbst)이라는 것은 동시에, 위에서 이미 말해진 것에 의한다면, 폭력적으로 출발하고 파헤치는 자, 포획하고 굴종시키는 자를 의미한다.

이 폭력적인 출발, 파헤침, 포획, 굴종시킴을 통해서 있는 것은 바다로서[als], 대지로서[als], 짐승으로서[als] 자신을 나타내 보이는 것이다. 폭력적인 출발과 파헤침은 단지 언어와 이해와 감정의 분위기와 건설한다라는 힘이 폭-력 안에서 스스로 자제되었을 경우에만 이루어지는 것이다. 시인의 시적 말함의, 사색가의 기획이 지니고 있는, 건축가가 건설하는 데 있어서의, 국가의 창조적 행위의 폭력행위성(Gewalttätigkeit)이라는 것은, 인간이 지니고 있는 어떤 능력의 발휘가 아니라, 오히려 이 힘들을 통제하고 조화시키는 것이며, 이 힘을 통해서 있는 것은 그 있는 그대로 자신을 열어 보여 발견되는 것이며, 인간은 있는 것들 그 안으로 들어갈 수 있는 것이다. 이 있는 것의 열어 보임(Erschlossenheit)이라는 것은, 인간이 있는 것들 가운데서 폭-력을 통해서 그 자신 스스로로서, 즉 역운적인 존재로서 존재하기 위해서 지배하여야만 할, 그와 같은 폭력인 것이다. 우리는 여기 이 두 번째 구절에서 δεινόν(데이논)이라는 말을 통해서 의미되고 있는 것을 단지, 발명 또는 단순한 능력, 또는 인간이 지니고 있는 어떤 천부적인 것이라고 잘못 해석해서는 안 된다.

만일 우리가 언어를 통한, 이해를 통한, 교육을 통한, 건설을 통한 폭력 사용이라는 것이, 동시에, 있는 것들을 휘돌아 감싸 지배한다는 것을(이것은 언제나 창-조한다는 것을 의미한다) 함께 불러오는, 길을 닦아 열어 주는 폭력적 행동임을 파악하는 한에 있어서만, 우리는 모든 폭-력적이라는 것의 두려움을 이해할 수 있게 되는 것이다.

왜냐하면 여기서, 방방곡곡으로 돌아다니며, 결국에는 막다른 길에 이르고야 마는 그와 같은 형태의 인간은 어떤 외적인 의미에서, 즉 그가 어떤 외적 한계에 부딪쳐 더 이상 나아가지 못하게 된다는, 그와 같은 의미에서 말해지고 있는 것이 아니기 때문이다. 아마도 이와 같은 경우 인간은 더욱 더-앞으로라는 의미에서 앞으로 더 잘 전진할 수도 있을 것이다. 그가 막다른 길에 이른다는 것은 오히려 끊임없이 그가, 스스로 닦아 놓은 길로 되돌려 던져짐으로부터 기인한다.

[G 167] 그가 자신의 길을 가는 도중 진창에 빠져 자신 스스로가 닦아 놓은 길들의 엉클어짐 속에서 어찌할 바를 모르게 되어, 이와 같은 혼란 속에서 자신 세계의 한계 테두리라는 원 주위를 그리고, 그 속에서, 즉 그와 같은 가상(假像, Schein) 속에서 숨막혀져 있음(存在, Sein)으로의 길을 스스로 막아 버리는 것이다. 이와 같은 양상으로 그가 좌충우돌하며 방방곡곡으로 돌아다닌다는 것은 결국, 그가 그 자신에게 고유한 테두리 안에서 한 원을 그리며 회전하는 것이 되어 버리고 만다. 그는 그가 그려 놓은 이와 같은 원의 테두리에 거슬리는 모든 것에 대항할 수 있다. 그는 모든 그의 능력을 적절한 곳에 사용할 수 있다. (그러나) 원래적으로 길을 열어 주던 폭-력적이라는 것은 그 스스로 안에, 좌충우돌한다는 것(Vielwendigkeit)으로부터 오는 무질서를, 즉 그 자체로서 막다른 길인 어떤 것을 창조해 내는 것이며, 이것은 그 자신 스스로가 자기 자신의 영역인 가상(假像, Schein)을 넘어서서 사색할

수 있는 길을 막아 버리는 것이다.

단지 한 가지 사실 앞에서만은 이 모든 폭-력은 즉시 그 힘을 잃고 만다. 그것은 바로 죽음이다. 죽음은 모든 완-성을 넘어서서 완성시킨다. 죽음은 모든 한계라는 것을 넘어서서 한계 지어 준다(Er über-endet alle Vollendung, er über-grenzt alle Grenzen). 여기에는 어떤 폭력적인 출발도 파혜침도 없다. 여기에는 사로잡는 것도 굴종시키는 것도 없다. 그러나 이 친밀하지-않은 것(두려운 것, Unheimliche), 인간이라는 것을 단순히 그리고 단번에 모든 친밀한 것으로부터 절대적으로 내쫓아 버리는 이 죽음이라는 것은, 이것도 마침내는 닥쳐와 일어나고야 마는 일이기 때문에, 결코 다른 어떤 사건들 중에서 별나게 뛰어난 어떤 사건(Sonderereignis)은 아닌 것이다. 인간은 그가 죽을 때에 이르러서야 처음으로 죽음이라는 것에 대면해서 막다른 길에 이르는 것이 아니라, 끊임없이 그리고 본질적으로 막다른 길에 이르고 있다(ist). 그렇기 때문에 현-존재(Da-sein)라는 것은 바로 이 친밀하지-않은 것(das Un-heimliche)의 이루어짐, 바로 그것, 그 자체이다. (우리들에게 있어서는 친밀하지-않은 것이 이루어지는 그 원천적인 근거가 바로 현-존재인 것이다.)

이와 같은 폭력적인 것 그리고 친밀하지 않은 것을 이름 지어 부름으로써, 인간본질에 대한 그리고 인간존재에 대한 이 시적 구상은 자신의 고유한 한계를 설정하고 있다.

그렇기 때문에 두 번째의 대응되는 구절은 더 이상 또 다른 어떤 힘에 대해서 부르지 않는 것이며, 다만 앞에서 이미 말해진 것들을 모두 그 내적 일치성에 비추어 함께 모을 뿐이다. 마지막 구절은 이 시 전체를 그 전체 성격에 비추어 묘사하고 있다. 우리가 우리의 첫 번째 행로에서 강조한 것처럼, 이 시에 있어서 다른 어떤 것에 앞서 들려야만 할 것(δεινότατον, 데이노타톤)의 근본성격은 바로 이 δεινόν(데이논)이 지니고 있는 두 가지 의미가 서로 응답해서 조화를 이루고 있는 그 상호관계 안에 놓여 있다. 이와 같은 사실들에 상응해서 마지막 구절은 종합적으로 다음과 같은 세 가지 사실을 이야기하고 있다.

1) 폭력, 그 안에서 폭-력자의 행동이 움직이고 있는 폭력적인 것은, 바로 이것에 위임된 조작(操作, Machenschaft), τὸ μαχανόεν(토 마카노엔)이라는 것의 전 영역을 말한다. 우리는 여기서 이 '조작'(操作, Machenschaft, machination)이라는 말을 경멸적인 의미로 이해하지 않는다. 우리는 이 단어를 통해서, 그리스어, τέχνη(테크네)가 우리에게 전해 주고 있는 어떤 본질적인 것을 생각하는 것이다. τέχνη(테크네)라는 말은 예술(Kunst)을 의미하는 것도, 어떤 전문가적 기능을 의미하는 것도, 더군다나 현대적인 의미에서의 기술(Technik)을 의미하는 것도 아니다. 우리는 이 단어 τέχνη(테크네)를 '앎'(Wissen)이라고 번역하고자 한다. 그러나 이 번역은 설명을 요구한다. '앎'(Wissen)이라는 것은 여기서 아직 알지 못했던 어떤 사물에 대한 단순한 관측결과를 의미하는 것이 아니다. 이와 같은 지식은 비록 그것이 앎을 위해서 빼놓을 수 없는 것이라 할지라도 언제나 단지 하나의 부속적인 것에 불과하다. τέχνη(테크네)의 고유한 의미에 상응하는 앎이라는 것은 오히려, 최초의, 그리고 끊임없는, 그저 눈앞에 있는 그와 같은 것을 넘어서서 멀리 바라보는 것을 의미한다. 이렇게 넘어서서 멀리 바라본다는 것이야말로 여러 가지 다른 양상으로, 여러 가지 다른 길을 통해서 그리고 여러 가지 다른 영역 안에서, 그저 눈앞에 존재하는 것이 그의 상대적 권리를 얻을 수 있도록 그렇게 일하도록 해 주는

것이다. 앎이라는 것은 개개의 있는 것이 그렇게 있을 수 있도록 그렇게 해 주는 있음을-실현-시켜 줄-수-있는-능력(Ins-Werk-setzen-können des Seins)인 것이다. 그렇기 때문에 그리스인들은 그 고유한 의미에서의 예술(Kunst), 그리고 예술작품(Kunstwerk)을 강조된 의미에서 τέχνη(테크네)라고 불렀던 것이다. 왜냐하면 예술이라는 것은 있음(存在, Sein)을, 다시 말해서 그 스스로로부터 저기 서 있는 나타나 보임을 가장 직접적인 양상으로 어떤 존재하는 것(작품) 안에서 있도록 실현시켜 주기 때문이다. 예술작품은 그것이 작업된 것이기 때문에, 만들어졌기 때문에 작품(作品)인 것이 아니라, 오히려 이것이 있음(Sein)으로 하여금 어떤 한 있는 것 안에서 자신을 실-현(實-現, er-wirkt)하도록 해 주기 때문이다. 실-현한다(Er-wirken)라는 것은 여기서 실-행한다(ins Werk bringen)를 의미한다. 그리고 나타나 보임으로서 이해된 이 실행 안에서 φύσις(피지스), 열려 펼쳐져 다스림이라는 것이 밝게 나타나 비치는 것이다. 오로지 있는 있음(das Seiend Sein)으로서 이해된 예술작품을 통해서만, 다른 모든 나타나 보이는 것들, 그리고 그저 저기 있는 것들은 처음으로 **있는 것으로서**(als Seiendes) 아니면 있지 않는 것(Unseiendes)으로 실증되고 접근될 수 있으며, 의미를 지니게 되고 이해할 수 있는 것이 된다.

예술이 특출한 의미에서 작품을 통해 있음(Sein)을 있는 것으로서 서 있도록 해 주고 또 나타내 보여 주기 때문에 그것은 순수한 실행-할-수-있는-능력(Ins-Werk-setzen-können)으로, 즉 τέχνη(테크네)로 여겨질 수 있다. 실행-할-수-있는-능력이라는 것은 있음이 있는 것 **안에서** 자신을 열어 실-현(Er-wirken)하는 것을 말한다. 앎에 대한 정열은 질문하는 것이다(Die Leidenschaft des Wissens ist das [G 169]

Fragen). 예술은 앎이며 그렇기 때문에 τέχνη(테크네)이다. 예술이라 는 것은 예술작품 완성이라는 것에 어떤 '기술적'(technische) 기능, 도 구 그리고 자료들이 속해 있기 때문에 τέχνη(테크네)인 것은 아니다.

이렇게 해서 τέχνη(테크네)는 폭력적인 것, δεινόν(데이논)을 그 결정적인 근본양상에서 특징지어 주고 있는 것이다. 왜냐하면 폭력-행위(die Gewalt-tätigkeit)라는 것은 압-도적인 것(das Über- wältigende)에 대항해서 폭력을 사용함을 의미하기 때문이다. 이것은, 전에는 있는 것이라는 의미에서의 나타나 보임 속에 숨겨져 있었던 있음(Sein)을, 바로 그것을 얻기 위해서 앎이라는 투쟁을 통해 노력하 는 것을 말한다.

2) 폭력-행위(Gewalt-tätigkeit)라는 의미의 δεινόν(데이논)이 그 리스어의 한 근본단어인 τέχνη(테크네) 안에 그 본질을 집중시켜 모 으고 있는 것과 마찬가지로, 압도적(das Überwältigende)이라는 의미 에서의 δεινόν(데이논)은 그리스어의 또 다른 한 근본단어인 δίκη(디 케)를 통해서 나타나 보이고 있다. 우리는 이 단어를 질서(Fug)라고 번역한다. 우리는 여기서 질서(Fug)라는 것을 우선 적합함, 그리고 잘 짝 맞음이라는 의미에서 이해한다. 그리고 그다음 우리는 이 질서 (Fug)를 처분(Fügung)으로서, 압도적인 것이 자신의 지배를 위해서 내리는 지시(die Weisung)로서 이해한다. 그리고 마지막으로 이 질서 (Fug)라는 것을 자신을 거기에 따르도록 그리고 순응하도록 강제하 는, 순응해서 따라야 함(das fügende Gefüge), 순명이라는 의미에서 이 해한다.

사람들이 δίκη(디케)를 '정의'(正義, Gerechtigkeit)로 번역하고 법 률적-도덕적인 의미에서 이해하는 경우, 이 단어는 그 형이상학적 본질적인 의미를 잃어버리고 만다. 이것은 δίκη(디케)를 기준(Norm)으로 이해하는 경우에도 적용된다. 압도적인 것은 힘이라는 관점에서 보았을 때, 그 힘을 발휘하는 그 모든 영역에 걸쳐서 질서(Fug)인 것이다. 지배(Walten)라는 의미에서의 있음(Sein), φύσις(피지스)는 원천적인 모음, λόγος(로고스)이며, 이것은 따라서 순응해야 하는 질서, δίκη(디케)인 것이다.

이렇게 해서 압도적(Überwältigende: δίκη)이라는 의미에서의 δεινόν(데이논)과 폭-력적인 것(Gewalt-tätige: τέχνη)이라는 의미에서의 δεινόν(데이논)은 서로 대립되어 마주 서 있다. 그러나 여기서 이것은 현존하는 두 개의 사물이 서로 마주 서 있는 것과 같은 양상에서 그런 것은 아니다. 여기에서 말해지고 있는 서로 대립되어 마주 서 있다는 것은 오히려 τέχνη(테크네)가 δίκη(디케)에 반항해서 항거하는 속에, 그리고 다른 한편으로는 질서라는 의미에서의 δίκη(디케)가 모든 τέχνη(테크네)를 처리(verfügt)하는, 그와 같은 것 속에 놓여 있는 것이다. 이와 같은 상호교류적인 서로 대립함이 존재인 것이다(있다, ist). 그리고 이와 같은 있음(存在, Sein)은 인간이 역사적으로 존재하는 한에서, 인간존재라는 것이, 즉 가장 두려운 존재라는 것이 이루어지는 한에 있어서만 존재하는 것이다.

3) δεινότατον(데이노타톤)의 근본적 양상은 δεινόν(데이논)의 상호교류적 이중적인 관계 속에 놓여 있다. 아는 자(知者, der Wissende)는 질서(Fug) 한가운데에 자신을 던져, (Riß 속에서, 즉 숨겨져 있는 것을 밝히는 갈라짐(갈등/쓰라림) 속에서) 있는 것으로부터 있음을 끌어낸다. 그러나 결코 압도적인 것을 지배하기에까지는 이르지 못한다. 그렇기 때문에 그는 질서(Fug)와 무-질서(Un-Fug) 사이에 이 [G 170]

쪽저쪽으로, 비루한 것과 고귀한 것 사이에 던져지는 것이다. 모든 폭력적인 것을 폭력적으로 길들이는 것은 한 승리거나 아니면 한 패배이다. 이 두 가지는 각각 서로 다른 양상으로 친밀한 것으로부터 인간을 앗아 내고, 그리고는 각각 서로 다른 양상으로 승리를 통해서 쟁취한 것, 그리고 잃어버린 있음(Sein)이 내포하고 있는 위험성을 점차로 열어 보이는 것이다. 이 두 가지는 모두가 다 각각 다른 양상으로 멸망으로부터 위협당하고 있는 것이다. 폭-력적인 자(der Gewalt-tätige), 창조하는 자(der Schaffende), 말해지지-않은 것 안으로 돌진하는 자, 생각되지-않은 것을 깨뜨리는 자, 아직 일어나지 않은 사건을 일어나도록 강제하는 자, 아직 보여지지 않은 것을 나타나 보이게 하는 자, 이와 같은 폭력자는 언제나 모험의 위험(τόλμα[톨마] v. 371) 속에 놓여 있는 것이다. 이와 같이 그가 있음(Sein)을 지배하고자 모험을 감행하는 속에, 그는 있지-않는 것, μὴ καλόν(메 카론), 여러 조각으로 부서지는 것, 불-확실성(Un-ständigkeit), 들어맞지-않음(Un-gefüge), 무질서라는 것의 들어닥침을 받아들여야만 하는 것이다. 어떤 역운적 현존재의 그 정상이 높이 솟아 있을수록, 결국에 가서는 막다른 길로, 그리고 동시에 (역운적) 장소를-잃어버린-혼란 속으로 밀어 넣는, 그와 같은 비역운적인 것으로 돌연히 떨어질 수도 있는 (가능성이라는) 심연 또한 더욱더 크게 입을 벌리고 있는 것이다.

이제 두 번째 행로의 끝에 이르러, 우리는 무엇이 세 번째 행로의 주제가 될 것인지를 물어보고 싶다.

3. 세 번째 행로: 진정한 의미에서의 해석이라는 것은 말해지지 않은 것을 말하는 것이라는 것에 대해서. 역운적 현-존재(Da-sein)라는 것은 있는 것의 있음이 자신을 열어 보이기 위해서 필요로 하는 하나의 틈새라는 ── 하나의 중간-사건에 대해서

세 번째 행로. 이 시적 노래의 결정적인 진리는 우리의 첫 번째 행로에서 이미 두드러져 나타났다. 두 번째 행로는 우리를 폭력적인 것 그리고 폭-력자가 속해 있는 모든 본질적인 영역을 관통해서 안내해 주었다. 마지막 구절은 이 시의 전체적 구조를 가장 두려운 것의 본질 안에서 다시 한번 완성해서 보여 주고 있다. 그러나 우리에게는 아직 몇 가지 특별한 세부적인 검토와 해설을 필요로 하는 것이 남아 있다. 이와 같은 것들은 우리들이 지금까지 말한 것에 추가되는 하나의 부록이 될 수도 있을 것이다. 그러나 그럴 경우 이들은 결코 또 다른 하나의 새로운 행로의 해석을 요구하는 것은 되지 못할 것이다. 만일 우리들이 이 시를 해설하는 데 있어서, 앞에서 이야기된 것으로써 그 한계를 삼고자 한다면, 우리의 해석은 여기서 끝을 맺는 것이다. 그럼에도 불구하고 우리의 해석은 이와 같은 끝맺음과 함께 단지 하나의 시 [G 171] 작일 뿐이다. 이제 우리의 고유한 해석은 더 이상 단어들 속에 들어 있지 않는 것들을, 그럼에도 불구하고 말해지고 있는 것들을 보여 주어야만 하는 것이다. 고유한, 어떤 본질적이라는 것은 자신의 울타리를 넘어서는 모든 것들을 비학문적이라고 규정해 버리는 그와 같은 학문적 해석이 더 이상 아무것도 찾아내지 못하는 곳에서 찾아져야만 한다.

　　그러나 우리는 여기서 발췌한 시 부분에만 우리의 해석을 한정시켜야 하기 때문에, 이 세 번째 행로에 있어서도 우리들 고유의 목적에 상응해서, 단지 특정한 관점 아래서만, 그리고 그것도 그저 몇 걸음을 옮기는 양상으로써만 우리의 해석을 시도해 보고자 한다. 첫 번째 행로에서 말해진 것들을 염두에 두고, 위에서 마지막 구절을 설명하는 중 두 번째로 말해진 것으로부터 다시 출발하기로 하자.

δεινόν(데이논)의 최상급인 δεινότατον(데이노타톤), 두려운 것 중에서 가장 두려운 것은 δίκη(디케)와 τέχνη(테크네)의 대결 속에 놓여 있다. 가장 두려운 것은 두려운 것의 최상급이 아니다. 이와 같은 것이야말로 두려운 것이 지니고 있는 그 양상에 있어서의 유일한 점이다. 압도적인 있는 것 전체와 인간의 폭력적인 현존재와의 대결에 있어서는, 막다른 길에 이를, 그리고 (역사적) 장소를 잃는 것으로 떨어져 버릴, 즉 멸망으로의 가능성이 열렸다. 그러나 이 멸망이라는 것, 그리고 그에 대한 가능성은 결코 어떤 폭-력자가 자신의 개개의 폭력적 행동을 더 이상 지탱하지 못하고 실패하는 한에 있어서, 즉 끝에 가서 나타나는 것이 아니라, 이 멸망은 벌써 이와 같은 압도적인 것과 폭-력성 간의 대결이라는 그 근본에서부터 잠재되어 기다리고 있는 것이다. 만일 있음(Sein)이라는 것이 지배하는 것으로서, 다스려 머무르는 것으로서, 즉 φύσις(피지스)로서, 열려 펼쳐져 다스림으로서 존재하는 것이라면, 이 폭-력성은 있음(Sein)의 압도적인 것에 대항해서 이것에 부딪쳐 깨어져 버려야만 하는 것이다.

이 깨어져 부서져야만 한다는 필연성은 깨어져 부서져야 될 것이 그 현-존재 안에서 그와 같은 것을 필요로 하고 있는 한에 있어서만 가능하다. 그런데 인간이야말로 이와 같은 현-존재가 필요로 하는, 즉 존재(있음, Sein)의 필요성 안에 던져져 있는 존재이다. 왜냐하면 압도적인 것 그 자체는 다스리는 것으로 나타나 보이기 위해서, 그와 같은 것이 열려 나타나 보일 장소를 필요로 하기 때문이다. 이와 같은 있음(存在, Sein) 그 자체로부터 요구된 필요성으로부터 이해되었을 때에만, 인간존재의 본질이라는 것이, 역운적 인간의 현-존재라는 것이 처음으로 우리에게 열려져 나타나 보이는 것이다: 열려진 [G 172] 틈(die Bresche)으로서 규정된-존재, 이것을 통해서 있음(存在, Sein)의 압도적인 것이 갑자기 침입하여 나타나 보이는 존재, 그리고 이렇게 함으로써 이 열려진 틈 자체가 있음(存在, Sein)에 부딪쳐 깨어져 부서져야만 하는 존재.

가장 친밀하지 않은 것(인간)은 그 근본에 있어서 단지 친밀한 것으로부터 튀쳐나오고 또 압도적인 것이 그 안으로 침입하도록 하기 위해서만 친밀한 것을 보호하고 촉진시키는 것이다. 있음(存在, Sein) 자체가 인간을 이와 같은 유혹적인 길로 던져, 인간을 자기 자신을 뛰어 넘어가도록 강제하는 것이며, 있음(存在, Sein)이라는 것을 실현시키기 위해서 인간을 있음에 붙들어 매어 놓는 것이며, 이와 같은 것을 통해서 있는 것 전체를 열려짐 안에 세워 놓는 것이다. 그렇기 때문에 폭-력자는 선(Güte, bonté)이라는 것, (일상적인 의미에서의) 화해를 모르며, 성공과 명망, 그리고 이 명망에 대한 인정받음을 통해서도 아무런 만족이나 위안을 얻지 못한다. 창조자로서의 폭-력자는 이 모든 것 속에서 (완성을 보는 것이 아니라) 단지 그가 경멸하는, 하나의 완성에 대한 가상(假像, Schein)만을 본다. 자신의 거대한 의지 속에서 그는 모든 도움을 거부한다. 몰락(der Untergang)이라는 것이 그에게는 압도적인 것에 대한 심중(心中)의 가장 깊은 곳에서 나오는, 그리고 가장 폭넓은 긍정인 것이다. 그가 이루어 놓은 업적이 부서져 버리는 속에서, 그리고 이와 같은 것이 단지 하나의 불협화음,

또 앞에서 이미 말한 적이 있는, 단지 하나의 σάρμα(사르마, 거름무더기, Misthaufen)임을 아는 속에서, 그는 압도적인 것이 그것의 질서를 지킬 수 있도록 자신을 맡겨 버리는 것이다. 그러나 이 모든 것은 창조적인 자의 영혼이 방황해야 하는 어떤 '영혼의 체험'이라는 양상으로서가 아니라, 또는 어떤 조그만 자격지심과 같은 형태로서가 아니라, 이 모든 것은 오로지 실행에-옮긴다(Ins-Werk-setzen)라는 양상으로서 이루어진다. 있음(Sein)은 **역운으로서**(als Geschichte) 자신이 압도적인 것의 실현임을 증명하는 것이다.

있는 것 안에서 있음이 자신을 실행에 옮기는 것을 가능하게 해주는 조그만 틈으로서, 역운적 인간의 현존재는 하나의 **중간에-일어난-사건**(ein Zwischen-fall), 하나의 돌발사건(Zwischenfall)이다. 이 돌발사건 안에서, 사슬에서 풀려진 있음(Sein)의 압도적인 폭력은 돌연히 열려 펼쳐지는 것이며, 역운이라는 것으로서 자신을 실행에 옮기는 것이다. 이와 같은 돌연성(Plötzlichkeit), 그리고 현존재가 지니는 유일성(Einzigkeit)에 대해서 그리스인들은, ──자신들 또한 있음(Sein)에 의해서 이와 같은 것에 요구되고 있었기에, ── 깊은 안목을 지니고 있었던 것이다. 그래서 있음(Sein)은 그들에게 φύσις(피지스)로서, λόγος(로고스)로서, 그리고 δίκη(디케)로서 자신을 열어 보인 것이다. 이와 같은 것에 있어서 우리는, 그리스인들이 앞으로 다가올 수
[G 173] 천 년을 위한 서양의 문화를 창조하자고 자기들 스스로에게 말했을 것이라고 그렇게 상상해서는 안 된다. 왜냐하면 그들은 그들 현존재의 유일한 필요성에 의해서(궁지에 처해서, Not) 유일한 양상으로 폭력을 사용했던 것이며, 그래서 그들은 이렇게 함으로써 그 필요성을 제거한 것이 아니라 오히려 가중시켰으며, 그들 자신들에게 진정한

역운적 위대함이 이루어질 수 있는 전제조건들을 강제시켜 획득했던 것이다.

이와 같이 체험되고, 시적으로 자신의 근거 위에 되돌려 보내 세워진 인간존재의 본질이라는 것은, 만일 사람들이 이와 같은 것에 어떤 가치판단을 내리기 위해서 성급하게 서두르는 경우, 인간 이해라는 것이 접근할 수 없는, 그와 같은 자신의 신비적 특성 안에 닫혀 숨겨져 버리고 만다.

인간존재를 경멸적인 의미에서, 어떤 거만한(als Übermut) 존재로서, 그리고 주제넘는(als Vermessenheit) 존재로서 가치 판단하는 것은, 인간이란 중간에-일어난-사건(돌발사건)으로서만 존재해야 한다는 그의 본질이 요구하고 있는 필연성으로부터 그를 앗아 내는 일이 될 것이다. 이와 같은 경멸적인 판단은 인간을 마치 어떤 그저 눈앞에 있는 것(als etwas Vorhandenes)으로 취급하는 것이며, 그래서 인간을 어떤 빈 공간 안에 자리 잡게 하고, 그러고 나서는 그 밖에서, 이미 만들어져 있는 어떤 가치판단 기준 열람표에 의해서 인간을 판단하고자 하게 된다. 같은 종류의 오해에 속하는 또 다른 하나의 속견은, 시인이 여기서 정말로 말하고자 하는 바는, 이와 같은 인간존재에 대한 말 없는 거부이며, 불편 없는 조용한 삶을 영위한다는 의미에서의 어떤 비폭력적인 단념을 은근히 종용하고 있다고 말하는 것이다. 그리고 이와 같은 속견은 이 합창시의 마지막 부분을 통해서 그 정당성을 인정받을 수도 있는 것이다.

이렇게 (가장 두려운 것으로서 존재한다는 의미에서) 존재하는 것은 도시와 가정으로부터 추방되어야만 한다. 그럼에도 불구하고 이 합창시의 이와 같은 마지막 말은, 이 시가 앞에서 인간존재에 대해서 말한 것에 결코 모순되는 것은 아니다. 이 합창단이 가장 두려운 것에 반대하고 있는 한, 이 합창단은 이와 같은 양상으로 존재하는 것이 일상적인 것이 아님을 말하고 있는 것이다. 이와 같은 현존재는 일상적인 생활의 생활양식이나 행동거지 속에서 찾아질 수 있는 것이 아니다. 이 마지막 말은 결코 놀랍지 않다. 만일 이 말이 거기에 없었더라면, 우리는 오히려 그와 같은 것을 놀랍게 여겨야 할 것이다. 이 말은 그것의 방어적인 태도를 통해서 인간본질의 두려운 것(die Unheimlichkeit)을 직접적으로, 그리고 전적으로 인정하고 있다. 이 끝마치는 말을 통해서 이 노래의 말함은 그 처음 시작으로 다시 되돌아간다.

53절 소포클레스의 합창의 이해를 통한 파르메니데스 단편의 새로운 해석: νοεῖν(노에인)과 εἶναι(에이나이)의 서로 함께 속해 있음은 τέχνη(테크네)와 δίκη(디케)의 상호연관성이라는 것에 대해서. 두려운 것으로 의미되는 숨겨져 있지 않음. 결단으로 의미되는 알아들음. 언어의 근거 그리고 필요로 이해되는 λόγος(로고스)

그럼에도 불구하고, 도대체 이 모든 것은 파르메니데스의 말과 무슨 관계가 있다는 말인가? 파르메니데스는 어디에서도 두려운 것에 대해서 말하고 있지 않다. 오히려 좀 과장된 진지한 태도로, 단지 알아들음(Vernehmung)이라는 것과 있음(Sein)이라는 것이 서로 함께 속해 있다고 말하고 있다. 서로-함께-속해-있음(die Zusammen-gehörigkeit)은 무엇을 의미하는가라는 질문과 함께 우리는 소포클레스

작품의 해석으로 비껴 나갔었다. 이와 같은 것은 우리에게 어떤 도움을 주었는가? 우리는 이 해석을 **파르메니데스**의 해석 안으로 단순하게 옮겨 놓을 수는 없다. 과연 그럴 수 없는 것이다. 그러나 우리는 여기서 시적 말함과 사색적 말함의 본질적 연관성을 다시 한번 상기해야만 한다. 특히 지금 여기서와 같은 경우, 즉 그 처음 시작 시기에 있어서 어떤 민족의 역운적 현존재를 시적-사색적으로 근거 지어 주고 정초 지어 주는 경우에 있어서는. 그러나 우리는 이와 같은 일반적인 본질적 연관성을 넘어서서 이 시와 사색 사이에서 또 하나의 훨씬 더 규정된, 내용상의 동질성을 발견하는 것이다.

우리는 우리의 두 번째 행로에서, 특히 마지막 구절을 종합해서 특징짓는 곳에서, δίκη(디케)와 τέχνη(테크네)의 상호연관성을 의식적으로 두드러져 나타나게 했었다. δίκη(디케)라는 것은 압도적 질서를 말한다. τέχνη(테크네)는 앎의 폭-력성이다. 이 두 개의 상호연관성은 두려운 것의 이루어짐이다.

이제 우리는 여기서 주장한다: 파르메니데스 말이 이야기하고 있는 νοεῖν(노에인, 알아들음, Vernehmung)과 εἶναι(에이나이, 있음, Sein)가 서로 함께 속해 있다는 것은, 다른 어떤 것이 아니라 바로 이 상호연관성을 말한다는 것. 만일 이와 같은 것이 성립될 수 있다면, 그것은 우리가 앞에서, 결코 어떤 우연에 의해서 그리고 어떤 임의적인 관점에서 인간에 대해 말하고 있는 것이 아니라 인간존재의 본질을 규정지어 주고 있다고 주장한 것을 증명해 주는 일이 될 것이다.

우리의 주장을 증명하기 위해서 우리는 우선 두 개의 일반적인 고찰을 진행해 보고자 한다. 그다음 이 말의 세부적 해석을 시도하고자 한다. [G 175]

시적으로 말해진 δίκη(디케)와 τέχνη(테크네)의 상호교류 연관성이라는 것 속에서 δίκη(디케)는 있는 것 전체의 있음(Das Sein des Seienden im Ganzen)을 말하고 있다. 우리는 시간적으로 소포클레스 이전에 이미 이 단어가 그리스인들의 사색 속에 사용되고 있었음을 발견한다. 우리에게 전해지고 있는 가장 오래된 말, **아낙시만더**(Anaximander)의 어록은 δίκη(디케)와의 본질적 연관성 속에서 있음(Sein)에 대해서 이야기하고 있다.

마찬가지로 **헤라클레이토스**는 그가 있음에 대한 본질적인 규정을 말하는 곳에서 δίκη(디케)에 대해서 언급하고 있다. 그의 단편 80은 다음과 같은 말로 시작된다: "εἰδέναι δὲ χρὴ τὸν πόλεμον ἐόντα ξυνὸν καὶ δίκην ἔριν…"(에이데나이 데 크레 톤 폴레몬 에온타 쉰온 카이 디켄 에린…). "주목할지어다. 필요한 것은 대-결을 모으는 것으로, 그리고 질서를 대립으로 이해하는 것이다"(im Blick aber zu behalten, not ist, die Aus-einander-setzung wesend als zusammenbringend und Fug als Gegenwendiges…). 질서 지어 주는 질서로서의 δίκη(디케)는 대립되는 대-결에 속해 있다. 그리고 이 서로의 대-결(Aus-einander-setzung)이라는 것에 의해서 φύσις(피지스)는 열려 펼쳐지며, 나타나 보이는 속에 드러나서, 있음(Sein)으로 존재하는 것이다(단편 23, 28 참조).

그리고 파르메니데스 자신 또한 δίκη(디케)라는 단어가 있음에 대해서 말해지는 중에 사색적으로 사용되었음에 대한 한 지표적인 증거를 보여 주고 있다. 그에게 있어서 δίκη(디케)는 여신이다. 이 여신은 번갈아 가면서 낮과 밤의 문을 열고 닫는 열쇠를, 다시 말해서 (밝혀 드러내는) 있음(Sein)에로의 길, (거짓 꾸미는) 가상(Schein)으로의 길, 그리고 (잠겨 있는) 아무것도 아닌 것(Nichts)으로의 길로 들어가는 열쇠를 보존한다. 이것은 단지 있음의 질서가 보존되고 지켜지는 한에 있어서만 있는 것이 자신을 열어 보임을 의미한다. 우리는 δίκη(디케)가 지니고 있는 이와 같은 의미를 아무런 어려움 없이, 지금까지 완전히 보존되어 전승된, 웅장한 파르메니데스의 교훈시 그 첫 부분 30줄에서 발췌할 수 있는 것이다. 이렇게 해서 우리에게는 다음이 분명해진다. 있음에 대한 시적 말함 그리고 사색적 말함은 δίκη(디케)라는 동일한 단어를 통해서 있음(Sein)을 이름 지어 부르고 있으며, 또 이렇게 함으로써 있음을 정초 지어 주고 그 테두리를 설정해 주고 있는 것이다.

또 다른 한 가지, 우리가 우리의 주장을 증명하기 위해서 일반적으로 다루어야 할 점은 다음과 같다. 앞에서 우리는 이미 다음과 같은 사실을 지적했다. 받아-들이면서 파악한다는 의미에서의 알아들음(Vernehmung) 안에서 어떻게 그 있는 그대로의 있는 것이 열려 보이며 그리고 이렇게 해서 어떻게 숨겨져-있지-않음(Unverborgenheit) 안으로 드러나-나타나-보이는가 하는 것. 시인에게 있어서 δίκη(디케)에 항거해서 침입하는 τέχνη(테크네)라는 것은 바로 인간이 비친 [G 176] 근한 것으로 되는 그와 같은 사건을 의미한다. 이와 같이 친근한 것으로부터 밖으로 내쫓기는 것 안에서 처음으로 친근한 것이 무엇인지가 열려져 보인다. 같은 양상으로 그리고 단지 이와 같은 양상을 통해서만, 기괴하고 불쾌한 것, 압도적인 것 그 자체도 자신을 열어 보이는 것이다. 이렇게 해서 비친밀성(두려운 것, die Unheimlichkeit)이 성립되는 곳에서 있는 것 전체가 그 자신을 열어 보이는 것이다. 이와 같은 열림이야말로 바로 숨겨져 있지 않음(die Unverborgenheit)이 이루어지는 것을 말한다. 그리고 이것은 다른 어떤 것도 아닌 비친밀성

(두려운 것, die Unheimlichkeit)이 이루어지는 것을 말한다.

이와 같은 것은 과연 시인이 말하고 있는 것에 대해서는 옳다. 그러나 우리는 파르메니데스의 말 속에서는 지금 특징지은 비친밀성 (두려운 것, die Unheimlichkeit)을 찾아볼 수 없다.

그렇기 때문에 우리는 여기서 사색의 진지함이라는 것을 그 참된 빛 안에서 밝혀 보여야만 하는 것이다. 이와 같은 것은 이 잠언(篇言)의 세부적인 해석을 통해서 이루어질 수 있을 것이다. 우선 우리는 다음과 같은 것을 미리 말해 두고자 한다. 만일 알아들음 (Vernehmung)이라는 것이 있음(Sein)과 서로-함께-속해-있음 안에서 폭력을 필요로 한다면, 그리고 폭-력적인 존재로서 그것은 하나의 필요성이며 이 필요성이 단지 어떤 투쟁의 필연성(πόλεμος[폴레모스] 와 ἔρις[에리스]라는 의미에서의) 안에서만 성립한다면, 이에 덧붙여 만일 위와 같은 것을 증명하는 동시에, 알아들음(Vernehmung)이 로고스와 연관성을 가지고 있음이 명백하게 밝혀지고 또 이 로고스가 바로 인간존재의 근거라는 것을 우리가 보여 줄 수 있다면. 그렇다면 사색적 잠언과 시적 말함이 깊은 내적 혈연관계 속에 놓여 있다는 우리의 주장은 근거 있는 주장으로 인정받을 수 있을 것이다.

우리는 다음 세 가지 사실을 밝히고자 한다.

1) 알아들음(Vernehmung)은 하나의 단순한 어떤 과정이 아니라 결-정(Ent-scheidung)이라는 것.

2) 알아들음은 로고스와 내적으로 본질의 공동체를 이루고 있다는 것. 이것은 하나의 필요성이라는 것.

3) 로고스는 언어의 본질을 근거 지어 주고 있다는 것. 로고스는 그 자체로서 하나의 투쟁이며, 있는 것 전체 안에서 인간의 역운적 현

존재를 근거 지어 주는 근본이라는 것.

1)에 관해서. νοεῖν(노에인), 알아들음(Vernehmung)이라는 것은, [G 177] 만일 우리들이 단지 이것을 사고행위(Denktätigkeit) 그리고 판단함 (Urteilen)과 동일하게 간주하는 것을 피한다 할지라도, 그것만으로 는 그 본질을 충분하게 파악할 수는 없다. 알아들음은 우리가 앞에서 이미 특징지었던 것과 같이, 있는 것이 나타나 보이는 것을 받아들이 기 위한 한 방어태세이며, 이것은 다른 어떤 것도 아닌, 한 비상(非常) 한 길을 향해서 출발하는 것을 의미한다. 이와 같은 것 안에는 알아들 음이라는 것이 세 갈래 길의 교차점을 지나가는 통로라는 것이 내포 되어 있다. 그리고 이것이 그와 같은 것이 될 수 있는 것은 오로지, 만 일 그것이 그 근본에서부터 있음(Sein)을 위한 그리고 아무것도 아닌 것(Nichts)에 대항하는, 그래서 동시에 가상(假像, Schein)과 대결하는, 그와 같은 결-정(Ent-scheidung)인 경우에만 가능하다. 그러나 이와 같은 본질적인 결-정은 끊임없이 밀어닥치는 습관적인, 일상생활의 유혹에 대항해서 자신을 지키고 완성시키기 위해서 폭력을 사용해야 만 한다. 있는 것의 있음(Sein)이라는 길을 향한 출발이라는, 이렇게 폭력적으로 이루어진 결-정은 인간을 그에게 가장 가까운 것들, 가장 친숙해 있는 것들, 즉 친밀한 것들로부터 그 밖으로 뛰쳐나가도록 하 는 것이다.

우리가 이 알아들음(깨달음)을 이렇게 위와 같은 하나의 출발로 서 파악했을 경우에만, 우리는 알아들음이라는 것을 어떤 인간의 임 의적인 행동양상으로, 어떤 자명한 인간 정신능력의 사용처럼 또는 그것보다 더 하게, 어떤 인간 영혼 안에서 우발적으로 일어나는 한 현 상으로 곡해하는 탈선을 피할 수 있다. 알아들음(깨달음)이라는 것은 오히려 그 정반대로 습관적인 행위에 대항해서 **투쟁함으로써** 얻어진다. 알아들음이 있는 것의 있음(Sein)과 서로 함께 속해 있다는 것은 저절로 이루어지는 일이 아닌 것이다. 이와 같이 이 서로-함께-속해 있음(die Zusammengehörigkeit)을 (여기서) 이름 지어 부르는 것은 결코 어떤 사실의 단순한 확인이 아니라, 우리가 앞에서 이야기한 그와 같은 투쟁을 향하도록 하는 한 지시이다. 이 잠언의 진지성은 하나의 사색적 진지성, 검박성이며 바로 이와 같은 진지성, 검박성을 위해서 엄격한 이성적 개념이 깨닫는다라는 것, 그리고 깨달은 존재라는 것의 그 근본형태를 이루어 주는 것이다(Die Nüchternheit des Spruches ist eine denkerische Nüchternheit, für die das Strenge des vernehmenden Begriffes die Grundgestalt des Ergriffenseins ausmacht).

2)에 관해서. 우리는 앞에서 세 개의 길을 뚜렷하게 구별해서 보여 주기 위해 단편 6을 인용했었다. 거기에서 우리는 의식적으로 그 첫 구절의 좀 더 직접적인 해석을 뒤로 미루었다. 이제 우리는 이 구절을 다르게 읽고 다르게 듣고 있다: "χρὴ τὸ λέγειν τε νοεῖντ᾽ἐὸν ἔμμεναι"(크레 토 레게인 테 노에인 테 에온 엠메나이), 우리는 거기에서 이것을 "이것을 모아 주장하는 것이, 그리고 알아듣는 것이 필요하노라: 있음(存在) 속에서의 있는 그것"(Not tut das gesammelte Hinstellen sowohl als das Vernehmen von diesem: das Seiend (ist) Sein) 이라고 했다. 우리는 여기에서 νοεῖν(노에인)과 λέγειν(레게인)을 함께, 즉 알아들음(Vernehmung)과 로고스를 함께 부르고 있는 것을 발견한다. 여기에 더해서 이 구절 첫 머리에 돌연히 χρή(크레)라는 단어가 자리 잡고 있는 것을 발견한다. "필요한 것은 알아들음과 로고스이다"(Not ist Vernehmung und Logos). 알아들음(Vernehmung)과 함

께 같은 유형의 특징을 지닌 이루어짐이기도 한 λέγειν(레게인)이라는 단어가 말해지고 있다. 더욱이 λέγειν(레게인)을 νοεῖν(노에인)보다 앞서서 말하고 있다. 로고스는 여기서 있음(Sein)의 질서라는 의미에서의 모음(Gesammeltheit)을 의미할 수는 없다. 오히려 그것은 여기서 알아들음이라는 것과 함께 형성되는, 그 힘을 통해서 있음(Sein)이 자신의 집중성으로 집중되는, (인간적) 폭-력을 의미한다. 필요한 것은 알아들음과 떼어 놓을 수 없는 모음(die Sammlung)인 것이다. 이 둘은 '있음을 위해서'(umwillen des Seins) 이루어져야만 하는 것이다. 모음(die Sammlung)은 여기서 불-확정적인 것으로의 흩어짐 속에서 자신을 붙잡는 것(잃지 않는 것), 가상(假像, Schein)의 혼동으로부터 자신을 붙잡아 끌어내는 것을 의미한다. 그러나 이 모음은 아직도 하나의 거부이며, 그것은 하나의 승낙적인, 즉 있는 것이 자신의 있음(Sein) 안에 집중되는 속에 자신을 있음과 갈라 놓는, 그와 같은 양상의 모음 안에서만 성립될 수 있는 것이다. 그렇기 때문에 모음이라는 의미에서의 로고스(Logos als Sammlung)는 필요성 안에 놓여 있는 것이며, 있음(φύσις, 피지스)의 집중이라는 의미에서의 로고스(Logos als der Gesammeltheit des Seins)와는 구별된다. 모음이라는 의미에서의 λόγος(로고스)는, 즉 인간이 그 스스로를 섭리적 질서(Fug) 안에 모으는 로고스는, 인간존재를 처음으로 자신의 본질 속으로 되돌려 주며, 이렇게 함으로써 그를 친밀하지-않은 것 속에 세워 놓는 것이다. 그리고 여기서 이것은 친밀한 것이 습관적인 가상, 피상적인 것, 속물적인 것에 지배되고 있는 한에 있어서의 이야기이다.

한 가지 질문되어야만 할 것은 왜 λέγειν(레게인)이 νοεῖν(노에인)보다 앞서서 말해지고 있는가이다. 그 답은 다음과 같다. λέγειν(레게인)으로부터 νοεῖν(노에인)은 모으는(집중된) 알아들음(versammelndes Vernehmen)이라는 의미의 자신의 본질성을 획득하기 때문이다.

여기 이 서양철학의 그 시작 시기에 성립되고 있는 이 인간존재 본질의 규정은, 다른 생물들과 다른 또 하나의 '인간'이라는 생물의 어떤 특질을 발췌함을 통해서 성립된 것이 아니다. 인간존재는 있는 그대로로서의 있는 것 전체에 대한 연관성으로부터 규정되고 있다. 인간의 본질은 여기에서 있음이 인간에게 처음으로 자신을 열어보이는 그와 같은 연관성으로 나타나고 있다. 알아들음과 모음이라는 필요성으로서의 인간존재는 그의 자유 안에서 τέχνη(테크네)라는 것을, 즉 앎 속에서 있음(Sein)을 실현한다는 것을(des wissenden Ins-Werk-setzens des Seins) 담당하여야만 할 부득이함(die Nötigung)인 것이다. 그리고 이렇게 해서 역사는 존재한다.

모음(die Sammlung)이라는 의미의 λόγος(로고스)의 본질로부터 λέγειν(레게인)이라는 것을 특징지어 주는 하나의 중요한 결과가 잇

[G 179]

따르고 있다. 왜냐하면 그것은 λέγειν(레게인)이라는 것이 위에서 말한 어떤 특정한 모은다(Sammeln)로서 하나의 더 원래적인 어떤 있음(Sein)의 집중(Gesammeltheit)에 관계되고 있기 때문인 것이다. 그리고 또한 여기서 있음은 숨겨져–있지 않음–안으로–들어서서–나타남(In-die-Unverborgenheit-kommen)을 말하기에, 이 모음이라는 것은 열어 보인다(Eröffnen)라는, 공개(公開, Offenbar-machens)한다는 본질적 특성을 지니고 있기 때문이다. 이렇게 해서 λέγειν(레게인)은 은폐하는 것, 숨기는 것에 반대되는 하나의 분명하고도 날카로운 대조를 이루게 된다.

이와 같은 것을 우리는 즉시, 그리고 분명하게 헤라클레이토스

의 한 잠언을 통해서 증명할 수 있다. 단편 93은 다음과 같이 말하고 있다. "델피 신전의 신탁을 주관하는 스승은 '오우테 레게이 오우테 크륍테이', 모으지도 숨기지도 않으며, '알라 세마이네이', 단지 암시할 뿐이다"(Der Herrscher, dessen Wahrsagung zu Delphi geschieht, οὔτε λέγει οὔτε κρύπτει, er sammelt weder, noch verbirgt er, ἀλλὰ σημαίνει, sondern er gibt Winke). 여기서 모은다(Sammeln)라는 것은 숨긴다에 반대되는 것으로 표현되고 있다. 모은다라는 것은 여기서 드러내어 노출시킴(暴露, Ent-bergen), 공개함을 의미한다.

여기서 우리는 다음과 같은 단순한 질문을 제기해도 괜찮을 것이다. 이 λέγειν(레게인), 모은다라는 단어는 어디에서부터 숨긴다에 반대되는, 공개한다(폭로한다)라는 의미를 얻게 되었는가? 만일 이와 같은 것이 φύσις(피지스)라는 의미에서의 λόγος(로고스)에 대한 이 단어가 지니고 있는 본질적 연관성에 근거하는 것이 아니라면? 열려 펼쳐짐 안에 자신을 나타내 보여 다스림이라는 것은 바로 숨겨져 있지 않음이다. 여기에 나타나고 있는 연관성에 상응해서 볼 때 λέγειν(레게인)은 숨겨져 있지 않음을, 그와 같은 것으로, 즉 있는 것을 그 자신의 숨겨져 있지 않음 속으로 되돌려 생-성(Her-stellen)시키는 것을 의미한다. 이렇게 해서 λόγος(로고스)는 단지 헤라클레이토스에게 있어서뿐만 아니라 **플라톤**에 있어서도 δηλοῦν(데로운), 공개한다라는 특징을 지니고 있는 것이다.

아리스토텔레스는 λόγος(로고스)의 λέγειν(레게인)을 ἀποφαίνεσθαι(아포파이네스타이), 자신을-드러내어-나타나-보이도록-하는(zum-sich-zeigen-bringen) 것이라고 특징지었다(『존재와 시간』, §7 그리고 §44 참조). 이미 λόγος(로고스)의 원래적인 의미가 추락하기 시작한,

그래서 논리학(Logik)이 이미 가능하게 된, 바로 그와 같은 시기에 존재한 플라톤 그리고 **아리스토텔레스**에게서 이와 같은 것을 찾아볼 수 있다는 것은 λέγειν(레게인)을 폭로한다, 공개한다라고 특징지은 그 원래적인 의미를 더욱 강하게 뒷받침해 준다. 논리학이라는 것이 가능하게 된 그 이후부터, 다시 말해서 지난 2000년 동안 λόγος(로고스), ἀλήθεια(알레테이아), φύσις(피지스), νοεῖν(노에인) 그리고 ἰδέα(이데아) 상호 간의 연관성은 이해될 수 없는 것 안으로 숨어 버리고, 또 숨겨져 버렸던 것이다.

그러나 그 시작 시기에 있어서는 다음이 성립되었다. 공개해서 밝힌다는 의미에서의 모음인 λόγος(로고스)는 ― 또 이것은 모음이라는 의미에서의 있음(Sein)의 섭리, 즉 φύσις(피지스)이기도 하다 ― 역사적 인간본질의 필요성이 되었다. 이와 같은 것으로부터 이렇게 이해된 λόγος(로고스)가 어떻게 해서 언어(Sprache)의 본질을 규정하게 되었는지, 그리고 또 어떻게 해서 λόγος(로고스)가 말함(Rede)을 지칭하는 이름이 된 것인지를 이해할 수 있기 위해서는 단지 한 걸음을 더 옮기는 일만이 남아 있다. 인간존재라는 것은 그의 역운에 의해서, 그리고 역사라는 것을 전개하는 존재로서 그는, 있는 것의 있음을 알아듣고 모으는 로고스인 것이다: 이것은 위에서 말한 가장 두려운 것이 이루어지는 것을 의미하며, 이와 같은 이루어짐 그 안에서, 폭-력을 통해서 압도적인 것이 나타나 보이고 또 그렇게 자리 잡게 됨을 의미한다. 과연 우리는 소포클레스의 『안티고네』 중에 나오는 합창곡 속에서 다음과 같은 말을 들었다: 있음(Sein)을 향해서 출발하는 것과 동시에 언어 안에서 자기 자신을 발견함, 즉 언어라는 것이 생성되었음을.

[G 180]

언어의 본질에 대해서 질문하는 곳에는 언제나 언어의 기원에 관한 질문이 반복되어 제기되고 있다. 이 언어의 기원에 대한 질문을 위한 하나의 결정적인 답이 여기에서도 주어지고 있다: 그 기원은 신비적 비밀로 남아 있다는 것이다. 이와 같은 것은 지금까지 인간의 꾀가 부족해서가 아니라, 이 모든 잔꾀와 모든 명민성이라는 것이 그 기지개를 펴기도 전에 이미 잘못된 길로 들어섰기 때문이다. 언어의 기원에는 신비적 비밀이라는 특성이 속해 있다. 그러나 이것은 다음을 내포하고 있다: 언어는 오로지 압도적인 것으로부터, 그리고 두려운 것으로부터 시작되었다는 것, 즉 있음(Sein)으로 향한 인간의 출발에서부터 시작되었다는 것. 이와 같은 출발이야말로 있음(存在, Sein)이 말로 변화된다는 의미에서의 언어, 즉 시(Dichtung)인 것이다. 언어는 그 안에 한 민족이 자신의 있음(Sein)을 노래하는 원천적인 시(Urdichtung)인 것이다. 그 반대로 그것을 통해서 어떤 민족이 역사 안에 들어서기 시작하는 그와 같은 위대한 시는, 그 민족의 언어에 그 형태를 부여한다. 그리스인들은 호머를 통해서 이와 같은 시를 창조하고 경험했다.

언어가 로고스, 모음이라고 이해하는 것은 그 자체로서 볼 때 결코 자명한 사실은 아니다. 그러나 우리는 이와 같이 언어를 로고스로서 해석하는 것을 그리스인들의 역운적 현존재의 시작으로부터, 즉 그 안에서 도대체 있음(Sein)이 그 자신을 열어 보이고 있는 것을 서 있게 만들어 준, 그와 같은 근본적 방향설정으로부터 이해할 수 있다.

말이라는 것, 이름 지어 부른다는 것은 직접적이고도 압도적인 양상으로, 자기 스스로를 열어 보이는 있는 것을 그 있음(Sein)으로 되돌려 보내, 그것의 한계와 지속성을 이와 같은 열려짐 안에서 보존하는 것이다. 이름 지어 부른다라는 것은 이미 자신을 열어 보인 있는 것에 덧붙여서, 다시 한번 단어라는 단순한 한 표시, 한 구분 표시를 제공해 주는 것이 아니라, 오히려 그 반대이다: 단어라는 것은 있음이 자신을 열어 보인다는 의미에서의 원천적인 폭-력적 행위라는 높이로부터 단순한 한 기호(Zeichen)로 추락하는 것이며, 이와 같은 추락상을 통해서 이것은 있는 것의 표면에 나중에 붙여진 어떤 것과도 같은 것이 되어 버리고 만다. 원천적인 말함을 통해서 있는 것의 있음은 자신의 집중성 안에서, 그리고 자신의 질서 안에서 자신을 열어 보인다. 이와 같은 열어 보임은 다시금 두 번째 의미의 모음, 즉 그것을 통해서 단어라는 것이 원천적인 집중성을 보존하고 또 그래서 그것을 다스리는 것, 다시 말해서 φύσις(피지스)를 관리하는, 그와 같은 모음 안에 다시금 모아지는 것이다. 인간은 로고스 안에서, 모음 안에서 서 있고 활동하는 존재로서, 모으는 자(수집가, der Sammler)인 것이다. 그는 압도적인 것을 다스리는 것에 대한 관리를 떠맡아 완성한다.

그러나 우리는 이와 같은 폭력성이 가장 두려운 것임을 알고 있다. 모험을 감행함, 이와 같은 τόλμα(톨마)를 동경함으로써, 인간은 필연적으로 비천한 것과 마찬가지로 용감한 것 그리고 고귀한 것에도 이른다. 언어라는 것이 폭력을 사용하는 모음, 그리고 압도적인 것을 길들이고 보존하는 것이라고 말해지는 곳에서만, 그리고 오로지 그와 같은 곳에서만, 또한, 필연적으로 방종과 손실이 존재한다. 그렇기 때문에 이루어진다는 의미에서의 언어라는 것은 언제나 그와 함께, 하나의 그저 지껄인다는 것이, 있음(Sein)의 열어 보임이 이루어지는 것 대신에 그것을 은폐한다는 것이, 질서와 순종으로의 모음이라는 것이 되는 대신에 무질서 안에서의 흐트러짐이 되어 버리기도 하는 것이다. 언어라는 의미에서의 로고스라는 것은 저절로 이루어지지 않는다. λέγειν(레게인)이 필요한 것이다: χρὴ τὸ λέγειν(크레 토 레게인), 있는 것의 있음(Sein)을 모아 알아들음이 필요하다. [어디에서부터 이와 같은 필요성이 요구되는 것인가?]

3)에 관해서. 있음의 집중성이라는 것을 모으는 속에서 언어의 본질이 발견될 수 있기에, 일상생활 안의 대화 속에서 언어라는 것은, 그 말하는 것과 듣는 것이 단지 있음(Sein)이라는 의미에서의 집중성, 즉 로고스에 연관되어 있을 때에만 그들 자신의 진리에 이를 수 있다. 왜냐하면 있음 안에서 그리고 그것의 질서 안에서 있는 것은 원래적이고도 결정적인 양상으로 이미 하나의 λεγόμενον(레고메논), 이미 모아진 것, 이미 말해진 것이기 때문이다. 이제 우리는 처음으로 알아들음이라는 것이 있음(Sein)을 위해서 이루어진다는 파르메니데스의 잠언이 자리 잡고 있는 그 선후관계를 완전히 파악할 수 있다. [G 182]

그 부분은 다음과 같다(VIII, 34~36).

"알아들음과 그 무엇을 위해서 알아들음이라는 것이 이루어지는 것은 서로-함께-속해 있도다. 그 안에 그것(있음)이 이미 말해진 있는 것 없이는 그대는 알아들음을(에) 발견할 수(도달할 수) 없을 것이로다"(In sich zusammengehörig ist Vernehmung und das, worumwillen Vernehmung geschieht. Nicht nämlich ohne das Seiend, in welchem es (das Sein) schon gesprochen ist, wirst du finden (erreichen) die Vernehmung).

φύσις(피지스)라는 의미에서의 로고스에 관한 연관성이라는 것이 λέγειν(레게인)으로 하여금 알아듣는 모음이 되도록 해 주는 것이다. 그리고 이 알아들음이라는 것에 모은다라는 특징을 부여한다. 그렇기 때문에 λέγειν(레게인)이라는 것은 그 스스로 안에 집중되어 (모

여겨) 있기 위해서 모든 단순한 읊조림으로부터, 모든 말장난으로부터, 그리고 모든 입바른 소리들로부터 등을 돌려야만 하는 것이다. 이렇게 해서 우리는 파르메니데스에게서 그가 λόγος(로고스)라는 것과 γλῶσσα(그로사)라는 것을 가장 날카롭게 구별하고 있음을 발견할 수 있다(단편, VII, v. 3 이하). 이 부분은 그가 첫 번째의 꼭 가야만 될 있음(Sein)의 길로 들어서는 것에 대해서, 있는 것의 있음에 자신을 집중시키는 것이 필요하다고 말하고 있는, 단편 6의 그 시작 부분에 상응한다. 그러나 지금 여기서는 가상(Schein)으로 향한 세 번째 길을 가는 것에 대한 지시를 다루고 있다. 이 길은 있는 것이 언제나 속임수적인 가상(假像, Schein) 속에 놓여 있는 그와 같은 길을 통과해야만 한다. 이 길은 습관화된 통상적인 길이다. 그렇기 때문에 지자(知者, der wissende Mann)는 끊임없이 이 길로부터 있는 것의 있음에 대한 λέγειν(레게인)과 νοεῖν(노에인)을 향해서 자신을 앗아 내야만 하는 것이다:

und gar nicht soll dich die recht gerissene Gewohnheit in die Richtung

dieses Weges zwingen,

daß du dich verlierst im nicht-sehenden Gaffen und im lärmvollen Hören

und in der Zungenfertigkeit, sondern entscheide scheidend,

indem du in eins gesammelt vor dich hinstellst die Aufweisung

des vielfachen Widerstreits, die von mir gegeben.

교활한 습관이 그대를 이 길을 향해서 가도록 강제시키게끔 놓아두어서는 결코 안 되는 것이로다.

그렇지 않으면 그대는 보지-못하는 큰 입과 시끄러운 소음과

입바른 소리들 속에서 그대 자신을 잃고 말 것이니,

그러므로 그대는 오히려 구별함으로써 결정하여야만 하는 것이로다.

모든 것을 하나로 집중시키고 내가 말할 수 없는 난관이라고 지시하

는 것을 그대 자신 안에 명심해서 생각함으로써.

λόγος(로고스)는 여기서 κρίνειν(크리네인), 있음의 집중을 모아

완성시키는, 결-정(Ent-scheiden)한다라는 의미에서의 구별한다와

밀접한 관계 속에서 말해지고 있다. 구별해서 솎아 내는 수집(모음,

lesen)은 있음(Sein)을 따르고 가상(假像, Schein)에 대항하는 것을 근

거 지어 주고 지탱해 주는 것이다. κρίνειν(크리네인)의 의미 속에는 솎

아 낸다, 구별한다, 품위의 서열을 결정지어 주는 척도, 이와 같은 것

들이 함께 울리고 있다.

　　이와 같은 삼중의 지적을 통해서 단편 3의 해석은 다음과 같은

것이 뚜렷이 나타나 보일 만큼 멀리 진행되었다: 과연 파르메니데스

또한 어떤 본질적인 관점에서 로고스라는 것을 다루고 있다. 이 로

고스는 하나의 필요성이며 입바른 소리와 흐트러짐에 대항하기 위 　　[G 183]

해서 폭력을 필요로 한다. λέγειν(레게인)이라는 의미에서 이 로고스

는 φύσις(피지스)에 마주 서고 있다. 이와 같은 서로 갈라짐 안에서 로

고스는 인간존재를 근거 지어 주는 그 근거를 집중시킨다라는 것(모

음)을 성립시킨다는 의미를 지니게 되는 것이다. 그렇기 때문에 우

리는 다음과 같이 말할 수 있다: 이 잠언 안에서 최초로 인간의 본질

에 대한 결정적인 규정이 완성되고 있다고. 인간존재라는 것은 있

음(Sein)을 모으는 알아들음, 이 모음을 **인수**해서 담당하는 존재, 앎

을 통해서 나타나 보이는 것을 실현시키는 존재, 그리고 이렇게 함으로써 숨겨짐과 덮임에 대항하여 숨겨져 있지 않음을 담당하고 보존하는 존재인 것이다(Menschsein heißt: die Sammlung, das sammelnde Vernehmen des Seins des Seienden, das wissende Ins-Werk-setzen des Erscheinens übernehmen und so die Unverborgenheit verwalten, sie gegen Verborgenheit und Verdeckung bewahren).

이와 같은 것은, 서양철학의 그 시작 시기에 있어서 이미, 어떻게 해서 있음(Sein)에 관한 질문이 필연적으로 현존재(Dasein)를 근거 지어 주는 문제를 내포하고 있었는지를 잘 보여 주고 있다.

이와 같은 있음과 현존재 간의 상호관계(dieser Zusammenhang von Sein und Dasein)는, (그리고 이에 상응하는 그것에 관한 질문은), 인식론적인 질문을 통해서는 도무지 적중될 수 없다. 그리고 이것은 또한, 모든 있음(Sein)에 관한 개념이라는 것은 현존재의 있음에 대한 개념을 내포하고 있어야 한다는, 그와 같은 어떤 피상적인 확인을 통해서도 적중될 수 없다. [만일 있음에 대한 질문이 단지 있는 것의 있음을 찾을 뿐만 아니라 그 본질에 있어서의 있음 그 자체를 찾는 것이라면, 만일 그렇다면, 절대적인 그리고 명확한, 이 질문으로부터 이끌어 내지는 현존재의 근거 지음이 필요하며, 그렇기 때문에 그리고 단지 그 이유에서만 이와 같은 근거 지음에 '근본존재론'(Fundamentalontologie)이라는 이름이 주어진다(『존재와 시간』, 서론 참조).]

54절 처음 시작 시기의 인간본질의 이해. φύσις=λόγος ἄνθρωπον ἔχων과 후기의 통상적인 인간의 정의. ἄνθρωπος=ζῷον λόγον ἔχον 사이의 상이성에 대하여

우리는 이와 같은, 초기적인 인간존재 본질의 열려 보임을 **결정적이**라고 부른다. 단지 여기에서 이 시작의 웅장함은 자리 잡아 보존되지 못했다. 이 시작은 그 결과로서 전혀 다른 어떤 것을 가져왔다: 서양에서 횡행하고 있는, 그리고 오늘날에도 여전히 지배적인 상식과 행동양상 속에서 조금도 흔들리지 않고 있는, 이성적 동물이라는 인간에 대한 정의(Definition des Menschen als des vernünftigen Lebewesens) [G 184] 가 바로 그것이다. 초기적인 인간존재 본질의 열려 보임과 이 정의 사이에 놓여 있는 간격을 뚜렷이 드러내 보여 주기 위해서, 우리는 이 시작과 마지막을 한 관용구적인 형식에 담아 대립시켜 비교해 볼 수 있을 것이다. 그 마지막 관용구는 다음과 같은 형식으로 말해진다:

ἄνθρωπος=ζῷον λόγον ἔχον(안트로포스=초온 로곤 에콘): 인간이라는 생물은 이성이라는 것을 갖추고 있다(der Mensch, das Lebewesen, das die Vernunft als Ausstattung hat). 우리는 그 시작적인 관용구를 지금까지 우리의 해석을 종합해 주는 자유로운 형식 안에 표시해 보고자 한다. φύσις=λόγος ἄνθρωπον ἔχων(피지스=로고스 안트로폰 에콘): 있음은 압도적인 나타나 보임이며, 인간존재(목적격)를 소유하고 근거 지어 주는 모음을 필요로 한다(das Sein, das überwältigende Erscheinen, ernötigt die Sammlung, die das Menschsein(acc.) innehat und gründet).

이 마지막 관용구적 형식 안에도, 거기에도, 로고스와 인간존재의 연관성이라는 것이 약간은 남아 있다. 그러나 거기서 로고스는 이미 오래전에 오성(Verstand, entendement) 그리고 이성(Vernunft, raison)이 지니고 있는 한 능력으로, 그와 같이 피상적으로 이해되고 있는 것이다. 이 능력이라는 것 자체도 어떤 특정한 종류의 현존하는 생물에, 즉 ζῷον βέλτιστον(초온 벨티스톤)에, 가장 성공한 동물에 그 근거를 두고 있다(Xenophon).

그 시작의 관용구적 형식, 여기에서는 그 반대로 인간존재는 있는 것의 있음의 열려 보임 안에 그 근거를 두고 있는 것이다.

세간을 지배하고 있는 통상적인 정의(Definition)가 지니고 있는 안목에 따른다면, 다시 말해서 그리스도교적으로 규정된 근세적인, 또 오늘날의 형이상학, 인식론, 인간학 그리고 윤리학의 안목에 따른다면, 우리의 이 잠언에 대한 해석은 마치 어떤 임의적인 왜곡인 것처럼, '정확한 해석'이라는 것을 통해서는 결코 확인해 볼 수 없는, 마치 하나의 어떤 암시처럼만 나타나 보일 것이다. 그것은 과연 그렇다. 오늘날의 인간들과 그들의 통상적인 의견을 위해서는 지금까지 우리가 말한 것은 이미 하나의 속담처럼 되어 버린, 원문에 대한 단지 일방적인 그리고 폭력적인 하이데거적 해석방법의 한 결과일 뿐이다. 그러나 여기서 우리는 다음과 같은 것을 질문할 수 있고 또 질문해야만 한다: 어떤 해석이 과연 진실한 것인가? 자신들이 그 속에 빠져 있기 때문에, 그리고 또 그것이 통상적이고 당연하게 나타나 보이는 것이기 때문에, 자신들의 해석을 그냥 받아들이는 해석? 아니면 통상적인 안목이라는 것을 — 왜냐하면 이와 같은 (통상적인) 안목은 **보아져야만** [G 185] **할 것**을 전혀 가리키고 있지 않기 때문에, 그리고 이와 같은 것이 전적으로 가능하고 또 사실 그렇기 때문에 — 그 근본에서부터 문제시하는 그와 같은 해석?

과연 ── 통상적인 것을 포기하고 질문하는 해석으로 되돌아간 다는 것은 하나의 도약(Sprung)이다. 그리고, 단지 적당한 준비적 달리기를 한 사람만이 도약할 수 있는 것이다. 이와 같은 준비적 달리기라는 것에 모든 것이 달려 있다: 왜냐하면 이것은 우리 자신이 그 질문을 진정으로 **질문한다**라는 것을 의미하기 때문이며, 이렇게 질문함 속에서 그와 같은 새로운 안목을 창조해야만 함을 의미하기 때문이다. 그러나 이와 같은 것은 어떤 갈팡질팡하는 임의적인 것을 통해서는 이루어지는 것이 아니다. 이것은 또한 말할 것도 없이, 표준적이라고 이름 붙여진 어떤 체계(System)에 매달리는 것을 통해서 이루어지는 것이 아니다. 이것은 단지 역운적 필연성 안에서, 그리고 그것으로부터만, 다시 말해서 역운적 현존재의 위기[와 필요성]로부터만 이루어지는 것이다.

λέγειν(레게인) 그리고 νοεῖν(노에인), 모음과 알아들음(Sammlung und Vernehmung)은 압도적인 것에 **대항하는** 하나의 필요성(Not)이며 하나의 폭-력적 행위이다. 그러나 이것은 언제나 그 압도적인 것을 위한 것이다. 이렇게 해서 폭력적인 자는 이와 같은 폭-력 사용에 경악해서 뒷걸음질 쳐야만 할 것이며, 또한 뒷걸음질 칠 수 없는 경우에도 처하게 될 것이다. 이와 같은 경악해서 뒷걸음질 침과, 그럼에도 불구하고 극복하려는 의지 사이에는 순간적으로 다음과 같은 가능성이 번갯불처럼 비칠 것이다: 압도적인 것이 가장 확실한 방법으로 그리고 완전히 지배될 수 있기 위해서는, 있음이라는 것이 ── 다시 말해서 열려 펼쳐져 다스림이라는 것, 그 자체로서 로고스인 것, 서로 상반되는 것들의 모음으로서 존재하는 것이 ── 자신의 순수한 숨겨져 있음을 지킬 수 있는, 그래서 한 특정한 양상으로 모든 나타나 보

임의 가능성을 거부하는 상태에 놓여야만 한다. 가장-두려운 것(das Unheimlichste)의 폭력행위라는 것에는 이와 같은 정도를 지나치는 대담성이 (이렇게 말하는 것은 사실 그것을 최고로 인정해 주는 일이 될 것이다) 속해 있다: 이 대담성이라는 것은 나타나 보여 지배하는 것에 대항해서 모든 열어 보임을 거부함으로써 그것을 극복하려고 하는 것, 나타나 보일 수 있는 모든 영역을 자신이 지니고 있는 능력의 통제 아래 둠으로써 그것에 대항하려 함을 말한다.

그러나 현존재에게 있어서 있음(存在, Sein)의 면전에서 그와 같은 열려 보임을 거부한다는 것은 다른 어떤 것도 아닌, 자신의 본질을 포기함을 의미한다. 이 본질은 있음(存在, Sein)으로부터 뛰쳐나오기를, 아니면 결코 현존재로서 존재하지 않기를 요구한다. 우리는 이와 같은 것이 **소포클레스**의 비극시 「콜로노스의 오이디푸스」(Oedipus auf Colonos) 1224 이하에서 말해지고 있음을 다시금 발견한다: μὴ φῦναι τὸν ἅπαντα νι/κᾷ λόγον(메 퓌나이 톤 아판타 니/카 로곤): 결코 현

[G 186]

존재로서 존재하지 않는 것이 오히려 있는 것 전체를 모으는 것보다 더 나았을 것을(Niemals ins Dasein getreten zu sein, obsiegt über die Gesammeltheit des Seienden im Ganzen).

아직까지 결코 한 번도 현-존재(Da-sein)를 떠맡지 않는 것은, μήή φῦναι(메 퓌나이)는 인간에 대해서 말해지고 있으며, 마치 그가 φύσις(피지스)와 **함께** 본질적으로 모아져 있는 것처럼, 그것의 수집가(모으는 자)처럼 말해지고 있다. 여기서 φύσις(피지스), φῦναι(퓌나이)라는 말은 인간존재를 말하기 위해서 사용되고 있으며, λόγος(로고스)는 헤라클레이토스적 의미로 사용되고 있다. 즉 있는 것 전체를 지배하는 질서(섭리)라는 의미. 이 시적 언어는 그 안에서 있음(存在, Sein)

에 가장 멀리 떨어져 있는 것, 비현존재(Nichtdasein)를 말하고 있음으로써, 현존재가 있음(存在, Sein)에 대해서 지니고 있는 가장 내적인 연관성에 대해서 그리고 있음(存在, Sein)의 열어 보임에 대해서 말하고 있다. 여기에서는 현존재의 가장 두려운 가능성이 나타나 보여지고 있는 것이다: 있음의 압도적인 폭력을 꺾기 위해서 자기 자신 스스로를 향한 최고의 폭력-행위.

현존재는 이 가능성을 마치 어떤 허공으로의 도주와 같은, 그런 양상으로 지니고 있는 것이 아니라, 그가 있는(존재하는) 한에 있어서는, 그는 이 가능성으로서 있는(존재하는) 것이다, 즉 그 자신이 바로 이 가능성인 것이다(es ist diese Möglichkeit). 왜냐하면 현존재로서 그는 그의 모든 폭력-행위 안에서 결국은 존재에 부딪쳐 깨어져야만 하는 것이기 때문에(Denn als Dasein muß es in aller Gewalt-tat am Sein doch zerbrechen).

이와 같은 것은 모두 마치 염세주의(Pessimismus)적인 것처럼 보인다. 그러나 그리스인들의 현존재를 이 명칭을 통해서 이해하고자 한다면 그것은 잘못된 것이다. 그것은 그리스인들이, 그럼에도 불구하고 그 근본에 있어서는 낙관주의자(Optimist)들이었기 때문이 아니라, 이와 같은 가치판단은 도무지 그리스적 현존재를 적중하지 못하기 때문이다. 과연 그리스인들은 다른 어떤 염세주의자보다도 더 염세주의적이었다. 그러나 그들은 다른 어떤 낙관주의자보다도 더 낙관주의적이었다. 그들의 역운적 현존재는 아직도 이와 같은 염세주의 그리고 낙관주의, 그와 같은 것보다 훨씬 더 깊은 곳에 자리 잡고 있었던 것이다.

이 두 가지 가치판단은 그 둘이 모두 다 똑같은 양상으로 현존재라는 것을 미리부터 마치 하나의 어떤 거래영업(ein Geschäft)과 같은 것으로, 손해 보는 아니면 번창하는 영업으로 보고 있는 것이다. 이와 같은 세계관은 쇼펜하우어의 잘 알려진 다음 말 속에 나타난다: "삶이란 자신의 비용을 되돌려 받지 못하는 하나의 영업이다"(Das Leben ist ein Geschäft, das seine Kosten nicht deckt). 이 말은 '삶'이라는 것이 결국에 가서는 그래도 그 비용을 되돌려 주는 것이기 때문에 옳지 않은 것이 아니라, '삶'(현-존재, Da-sein)은 도무지 영업이 아니기 때문이다. 비록 지난 한 세기부터 그것이 그렇게 되어 버리기는 했다 할지라도. 그래서 그리스적 현존재는 우리들에게 이렇게나 기이하게 여겨지는 것이다.

비-현존재(Nicht-dasein)는 있음(存在, Sein)에 대한 최고의 승리이다. 현존재라는 것은 몰락해 버릴 끊임없는 위기(Not)이며, 있음에 대결해서 이루어지는 폭력-행위를 통한 새로운 도약(Wiederaufspringen)이다. 그리고 이것은 있음(存在, Sein)의 만능(萬能, Allgewalt)이라는 것이 현존재를 있음이 나타나 보이는 장소가 되도록 폭력을 가하고(문자 그대로의 의미에서), 그래서 이와 같은 장소로 (현존재를) 점령하고 지배함으로써 있음(存在, Sein) 안에 가두어 두는, 그와 같은 양상 속에서 이루어지는 것이다.

[G 187]

55절 λόγος(로고스)와 φύσις(피지스)가 서로 갈라짐과 있음에 대해서 λόγος(로고스)가 그 우위를 차지하게 되는 과정에 대하여. 어떻게 해서 λόγος(로고스)는 있음을 심판하는 법정으로 군림하게 되고 φύσις(피지스)를 οὐσία(우시아)로 이해하게 되었는가에 대해서

λόγος(로고스)와 φύσις(피지스)가 서로서로 갈라지는 것이 성립되었다. 그러나 이것은 아직 로고스가 독립했음을 의미하지는 않는다. 다시 말해서 로고스는 아직도 있는 것의 있음에 그렇게 대립되는 것이 아니며, 아직도 로고스 스스로가 [이성이라는 것으로서의(als Vernunft)] 자기 자신을 있음(存在, Sein)을 판정하는 법정으로 만들어 있는 것의 있음을 규정하는 임무를 담당하고, 또 그것을 질서 지어주는, 그와 같은 양상으로 대립되는 것이 아닌 것이다.

단지 로고스가 자신의 그 원래적인 본질을 포기했을 경우에만, 즉 φύσις(피지스)라는 의미에서의 있음(存在, Sein)이 덮여 감추어지고 다르게 해석될 경우에 한에서만 위와 같은 것이 성립된다. 이와 같은 것이 성립되었을 경우, 여기에 따라서 인간의 현존재 또한 변화된다. 우리들이 이미 오래전부터 그 가운데 서 있는, 천천히 그 끝을 맺어가고 있는 이 역사라는 것은 생각(Denken)이라는 것이 (오성 그리고 이성이라는 의미에서의) ratio(라티오)로서 있는 것의 있음(存在, Sein)을 지배하는 것을 말한다. 이와 같은 것으로부터 또한 '합리주의와 비합리주의'(Rationalismus und Irrationalismus)라는 것들의 상호 유희가 시작되며, 이 유희는 오늘 이 시간까지 상상될 수 있는 가능한 모든 형상을 통해서, 그리고 그 상호 간에 가장 모순되는 이름들을 통해서 진행되고 있다. 비합리주의는 단지 쇠약해진 합리주의가 드디어 드

러난 것이며, 합리주의를 포기하는 것의 완성인 것이다. 이로부터 비합리주의는 그 자신 또한 하나의 합리주의이다. 비합리주의라는 것은 합리주의의 한 핑계, 도망길이며, 이 도망길은 자유로운 곳으로 인도해 주는 것이 아니라 오히려 더욱더 합리주의의 올가미 속에 말려들어가게 만들어 주는 것이다. 왜냐하면 이와 같은 것에 있어서 합리주의는 단순히 '아니다라고 말하는 것'(Neinsagen)으로써 극복될 수 있다는 생각을 불러오기 때문이다. 그러나 사실은 그것이 이제 숨어서 아무런 방해도 받지 않고 자기의 유희를 진행시킬 수 있게끔 되었기에, 오히려 훨씬 더 위험해진 것이다.

어떻게 생각[논리학의 라티오라는 의미에서의(als ratio der Logik)]이라는 것이 있는 것의 있음(存在, Sein)을 지배하게끔 성장했는지 하는, 그 내면적인 역사를 서술하는 것은 이 강의목표의 밖에 속하는 일이다. 그와 같은 서술은, 서술 그 자체가 지니고 있는 여러 가지 어려운 내적 문제점들은 생각하지 않는다 치더라도, 우리들 자신이 우리들의 역사로부터, 그리고 그것을 위해서, 우리가 살고 있는 이 지금-세상시간(jetzigen Weltstunde)에 대해서 고유한 질문을 질문할 수 있는 스스로의 힘을 일깨워 지니고 있지 못한다면, 그와 같은 동안에는 아무런 역운적(易運的) 의미도 줄 수 없을 것이다.

그 반대로, 그 처음에 λόγος(로고스)와 φύσις(피지스)가 서로서로 갈라지는 것으로부터, 어떻게 해서 그것이 이성의 지배가 성립되는 그와 같은 계기가 되었는지를 보여 주는 것은 꼭 필요한 일이다.

이와 같은 로고스의 독립, 그리고 있음(存在, Sein)을 지배하는 법정(Gerichtshof)으로 군림하기 위한 로고스의 준비과정은 벌써 그리스의 철학 안에서 시작되었던 것이다. 그리고 이와 같은 것은 그리스 철학의 종말을 규정지은 것이기도 하다. 우리는 단지 서양철학의 시작이라는 것으로서의 그리스 철학, 이 시작을 이것의 종말과 함께 파악하는 한에 있어서만 완전히 이해할 수 있는 것이다. 왜냐하면 이 종말이야말로, 그리고 단지 이것만이 그 후세를 위한 '시작'이었기 때문에. 그러나 이와 같은 (종말적) '시작'은, 동시에, 그 원래적, 시작적 시작을 덮어 버리는 양상으로 성립되었다. 위대한 시작의 시작적 종말인 **플라톤**과 **아리스토텔레스**의 철학은, 우리들이 이들 철학이 서양에 미친 커다란 영향을 염두에 두지 않는다 할지라도, 위대한 것으로 머물러 있다.

우리는 이제 질문한다: 어떻게 해서 로고스는 독립되고 있음(存在, Sein)보다 우월한 것이 되었는가? 있음과 생각(Sein und Denken)이 갈라짐에 있어서 그 결정적인 형태는 어떻게 성립되었는가? 여기서는 이것의 역사 또한 그저 대충적인 양상으로만 보여 줄 수 있을 것이다. 우리는 이와 같은 것을 위해서 마지막으로부터 시작해서 다음과 같이 질문하고자 한다.

1) 그리스 철학의 마지막 시기에 있어서, 즉 **플라톤**과 **아리스토텔**레스에게 있어서 φύσις(피지스)와 λόγος(로고스)의 관계는 어떤 양상의 것이었나? λόγος(로고스)는 어떤 형태를 지니고 있었으며 어떤 역할을 맡고 있었는가?

2) 어떻게 이 종말에 이르게 되었는가? 무엇이 이와 같은 변화의 진정한 이유인가?

1. φύσις(피지스)가 ἰδέα(이데아)로 이해됨: 본질의 한 결과인 ἰδέα(이데아)가 본질 그 자체로 이해되고 진리는 정당성으로 이해됨. λόγος(로고스)가 ἀπό-φανσις(아포판시스)로 이해됨과 카테고리의 기원

1.에 대해서. 그 마지막 시기에 있음이라는 것을 이해하기 위한 지배적인 그리고 표준적인 이름으로서 ἰδέα(이데아), εἶδος(에이도스), 'Idee'(이데)가 출현한다. 이 이후부터 모든 서양의 사색은 그 전 역사를 통해서 오늘날에 이르기까지, 그 모든 변화를 있음(存在, Sein)을 '이데'로 해석하는 것에 의해서 지배되고 있다. 이와 같은 것으로부터 또한 ── 그리고 이와 같은 것에 근거해서 ── 서양 사색이 걸어온 첫 번째 행로의 웅장한, 그리고 결정적인 끝마무리인 헤겔의 (철학)체계 안에서 사실적 사실(die Wirklichkeit des Wirklichen), 절대적인 의미에서의 있음(存在, Sein)이 '이데'(Idee)로서 이해되고 또 분명하게 이렇게 이름 지어 불리고 있다는, 그와 같은 사실이 잇따르고 있다. 그렇다면 플라톤에게 있어서 φύσις(피지스)가 ἰδέα(이데아)로서 해석되었다는 것은 도대체 무엇을 의미하는가?

있음(存在, Sein)에 대한 그리스적 경험을 우리가 입문적으로 특징지은 곳에서 우리는 여러 다른 이름들을 열거하는 중에 이미 ἰδέα(이데아), εἶδος(에이도스)를 대했었다. 만일 우리가 직접적으로 헤겔철학으로의 접근, 아니면 다른 어떤 임의적인 근대적 철학자에게로의 접근, 아니면 중세의 스콜라 학자에게로의 접근을 시도한다면, 그리고 도처에서 'Idee'(이데)라는 이름이 '있음'(存在, Sein) 대신에 쓰이고 있음을 발견한다면, 그래서 이와 같은 것은 **통상적인 상념**에 의해서는 전혀 이해되지 못할 어떤 것이라고 고백한다 할지라도, 우리는 부끄러워할 것이 하나도 없다. 그러나 그 반대로, 우리가 만일 그리

스 철학의 시작으로 거슬러 올라간다면, 우리는 이와 같은 사실을 이해할 수 있다. 그와 동시에 우리는, 또한 있음(存在, Sein)을 φύσις(피지스)로 해석하는 것과 ἰδέα(이데아)로 해석하는 것 사이에 놓여 있는 간격이라는 것도 측정할 수 있다.

ἰδέα(이데아)라는 단어는 보여질 수 있는 것에서 보여진 것, 어떤 사물이 보여 주고자 하는 모습(광경)을 의미한다(Das Wort ἰδέα meint das Gesichtete am Sichtbaren, den Anblick, den etwas darbietet). 보여 주고자 하는 것은 개개의 경우에 있어서의 모습(Aussehen, 에이도스) 속에서 만나지는 것이다. 어떤 사물의 모습이라는 것은 그것이 그 안에서 우리들에게 자신을 소개하는(präsentiert) 자신을 (우리의) 앞에-세워 놓는(表-象하는, vor-stellt), 그래서 그 자체로서 우리 앞에 서 있는, 그 안에서 그리고 그것이 그것인 것으로 출석(anwest)하고 있는, 그리스적 의미에서의 있는(ist) 같은 것을 의미한다. 이와 같은 서 있음이라는 것은 그 스스로 열려 펼쳐진 것, φύσις(피지스)의 지속성(Ständigkeit)을 말한다. 그런데 이와 같은 지속성의 거기-서-있음(Da-stehen)은 동시에, 인간으로부터 보아졌을 때, 그 스스로로부터 출 [G 190] 석하고 있는 것이 우리들에게 가장 직접적으로 보여 주고 있는 것, 즉 (우리가 취해서) 알아들을 수 있는 것(das Vernehmbare)이다. 모습(das Aussehen)이라는 것 안에는 출석하고 있는 것(das Anwesende)이, 있는 것이 자신의 무엇인 것(Was), 그리고 어떻게 있는 것(Wie)과 함께 서 있다. 그것(있는 것)은 받아들여져-알아들어지고(ver-nommen), 취해지고(genommen), 그래서 이렇게 취해짐 속에서 소유된 것, 취해짐의 소유물, 출석하고 있는 것이 제공하고 있는 그것, 출석 바로 그것이다. 즉 그것은 οὐσία(우시아)인 것이다. 이렇게 해서 οὐσία(우시아)

는 다음과 같은 두 가지를 의미할 수 있는 것이다: 출석하고 있는 것의 출석(Anwesen eines Anwesenden) 그리고 그것이 무엇인가 하는 것을 보여 주고 있는 속에서의 이 출석하고 있는 것(dies Anwesende im Was seines Aussehens).

여기에 후세에 이루어진 실존(existentia)과 본질(essentia)의 갈라짐의 기원이 놓여 있다. 만일 사람들이 이미 통상적 상식이 되어 버린 실존과 본질을 아무 생각 없이 전통으로부터 받아들인다면, 그들은 왜 바로 이 실존과 본질이라는 것이, 그리고 그들의 구분이라는 것이 있음(存在, Sein)을 특징지어 주기 위해서 있는 것의 있음(存在, Sein)으로부터 두드러져 튀어나온 것인지를 결코 이해할 수 없다. 그러나 우리들처럼 ἰδέα(모습, das Aussehen)라는 것을 출석(Anwesen)으로서 이해한다면, 이것은 다음과 같은 이중의 의미에서 지속성(Ständigkeit)을 의미하고 있다. 모습(Aussehen)이라는 것 속에는 우선 숨겨져 있음으로-부터-밖으로-나와-서-있는 것(Heraus-stehen-aus-der-Unverborgenheit), 단순한 의미에서의 ἔστιν(에스틴)이라는 것이 들어 있다. 그 다음, 모습이라는 것 속에는 그와 같은, 어떤 것(Was)이라는, 모습을 가지고 있는 것(Aussehende), τί ἔστιν(티 에스틴)이 들어 있다. 이렇게 해서 ἰδέα(이데아)는 있는 것의 있음을 설정한다.

ἰδέα(이데아)와 εἶδος(에이도스)라는 단어는 여기서 광의적인 의미로 사용되고 있으며, 단지 육체적인 눈으로 볼 수 있는 것뿐만 아니라, 모든 알아들을 수 있는 것을 위해서(für alles Vernehmbare) 사용되고 있는 것이다. 어떤 있는 것이 무엇인지는 자신의 모습(Aussehen) 속에 들어 있으며, 모습이라는 것은 그 무엇을 소개하는 (출석하도록, 존재하도록 놓아두는 것) 바로 그것인 것이다.

그렇다면 이렇게 있음을 ἰδέα(이데아)로서 해석하는 것은 진정한 의미에서의 그리스적인 것이 아니라는 말인가? 아마도 우리는 벌써 이렇게 질문했었는지도 모른다. 이와 같은 해석은 있음(存在, Sein)을 φύσις(피지스)로, 열려 펼쳐져 다스림으로, 나타나 보임으로, 빛-안에-서 있음으로 경험한 것으로부터 피할 수 없는 필연성 속에서 자라나 나타난 것이 아니라는 말인가? 나타나 보임이라는 것 속에서 그 나타나 보이는 것은 바로 그 모습이라는 것, ἰδέα(이데아)가 아니라면 다른 무엇이란 말인가? 어떤 의미에서, 있음(存在, Sein)을 ἰδέα(이데아)로서 해석하는 것은 있음을 φύσις(피지스)로서 해석하는 것과 서로 다르다는 말인가? 만일 그리스 철학이 벌써 수 세기에 걸쳐 플라톤 철학의 빛에 의해서 보여지고 있는 것이라면, 이와 같이 전승된 그리스 철학은 전적으로 옳은 것이 아닌가? 플라톤에 의해서 있음(存在, Sein)을 ἰδέα(이데아)로서 해석한 것은 그 시작으로부터 멀어짐을 의 [G 191] 미하는 것도, 또 그 시작으로부터의 추락을 의미하는 것도 아니다. 이 철학은 오히려 그 시작을 더 발전시키고, 더 명확하게 파악하고 이것을 '이데아론'(Ideenlehre)을 통해서 근거 지어 준 것이다. 플라톤은 그 시작의 완성(die vollendung)인 것이다.

과연 우리는 있음(存在, Sein)을 ἰδέα(이데아)로서 해석하는 것이 있음을 φύσις(피지스)로서 경험한 그와 같은 근본적인 경험으로부터의 결과라는 것을 부인할 수 없다. 그것은 우리도 앞에서 이미 말했듯이, 열려 펼쳐져 나타나 보임(aufgehenden Scheinens)이라는 의미에서의 있음(存在, Sein)의 본질로부터 뒤따라오는 필연적인 결과인 것이다. 이와 같은 것 안에는 어떤 간격, 또 그 시작의 추락 같은 것은 있을 수 없다. 과연 그것은 그럴 수 없다.

그러나 만일 어떤 본질적 결과라는 것이 본질 그 자체로 승격되어 버려, 그래서 본질의 위치를 차지해 버린다면, 그와 같은 경우에는 어떤 사태가 일어날 것인가? 그와 같은 경우에는 추락이라는 사태가 일어나며, 이것은 그 자신 고유의 또 다른 한 결과를 보여 줄 것이다. 이런 것이 거기에서 이루어졌던 것이다. φύσις(피지스)를 ἰδέα(이데아)로 특정 지은 것, 그 자체가 그리 중요한 것이 아니라, 있음(存在, Sein)을 해석하는 데 있어서 ἰδέα(이데아)라는 것이 유일한 그리고 표준적인 것으로 등장해서 머무르게 된 것이 결정적이다.

만일 우리가, 있음의 본질을 규정하고 있는 φύσις(피지스)와 ἰδέα(이데아)가 그 안에서 움직이고 있는 그 시야(Blickbahn)라는 것에 우리의 주의를 집중시킨다면, 그 두 가지 해석 사이의 간격을 그리 어렵지 않게 측정할 수 있을 것이다. φύσις(피지스)는 열려 펼쳐져 다스림, 그 스스로-안에-서 있음이며, 그와 같은 지속성이다. ἰδέα(이데아), 보여진 것이라는 의미에서의 모습은 그것이 어떤 '본다'(Sehen)라는 것에 마주 서 있는 한에 있어서 그리고 단지 이와 같은 경우에 한해서만 지속성에 대한 한 규정이 되는 것이다. 그런데 열려 펼쳐져 다스림이라는 의미에서의 φύσις(피지스)는 이미 나타나 보임(Erscheinen)이다. 과연 그것은 그렇다. 단지 여기서 나타나 보임이라는 것은 이중적인 의미를 지니고 있다. 나타나 보인다라는 것은 우선, 스스로를 모으는 것, 이 모음 안에 자신을-서 있게-하는 것, 그래서 그렇게 서 있는 것을 의미한다. 나타나 보인다라는 것은 그 다음, 이미 거기에-서 있는 것(Da-stehendes)으로서 어떤 외관, 어떤 표면을 제공하는 것, 바라보는 것을 위한 한 모습을 제공하는 것을 의미한다.

공간(空間)의 본질로부터 보았을 때, 나타나 보임과 나타나 보임

의 차이는 다음과 같다: 첫 번째의 그리고 원래적인 의미에서의 나타
나 보임은 모음 속에 자신을-서 있게-하는 것으로서 공간이라는 것
을 취한다: 그것은 공간을 극복해서 거기에 서 있는 것으로서, 자신의
공간을 창조하며, 이 공간에 속해 있는 모든 것에, 자기 자신은 영향
을 받음이 없이, 영향을 미친다. 두 번째 의미에서의 나타나 보임이라 [G 192]
는 것은 단지 이미 성립된 공간으로부터 자신을 탈출시킬 뿐이며, 이
미 고정적으로 펼쳐져 있는 이 공간 안에서 어떤 바라봄에 의해서 보
여지는 것이다. 여기에서는 사물 그 자체가 아니라, 어떤 사물의 보여
주는 얼굴, 그와 같은 것이 결정적인 중요성을 얻게 된다.

첫 번째 의미에서의 나타나 보임은 공간을 창조해서 열어젖힌
다. 두 번째 의미에서의 나타나 보임은 이렇게 열려진 공간을 다만 **작
도**(作圖)할 수 있을 뿐이며, 측정할 수 있을 뿐이다(Das Erscheinen im
ersten Sinn reißt erst Raum auf. Das Erscheinen im zweiten Sinne bringt es
nur noch zu einem **Aufriß** und zur Ausmessung des eröffneten Raumes).

그런데 **파르메니데스**의 잠언은 이미 '있음과 알아들음은 서로 함
께 속해 있다'(Sein und Vernehmung gehören zusammen)라고, 즉 보여
진 것과 본다는 것(das Gesichtete und das Sehen)은 서로 함께 속해 있
다라고 말하고 있는 것이 아닌가? 과연 어떤 보여진 것은 본다는 것
에 속해 있다. 그러나 이와 같은 것으로부터는, 보여진 것의 존재성
(die Gesichtetheit) 그 자체가 단지 보여진 것의 출석(das Anwesen des
Gesichteten)이라는 것에 의해서만 규정되어야 한다는, 규정될 수 있
는 것이라는 그와 같은 결론은 뒤따라 나오지 않는다. **파르메니데스**의
잠언은 있음(存在, Sein)은 알아들음이라는 것으로부터, 단지 알아들
어진 것으로 파악되어야만 한다고 말하고 있지 않다. 오히려 그는 알

아들음이라는 것은 있음을 위해서(um des Seins willen) 존재하는 것이라고 말하고 있다. 알아들음이라는 것은 있는 것이 자신의 있음 안으로 되돌려 보내져서 있을 수 있도록, 그렇게 있는 것을 열어 보여 주어야만 하며, 있는 것을 다음과 같은 두 가지 관점에서 이해해야만 한다: 있는 것이 자신을 보이도록 그렇게 제공(소개)한다라는 관점에서, 그리고 어떤 무엇으로서 자신을 보이도록 제공(소개)한다라는 관점에서(daß es und als was es sich vor-stellt). 그런데 있음을 ἰδέα(이데아)라고 해석하는 데 있어서는, 단지 어떤 본질적 결과를 본질 그 자체로 속인 것만이 이루어진 것이 아니라, 이렇게 속여진 것을 또 한번 잘못 해석하는 사태가 일어난 것이다. 그리고 이와 같은 잘못된 해석 또한 다시금 그리스적 경험과 개념 안에서 이루어진 것이다.

있는 것의 모습이라는 의미에서의 관념(Idee)은 무엇이 있는 것인지를 설정하는 것이다. 이렇게 해서 무엇이라는 특성(das Wassein)의 의미에서의 본질(das Wesen), 즉 본질의 개념(der Begriff des Wesens) 또한 불분명하게 되어 버리는 것이다.

1) 어떤 있는 것은 있다(west), 그것은 자신에게 속해 있는 것에, 즉 그것에 저항하는 것, 특히 그와 같은 것에 영향을 미치고 또 그와 같은 것을 부르고 지배한다.

2) 어떤 있는 것은 있다(west), 이것 또는 저것으로서. 그것은 바로 이 어떤 것이라는 규정성을 지니고 있다.

φύσις(피지스)가 ἰδέα(이데아)로 변화하는 중에 어떻게 해서 τί ἐστιν(티 에스틴, Was-sein/무엇—이다라는 존재)이 분리되고, 어떻게 이것에서 ὅτι ἐστιν(오티 에스틴, Daß-sein, 있다라는 그 있음)이 구분되었는지를 통해서 우리가 본질(essentia)과 실존(existentia)이라는 구분

의 기원에 대해서 암시한 것을 우리는 여기서 더 이상 생각해 나가지 않으려고 한다. [이 내용은 1927년 여름학기 강의에서 다루어지고 있다. 이것은 인쇄되어 출판되지 않았다.]

그러나 있음의 본질이 무엇-이다(Wassein, Idee) 안에 놓여짐과 동시에, 이 무엇-이다라는 것은 그것만이 있는 것의 있음으로서, 마치 있는 것의 최상급의 있는 것이 되어 버리고 만다. 그리고 동시에 그것은 정말로 고유하게 있는 것, ὄντως ὄν(온토스 온)이 되어 버리고 마는 것이다. ἰδέα(이데아)라는 의미에서 있음은 이제 정말로 고유하게 있는 것으로 승격되고, 동시에 그 전까지는 있는 것, 바로 그것이었던 다스림(Walten)은 이제 플라톤이 μὴ ὄν(메 온)이라고 부르는, 원래는 있지 않아야 했을 것, 그리고 정말로는 있지 않는 것으로 추락하게 된 것이다. 왜냐하면 그것(다스림)은 이데(Idee, 관념)라는 것을, 순수한 모습(reine Aussehen)이라는 것을 물질(Stoff) 안에 부어 넣는 과정, 즉 이데라는 것을 실현시키는 과정에서, 이데를 늘 그것과는 다른 것으로 만들어 놓기 때문이다. 또 다른 한편으로는 ἰδέα(이데아)라는 것이 παράδειγμα(파라데이그마), 모델(Musterbild)이 되어 버리는 것이다. 모방해서 만들어진 것은 진정으로는 '있는' 것이 아니라, 단지 있음(存在, Sein)에, μέθεξις(메텍시스, Teil am Sein), 참여하고 있을 뿐이다. 진정으로 있는 것이라는 의미에서의 관념(Idee), 모-범(Vor-bild), 원형(Urbild)과 진정한 의미에서 볼 때 있지 않는 것, 모-방(Nach-bild), 복사(Abbild)라는 것 사이의 갈라진 심연(Kluft), χωρισμός(코리스모스)라는 것이 이제 그 입을 벌리게 된 것이다.

이제 나타나 보임(Erscheinen)이라는 것은 이데로부터 다시금 다른 의미를 지니게 된다. 나타나 보이는 것, 나타나 보임은 이제 더 이상 φύσις(피지스), 열려 펼쳐져 다스림이 아니라, 또한 더 이상 어떤 모습이 자기 자신을 보이는 것이 아니라, 복사(Abbild)라는 것의 출현을 의미한다. 이것이 그 원형(Urbild)에까지는 결코 이르지 못한다는 의미에서, 나타나 보이는 그것은 **단순한 나타나 보임**, 단지 하나의 가상(Schein), 즉 여기서는 하나의 부족함을 의미하는 것이 되어 버릴 뿐이다. 이제 여기서 ὄν(온)과 φαινόμενον(파이노메논)이 서로 갈라지는 것이다. 이 안에는 또 다른 중요한 본질적인 결과들이 뒤따른다. 왜냐하면 원래적으로 고유하게 있는 것이 ἰδέα(이데아)이기 때문에, 그리고 이것은 모-범(Vor-bild)이기 때문에, 모든 있는 것들의 열려 보임이라는 것은 그 원형(Urbild)에 이르려고 안간힘 쓰는 것이 되고, 모범과 비교해서 같은 것이 되려고(anzugleichen) 하는 것이며, 관념(Idee)을 향해서 자신을 적응시키는 것이다. φύσις(피지스)의 진리, 열려 펼쳐져 다스림 속에 존재하는 숨겨져 있지 않음, ἀλήθεια(알레테이아)라는 것은 이제 ὁμοίωσις(오모이오시스) 그리고 μίμησις(미메시스), 비교해서 같은 것이 되는 것(Angleichung, adéquation), 그리고 …을 향해서-자신을-적응시키는 것(sich-richten-nach…, se-régler-sur…), 똑바로 보는 것, 똑바로 —— 표상(表象, Vorstellen)한다라는 의미에서의 —— 알아듣는 것(Vernehmen)이 되는 것이다.

만일 우리가 이 모든 것을 잘 파악했다면, 우리는 있음(存在, Sein)을 ἰδέα(이데아)로 해석하는 것과 함께 그 원래적인 시작에 어떤 간격이 생겨났음을 부정할 수 없다. 만일 우리가 여기서 어떤 '추락'(Abfall)에 대해서 이야기하고 있는 것이라면, 다음과 같은 사실을 뚜렷이 해 두어야만 할 것이다: 이 추락은 그 모든 것에도 불구하고 아직도 그 높이에 머물러 있다는 것, 비속한 것 속으로 사라져 버리지 않는다는 것. 그리고 우리는 이 높이라는 것을 다음과 같은 사실 [G 194]을 통해서 측정해 볼 수 있다. 그리스적 현존재의 웅대한 시기는 그 자체로서 유일한 고전성(die einzige Klassik)을 지닐 만큼, 그래서 모든 고전주의가 성립될 수 있는 형이상학적 가능성의 전제조건을 창조할 만큼(daß sie sogar die metaphysischen Bedingungen der Möglichkeit für allen Klassizismus schafft) 그렇게나 웅장한 것이다. ἰδέα(이데아), παράδειγμα(파라데이그마), ὁμοίωσις(오모이오시스), μίμησις(미메시스)와 같은 근본개념들 속에는 고전주의의 형이상학이 그 안에 미리 그려져 있는 것이다. 플라톤은 아직 고전주의의 신봉자는 아니다. 왜냐하면 그는 아직 그와 같은 것이 될 수 없었기 때문에. 그러나 그는 진정한 고전주의의 고전주의자인 것이다. 있음이 φύσις(피지스)에서 ἰδέα(이데아)로 변화되는 과정은 단지 예술에 있어서뿐만 아니라, 서양의 역사가 그 안에서 움직이고 있는, 한 본질적인 운동 양상이라는 것을 성립시켰다.

이제 우리가 연구해야 될 또 다른 한 가지는, φύσις(피지스)라는 것에 대한 해석이 바뀜에 따라 λόγος(로고스)는 어떻게 변화되었는가이다. 있는 것의 열려 보임은 모음이라는 의미에서의 로고스 안에서 이루어진다. 그렇기 때문에 로고스는 이야기함(Rede)의 결정적인 본질규정인 것이다. 언어는 개개의 경우 자신을 열어 보인 있는 것을 말해진 것으로서, 발표된 것으로서, 그리고 다시 말해질 수 있는 것으로서 보존한다. 말해진 것은 (다른 사람에 의해서) 다시 말해질 수 있고 또 더 멀리 전해질 수 있다. 이와 같은 경우 그 안에 보존된 진리라는 것은 멀리 전달되는 것이기는 하지만, 그 개개의 경우, 원래적으로 자신을 열어 보인 있는 것을 모음 속에서 고유하게 체험한 그와 같은 양상으로는 전달되지 않는다. 널리 말해짐 속에서 진리라는 것은 있는 것으로부터 떨어져 나간다. 이와 같은 것은 (다른 사람에 의해서) 다시 말해진 것이 단순한 읊조림(Hersagen), γλῶσσα(그로사)가 되어 버릴 만큼 그렇게나 멀리 떨어져 나갈 수도 있는 것이다. 모든 말해진 것은 끊임없이 이와 같은 위험성 안에 놓여 있는 것이다(『존재와 시간』, §44b 참조).

이와 같은 것으로부터, 이제는 진실한 것을 결정한다라는 것은 올바르게 말함과 단순한 읊조림 사이의 상호대결이라는 양상으로 이루어진다. 말한다, 서술한다라는 의미에서의 로고스는 이제, ── 그 원래에 있어서는 있는 것의 숨겨져 있지 않음에 대한 결정을 그리고 동시에, 있는 것의 있음(存在, Sein)에 대한 결정을 의미하던 ── 진리라는 것이 속해 있는 영역, 그 장소가 되는 것이다. 그 시작에 있어서 로고스는 숨겨져 있지 않음(die Unverborgenheit)이 이루어지는 모음으로서 **존재했다**(ist). 그리고 이와 같은 이루어짐 안에 그 근거를 가지고 있었던 것이다. 그런데 이제 서술문(Aussage)이라는 의미에서의 로고스는 그 반대로, 옳다는 의미에서의 진리가 나타나는 장소가 되어 버린 것이다(Jetzt wird der Logos als Aussage umgekehrt der Ort der Wahrheit im Sinne der Richtigkeit). 이렇게 해서 우리는 **아리스토텔레스**의 다음과 같은 말에 이른다. 그에 의한다면 서술문(Aussage/ Proposition)이라는 의미에서의 로고스는 진리이거나 아니면 그릇된 것이 될 수 있는 어떤 것이다(Wahr oder falsch sein kann). 원래적으로는 숨겨져 있지 않음(Unverborgenheit)이었던, 있는 것의 자체 지배라는 그리고 모음에 의해서 관리된다는, 한 이루어짐이었던 진리(Wahrheit)는 이제는 로고스의 한 속성(Eigenschaft des Logos)이 되

[G 195]

어 버린 것이다. 이렇게 진리가 서술문에 속해 있는 한 속성으로 변화됨에 따라, 단지 진리의 장소만 옮겨진 것이 아니라, 진리 그 자체의 본질이 변화된 것이다. 서술문이라는 관점에서 볼 때, 진리라는 것은, 말함이라는 것이 그가 말하는 것을 준수하는 경우에, 즉 서술문이라는 것이 있는 것에 상응해서 말해졌을 경우에 성립된다. 진리는 이렇게 로고스의 옳음이 되어 버린 것이다(Die Wahrheit wird zur Richtigkeit des Logos). 이와 함께 로고스는, 숨겨져 있지 않음이 이루어진다라는 자신의 원래적인 장소로부터 그 밖으로 벗어나게 된 것이며, 그래서 이것은 이제, 로고스로부터 그리고 로고스에 의지해서 진리라는 것, 또 있는 것을 결정짓도록 하는, 그와 같은 양상으로 변화되어 버리고 만 것이다. 그러고 나서 이와 같은 것은 단지 있는 것에 대해서뿐만 아니라, 더욱이 그리고 다른 것에 앞서, 있음(存在, Sein)에 대해서까지도 결정을 하도록, 그렇게까지 되어 버리고 만 것이다. 로고스라는 것은 이제 λέγειν τι κατά τινος(레게인 티 카타 티노스), 어떤 것을 어떤 것에 대해서 말하는 것이 되어 버렸다(etwas über etwas sagen). 어떤 것에 대해서 말해지고 있는 그와 같은 것은 각각의 말해지는 경우에, 그 서술문의 근저에 놓여 있는 것(das jeweils der Aussage Zugrundeliegende), 서술문-그 바닥에-그 이전에-이미-놓여 있는 것, ὑποκείμενον(휘포케이메논, 主體, Subjektum)인 것이다. 서술문으로서 독립한 로고스라는 것으로부터 보았을 때, 있음(存在, Sein)은 바로 이와 같은, 그-이전에-이미-(그 바닥에)-놓여 있음(Vor-liegen)을 의미하는 것이 된다. [이와 같은 있음(存在, Sein)의 규정은 마치 ἰδέα(이데아)의 경우가 그랬었던 것처럼 φύσις(피지스)라는 것 안에 이미 그려져 있었다. 단지 자기 스스로로부터 열려 펼쳐져 다스리는 것만이 출석하고 있음으로써, 이것으로부터, 모습(Aussehen)이라는 것으로, 그리고 이미-그-바닥에-놓여 있는-것으로 자신을 규정시킬 수 있는 것이다(Diese Bestimmung des Seins ist gleichwie die ἰδέα hinsichtlich ihrer Möglichkeit in der φύσις vorgebildet. Nur das von sich her aufgehende Walten kann als Anwesen sich zu Aussehen und Vor-liegen bestimmen).]

이미-그-바닥에-놓여 있는-것은 서술문 안에서 여러 가지 다른 양상으로 자신을 나타내 세울 수 있다: 이런 또는 저런 특질을 지닌 것으로서, 이런 또는 저런 양(量)을 지닌 것으로서, 이런 또는 저런 연관성을 지닌 것으로서. 질(Beschaffenheit/Qualité), 양(Großsein/Quantité), 관계(Bezogensein/Relation)는 있음(存在, Sein)의 규정들이다. 말해진다는 양상으로 존재한다라는 사실로부터, 즉 로고스로부터 끌어낸 것이기 때문에, ──그리고 그리스어로 서술한다(Ausssagen)라는 것은 κατηγορεῖν(카테고레인)이기 때문에── 있는 것의 있음을 규정하는 것들은 κατηγορίαι(카테고리아), 범주(Kategorien)라고 불린다. 여기에서부터 있음에 관한 가르침(die Lehre vom Sein)이라는 것, 그리고 있는 것을 규정하는 것들은 카테고리와 그 질서를 연구하는 교설이 되는 것이다. 모든 존재론(Ontologie)의 목표는 바로 카테고리에 대한 교설(Kategorienlehre)인 것이다. 오늘날에 있어서, 그리고 이미 오래전부터, 있음(存在, Sein)의 본질적 특성들이 카테고리들(범주들)이라는 것은 하나의 자명한 사실로 여겨지고 있다. 그러나 사실, 이와 같은 것은 매우 기이한 일이다. 이해될 수 있기 위해서는, 서술문으로서의 로고스라는 것이, 도대체 그리고 어떻게 해서 φύσις(피지스)와의 연관성 안에서, 단지 이것으로부터 서로 갈라졌을 뿐만 아니라, 그것에 **마주 서게** 되었으며 그리고 동시에, φύσις(피지

[G 196]

스) 그 자체가 속해 있는 표준적인 영역으로, 즉 있음(存在, Sein)의 규정성들이 원천적으로 속해 있는 장소로 변하게 되었는지를 우리가 파악해야만 한다.

　로고스, φάσις(파시스), 서술문이라는 의미에서의 말이라는 것이 (이제는) 그렇게나 원래적인 양상으로 있는 것의 있음에 대해서 결정권을 발하게 됨으로써, 어떤 말이 다른 어떤 말에 거슬리게 되는 경우, 하나의 거슬리는-말, ἀτνίφάσις(안티파시스)가 성립되는 경우, 이렇게 모순되는 것은 **존재**할 수 없는 것이 되어 버리고 만다. 옛날부터 논쟁거리인, **아리스토텔레스**의 **모순율**(der Satz vom Widerspruch/ le principe de contradiction/principle of contradiction)이 하나의 '존재론적'(ontologische)인 의미를 갖는 것인지 아니면 하나의 '논리적'(logische)인 의미를 갖는 것인지 하는 것은 전혀 잘못 제기된 문제이다. 왜냐하면 **아리스토텔레스**에게는 '존재론'도 '논리학'도 존재하지 않았기 때문이다. 이 둘은 모두 다 아리스토텔레스적 철학의 토양 위에서 성립된 것이다. 모순율은 그것이 하나의 로고스에 속하는 근본법칙, 하나의 '논리적' 법칙이기 때문에 오히려 차라리 '존재론적'의 미를 지니고 있다. 그렇기 때문에 **헤겔**의 변증법 안에서의 모순율의 극복(Aufhebung, dépassement)이라는 것은 원칙적인 면에서 볼 때, 로고스의 지배에 대한 극복이 아니라 오히려 그와 같은 것의 **최고의 상승**이다. [**헤겔**이 원래적인 형이상학(Metaphysik)을 '논리학'(Logik)이라는 이름으로 부르고 있다는 사실은, 범주들이 속해 있는 장소라는 의미에서의 로고스와 시작 시기에 있어서의 φύσις(피지스)라는 의미에서의 로고스 둘 다를 기억 속에 다시 불러오고 있는 것이다.]

　이제 로고스 그 자체는 서술문이라는 형태 안에서 발견될 수 있는 어떤 것이 되어 버렸다. 이와 같이 존재하는 것으로서의 그것은 옳다는 의미에서의 진리(Wahrheit als Richtigkeit)를 획득하기 위해서, 그리고 그것을 안전하게 보존하기 위해서 다루어질 수 있는 어떤 것, 다루어진 것이 되어 버리는 것이다. 그렇기 때문에, 이와 같은 진리를 획득하기 위해서 다루어지는 것을 마치 하나의 도구(Werkzeug)로서, ὄργανον(오르가논)으로서 파악하고 또 이 도구를 잘 사용할 수 있도록 정비하는 것은 그리 놀라운 일이 아니다. 그리고 이와 같은 것은, φύσις(피지스)가 εἶδος(에이도스)로 그리고 λόγος(로고스)가 κατηγορίαι(카테고리아)로 변함에 따라, **원천적인 있는 것의 있음을 열어 보임**이라는 것은 점점 더 그 특성을 잃어버리게 되고 또한 올바른 것이라는 의미에서의 진리가 모든 대화와 가르침과 지침(Vorschriften) 속에서 단지 멀리 전파되고 또 더 멀리 전파되기만 해서, 그래서 점점 더 평면적인, 피상적인 것이 되어 가고 있기에, 더욱 더 필요한 것이 되어 가고 있는 것이다. 이렇게 해서 '논리학'(Logik)

[G 197]

이라는 것이 탄생할 시간이 닥쳐왔다.

그렇기 때문에 고대의 학교철학은 로고스에 관한 **아리스토텔레스**의 저서들을 '오르가논'이라는 제목 아래 함께 모아 놓았으며, 이것은 별로 잘못된 것이 아니다. 이와 함께 논리학이라는 것은 그 중요 형태에 있어서 벌써 완성되어 버리고 말았다. 그래서 칸트는 2000년이 지난 후 그의 『순수이성비판』 제2판 서문에서, 논리학이라는 것은 "**아리스토텔레스** 이후 한 걸음도 더 거슬러 올라갈 엄두를 내지 못했다"(seit dem Aristoteles keinen schritt rückwärts hat tun dürfen), "또한 오늘날에 이르기까지 한 걸음도 더 앞으로 나갈 수 없었다. 따라서 어느 면에서 보든지 간에 그것은 완성되었으며 끝마쳐진 것처럼 나타나 보인다"(daß sie auch bis jetzt keinen Schritt vorwärts hat tun können und also allem Ansehen nach geschlossen und vollendet zu sein scheint)라고 말하고 있는 것이다. 그것은 그렇게 보이기만 하는 것이 아니다. 그것은 과연 그렇다. 왜냐하면 논리학이라는 것은 칸트와 헤겔에도 불구하고 본질적인 면에서 그리고 원래적인 의미에서 한 발짝도 더 나가지 못했다. 아직도 남아 있는 한 가지 가능한 걸음이라는 것은, [있음의 해석을 주도하고 있는 시야라는 의미에서의] 그것을 그 근본에서부터 폐위시키는 일일 것이다.

이제 지금까지 φύσις(피지스)와 λόγος(로고스)에 대해서 말해진 것을 종합해 보자. φύσις(피지스)라는 것은 ἰδέα(이데아)로, παράδειγμα(파라데이그마)로 변하고, 진리(Wahrheit)라는 것은 정당성(Richtigkeit)으로 변했다. 로고스라는 것은 서술문으로 이해되고, 정당성이라는 의미의 진리가 머무르는 장소로, 범주들의 원천으로, 있는 것의 가능성들에 대한 원칙으로 변했다. '이데'(Idee)와 '범주'(Kategorie)라는 것은 장래에 그 두 이름 아래 서양의 생각, 행동 그리고 가치판단, 즉 그 현존재 전체가 서 있게 될 그와 같은 명칭인 것이다.

φύσις(피지스)와 λόγος(로고스)의 변화, 그리고 이와 함께 생성된 이 두 개 사이의 연관성의 변화는 그 시작되는 시작에 비해서 볼 때 하나의 추락(Abfall)이다. 그리스 철학은 그들의 원천적인 시작을 통해서 서양 철학을 지배하기에 이른 것이 아니라, 그 시작적 종말을 통해서 그와 같은 것에 이르렀다. 그리고 이와 같은 종말은 헤겔에 이르러 웅장하게 그리고 결정적으로 그 완성적인 모습을 지니게 되었다. 역사라는 것은, 만일 그것이 참된 것이라면, 그것이 단지 종식된다는

것으로서, 그리고 동물들에게서처럼 끝나-버린다라는 것으로서 멸망하지는 않는 것이다. 역사는 단지 **역운적으로만** 멸망한다(Geschichte geht nur geschichtlich zugrunde).[6]

[G 198] ## 2. φύσις(피지스)와 λόγος(로고스)를 Idee(이데/관념)와 서술문으로 이해하게 된 근거: 숨겨져 있지 않음의 허물어짐 — 있음의 필요 속에 더 이상 ἀλήθεια(알레테이아)를 근거 지어 줄 수 없게 됨에 대하여

그런데 이와 같은 φύσις(피지스)라는 것이 λόγος(로고스)로 변하기 위해서는, 이와 같은 그리스 철학의 시작적 종말이 성립되기 위해서는 어떤 일이 일어났으며, 또 어떤 일이 일어났어야만 했던 것인가? 이렇게 해서 우리는 우리의 두 번째 질문으로 넘어간다.

2.에 대해서. 앞에서 이야기된 변화에 관해서 우리는 다음과 같은 두 가지 점을 고찰해야만 한다.

1) 이 변화라는 것은 φύσις(피지스)와 λόγος(로고스)라는 것의 본질 안에서, 좀 더 명확하게 말해서, 본질의 결과 안에서 이루어진다. 이와 같은 것은 나타나 보이는 것이 (그것의 가상 안에서) 하나의 [어떤 모습이라는 것을] 보여 주는 형태로, 그리고 말해진 것이 머지않아 지껄여짐의 영역으로 추락하는 형태로 이루어진다. 따라서 이 변화라는 것은 밖에서부터 야기된 것이 아니라, 그 '안'에서부터 야기된 것이다. 그러나 여기서 '안'이라는 것은 무엇을 의미하는가? 여기서 질문되고 있는 것은 φύσις(피지스) 그 하나만, 또 λόγος(로고스) 그 하

---

6 [옮긴이] 다산 정약용(丁若鏞), 『주역사전』(周易四箋) 참조.

하이데거의 형이상학 입문

나만을 따로 떼어서가 아니다. 우리는 **파르메니데스**로부터 이 둘이 본질적으로 서로 함께 속해 있다는 것을 들어 알고 있다. 이와 같은 그들의 연관성이야말로 이들의 본질을 지탱해 주고 지배하는 근거인 것이며, ─ 비록 이 연관성의 근거 그 자체라는 것은 φύσις(피지스) 본질 안에 원래적으로 그리고 고유하게 숨겨져 있다 할지라도 ─ 바로 그들의 '안'인 것이다. 그렇다면 이와 같은 연관성은 어떤 양상의 관계인가? 우리가 이제 여기서, 위에서 말한 변화라는 것 속에서의, 그 두 번째로 고찰되어질 점을 두드러지게 할 수 있다면, 이렇게 질문된 것이 무엇인지 또한 뚜렷하게 볼 수 있게 될 것이다.

2) 이데(Idee) 또는 서술문이라는 관점, 그 어느 쪽에서 보았을 때도, 이 변화라는 것은 언제나 그 원래적인 의미에서의 진리의 본질이 ἀλήθεια(알레테이아, Unverborgenheit, 숨겨져 있지 않음)가 정당성(Richtigkeit)으로 변화된 것을 보여 주고 있다. 이 숨겨져 있지 않음이라는 것이 바로 그 '안', 다시 말해서 그 원래적인 의미에서의 φύσις(피지스)와 λόγος(로고스) 사이의 지배적인 관계인 것이다. 이 다스림(Walten)은 숨겨져 있지 않음-속으로-드러나-나타남으로써 존재한다(Das Walten west als das In-die-Unverborgenheit-hervor-kommen). 그런데 알아들음(Vernehmung) 그리고 모음(Sammlung)은 있는 것의 숨겨져 있지 않음이라는 것의 열려 보임을 맡아서 관리하는 것(Verwaltung)을 말한다. φύσις(피지스)와 λόγος(로고스)가 이데(Idee)로 그리고 서술문으로 변화된 것은 그 내적 이유를 진리의 본질이 변화된 것 속에, 즉 숨겨져 있지 않음(die Unverborgenheit)이라는 것이 정당성(die Richtigkeit)이라는 것으로 변화된 속에 두고 있는 것이다.

이와 같은 진리의 본질은 자신의 그 시작 시기의 원래적인 고

유성을 더 이상 확고하게 고정시켜 보존할 수 없었던 것이다. 숨겨

져 있지 않음, 있는 것의 나타나 보임을 위해서 정초 지어진 공간이
라는 것은 무너져 버리고 만 것이다. 이와 같은 무너짐의 잔재들로
부터 '이데'(Idee) 그리고 '서술문'(Aussage), οὐσία(우시아) 그리고
κατηγορίαι(카테고리아)라는 것들이 구제된 것이다. 숨겨져 있지 않
음으로부터 있는 것도 그리고 모음이라는 것도 더 이상 보존되지 못
하고 이해되지 못하게 됨에 따라, 단지 한 가지 가능성만이 남아 있게
되었다: 부서져 서로서로 갈라지게 된 것들은, 그래서 단순한 눈앞에
널려 있는 것으로서(Vorhandenes/subsistants) 존속하는 것들은 그들
상호 간에, 단지 한 가지 양상의 관계를 통해서만 그 서로 간의 연관
성을 지속할 수 있었을 뿐이며, 이 연관성이라는 것 또한 그 자체로서
단순한 존속일 뿐이라는 특징(Charakter des Vorhandenen)을 지닌 그
와 같은 것이었다. 단지 존속할 뿐인 로고스(Ein Vorhandener Logos)
라는 것은 또 다른 하나의 존속할 뿐인 것, 있는 것을 자신의 대상
(Gegenstand)으로서 거기에 일치시켜야 하며, 자신을 맞추어야만 한
다. 이와 같은 것에 있어서도 ἀλήθεια(알레테이아)의 원래적인 본질의
그림자와 나타나 보임이 아직도 약간은 남아 있는 것이다. [숨겨져 있
지 않음 속에는 단순히 존속할 뿐인 것 또한 필연적으로 나타난다. 마
치 똑같은 숨겨져 있지 않음 속에서, 표-상하는 서술문(vor-stellende
Aussagen) 또한 필연적으로 말해져야만 하듯이.] 그러나 이와 같은
ἀλήθεια(알레테이아)의 나타나 보임의 잔재는 진리의 본질을 위한 규
정적인 근거가 될 수 있을 만큼, 그와 같은 것을 지탱해 줄 만한 힘도
권한도 더 이상 지니지 못하게 된 것이다. 이 잔재는 그 후 한 번도 또
다시 이와 같은 것에 (원상태에) 이르러 보지 못한 것이다. 오히려 그

반대로 이데(Idee)라는 것과 카테고리라는 것이 그 지배권을 장악한 그 이후부터, 철학은 모든 가능한 것과 불가능한 것을 통해서, 아무런 성과도 얻음이 없이, 서술문(Aussage, 생각, Denken)과 있음(存在, Sein)의 관계성을 밝히고자 자신을 괴롭히고 있다. 이와 같은 노력이 아무런 성과도 거둘 수 없는 것은, 있음에 대한 질문이 거기에서 다시금 전개될 수 있도록, 그렇게 그것이 자라난 (원래의) 근거와 토양으로 되돌려져 질문되고 있지 않기 때문이다.

　우리가 이 사건을 짧게 표현하고 있듯이, 숨겨져 있지 않음이 무너져 버린 것은 어떤 결핍에서부터, 즉 역운적 인간에게 그의 본질과 함께 그리고 그 본질 안에 주어진, 어떤 보존의 임무를 더 이상 맡을 수 없는 그와 같은 불능력(무능력)에서부터 이루어진 것이 아니다. 이와 같은 무너져 버림의 이유는 웅장한 시작이라는 것, 그리고 시작이라는 것 자체의 본질 속에 놓여 있다. [단지 피상적인 설명을 위해서만 '추락' 그리고 '무너져 버림'이라는 것은 어떤 부정적인 것으로 나타나 보이는 것이다.] 시작이라는 것은 시작하는 것으로 어떤 특정한 양상으로 자기 자신을 뒤에 남겨 두어야만 한다. [그래서 그것은 필연적으로 자기 자신을 숨기는 것이다. 그러나 이와 같은 스스로 숨김이라는 것은 결코 아무것도 아닌 것(無, Nichts)은 아니다.] 시작이라는 것은 결코 그것이 시작되는 그와 같은 양상으로 그 시작을 그렇게 직접적으로 보존할 수 없는 것이다. 그것이 그렇게 보존될 수 있는 유일 [G 200] 한 양상이라는 것은 그 시작의 원래적인 고유성을 원래적으로 되돌려-되찾음으로써, 반-복함으로써(Wieder-holen)만 가능하다. 그렇기 때문에 또한, 오로지 사색적 반-복 안에서만 시작이라는 것, 그리고 그것의 무너져 버림이라는 것의 진리를 그 품위에 알맞게 다룰 수 있는 것이다. 있음(存在, Sein)의 필요성(Not)과 그것의 웅장한 시작이라는 것은 단순한 역사적(historischen) 확인, 설명, 가치판단의 대상이 아니다. 그렇다고 해서 위의 말은, 이와 같은 무너져 버림이라는 사건이 가능한 한에 있어서 그것의 역운적인 과정 안에서 분명하게 드러나 보이도록 해야 한다는 것을 제외시킴을 의미하지는 않는다. 이 사건은 오히려 그와 같은 것을 요구하고 있다. 우리는 이 강의가 밟아 가고 있는 여기 이 도상에 있어서 단지 하나의 결정적인 이정표를 제시하는 것으로 만족하고자 한다.

56절 숨겨져 있지 않음의 허물어짐이라는 사건이 이루어진 역운적 진행과정에 대한 고찰: 'οὐσία(우시아)의 진리'라는 새로운 체제에 뒤따라온, 진리를 '정당성'으로 조정한 것에 대하여

우리는 헤라클레이토스와 파르메니데스로부터 있는 것의 숨겨져 있지 않음이 단순하게 존속할 뿐인 것으로 그렇게 널려져 있는 것이 아님을 알고 있다. 숨겨져 있지 않음은 오로지 작품을 통해서 그것을 실현하는 경우에만 이루어지는 것이다(Die Unverborgenheit geschieht nur, indem sie erwirkt wird durch das Werk): 언어의 작품으로서의 시(Dichtung), 돌의 작품으로서의 신전(Tempel)과 조각상(Standbild), 또 다른 언어의 작품으로서의 생각(Denken), πόλις(폴리스)의 작품으로서의 이 모든 것을 근거 지어 주고 보존하는 역사의 장소. ['작품'(Werk)이라는 말은 여기서 언제나, 우리가 앞에서 말한 것에 상응해서, 그리스적 의미의 ἔργον(에르곤)으로, 숨겨져 있지 않음 속에 생성되어 존재하는 것으로 이해되어야만 한다.] 작품 속에서 있는 것의 숨겨져 있지 않음을 획득한다는 것은 그리고 그와 함께 있음(存在, Sein)의 그것을 획득한다는 것은 그 자체로서 볼 때 오로지 끊임없는 투쟁이라는 양상으로서만 이루어지며, 동시에 언제나 숨겨짐, 덮여짐, 가상(Schein)에 대한 투쟁이다.

가상, δόξα(독사)라는 것은 있음과 숨겨져 있지 않음 곁에 있는 어떤 것이 아니라, 그들에게 속해 있는 것이다. δόξα(독사)는 그 자체 [G 201] 로서 다시금 애매모호한 것으로, 우선 무엇이 그 안에서 자신을 제공하는 그와 같은 모양(Ansicht, 광경)을 의미하며, 동시에 두 번째로는 개개의 인간이 보는 양상(Ansicht, 견해)을 의미한다. 현존재는 이와 같은 양상으로 자신의 발표된 그리고 반복된 견해 안에 자신을 고정시키는 것이다. δόξα(독사)라는 것 또한 로고스의 한 양상이다. 지배적인 견해(Ansicht)가 이제는 있는 것에 접근할 수 있는 전망(Aussicht)을 가로막고 있는 것이다. 있는 것으로부터, 그 스스로로부터 나타나 보여 알아들음으로 향할 수 있는 그와 같은 가능성을 앗아 버리는 것이다. 우리들에게 통상적으로 열려져 나타나는 전망(Aussicht)이라는 것은 이제 견해(Ansicht)라는 것으로 뒤바뀌어 버린 것이다. 견해라는 것의 지배는 이렇게 있는 것을 뒤바꾸어 놓고 또 견강부회(Verdreht)한다.

'어떤 사실을 견강부회한다'(Eine Sache verdrehen)를 그리스인들은 φεύδεσθαι(프세우데스타이)라고 불렀다. 있는 것의 숨겨져 있지 않음, ἀλήθεια(알레테이아)를 위한 투쟁은 이렇게 해서 φεῦδος(프세우도스), 궤변함 그리고 뒤바꾸어 놓음(사이비적인 것으로 만듦, die Verdrehung und Verkehrung)에 대항하는 투쟁이 된 것이다. 그런데 투쟁의 본질 안에는, 투쟁하는 자는 그의 적에게, 그가 그 적을 이겨 승리하든지 아니면 패배하든지 간에 종속하게 됨이 들어 있다. 비진리(Unwahrheit)에 대한 투쟁이라는 것은 ψεῦδος(프세우도스)에 대한 투쟁이기 때문에, 그 반대로, 투쟁되는 ψεῦδος(프세우도스)로부터 보았을 때 진리를 위한 투쟁은 ἀ-ψεῦδές(아-프세우데스)를 위한, 비사이비적인 것(Unverkehrte)을 위한, 그리고 뒤바뀌지 않은 것(Unverdrehte)을 위한 투쟁이 되는 것이다.

이렇게 해서 숨겨져 있지 않음이라는 그 원래적인 진리에 대한 경험은 위험성 안에 놓이게 된다. 왜냐하면 비사이비적인 것이 획득될 수 있기 위해서는, 알아들음과 파악한다라는 것은 직접적으로 있는 것에 호소해야만 하는 것이기 때문에, 다시 말해서, 직접 있는 것을 향해서 자신을 맞추어야만 하기 때문이다. 이제 이렇게 해서 진리라는 것을 정당성(Richtigkeit)으로 이해하는 길이 열린다.

이와 같이 숨겨져 있지 않음이 사이비적인 것을 통과해서 비사이비적인 것으로 변한, 그리고 이것으로부터 정당성으로 변한 과정은 φύσις(피지스)로부터 ἰδέα(이데아)로, 모음이라는 의미에서의 λόγος(로고스)로부터 서술문이라는 의미에서의 λόγος(로고스)로 변화된 것과 쌍으로 이루어진 것으로 보아야만 할 것이다. 이 모든 것으로부터 이제 있음(存在, Sein) 그 자체를 위해서는, οὐσία(우시아)라는 단어 속에 그 결정적인 모습을 드러내고 있는 그와 같은 해석이 두드러져 나타나게 된 것이다. 그것(우시아)은 지속적인 출석(ständigen Anwesenheit), 단순히 존속할 뿐임(Vorhandenheit)이라는 의미에서의 있음을 말한다. 이에 의한다면 진정으로 있는 그것은 언제나-있는, ἀεὶ ὄν(아에이 온)을 의미한다. 끊임없이 출석하고 있는 것은 우리

[G 202]

들이 모든 파악함과 모든 만들어 냄에 있어서 그 모든 것에 앞서 미리 되돌아가야만 하는, 모델(das Muster), ἰδέα(이데아)인 것이다. 끊임없이 출석하고 있는 것은 우리들이 모든 λόγος(로고스) 안에서, 서술함(Aussagen) 속에서 이미 그 이전에 그 (안)바닥에 놓여 있는 것, 그것으로 되돌아가야만 하는 것, ὑποκείμενον(휘포케이메논), subjectum, 주체이다. 이 이미 언제나 미리 앞서서–놓여 있는 것은 φύσις(피지스), 열려 펼쳐져 다스림이라는 것으로부터 보았을 때, πρότερον(프로테론), 앞서는 것, A priori(아 프리오리)인 것이다.

이와 같은 있는 것의 있음의 규정은, 모든 파악함 그리고 서술함에 있어서 있는 것이 어떻게 마주 서 있는지 하는 그 양상을 특징지어 주고 있다. ὑποκείμενον(휘포케이메논)이라는 것은 후에 이루어질 있는 것을 대상(Gegenstand)으로 해석하는 것의 선행자이다. 알아들음(die Vernehmung), νοεῖν(노에인)이라는 것은 서술함이라는 의미에서의 로고스에 의해서 인수되었다. 그래서 이 알아들음은 어떤 것을 그 어떤 것으로서(etwas als etwas) 규정하는 안에 만나지는 것을 관철해서–취하는 것(durch-nimmt), 관철해서 알아듣는 것(durchver-nimmt), διανοεῖσθαι(디아노에이스타이), 그와 같은 알아듣는다라는 것이 된다. 이와 같이 서술하면서 관철해서 취하는, διάνοια(디아노이아)는 판단하는 표상이라는 의미에서의 오성(Verstand)에 대한 본질적 규정이다. 알아들음은 오성(Verstand)이 되고, 알아들음은 이성(Vernunft)이 된 것이다.

그리스도교는 있는 것의 있음을 신에 의해서 창조된 존재로 해석했다. 생각과 앎(Denken und Wissen)은 믿음(fides, 피데스)과 구별되게 되었다. 이와 같은 것을 통해서 합리주의와 비합리주의라는 것은 조금도 쇠약해지지 않았을 뿐만 아니라, 오히려 이를 통해서 준비되고 더 왕성하게 되었다.

왜냐하면 있는 것은 신에 의해서 창조된 것이고, 다시 말해서 합리적으로 미리 생각된 것이기 때문에(rational vorgedachtes ist), 이 창조된 것이 그 창조자와 지니고 있었던 그와 같은 연관성에서 풀려나오자마자 그리고 다른 한편, 그와 동시에, 인간의 이성이라는 것이 그 지배권을 장악하고 절대적인 것으로서 자신을 내세움에 따라, 있는 것의 있음은 수학의 순수한 생각 안에서 생각될 수 있는(im reinen Denken der Mathematik denkbar) 어떤 것이 되어 버린다는 것은 당연히 뒤따라올 수밖에 없는 사실이다. 이렇게 계산될 수 있고 계산 안에 세워진 있음(存在, Sein)은 있는 것을 현대의 수학적으로 조립된 기술(테크니크)을 통해서 지배될 수 있는 것으로 만들어 버린 것이다. 그리고 여기서 말해진 테크니크(기술)는 지금까지 알려진 모든 도구 사용과는 본질적으로 다른 어떤 것이다.

있는 것은 이제 단지 정당하게 생각된 것, 정당한 생각에 부딪쳐 자신을 지탱할 수 있는 것, 그와 같은 것일 뿐이다.

있는 것의 있음에 대한 결정적인 해석의 중요 명칭은 οὐσία(우시아)이다. 철학적 개념으로서의 이 단어는 지속적인 출석(ständige Anwesenheit)을 의미한다. 이 단어가 이미 철학 안에서 그 지배적인 개념적 의미를 획득한 시기에 있어서도 이 단어는 동시에 그것의 원래적인 의미를 완전히 잃지 않고 있었다: 그리스어(에 휘파르코우사 우시아, Isokrates [이소크라테스])라는 것은 현존하고 있는 소유물(소유지, 부동산, der vorhandene Besitzstand)을 의미한다. 그러나 이와 같은 οὐσία(우시아)의 근본의미와 그 안에 미리 그려져 있었던 있음

(存在, Sein)의 해석은 더 이상 그 의미를 고수할 수 없었다. 머지않아 οὐσία(우시아)를 substantia(쉽스탄티아)로 해석하는 변화가 일어났다. 이 의미는 중세와 근대와 오늘날에까지 그대로 머물러 통상적으로 통용되고 있다. 그리고 이렇게 지배적인 실체개념(Substanzbegriff)으로부터 ── 기능개념(Funktionsbegriff)이라는 것은 단지 이것의 수학적 변형일 뿐이다 ── 거꾸로 거슬러서 그리스 철학을 해석한 것이다. 다시 말해서 그리스 철학을 전적으로 변조시킨 것이다.

한 가지 더 주목해야만 할 것은, 있음(存在, Sein)을 지칭하는, 오늘날에 있어서도 지배적인 이 οὐσία(우시아)로부터는 앞에서 다룬 있음과 (변화)됨(Sein und Werden), 있음과 가상(Sein und Schein)이라는 가름들이 어떻게 해석되고 있는가를 고찰해 보는 일이다. 이를 위해 문제시되고 있는 가름들에 대한 도식(das Schema)을 우리의 기억 속에 불러 보자.

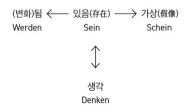

(변화)됨이라는 것에 반대되어 마주 서 있는 것은 끊임없이 머물러 있음이다. 단지 그렇게 보일 뿐인 것이라는 의미에서의 가상에 마주 서 있는 것은 진정으로 보여진 것, ἰδέα(이데아)이다. 그리고 이것은 다시금 이것이 ὄντως ὄν(온토스 온)이라는 의미에서, 바뀌어지는

가상이라는 것(나타나 보임)에 마주 서 있는, 끊임없이 머물러 있는 것이다. 그러나 (변화)됨과 가상이라는 것은 단지 οὐσία(우시아)로부터만 규정되는 것은 아니다; 왜냐하면 이 οὐσία(우시아)라는 것은 로고스, 서술하는 판단에 대한 연관성으로부터 그 결정적인 규정성을 얻고 있는 것이기 때문에. 여기에 상응해서 (변화)됨과 가상이라는 것은 또한 생각의 눈길(Blickbahn des Denkens)로부터 규정되고 있는 것이다.

언제나 머물러 있는 것에만 관계하고 있는, 판단하는 생각이라는 것으로부터 보았을 때, (변화)됨이라는 것은 언제나, 머물러 있지 않는 것으로 나타나 보이는 것이다. 머물러 있지 않는 것은 우선, 그저 존속할 뿐인 있는 것(Vorhandenen)의 영역 안에서 같은 장소에 머물러 있지 않는 것으로 자신을 나타내 보인다. 그래서 (변화)됨이라는 것은 장소변경(Ortsver änderung), φορά(포라), 운반(transport)으로 나타나 보인다. 그래서 이 장소변경이라는 것은, 이와 같은 이해의 빛 안에서 모든 (변화)됨이라는 것이 파악되어야만 할, 움직임의 결정적인 현상으로 이해된다. 근대적 수학적 합리주의라는 의미에서의 생각이 그 지배권을 장악하게 됨에 따라, 이와 같은 장소변경이라는 의미에서의 움직임이라는, 그와 같은 (변화)됨 이외에는 다른 어떤 형태의 (변화)됨도 용납하지 않게끔 되어 버리고 만 것이다. 다른 형태의 움직임이 나타나 보이는 경우, 사람들은 이것을 장소변경으로부터 파악하려고 노력한다. 그리고 이와 같은 장소변경이라는 것, 움직임이라는 것 자체도 단지 속도라는 것으로부터만 이해하게 되어 버린 것이다: $c=s/t$. 이와 같은 사고방식을 철학적으로 근거 지어 준 데카르트는 그의 저서 『철학의 원리』(*Regulae*, 제2부, 12) 속에서 다른

[G 204]

모든 움직임의 개념을 우스운 것으로 만들어 버리고 있다.

이렇게 이해된 (변화)됨이라는 것에 상응해서 οὐσία(우시아)가 생각(Denken, Rechnen, 계산)으로부터 규정되고 있는 것과 마찬가지로, 있음(存在, Sein)에 대한 다른 대립되는 것, 가상 또한 같은 양상으로 규정되고 있다. 가상(假像, Schein)은 정당하지 않은(unrichtig) 것이다. 가상의 근거는 잘못된 생각 안에 놓여 있는 것이다. 가상은 그래서 단순한 논리적 타당성을 지니지 못하는 것, 그른 것이 되어 버린다. 이와 같은 것들로부터 우리는 이제 무엇이 생각과 있음(Denken und Sein)의 대립인가를 그 전체로서 고찰할 수 있게 되었다: 생각이라는 것은 (본질의 결정적 규정에 관한) 자신의 지배력을 있음(存在, Sein) 그리고 동시에, 있음에 대립되어 있는 다른 것들을 초월해서, 그렇게나 넓게 펼치고 있는 것이다. 이 지배력은 더 멀리 펼쳐지고 있다. 왜냐하면 서술문이라는 의미에서의 로고스가 있음에 대한 지배력을 인수한 그 순간부터, 즉 있음(存在, Sein)이라는 것이 οὐσία(우시아), 즉 단순히 존속할 뿐인 있음(Vorhandensein)이라는 것으로 경험되고 이해된 그 순간부터, 있음과 당위(Sein und Sollen)라는 또 다른 하나의 가름이 성립될 준비가 이루어진 것이다. 그래서 있음(存在, Sein)을 규정하는 도식은 다음과 같은 것이 된다.

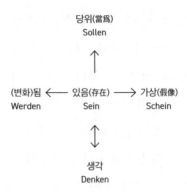

당위(當爲)
Sollen

↑

(변화)됨 ←—— 있음(存在) ——→ 가상(假像)
Werden   Sein   Schein

↕

생각
Denken

4. 있음과 당위

57절 있음이 ἰδέα(이데아)로 규정됨과 동시에 당위가 있음에 대립되는 것으로 등장하게 됨에 대하여. 이 대립의 형성과정과 완성: 가치철학

이 도식에 따라서 생각한다면 이 가름은 또 다른 한 방향을 취하고 있다. 우리는 있음과 생각(Sein und Denken)이라는 가름을 아래를 향한 방향으로 표시했다. 이것은 생각이라는 것이 있음을 지탱해 주고 규정해 주는 근거가 됨을 표시하고 있다. 있음과 당위(Sein und Sollen)라는 가름은 그 반대로 위를 향하고 있다. 이것을 통해서 다음이 표시되고 있다: 있음(存在, Sein)이 생각 안에 그 근거를 지니고 있는 것과 마찬가지로, 그것은 당위(Sollen)를 통해서 보다 높여지고(überhöhr) 있다. 이것은 있음이 더 이상 결정적이 아님을 의미한다. 그럼에도 불구하고 그것(있음)은 모델(Vorbild, 모범), 이데(Idee)라는 말인가? 과연 이데(Ideen)들은 그들이 모델/모범이라는 특징(Vorbildcharakter)을 지니고 있음으로써 더 이상 결정적인(Maßgebende) 게 되지 못한다. 왜냐하면 있는 것에 모습(Aussehen)을 제공하는 것으로서, 그래서 그 자신이 어떤 특정한 양상으로 있는 것(ὄν, 온), 이데(Idee)라는 것은 그것이 이 있는 것임으로서 그 자체가 자신의 있음(存在, Sein)의 규정을, 다시 말해서 또다시 다른 하나의 모습/모범(Aussehen)을 요구하고 있기 때문이다.

플라톤에 의한다면 이와 같은 이데들 중에서 가장 높은 이데(die Idee der Ideen), 최고의 이데(die höchste Idee)는 ἰδέα τοῦ ἀγαθοῦ(이데아 토우 아가토우), 지선(至善)의 이데(die Idee des Guten)이다.

여기서 '선'(das Gute)은 도덕적 규범을 갖추고 있다는 그런 의미에서가 아니라, 깨어 있는 것(das Wackere), 당연히 그렇게 해야 할 것을 실현하고 실현할 수 있음을 말한다. ἀγαθόν(아가톤)이라는 것은 있음(存在, Sein)에게, 다른 무엇에 앞서 있음(存在, Sein) 그 자체가 ἰδέα(이데아)로 될 수 있는, 모델/모범(Vorbild)이 될 수 있는 힘(Vermögen)을 제공하는, 그와 같은 척도 바로 그것이다. 이와 같은 힘을 제공할 수 있는 것은 최고의 힘이다. 그런데 또 이데들이라는 것이 있음(存在, Sein), οὐσία(우시아)라는 것을 성립시켜 주고 있다는 사실로부터, 이 ἰδέα τοῦ ἀγαθοῦ(이데아 토우 아가토우), 최고의 이데라는 것은 ἐπέκεινα τῆς οὐσίας(에페케이나 테스 우시아스), 있음의 피안(jenseits des Seins)에 자리 잡고 있는 것이다.[7] 이렇게 해서 있음 자체는, 전적

---

7 [옮긴이] 플라톤의 '에페케이나 테스 우시아스'에 대해서 현대의 프랑스 철학자 레비나스는 하이데거와는 다른 해석을 시도하고 있다. E. Levinas, *En découvrant l'existence avec Husserl et*

으로가 아니라, 이것이 단지 **이데라는 것으로서만** 다른 것들과, 즉 있음 그 자체에 의해서만 규정되도록 그렇게 머물러 있는 것들과 대립되는 위치에 서게 된다. 최고의 이데는 모델/모범들의 원형(Urbild/prototype)인 것이다(Die höchste Idee ist das Urbild der Vorbilder).

　　이제 우리는 어떻게 해서 이 가름이 성립되었는지에 대한 어떤 설명을 더 이상 추가하지 않기로 한다. 이 가름 안에 있어서도 있음(存在, Sein)에 대립되어 갈라져 나간 것, 당위(Sollen)라는 것이 어떤 알지 못하는 곳으로부터 있음을 향해서 날아온 것이 아니며, 그래서 그 다음 있음에 대해서 갈라짐을 제소(提訴)한 것이 아니다. 있음

[G 206] (存在, Sein) 그 자체가, 그것이 이데로서 해석되는 그와 같은 특정한 해석과정 중에, 모델/모범적인 것, 당위적인 것과의 관계성을 스스로 불러오는 것이다. 있음(存在, Sein) 그 자체가 그 자신의 이데적 특징을 중점으로 자신을 고정시키는 그 정도에 맞추어, 같은 정도로 이렇게 손실된(추락된) 있음(存在, Sein) 그 자체를 보상하고자 안간힘을 쓰는 것이다. 그러나 그와 같은 것은 이제, 단지 있음(存在, Sein)을 초월해서 존재하는 어떤 것을, 그것에 대해서 있음이 끊임없이 아직도 이르지 못하고 있는, 그렇기 때문에 언제나 그렇게 **되어져야만 하는** (sein soll), 그와 같은 것을 세워 놓음으로써만 가능하다.

　　여기에서 중요한 것은 단지 있음과 당위(Sein und Sollen)라는 가름의 본질적 근원, 아니면, 같은 것을 의미하고 있는, 이 가름의 역운적 시작을 밝혀 보이는 것이다. 이 가름의 역사적인 발전과정과 변화

Heidegger, Paris: J. Vrin, 1949 참조. Shinhyung Seong, *Otherness and Ethics—An Ethicl Discourse of Levinas and Confucius(Kongzi)*, Oregon: Wipf&Stock Eugene, 2018, p. 25 이하, 주해 12 참조.

과정에 대해서는 여기서는 더 이상 다루지 않기로 한다.

　오직 한 가지 본질적인 것만은 말하고 지나가기로 하자. 모든 있음(Sein)의 규정들에 있어서 그리고 이 가름에 있어서, 우리는 한 가지 사실만은 눈에서 놓치지 말아야 한다: 있음(存在, Sein)이 그 시작 시기에 φύσις(피지스), 열려 펼쳐짐, 폭로하여 다스림이었기 때문에 그것은 자신을 εἶδος(에이도스) 그리고 ἰδέα(이데아)로서 표현한다. 이와 같은 '있음'(存在, Sein)에 대한 설명(Auslegung)은 결코 우선적으로 철학에 의한 해석(Interpretation)에 의존하고 있는 것도, 또 단지 그와 같은 것에만 의존하고 있는 것도 아니다.

　이제 다음과 같은 것이 분명해졌다: 있음이 이데로 규정됨과 동시에 당위(Sollen)라는 것이 있음에 대결되는 것으로 등장했다. 있음이 이데로 규정됨에 따라 서술하는 로고스(διαλέγεσθαι, 디아레게스타이)라는 의미에서의 생각(Denken)은 하나의 결정적인 역할을 담당하게 된다. 그렇기 때문에 이와 같은 자기 스스로에만 구속되고 있는 이성(auf sich selbst gestellte Vernunft, raison autonome)이라는 의미에서의 생각이 근대 세기에 와서 그 지배권을 장악하게 됨과 동시에, 있음과 당위(Sein und Sollen)라는 가름의 완성된 모습 형성을 위한 준비가 시작된 것이다. 이와 같은 과정은 **칸트**에게서 그 끝마침(완성, Vollendung)을 보여 준다. 칸트에게 있어서 있는 그것은 자연(Natur)이다. 다시 말해서 수학적 물리학적 생각(사고방식) 안에서 규정될 수 있고 규정되는 것이다. (이성으로부터 규정된) 자연의 면전에는 역시 이성으로부터 규정된 그리고 이성으로서 규정된 무상명령법(der kategorische Imperativ)이 마주 서게 된다. 칸트는 이 무상명령법을 여러 차례에 걸쳐 분명하게, 이 명령법(Imperativ)이라는 것이 본

능적 자연이라는 의미에서의 단순하게 있는 것에 관계하고 있는 한
에 있어서, 당위(Sollen)라고 부르고 있다. 그 다음 피히테는 더 분명
하게 이 있음과 당위(Sein und Sollen)라는 대립을 자기 철학체계의 고
유한 근본 뼈대로 삼고 있다. 19세기에 와서 칸트적 의미에서의 있는
것이, 다시 말해서 역사학, 경제학을 동반하고 있는 과학이 경험할 수
있는 있는 것이 결정적인 우위권을 차지하게 된다. 이와 같은 있는 것
의 지배적 역할은 당위(Sollen)가 지니고 있는 척도적 역할에 위협을
가하게 된다. 이 당위라는 것은 자기의 주장을 고수해야만 하는 것이
다. 그것은 이제 그 자신 안에 스스로를 근거 지을 수 있기 위해서 노
력해야만 하는 것이다. 그 자체로서 어떤 당위성을 요구하려는 것은,
그 자체로서 그와 같은 것을 요구할 수 있는 정당성을 지니고 있어야
만 한다(dazu berechtigt sein). 당위성이라는 것, 또는 그와 유사한 것
은 단지 그 자신 자체로부터 그와 같은 요구를 할 수 있는 것, 그 자
체로서 어떤 가치(Wert)를 지니고 있는 것, 그 자체가 하나의 어떤 가
치 그 자체인 것(Wert ist)으로부터만 그 빛을 발할 수 있다. 이렇게 가
치 그 자체(Wert an sich)가 이제는 당위(Sollen)의 근거가 되어 버린
것이다. 그런데 이 가치라는 것은 기정사실(Tatsache)이라는 의미에
서의 있는 것의 있음에 대립되어 마주 서 있는 것이며, 그 자체가 있음
(存在, Sein)이 될 수는 없다. 그렇기 때문에 사람들은 가치는 유효하
다(gelten)라고 말하는 것이다. 가치는 모든 있는 것의 영역에 걸쳐서,
다시 말해서, 단순히 존속할 뿐인 모든 것에 대해서 결정적이다. (이
렇게 해서) 역운 또한 다른 아무 어떤 것도 아닌, 가치들의 실현일 뿐
인 것이다.

　　플라톤은 있음(存在, Sein)을 이데(Idee)로서 파악했다. 이데라는

것은 모델/모범(Vorbild)이며 그리고 그처럼 척도를 이루어 주는 것이다. 이와 같은 플라톤의 이데를 가치라는 의미로 이해하는 것은, 그리고 있는 것의 있음(存在, Sein)을 가치로부터, 유효한 어떤 것으로 해석하는 것은 거의 당연한 일이 아닌가?

가치라는 것은 유효하다(die Werte gelten). 그러나 유효함이라는 것은 아직도 어떤 주체(Subjekt)를 위해서 유효함을 연상하게 한다. 이렇게 가치라는 것으로 승격된 당위(Sollen)를 또 한번 뒷받침해 주기 위해서, 사람들은 가치(Wert) 자체에 한 있음(存在, Sein)을 부여한다. 여기서 있음(存在, Sein)은 그 근본에서 보았을 때 다른 아무것도 아닌, 단순히 존속할 뿐인 것의 출석(als Anwesen von Vorhandenem)을 의미할 뿐이다. 단지 이것은 책상이나 의자처럼 그렇게 쉽게 다룰 수 있는, 그리고 그렇게 조야(grob)한 형태로 널려 있는 게(Vorhanden) 아닌 것이다. '가치의 존재'(Sein der Wert)라고 말함을 통해서 그 뒤 죽박죽과 깊이 없음은 절정에 이르게 되었다. 그런데 이제 '가치'라는 표현이 점점 그 가치를 잃어버려 더 이상 쓰이지 않게 되고, 단지 경제학 안에서만 아직도 어떤 역할을 맡고 있기 때문에, 사람들은 이제 가치라는 말 대신에 '전체성'(Ganzheiten)이라는 말을 사용한다. 그러나 이와 같은 명칭을 통해서 사람들은 단지 문자(die Buchstaben)를 바꾸어 놓은 것이다. 최소 한도 이 '전체성'이라는 말을 통해서 우리는 그것이 그 본질에 있어서 무엇인가를 더 잘 알아볼 수 있다: '절반성'(Halbheiten)이라는 것이 그 본질이다. 절반성이라는 것은 본질적인 영역에 있어서 언제나, 그렇게나 사람들이 두렵게 여기고 있는 아무것도 아닌 것(Nichts)보다 훨씬 더 불길한 것이다. 1928년에 가치 개념에 관한 저서 전체목록 제1부가 출판되었다. 그 안에는 가치개념에 대한 661개의 논문이 인용되고 있다. 아마도 그 사이에 이 숫자는 1000을 넘어섰을 것이다. 이 모든 것은 그것이 철학이라고 자칭한다. 특히 오늘날 국가사회주의의 철학이라는 이름 아래 시장에 판매되고 있는 것들은 이 움직임의 내적 진리와 거대함(다시 말해서 지구 전체를 지배하는 테크니크라는 것과 근대적 인간의 상봉이라는 것)과는 아무런 상관도 없는 것이며, 그와 같은 것은 이 '가치', 그리고 '전체성'이라는 흙탕물 속에서 그물질을 하고 있을 뿐이다.

19세기에 있어서 가치라는 것에 대한 사색이 얼마나 집요하게 계속되었는가를, 우리는 니체 자신이, 그리고 바로 그가 이와 같은 가치의 표상 안에서 사색하고 있는 것을 통해서 알아볼 수 있다. 그가 예정한 주저 『힘에의 의지』(*Willens zur Macht*)에는 다음과 같은 부제가 붙어 있다: '모든 가치의 전도를 위한 시도'(Versuch einer Umwertung aller Werte). 이 저서의 제3권에는 다음과 같은 제목이 붙어 있다: '새로운 가치설정을 위한 시도'(Versuch einer neuen Wertsetzung). 가치개념의 와중에 휩쓸려 들어간 것이, 가치개념의 기원이 지니고 있는 문제점을 이해하지 못한 것이야말로 니체가 철학의 중심부에 이르지 못한 원인이었던 것이다. 그러나 만일 누가 장래에 거기에 이를 수 있다면 ── 오늘날의 우리들은 단지 그와 같은 것을 준비해 줄 수 있을 뿐이다 ── 그 사람 또한 또 다른 어떤 휩쓸려 들어감을 피할 수는 없을 것이다. 아무도 자기 자신의 그림자를 뛰어넘을 수는 없는 것이다(Keiner springt über seinen Schatten).

58절   일곱 개의 방향지시 사항에 비추어 지금까지 보아 온 네 개의 가름을 다시 한번 간추려 살펴봄

우리는 지금까지 있음과 (변화)됨(Sein und Werden), 있음과 가상(Sein und Schein), 있음과 생각(Sein und Denken), 있음과 당위(Sein und Sollen)라는 네 개의 가름에 대해서 질문해 왔다. 이 문제의 해설은 일곱 개의 방향지시를 통해서 시작되었다. 그 시작에 있어서 이와 같은 것은 마치 임의적으로 모아 놓은 몇 개의 명칭들을 구분하기 위한 하나의 사색적 연습(Denkübung)처럼 나타나 보였다.

우리는 이제 이 일곱 개의 방향지시를 똑같은 양상으로 되풀이하고자 하며, 앞에서 이야기된 것들이 얼마만큼 이 방향지시를 따랐으며, 이렇게 함 속에서 보여야만 할 것들에 얼마만큼 이르고 있는지를 살펴보고자 한다. [G 209]

1) 있음(存在, Sein)은 앞에서 인용한 다른 것들에 마주 서서 한계 지어졌으며, 그렇기 때문에 이와 같은 한정적 한계 지음(Grenzsetzung) 안에는 이미 어떤 규정성이 내포되어 있다.

2) 이와 같은 한계 지음은 서로서로 연관성을 지니고 있는 네 개의 관점으로부터 이루어진다. 그렇기 때문에 있음의 규정성 또한 여기에 상응해서 구분되고 그 정도 또한 높아져야만 한다.

3) 이와 같은 구분들은 결코 우연적인 것이 아니다. 이와 같은 구분 속에 서로 나뉘어져 있는 것들은, 하나로 모이려는 원래적인 경향성을 지니고 있다. 따라서 이 구분들은 그들 자신의 어떤 고유한 필요성을 내포하고 있다.

4) 그렇기 때문에 이렇게 첫눈에 보기에 마치 숙어들처럼 보이

는 이 마주 서서 대립되는 것들은, 어떤 우연한 경우에 임의적으로 생성되어 언어 속에 관용어화되어 버린 것이 아니다. 이들은, 그 열려 보여짐이 서양역사를 기준 지어 주고 있는, 있음(存在, Sein)이라는 것이 각인, 형성되는 것과 깊은 연관성을 가지고 생성되었다. 이들은 철학적 질문의 최초 시작으로부터 함께 시작된 것이다.

5) 이 구분들은 단지 서양철학 안에서만 그 위세를 발휘하는 것으로서 머물러 있지 않는다. 이들은 모든 앎, 행동, 말함 속에 스며들어 가고 있으며, 이들이 이와 같은 이름으로 불리지 않는 곳에도, 이들이 전혀 말해지지 않는 곳에도 침투되어 있다.

6) 이 명칭들을 열거한 그 순서는 이미, 이들 서로 간에 존립하고 있는 본질적 연관성의 질서에 관한, 그리고 이들이 어떤 순서로 역사적으로 각인, 형성되었는지에 관한 한 암시를 내포하고 있다.

7) 있음(存在, Sein)의 본질이 지니고 있는 진리를 전개시킬 의무를 이해한 있음의 질문(Seinsfrage)을 원래적으로 **질문한다**라는 것은, 이 구분들 속에 잠재해 있는 힘들을 결정 앞에 세워 놓아야만 하며, 이렇게 함으로써 이들 구분들을 그들 자신의 진리 속으로 되돌려 보내야 하는 것이다.

이 일곱 개의 방향지시를 통해서 앞에서는 단지 주장되었을 뿐인 것들이 이제는 그 일곱 번째를 **제외하고는** 모두 다 잘 상응하는 형태로 훌륭하게 전개되었다. 그러나 그 일곱 번째 점은 다만 하나의 요구를 내포하고 있을 뿐이다. 결론을 위해서 우리는 이와 같은 요구가 과연 정당하며, 무엇을 통해서 그와 같은 요구가 만족될 수 있을지를 잠시 보이고자 한다.

[G 210] 이와 같은 증명은 단지 이 『형이상학 입문』 전체를 다시 한번 종

합해서 살펴보는 형태로만 가능할 것이다.

1. 네 개의 가름 속에 나타나는 있음의 근본적 특성: 지속적 출석: οὐσία(우시아)로서의 ὄν(온)

모든 것은 처음에 질문한 근본문제 안에 놓여 있다. '왜 있는 것은 도대체 있고 차라리 아무것도 아니지 않는가?'(Warum ist überhaupt Seiendes und nicht vielmehr Nichts?) 이 근본문제의 첫 번째 전개는 우리들로 하여금 다음과 같은 앞서는 질문(Vorfrage)을 질문하도록 요구했다: 있음이라는 것은 도대체 어떻게 존재하는 것인가(Wie steht es überhaupt mit dem Sein)?

'있음'(存在, Sein)이라는 말은 우선 우리들에게 한 빈 단어처럼, 단지 하나의 오락가락하는 의미를 지닌 단어처럼 나타나 보였다. 그것이 그렇다는 것은, 확인할 수 있는 여러 기정사실들 중의 한 기정사실인 것처럼 나타나 보였다. 그러나 마침내는, 이와 같이 질문을 필요로 하지 않는 것으로, 더 이상 질문될 수 없는 것으로 나타나 보이는 것이 질문되어야만 할 가장 높은 존엄성을 지니고 있는 것으로 나타났다. 있음 그리고 있음의 이해는 그저 하나의 눈앞에 널려져 있는 기정사실이 아닌 것이다.

있음(存在, Sein)이라는 것은 하나의 이루어짐이며, 단지 이것의 근거 위에서만 역사적 현존재라는 것은 처음으로, 있는 것이 그 전체로서 자신을 열어 보이는 속에서 자신 스스로를 발견할 수 있다.

그러나 우리는 이와 같은 역사적 현존재의 근거, 가장 질문될 품위를 지닌 이 근거를 오로지 그것을 질문 안에 세워 놓음으로써만 그 진리와 그 존엄성에 맞추어 경험할 수 있다. 그래서 우리는 다음과 같은 앞서는-질문을 질문했던 것이다: 있음은 어떻게 존립하는가(Wie steht es mit dem Sein)?

'있다/이다'(ist)라는 단어의 매우 통상적인, 그러나 다양한 사용에 대한 우리들의 지적은 우리들로 하여금 있음(存在, Sein)이라는 단어가 속이 빈 말이고 규정되어 있지 않다라는 주장이 틀렸음을 다시 한번 확인할 수 있게 해 주었다. '있다/이다'(ist)라는 것이 오히려 Infinitiv형의 있음(Sein)의 의미와 그 내용을 규정하며, 그 반대가 아닌 것이다. 그래서 우리는 이제 왜 그래야만 하는 것인지를 이해할 수 있게 되었다. '있다/이다'(ist)라는 것은 서술문 안에서 계사(Copula)로, 조그만 관계사(Verhältnis-wörtchen, 칸트)로 통용된다. 서술문은 '있다/이다'(ist)를 포함한다. 그런데 서술문(Aussage, Proposition), κατηγορίαι(카테고리아)라는 의미에서의 λόγος(로고스)라는 것이 있음(Sein)을 판정하는 법정이 되었으므로, 그렇기 때문에 그 법정(서술문)에 속해 있는 '있다/이다'(ist)로부터 있음(das Sein)이라는 것을 규정하게 되는 것이다.

우리가 하나의 빈 명칭으로 생각함으로써 출발한 있음(存在, Sein)은 그렇기 때문에 이와 같은 나타나 보임(Anschein, 허울)에도 불구하고 어떤 규정적인 의미를 지녀야만 하는 것이다.

[G 211]

있음(存在, Sein)에 대한 규정성은 네 개의 가름을 설명하는 중에 다음과 같이 나타났다.

있음은, (변화)됨과의 대립에 있어서 머무름(Bleiben)이다.

있음은, 가상과의 대립에 있어서 머물러 있는 모델/모범(bleiben-de Vorbild), 항상 똑같은 것(das Immergleiche)이다.

있음은, 생각과의 대립에 있어서 그 바닥에 놓여 있는 것(das

Zugrundeliegende), 존속하는 것(Vorhandene)이다.

있음은, 당위와의 대립에 있어서 아직 실현하지 못한, 아니면 벌써 실현된, 그래야만 하는 것(Gesollte)이라는 의미에서의 언제나 앞에 놓여 있는 것(das je Vorliegende)이다.

머무름(Bleiben), 언제나 같은 것(Immergleichheit), 단순하게 존속할 뿐인 것(Vorhandenheit), 앞에 놓여 있는 것(Vorliegen) ── 이 모든 것은 그 근본에서 볼 때 모두 동일한 것을 말하고 있다: **끊임없는 출석**(ständige Anwesenheit): οὐσία(우시아)라는 의미에서의 ὄν(온).

이와 같은 있음의 규정은 우연적인 것이 아니다. 그것은 그리스인들의 웅장한 시작을 통해서 우리들에게 전달된, 우리들의 역사적 현존재라는 우리들의 불림(任務)으로부터 자라난 것이다.

있음(存在, Sein)을 규정한다는 것은 단순히 어떤 단어의미를 한정시키는 것이 아니다. 이 있음의 규정이라는 것은 오늘날에 있어서도 있는 것 전체에 대한, (변화)됨에 대한, 가상에 대한, 생각에 대한 그리고 당위에 대한 모든 우리들의 관계를 지배하고 지탱해 주는 바로 그 힘인 것이다.

2. 아무것도 아닌 것에 대항해서 존립하는 있음에 대한 질문이라는 것이 바로 허무주의의 진정한 극복을 위한 첫걸음이라는 것에 대하여

그래서 이 '있음은 어떻게 존립하는가?'라는 질문은, 동시에 그것이 '우리들의 현존재는 어떻게 역사 안에 존립하는가'(Wie es mit unserem Dasein in der Geschichte steht)라는 질문으로서 자신을 나타내 보이는 것이다: 우리들은 진정으로 역사 안에 서 있는(stehen) 것인지? 아니면 몸을 가누지 못하고 비틀거리고 있는지? 형이상학적으로 보았을 때 우리는 **몸을 가누지 못하고 비틀거리고 있다**. 우리는 있는 것들의 가운데서 방방곡곡으로 돌아다니고 있으면서도 있음(存在, Sein)이 어떻게 존립하는지를 더 이상 알지 못하고 있는 것이다. 우리는 우리가 그와 같은 것을 더 이상 알지 못하고 있다는 그 사실조차도 알지 못하고 있다. 우리가 서로서로, 우리는 비틀거리고 있는 것이 아니다라고 안심시킬 때, 예를 들어서 사람들이 오늘날 이와 같은 있음에 대한 질문이 단지 혼란만을 불러오고, 파괴적인 결과를 가져오며, 그래서 그것은 허무주의(Nihilismus)일 뿐임을 증명하려고 노력함으로써 서로서로를 안심시킬 때에도 ── [실존주의(Existenzialismus)의 출현과 함께 다시금 횡행하고 있는 이와 같은 있음의 질문에 대한 왜곡은 단지 아무것도 모르는 순진한 사람들에게만 새로운 것이다] ── 우리는 여전히 비틀거리고 있는 것이다.

[G 212]

(그렇기 때문에 우리는 질문하지 않을 수 없는 것이다.) 도대체 어디에 진정한 허무주의는 실현되고 있는 것인가? 그와 같은 곳에, 즉 사람들이 통상적인 있는 것에만 집착하고, 그래서 "있는 것을 지금까지 그렇게 해 왔 듯이 그런 있는 것으로 대하는 것만으로도 충분하다고, 왜냐하면 그것은 그냥 그런 것이기 때문에"라고 말하는 곳에. 이렇게 함으로써 사람들은 있음(存在, Sein)에 대한 질문을 거부하고 있음을 마치 아무것도 아닌 것(無, Nichts)처럼 취급한다. 그러나 아무것도 아닌 것 또한 그것이 출석하고 있는 한에 있어서 어떤 특정한 양상으로 '있는'(ist) 것이다. 있음을 잊어버림 속에서 단지 있는 것에만 집착하는 것 ── 이것이야말로 허무주의이다. 이렇게 이해된 허무주의가 바로 니체가 그의 『힘에의 의지』 제1권에서 말하고 있는 허무주의의 근거이다.[8]

그 반대로 있음에 대한 **질문** 안에서 분명하게 아무것도 아닌 것 (無, Nichts)에 이르기까지 이 질문을 감행하고, 그것을 있음의 질문 안에 연관시키는 것이야말로 허무주의를 진정으로 극복할 수 있는 첫 번째의, 그리고 유일한, 어떤 결실을 가져다줄 수 있는 발걸음인 것이다.

3. 있음의 가능한 전 본질영역에 걸친 새로운 경험의 필요성에 대하여. 네 개의 가름으로 둘러싸여 있는 있음이 모든 있는 것들의 근거로, 모든 것을 감싸 회전하는 둥근 원으로 변화될 필요성에 대하여. 있음과 있는 것의 갈라짐이 근원적 갈라짐이라는 것에 대하여

그래서 우리는 가장-질문될-품위가-있는 것으로서의 있음에 대한 질문을 그렇게까지 밀고 나갔어야만 했으며, 이것이 바로 네 개의 가름에 대한 설명이 우리에게 보여 준 것이었다. 그 어떤 것에 대립되어 있음이 한정되고 있는 것들은 ── (변화)됨, 가상, 생각, 당위 ── 어떤 상상된 것들이 아니다.

여기에는 있는 것들을 지배하는, 있는 것들의 열어 보임과 그 모양을 갖춤, 있는 것들의 봉쇄와 그들을 조작함이라는 것을 지배하고, 거기에 마술을 부리는, 그와 같은 힘들이 자리 잡고 있다. (변화)됨 ── 그것은 아무것도 아닌 것인가? 가상 ── 그것은 아무것도 아닌 것인가? 생각 ── 그것은 아무것도 아닌 것인가? 당위 ── 그것은 아무것도 아닌 것인가? 결단코 그들은 그렇지 않다.

8　[옮긴이] 하이데거, 『니체 I. II.』 참조, 특히 II. p.31 이하, 「유럽적 허무주의」(Der europäische Nihilismus) 참조/Vgl. M. Heidegger, Nietzsche I. II., Günter Neske Pfullingen, 4e(1961).

그러나 만일 이렇게 있음(存在, Sein)과 대립된 가름 안에 놓여 있는 모든 것들이 아무것도 아닌 것이 **아니라면**, 그렇다면 그것은 그 스스로 있는(Selbst Seiend) 그 어떤 것이다. 그래서 결국에 가서는 이들은 사람들이 있음의 한-정(be-schränkten)된 본질의 규정에 따라 있는 그 어떤 것으로 여기는, 그와 같은 것보다도 더 있는 그 어떤 것이다. 그렇다면 (변화)되는 것(das Werdende), 가상적인 것(das Scheinende), 생각, 당위는 어떤 의미에서의 있음(存在, Sein)에 따라 있는 그 어떤 것이라고 불리어야만 하는가? 결코 있음이 그들에 대립되어 있다는 그와 같은 의미에서는 아니다. 그럼에도 불구하고 그와 같은 의미는 고래(古來)로부터 통상적인, 그런 의미인 것이다.

[G 213]

그렇다면 지금까지의 전통적인 있음(存在, Sein)의 개념은, 모든 있는(ist) 그것들을 이름 지어 부르기에는 불충분하다는 말인가?(Also reicht der bisherige Begriff des Seins nicht zu, um all das zu nennen, was 'ist'?)

만일 우리들이 우리들의 역사적 현존재를 역운적으로 실현시키고자 한다면, 있음(存在, Sein)이라는 것은 그렇기 때문에 그 근본에서부터, 그리고 그 가능한 본질의 전체적인 영역에 걸쳐 다시 경험되어야만 하는 것이다. 왜냐하면 있음에 마주 서고 있는 그와 같은 힘들, 이 가름들이라는 것 그 자체가 이미 오래전부터 우리들의 현존재를 다각적인 면에서 규정하고, 지배하고 또 깊은 영향을 미치고 있으며 '있음'(存在, Sein)의 혼란 속에 붙잡아 두고 있기 때문이다. 그래서 우리는 이 네 개의 가름을 원래적인 양상으로 질문, 고찰함을 통해서 다음과 같은 결론에 이르게 된다: 이들이 둘러싸고 있는 있음(存在, Sein)이라는 것 그 자체가 모든 있는 것을 감싸 둘러싸는, 그리고 이들을 근거 지어 주는 한 원(umkreisenden Kreis)으로 변화되어야만 한다는 것. 그 내적 연관성과 원래적인 서로 갈라짐이 역사라는 것을 지탱해 주고 있는, **가장** 원래적인 가름이라는 것은 있음(存在, Sein)과 있는 것(Seienden)의 구분이다.

그러나 그것은 어떻게 이루어져야만 하는가? 그와 같은 것(있음과 있는 것의 구분)을 사색하기 위해서 철학은 어디에 자신을 개입시켜야만 하는가? 그럼에도 불구하고 우리는 여기서 개입(Einsatz, Intervention)에 대해서 말할 것이 아니라, 오히려 그것(철학)을 아직도 더 완성시켜야만 한다. 왜냐하면 철학은 우리 자신 또한 그 영향력 아래 서 있는 그 시작 시기의 필요성에 의해서 성립된 것이기 때문에. 우리는 네 개의 가름을 설명하는 중에, 아무런 성과 없이, 불필요하게 오랫동안 있음과 생각(Sein und Denken)이라는 가름에 머물러 있었던 것은 아니다. 이 가름은 오늘날에 있어서도 있음(存在, Sein)을 규정해 주고 있는 중요 근거이다. 서술문이라는 의미에서의 λόγος(로고스)에 의해서 이끌어지고 있는 생각이라는 것이, 그 안에서 있음(存在, Sein)이라는 것이 만나질 수 있는 그와 같은 눈길(Blickbahn)을 제공하고 또 이 눈길을 유지시켜 주고 있는 것이다.

그래서 만일, **자신의** 있는 것과의 원래적인 구분 속에서, 있음(存在, Sein) 그 자체라는 것이 자신을 열어 보이고 근거 지어져야만 하는 것이라면, 이와 같은 것은 하나의 더 원래적인 눈길의 전개를 필요로 하는 것일 테다. 있음과 생각(Sein und Denken)이라는 가름의 기원, 즉 알아들음과 있음(Vernehrnung und Sein)이 서로 갈라져 나간 것, 이와 같은 것에 있어서, 있음(存在, Sein)의 열어 보이는 본질(φύσις, 피지스)로부터 인간존재에 대한 어떤 규정이 나타나 보여지고 있다는, [G 214] 이와 같은 한 중요한 사실이 우리에게 나타나 보이는 것이다.

있음(存在, Sein)의 본질에 대한 질문에는 '누가 인간인가?'(Wer ist der Mensch?)라는 질문이 내적으로 깊게 연관 지어져 있다. 그러나 이와 같은 연관성으로부터 요구되는 인간의 본질에 대한 규정은, 인간을 그 근본에 있어서 동물학이 동물들을 생각하는 것과 똑같은 양상으로 생각하는, 어떤 유행적인 인간학(freischwebenden Anthropologie)이 다룰 문제가 아니다. 인간존재에 관한 질문은 이제 그 방향, 그리고 그 중대성에 비추어 **오로지 있음**(Sein)에 대한 질문으로부터 규정되고 있는 것이다. 인간의 본질은 있음(存在, Sein)에 대한 질문 안에서, 그리고 그 시작 시기에 주어진 숨겨져 있는 지시에 상응해서, 있음(存在, Sein)이라는 것이 자신을 열어 보이기 위해서 필요로 하는 **장소**(Stätte)로서 이해되어야만 하고 또 근거 지어져야만 한다. 인간은 그 자체로서 하나의 열려 있는, '거기'라는 장소이다(Der Mensch ist das in sich offene Da). 이 안에서 그리고 그것을 향해서 있는 것은 작품이 되는 것이다. 그렇기 때문에 우리는 인간의 있음(存在, Sein)을 엄격한 의미에서 '**현-존재**'(現-存在, Da-sein, 거기-열려져-있는-존재)라 부르는 것이다. 있음(存在, Sein)의 열려 보이는 장소라는 의미에서의 현-존재(Da-sein)의 본질 안에, 있음(存在, Sein)의 열어 보임을 위한 눈길이 원래적으로 근거 지어져 있어야만 하는 것이다.

모든 서양의 있음에 대한 이해와 전통(Seinsauffassung und Überlieferung), 그리고 여기에 상응하는, 있음에 대한 오늘날에까지도 아직 지배적인 근본적인 관계는 **있음과 생각**(Sein und Denken)이라는 명칭 안에 한마디로 종합된다.

59절   인간의 본질(현-존재)이 바로 있음의 성역이라는 것에 대하여.
'존재와 시간': 있음의 해석을 위한 '눈길'로서의 시간

그러나 있음과 시간(존재와 시간, Sein und Zeit)이라는 것은 그 어떤 양상에 있어서도 지금까지 말해진 가름들과는 같은 좌표 안에서 정돈될 수 있는 그런 것이 아니다. 그것은 질문함의 전혀 다른 영역을 가리키고 있다.

여기에서는 시간이라는 '단어'가 단지 생각이라는 '단어'와 바뀐 것이 아니라, 시간의 본질이라는 것이, 있음에 대한 질문의 영역 안에서(im Bereich der Seinsfrage) 근본적으로, 그리고 유일한 양상으로 전혀 다른 관점에서 규정되고 있다.

도대체 무엇 때문에 바로 시간이 문제가 되는 것인가? 그것은 서 [G 215] 양철학의 그 시작 시기에 있어서 있음(存在, Sein)의 열어 보임을 이끌어 준 눈길이 바로 시간(Zeit)이었기 때문이다. 그러나 여기서 이 눈길이라는 것, 바로 그것은 아직도 숨겨져 있는 것 그리고 숨겨져 있었어야만 하는 것으로 그렇게 머물러 있다.

있음(存在, Sein)의 근본적 개념이 마침내는 οὐσία(우시아)가 되어 버리고, 이것은 끊임없는 출석(ständige Anwesenheit)을 의미한다면, 이와 같은 끊임없음 그리고 출석의 본질, 그 밑에 숨겨져 있는 것은 시간(die Zeit)이 아니라면 그 무엇이라는 말인가? 그러나 바로 '이와 같은 시간'(diese Zeit)은 아직도 그 본질을 펼쳐 전개시키지 못하고 있으며(물리학[Physik]이라는 지평선과 그 지반 위에서), 또 펼쳐 전개될 수도 없었던 것이다. 왜냐하면 그리스 철학의 끝마침의 시기에 아리스토텔레스가 시간의 본질에 대한 사색을 시작함과 동시에, 시간(die

Zeit)은 그 자체가 마치 어떤 출석하고 있는 것(Anwesende)처럼, οὐσία τις(우시아 티스)처럼 취급되었어야만 했던 것이다. 이와 같은 것은 시간이, 언제나 그리고 유일하게 출석하고 있는 '지금'(Jetzt)이라는 것으로부터 이해되었다는 사실을 통해서 잘 나타나 보여지고 있다. 과거라는 것은 그래서 '더-이상-지금이-아닌 것'(Nicht mehr-Jetzt)이 되고, 미래라는 것은 '아직-지금이-아닌 것'(Noch nicht-Jetzt)이 된다. 그래서 존속한다(출석한다, Vorhandenheit, Anwesenheit)라는 의미에서의 있음(存在, Sein)이 시간(die Zeit)을 규정해 주는 눈길이 된 것이다. 그러나 시간은 있음을 해석하기 위한 독자적인 눈길을 열어 주지 못했다.

'있음과 시간'(존재와 시간, Sein und Zeit)은 이와 같은 사색에 있어서는 어떤 책을 가리키는 것이 아니라, 한 과제(課題)로서 제의된 것을 의미한다. 진정한 과제로서 제의된 것은 우리들이 알지 못하는 것이며, 만일 우리들이 그것을 과제로 주어진 것으로서, 그렇게 참으로 알고 있다면, 그것은 다만 질문되어지고 있는 속에서의 앎을 의미하는 것일 게다.

질문할 수 있다는 것은, 그것이 비록 한 일생을 요구한다 할지라도, 기다릴 수 있다는 것을 의미한다(Fragen können heißt: warten können, sogar ein Leben lang). 그러나 단지 빠른 속도로 이루어지는 것, 그리고 단지 두 손으로 움켜잡을 수 있는 것들만이 실재(das Wirkliche)로 통용되고 있는 시대에 있어서는 질문함은 그 비용을 수금할 수 없는 실재에서 멀리 떨어져 있는 것으로(Wirklichkeitsfremd) 여겨질 뿐이다. 그러나 수(數)라는 것이 본질적인 것이 아니라, 그 올바른 때와, 다시 말해서 올바른 순간과 올바른 인내(忍耐)라는 것이 중요하다(Aber nicht die Zahl ist das Wesentliche, sondern die rechten Zeit, d.
h. der rechte Augenblick und das rechte Ausdauer).

Denn es hasset

Der sinnende Gott

Unzeitiges Wachstum.

— Hölderlin, Aus dem Motivkreis der "Tiranen"(IV, 218)

왜냐하면 깊이 숙고하는 신(神)은

때아닌 성장을

증오하기 때문에

— 횔덜린, '거인들'이라는 주제로부터(IV, 218)

부록

Zur Kritik der Vorlesung

1. Der Ansatz mit der Frage: Was ist überhaupt Seiendes··· (vgl. dazu: Die Entmachtung der φύσις) nicht geschichtlich wesentlich genug: »Leibniz« —— ens creatum —— christlich-theolo - gische Frage!

2. Desgleichen ist S. 15 [= S. 31/33] vor allem der Übergang zum »Sein« —— auf das a lies hinauswill —— eine faule Stelle, zu dunn und zu künstlich; auBerdem ist die dann folgende Scins-frage keine Vor-frage.

Das Unmögliche liegt aber darin, claß durch diese Vorfrage doch das *Sein* für sich genommen wircl, wenngleich in der Absicht dieses riickgangig zu machen.

All dieses, ohne zuvor die Wesung selbst urspriinglich zu sagen! Die Meinung, durch solches kritisches Vorgehen sei der Umschwung zu erzielen, ist irrig. Die Vorfrage als Kritik des Seinsverständnisses und der Unterschied: nur auf dem Gmnde des anderen Anfangs —— aber nicht als

Hinfiihrung dazu!

Wesentlich das *Schwanken* zwischen Sein und Nichtsein. Aber zuvor: wie das Schwanken erfahren, wie es uns trifft und schwanken läßt. Nicht das bloße »Werden« als Veranderung, sondern der Ausschlag zwischen Sein und Nichts.

Wie wir dabci aber im Entweder-Oder verhaftet blciben und gerade nicht das Sein als solches ——das Nichts als solches ——diese in ihrem Bezug als *Ausschlagsbereich* ——*als ausschließende Zu* ——weisung. AuBerdem wissen wir nich t und fra gen auch nicht wesentlich, ob das Seiende ins völlige Nichts versinkt oder nur verschwindet und sich wandclt.

Das Schwanken in den verschiedcnen Stufen der Wahrheit.

3. Das Fragen könnte soglcich von S. 1 überspringen zu S. 16[= S. 3–36] unten, wo vorgegeben ist ——plötzlich ——, daß nach dem Grund des Seins gefragt sei, bzw. daß wir Sein verstehen müBten.

Ist diese Forderung zwingend und inwiefem! eine ständige Forderung zur Stiitzung des Seinsverstandnisses!?

4. *Die Vorfrage* (S. 17 ff.) [= S. 36 ff.]

1. ist es die *eigentliche* Frage ——die wahrhaft vor-läufige!

vgl. S. 21 ff. [= S. 45 ff.]

2. aber gerade nicht in dieser Form, denn hier wird auf dem zweifelhaften Boden der vorausgesetzten Unter-scheidung ——die eine Seite abgelöst ——und gefragt, wie es mit dem *Sein selbst steht*.

Zuvor die Schwierigkeit, daß zunächst ein bloßer Wortklang ——

einzusehen! Und die Frage: Wie steht es mit dem Sein? *bezweifelt* doch gerade, daß Sein *eigens* und *unmittelbar zu* fassen sei (17) [= S. 36 ff.].

Diese Frage also im Ganzen der Versuch der Erschütterung der »Unterscheidung« und *nicht* der einfache *Fortgang auf ihre andere Seite*! Denn der Zug des Ganzen geht vom Seinsverständnis zu *Seinsgeschehnis* —also *Überwindung des Seinsverständnisses insofern entscheidend!*

Andererseits wird dadurch doch mit dem Vergessenen und Ungefragten der platonisch-aristotelisch-kantischen (P-A-K) Grundstellung ernst gemacht —das *Seinsverständnis* als *geschichtliche* Tatsache *festgestellt* und zugleich erschüttert.

5. Bis wohin gelangt die Vorlesung?

Vom Wort »Sein« zur »Bedeutung« —aber nur, daß sie bestimmte ist und diese Bestimmtheit herkünftig aus dem Verfall des Anfangs. Aber das *Sein selbst!*

Wie da fragen?

Erst vom Sein selbst aus (nicht vom Seinsverständnis), dieses als das Fragwürdigste *gründen!* vgl. zu S. 35 [= S. 88 ff.].

Vgl. zur Umarbeitung der Darstellung eingrenzende Unterscheidungen des Seins gegen Werden, Schein, Denken, Sollen — die Entmachtung der φύσις, bes. S. 5 ff. [= S. 8 ff.].

Die Vorlesung bleibt auf dem halben Wege sleeken, nicht nur, weil sie in ihrer engen Fragestellung nicht zu Ende gebracht ist —vgl. Entwurf! *vom Seinsverständnis zu Seinsgeschehnis!* —sondern: weil sie [G 219] im Grunde nicht aus der Fessel des Seinsverständnisses herauskommt. Und das gelingt nicht, weil die Frage ─ auch die Grundfrage nicht ─ keineswegs ins Wesentliche trägt, namlich in die Wesung des Seins selbst.

Die Erörterung des *Seinsbegriffes* und seiner Geschichte ist wichtig ─ die Tatsache des Seinsverstandnisses und seiner Tatsächlichkeit ist wichtig, aber alles nur, wenn die Seinsvergessenheit als eigentliches Geschehnis eröffnet wird und in *diese* Geschichte gestoßen, d. h. in die Entmachtung der φύσις in das Ende der »Metaphysik«, in die Not der Notwendigkeit des anderen Anfangs als der Gründung des *Daseins*.

Erste Fassung der Handschriftseiten 31-36
(Vgl. die Seiten 78 bis 90 des vorliegenden Drucktextes)

Wir entnehmen schon aus diesem Fragen mit Bezug auf den dreifachen Wortstamm des Wortcs Seyn, daß die Redensart von der Leere des Wortes und seiner verdunslenden Bedeutung selbst reichlich leer und oberflächlich ist. Hinzu muß allerdings eigens vermerkt werden: Wir wolln nicht das Opfer einer falschen und spielerischen Überschätzung der Etymologie werden; wir sind nicht der Meinung, man könnte schnurstracks durch Rückgang auf die Grundbedeutung des Stammverbs nun das Wesen des Seyns im Ganzen hervorzaubern. Das ist auch dann unmöglich, wenn man die Feslstellung der Urbedeutungen ganz nüchtern nimmt und bedenkt, daß ein ursprüngliches, anfängliches Sagen gleichsam in der Wortwerdung noch nicht notwendig das voile Wesen des Zum-Wort-Gcbrachten erschöpfen muß und erschöpfen kann. Aber andererseits vermeiden wir auch jene ebenso übereilte Ablehnung der Etymologie, die mit dem Hinweis darauf arbeitet, daß ja doch die Grundbedeutungen abgestorben seien. Damit ist das Überlebende noch [G 220] nicht verständlich gemacht, denn durch bloßes Absterben entsteht nichts; und die Einheitlichkeit der verbalen Abwandlungen in der Konjugation des Zeitwortes »seyn« ist doch nicht nichts. Die Grundbedeutungen der Stammworte können aber wesentliche Anweisungen geben, gesetzt, daß wir zuvor eine zureichende Fragestellung haben und nicht vergessen, daß die Frage nach dem Ursprung der Sprache hier wesentlich hinein-spielt, daß aber diese Frage ihrerseits eine metaphysische ist. Gerade die Sprachwissenschaft kann die Frage nach dem Ursprung der Sprache gar nicht stellen, geschweige denn beantworten; sie kann immer nur unter der Leitung einer schon mehr oder minder ausdrücklich gefaßten Ursprungsvorstellung die sogenannten sprachlichen Tatsachen aufsuchen, sammeln und auslegen.

Was ist nun das Ergebnis der ctymologischen Bctrachtun bezüglich des Wortes »Seyn«? Im Grunde doch dasselbe wie bei der Betrachtung der Wortform. Der substantivierle Infinitiv ist gleichsam die endgültige Fassung der allgemeinslen, abstrakten Bedeutung des Wortes, und die Etymologie zeigl, daß sich die anfänglich bestimmten Bedentungen vermischt und in eben jene allgemeine Bedeutung verwischt haben, die der Infinitiv ausdrückt. So *kann* man die Sachlage sehen und man *kann* gemäß dieser Sicht die ganze Erörterung des Wortes Seyn jetzt erst recht als unergiebig zurückweisen. Aber wir *müssen nicht* so vorgehen. Die inzwischen schon aufgerollten Fragen haben uns stutzig gemacht. Und diese Fragen werden noch bedrängender, wenn wir festhalten, daß ja doch die ganze Grammatik fragwürdig ist hinsichtlich ihrer Eignung zu einer ursprünglichen Auslegung des Wesens der Sprache, im besonderen die Auffassung der sogenannten Infinitivform!

Am Ende ist die Betrachtung der Wortform ebenso wie dies Aufsuchen der Stammbedeutungen von entscheidender Wichtigkeit, nur daß die Art, *wie* das gescliicht, unfruchtbar bleibt und alles Urteilen irreführt und das reclitc Fragen verhindert.

Wir brechen daher die Erörterung des Wortes Seyn nicht ab als

[G 221] ein nutzloses Gcschäft, sondem wir versuchen sie jetzt ursprünglicher anzusetzen und fortzuführen auf einem Weg, der uns emeut in das Fragen unserer Grundfrage zurückbringt.

Das Verbalsubstantivum »das Seyn« erweist sich nach der zweifachen, der grammatischen und etymologischen Betrachtung als eine Verfestigung und Aufbewahrung der abgezogensten und verwischtesten Bedeutung, die das Verbum in bczug auf alle seine verbalen Abwandlungen und seine mehrfältige Stammesherkunft überhaupt noch zuläßt. Diese verbi asenste Bedeutung wird dann überdies noch logisch erklärt und gerechtfertigt, und als diese unbestimmte Bedeutung gilt sie für jede verbale Abwandlung und gilt sic erst recht wiederum für die endlose

Mannigfaltigkeit des einzelnen Seienden, das jeweils in irgendeiner der verbalen Abwandlungen an-und ausgesprochen wird. So ist diese unbestimmte Bedeutung gleichwohl die geläufigste und bekannteste. Das im höchsten Maße Allgemeinste, das »Abstrakteste«, faßt nun die Logik als die oberste Gattung ——genus. Sofern die Ontologie das Seyn in dieser allgemeinsten Bedeutung zum Thema macht, nämlich um festzustellen, daß davon nichts weiter mehr zu sagen sei, handelt sie, wie sie sagt, vom ens in genere. Das alles ist fast von unwiderstehlicher Klarheit: diese Lehre ein sogenanntes »Gemeingut«, aber für uns eben deshalb verdächtig.

Wir brauchen noch gar nicht welt auszugreifen, um die genannten Selbstverständlichkeiten über das Wort und den Begriff »Seyn« zu erschüttern. Wir müssen nur das wirklich fest greifen, was wir bisher »allein schon« durch die »sprachliche« Betraditung gewonnen haben.

Wir sagen das Seyn in der alltäglich geschehenden Rede ständig in den verschiedensten seiner verbalen Abwandlungen: er war, ihr seid gewesen, wir wären, waren, ··· sei so freundlich und dgl., und wie oft und ständig gebrauchen wir das »ist«? Demnach verstehen wir eben doch mit diesen mannigfaltigen Abwandlungen das Seyn in einer je bestimmten und je erfüllten Weise. Seine Bedeutung ist gar nicht unbestimmt und [G 222] leer; das scheint nur so, wenn wir uns an den »Infinitiv« halten und ihn gar noch zum Substantiv erheben. Allein, ist der Infinitiv das Abstrakteste, logisch verstanden: die leere Allgemeinheit der umgreifenden Gattung? Können wir den Infinitiv »das Seyn« als Genus ansetzen und diesem die aufgeführten Abwandlungen als Arten und Besonderungen unterordnen —als einzelne »Fälle«? Wir sehen ohne große Anstrengung sogleich, daß das nicht geht. Die Logik versagt hier. Der Infinitiv und demzufolge das Verbalsubstantiv sind zwar *un*-bestimmt. Aber die Frage ist: in welchem Sinne? Die Grammatik gibt schon durch den Namen die Deutung, daB hier die einzelnen Abwandlungen *nicht* mehr zum Vorschein kommen. Man hat sich unter dem Einfluß der grammatischen Deutung der Sprache daran gewöhnt, den Infinitiv und seinen negativen Charakter zu verstehen im Sinne des *Nicht-mehr-Habens*. Wie aber, wenn man einmal versuchte, die Unbestimmtheit des Infinitivs zu verstehen nicht als ein Nicht-mehr, sondern ein Noch-nicht; die Unbestimmtheit nicht als die der Leere, wo alles fehlt, sondern der Fülle, die sich als solche nicht auf ein einzelnes beschränkt hat, aber als solche allein kann. Und so ist der »Infinitiv« —als grammatische Bezeichnung, und das heißt immer Sprachauslegung —wider den Willen der Grammatiker zweideutig. Wenn »das Seyn« als leeres Wort gilt, dann liegt das weder im Sinn des Seyns selbst noch am Charakter des Wortes, sondern nur an einer ganz bestimmten logischen Mißdeutung und damit ein er Bezugslosigkeit zum Wesen der Sprache sowohl wie zum Wesen des Seyns.

So beginnt die für uns zur Erörterung stehende Tatsache immer merkwürdiger zu werden. Das Wort Seyn ist in Wahrheit gar nicht leer, aber tatsächlich doch als solches miBdeutet. Das kann nicht Zufall sein, sowenig wie die Verkennung des Wunders der Sprache durch die Grammatik und Logik als Belanglosigkeit gelten darf. Deshalb müssen wir diesen Doppelvorgang der Aushöhlung des Seyns und der Verkennung der Sprache in seinen Hauptstadien bis in seinem letzten Grunde verfolgen.   [G 223]

Die Deutung des Infinitivs als abstrakt allgemeiner Bedeutung verfehlt das Wesen dieser Wortform und läßt außerdem die Beziehung zur Abwandlungsmannigfaltigkeit des Zeitwortes in völliger Unbestimmtheit. Wo sie eigens betont wird, geschieht das in einer merkwürdigen Beschränkung auf eine einzelne Verbalform des Verbums —auf das »ist«. Seyn gilt als Infinitiv zum »ist«; es ist zwar solches auch zum ich bin, du bist; gleichwohl hat das »ist« einen Vorrang. Wir fragen: 1. weshalb? 2. was besagt das wiederum rückwirkend für das Verständnis der Bedeutung von »Seyn«?

Der Vorrang des »ist« vor den übrigen Verbalformen scheint einfach in der besonderen Häufigkeit seines Gebrauchs in der Rede gegründet zu sein. Das wäre eine äußerliche Auffassung und Begründung des Tatbestandes. Zwar »ist« das »ist« sprachlich am weitesten verbreitet und allen germanischen Mundarten gemeinsam. Allein, diese weite Verbreitung ebenso wie die Häufigkeit des Gebrauchs haben in der Bedeutungsrichtung und in der Mehrdeutigkeit des »ist« ihren Grund, der noch weiter zurückreicht auf den eigenartigen Vorrang einer ganz bestimmten Weise des Sagens in der Sprache.

Wir gehen von der Mehrdeutigkeit des »ist« aus. Wenige Beispiele genügen: »Gott ist«, d. h. existiert. »Der Vortrag ist im Hörsaal 5«, d. h. findet dort statt. »Er ist aus dem Schwäbischen«, d. h. stammt daher. »Der Becher ist aus Silber«, d. h. besteht aus, ist hergestellt aus.

»Der Bauer ist aufs Feld«, d. h. hinausgegangen. »Das Buch ist mir«, d. h. gehört mir. »Er ist des Todes«, d. h. dem Tod verfallen. »Rot ist backbord«, d. h. bedeutet, steht für. »Der Hund ist im Garten«, d. h. befindet sich dort. »Über allen Gipfeln ist Ruh«, heißt das: befindet sich?, herrscht?, existiert? Nein! »ist«; vielleicht noch »waltet« und doch »ist«!

Wir erfahren es schon aus dieser nackten Aufzählung, daß wir das [G 224] »ist« in einem Reichtum seiner möglichen Bedeutung verstehen (von einer Leere des Seinsbegriffs keine Spur), und wir merken auch, wenngleich noch unbestimmt, wie alle diese Bedeutungen in *einer* Richtung irgendwie zusammenlaufen, die wir zunächst freilich schwer aussprechen können. Für eine grobe und vorläufige Kennzeichnung soll das genügen, wenn wir sagen, daß hier das »ist« immer irgendwie bedeutet: Vorhandensein —— In-sich-bestehen und dgl.

Der Infinitiv »Seyn« wird, von diesem »ist« her verstanden, zum Titel für ein in sich selbständiges Zeitwort so wie Fallen, Kommen, Singen, Leuchten u. s. f. Wenn wir aber etwa sagen: »er ist gewesen; wir sind gegangen; sie ist gestorben«, dann finden wir das »ist« im Zusammenhang mit einem anderen Zeitwort und dessen bestimmten Formen; das »ist« hilft für die Verbalform des Zeitwortes, das Perfekt von Gehen, Sterben und Seyn selbst zu bilden. Seyn fungiert hier, wie die Grammatik sagt, als » Hilfszeitwort«.

Wenn wir sagen »das Haus ist geräumig; der Fuchs ist schlau; die Buche ist ein Laubbaum; sein Vater ist Handwerker«, dann finden wir

부록

das »ist« in einer auffallenden Stellung im Satz, nämlich zwischen dem Satzsubjekt und dem Prädikat, so zwar, daß das »ist« zwischen beiden das Band schlingt: Das »ist« hat hier clen Charakter der *Copula*.

So kann es nicht verwundem, daß das »ist« bei dieser dreifachen Bedeutungsleistung als selbständiges Zeitwort, als Hilfszeitwort, als Copula, sich einen eigentümlichen Vorrang sichert, und daß so sein zugehöriger Infinitiv —eben das »Seyn« —von daher sich bestimmte in seiner maßgebenden Bcdeutung. Nun ist außerdem das Verhältnis dieser drei Bedeutungsrichtungen in keiner Weise aufgeliellt; noch wcniger ist gesagt, ob diese dreifache Kennzeichnung des ZeitworLes »Seyn« überhaupt eine edit begründbare ist. Bei dieser verworrenen und seit Jahrhunderten bestehenden Sachlage kommt es dann immer wieder dahin, daß, wo überhaupt eine Wesensbestimnung des Seyns versucht wird, entweder die erste oder die dritte Bedeutungs-richtung des »ist« eine Bevorzugung erfährt, während bezeichnenderweise die zweite und in [G 225] gewissem Betracht wesentlichste uberhaupt nicht erortert wird.

Wenn wir die herkömmliche Auffassung des Infinitivs bedenken, dann scheint es ja auch vollkommen in Ordnung zu sein, daß sich der Infinitiv »seyn« als nachträgliche Abstraktion hinsichtlich seiner Bedeutung aus dem »Konkreten«, am unmittelbarsten und am haüfigsten zugänglichen »ist« bestimmt, nämlich aus dem »ist« im Sinne von: die Erde ist (existiert), und dem »ist« im Sinne von: »die Erde ist ein Planet«(Copula): das Sein (Existieren) als Bestimmung des Seienden im Sinne des Vorhandenen und das Seyn als Bestimmungsmoment der

Aussage. Man sieht leicht, daß beide aufeinander bezogen sind, sofern die Aussage über Seiendes (Vorhandenes) aussagt. Dieses Verhältnis von Aussage (Urteil) zum Gegenstand der Aussage ist die Beziehung der Übereinstimmung, d. h. der Wahrheit. Das beides führt bei *Aristoteles* schon dahin, daß das »ist« noch eine weitere Bedeutung empfängt. Sie tritt uns entgegen, wenn wir betonterweise sagen: die Erde *ist* ein Planet, d. h. in der Tat: in Wahrheit, es ist wahr, daß die Erde ein Planet ist. Seyn hat hier die Bedeutung von Wahrsein.

Je nach der Auffassung des Wesens der Wahrheit und damit je nach der Deutung des Satzes (Aussage — Urteil) ergibt sich eine verschliedene Auslegung des »ist« als Copula und des »ist« als »existieren« und »wahrsein«. All das wirkt sich wieder aus auf die Bestimmung des Wesens von Seyn überhaupt. So ist z. B. die Auffassung des »ist« als Copula bei *Aristoteles, Leibniz, Hobbes, Kant* und *Hegel* und *Schopenhauer* und *Nietzsche* ganz verschieden. Trotzdem bewegt sich diese Verschiedenheit in einem ganz bestimmten Umkreis von Möglichkeiten, welcher Kreis im voraus gezogen ist durch die im Verborgenen vorausherrschende, gar nicht als solche weiter beachtete und gar erörterte griechische Auffassung des Seyns.

So lehrreich es wäre, auf diese Zusammenhänge näher einzugehen, für uns ist jetzt nur das *Eine* wesentlich: zu sehen, wie sich die Bestimmung des Seyns vollzieht im Ausgang vom »ist«. Aufgrund der uns weithin beherrschenden Entfremdung gegenüber dem Seyn und der Seynsfrage geraten wir freilich ständig in Gefahr, Erörterungen, wie wir sie jetzt

[G 226]

pflegen, als bloße Angelegenheit von Wortbedeutungen, als Spiel mit Worten zu mißdeuten. Um dem erneut zu begegnen, sei jetzt nur ein Hinweis darauf gegeben, wie weit die Entfremdung zum Seyn gehen und wohin sie sich auswirken kann.

Als man um die Mitte des 19. Jahrhunderts der Philosophie des deutschen Idealismus nicht mehr gewachsen war, aber gleichwohl an dem französischen und englischen Positivismus nicht voiles Genüge fand, gewann *Schopenhauer* einen wesentlichen Einfluß. Wie stark *Schopenhauer* positiv und negativ auf *Nietzsche* gewirkt hat, ist bekannt. *Schopenhauer* gibt im II. Band, 1. Buch, Kap. 9 von »Die Welt als Wille und Vorstellung« eine Auslegung des »ist« als Copula, und zwar eine rein »logische«. Ihre Bestimmung ist: das Vereint ——und Getrennt-sein zweier Begriffssphären auszudrücken. Und er sagt dazu: »Durch diese [die Copula] ist jedes Verbum mittelst seines Particips ausdrückbar. [Das Pferd läuft —— ist laufend; der Vogel singt —— ist singend.] Daher bcsteht alles Urtheilen im Gebrauch eines Verbi, und umgekehrt. Demnach ist die Bedeutung der Copula, daß im Subjekt das Prädikat mitzudenken sei ——nichts weiter. Jetzt erwäge man, worauf der Inhalt des Infinitivs der Copula, ›Seyn‹, hinausläuft. Dieser nun aber ist ein Hauptthema der Professorenphilosophie gegenwärtiger Zeit.« Man weiß hier nicht, was oberflächlicher ist, die von *Schopenhauer* berufsmäßig verunglimpfte Professorenphilosophie, der gegenüber er im Recht sein mag, wenn er die Professoren *Kant*, *Fichte*, *Schelling*, *Hegel* ausnähme, oder *Schopenhauers* eigene Deutung des »Seyns« aus einer völligen Mißdeutung der Copula, welche Mißdeutung übrigens ganz in der Bahn der von *Schopenhauer* beschimpften Schulphilosophie geht.

Aber *Schopenhauers* Deutung des Seyns aus dem »ist« der Copula, d. h. des Satzes und des Denkens, hat bei *Nietzsche* Schule gemacht, und zwar nicht nur in dessen Jugend, sondern in der Zeit, als er sein Hauptwerk »Wille zur Macht« vorbereitete und zum schärfsten Gegner *Schopenhauers* geworden war. *Nietzsche* sagt: »Urteil ist ein Glaube, daß etwas so und so *ist*, und *nicht* Erkenntnis« (n. 530). Im Urteilen wird etwas einem anderen etwas gleichgesetzt — dieses Gleichsetzen und Gleichmachen besagt: etwas Begegnendes einreihen in ein schon Vorhandenes, Festes. »Das Gleichmachen ist dasselbe, was die Einverleibung der angeeigneten Materie in die Amöbe ist« (n. 501). »Der Wille zur Gleichheit ist der Wille zur Macht. — Der Glaube, daß etwas so und so sei (das Wesen des Urteils) ist die Folge eines Willens, es *soll* soweit als möglich gleich sein.« Mit diesem Gleichsetzen bringen wir eine gewisse Stabilität in den ständigen Wechsel. »Daß wir in unserem Glauben stabil sein müssen, um zu gedeihen, daraus haben wir gemacht, daß die >wahre< Welt keine wandelbare und werdende, sondern eine >*seicnde*< ist« (n. 507). Seiend heißt für *Nietzsche* ebenso wie für die Griechen: beharrcnd-stehend; und das Seyn ist nur die Perspektive des »ist« im Urteil — des gleichsetzenden zum Stehen-bringens. »Das Seyn« stammt aus der Logik. »Logik ist der Versuch, nach einem von uns gesetzten Seinsschema die wirkliche Welt zu begreifen, richtiger: uns formulierbar, berechenbar zu machen« (n. 516). »>*Das Seiende*< gehört zu unserer Optik« (n. 517). Hier ist das Seyn nur noch ein biologisch notwendiges Schema zur Lebenserhaltung und Steigerung, entsprungen der gleichmachenden Funktion des logischen Satzes.

Noch weiter geht in der, in gewisser Weise sek *Aristoteles* vorgezeichneten Richtung, das »Seyn« aus dem »ist« des Satzes zu bestimmen und d. h. schließlich zu vernichten, eine Denkrichtung, die sich um die Zeitschrift »Erkenntnis« gesammelt hat. Hier soil die bisherige Logik mit den Mitteln der Mathematik und des mathematischen Calculs allererst streng wissenschaftlich begründet und ausgebaut werden, um so dann eine »logisch korrekte« Sprache aufzubauen, in der die Sätze der Metaphysik, die alle Scheinsätze sind, künftig unmöglich werden. So ist eine Abhandlung in dieser Zeitschrift II (1931 f.), S. 219 ff. überschrieben: [G 228] »Überwindung der Metaphysik durch logische Analyse der Sprache.« Hier vollzieht sich die äuBerste Verflachung und Entwurzelung der überlieferten Urteilslehre unter dem Schein mathematischer Wissenschaftlichkeit. Hier werden die letzten Folgerungen eines Denkens zu Ende gebracht, das mit *Descartes* einsetzte, für den bereits Wahrheit nicht mehr Offenbarkeit des Seienden war und demzufolge Einfügung und Gründung des Daseins in das eröffnende Seiende, sondern Wahrheit unigeleitet zur *Gewißheit* —zur bloßen Sicherung des Denkens, und zwar des mathematischen gegen all das von diesem nicht Dcnkbare. Diese Auffassung der Wahrheit als Sicherung des Denkens führte zur endgültigen Entgötterung der Welt. Die gemeinte »philosophische« Richtung des heutigen mathematischen-pliysikalischen Positivismus will die Begründung dieser Position liefern. Es ist kein Zufall, daß diese Art von »Philosophic« die Grundlagen liefern will zur modernen Physik, in der ja alle Bezüge zur Natur zerstört sind. Kein Zufall ist auch, daß diese Art »Philosopliie« im inneren und außeren Zusammenhang steht mit dem russischen Kommunismus. Kein Zufall ist ferner, daß diese Art des Denkens in Amerika seine Triumphe feiert. Alles dies sind nur die letzten Folgen der scheinbar nur grammatischen Angelegenheit, daß das Seyn aus dem »ist« begriffen und das »ist« je nach der Auffassung vom Satz und vom Denken ansgelegt wird.

Bis hierher hat sich uns die »Tatsache«, daß uns das Seyn fast nur ein leeres Wort von verschwebender Bedeutung ist, in verschiedener Hinsicht aufgcklärt. Wir haben erfahren, was hinter ihr steht und vorgelit: eine Entfremdung gegenüber dem Seyn in zunehmender VeräuBerlichung: das Seyn als Infinitiv, dieser als Allgemeinbegriff, dieser in seinem Allgemeinbezug gleichgültig und unbestimmt zur Mannigfaltigkeit der verbalen Abwandlungen. Unter diesen wird freilich *eine* besonders betont: das »ist«. Aber dieses »ist« wird verstanden entweder als »Vorhandensein« oder als bloße Copula, beides je nach der Auffassung der Wahrheit im Sinne einer Bestimmung des λόγος, der Aussage. So wie

die Auslegung des λόγος maßgebend alle Grammatik und grammatischen Formen leitet, so gibt dieselbe Auslegung des λόγος die Vorzeichnung zur Auffassung der Wahrheit als Übereinstimmung der Aussage mit dem Gegenstand und damit sowohl der Deutung der Gegenständlichkeit als Seyn und als Copula. Daß für die gesamte abendländische Philosophic seit

Aristoteles bis heute die Frage nach dem Seyn am *Xoyog* ausgerichtet ist, verrät schon der Titel für die Bestimmungen des Seyns als »Kategorien«: Weisen des Sagens und der Gesagtheit. Seyn wird verstanden und in seiner Mannigfaltigkeit ausgelegt im Horizont des Denkens, das dabei selbst wieder verschiedene Deutungen erfährt. Der Titel »Sein und Denken« kann uns als verkürztes Merkwort für diesen Zusammenhang dienen. Zwar fragt die Philosophie immer wieder nach dem Seienden, aber sie bewegt sich dabei immer in ein und derselben immer mehr verblassenden Auffassung des Seyns, die im folgenden noch genauer umgrenzt werden soll. Immer mehr verstrickt sich die Philosophie in eine Mißdeutung des seit den Griechen vorgezeichneten Horizontes aller Seinsauffassung: Sein und Denken.

Die äußerste und äußerlichste Mißdeutung des Seyns sowohl wie des Denkens hat sich neuerdings breitgemacht in der mathematischen Logik, der logistischen Mißdeutung der Sprache, der Erkenntnis und Erkenntnisgegenständlichkeit. Die Fragwürdigkeit dieses Vorhabens zeigt sich am schlagendsten in der Blindheit, in der diese angeblich klarste und wissenschaftlich strengste Philosophie sich bewegt. Sie sieht nicht den Widersinn, der darin liegt, daß ja das mathematische Denken nur eine ganz bestimmte und gegenstandlich ganz leere Form des Denkens ist und als solche immer noch sowohl die Logik als die Gegenstandsbeziehung überhaupt voraussetzt, so daß mit der mathematischen Methode nie und nimmer das Denken als solches und gar das erfüllte und ursprüngliche Denken des Seyns erfaßt oder gar begriffen werden kann. Es ist nur eine notwendige Folge dieser widersinnigen Fragestellung, daß für sie alle

[G 230]   metaphysischen Sätze Scheinsätze sind und alle Metaphysik sinnlos wird.

Aber bis in diese Widersinnigkeit hinaus behält doch noch das Wort Seyn einen Sinn, wenn auch nur den der sogenannten logisch korrekten Gesetztheit von etwas Beliebigem als im bloßen Denken Gesetzten. Außerdem sahen wir, daß das Seyn in seinen verbalen Abwandlungen, in der Unterscheidung von Vorhandensein und Copula eine Mannigfaltigkeit von Bedeutungen bekundet; daß selbst bei der äußeren Entfremdung das Wort Seyn nicht leer ist und somit die Bedeutung nicht verschwebt, sondern nur nicht mehr gefaßt werden kann, bzw. nicht mehr gefaßt sein will.

Daher gilt es jetzt, die in Frage stehende Tatsache gleichsam von einer neuen Seite zu beleuchten, indem wir den Nachweis führen, daß bei aller vermeintlichen Leere und scheinbaren Verdunstung überall ein ganz bestimmter und durchgängig herrschender Sinn dem Seyn zugesprochen ist, freilich so, daß man diesen als solchen gar nicht mehr heraushebt; ja, die Entfremdung vom Seyn und vollends von der Seinsfrage ist trotz aller Ontologie auf allen Gassen so weit gediehen, daß man gar nicht mehr begreift, was das überhaupt noch heißen soll, das Seyn habe einen Sinn.

발행자의 후기

NACHWORT DER HERAUSGEBERIN

I.

Der hier vorgelegte Band 40 der Gesamtausgabe enthält den Text der von Martin Heidegger selbst für den Druck im Jahre 1953 durchgesehenen Vorlesung vom Sommersemester 1935. Hinzugekommen sind lediglich als Anhang seine »Kritik der Vorlesung« und eine erste Fassung der Handschriftseiten 31 bis 36. Diese weicht von der zweiten 1953 veröffentlichten Fassung im Wortlaut erheblich ab. Insbesondere fehlen in der veröffentlichten Fassung die Ausführungen über die Auslegung der Kopula bei Schopenhauer und Nietzsche.

Die Seitenzahlen der bei Max Niemeyer erstmals erschienenen Schrift sind durch Seitenmarginalien bezeichnet. Das handschriftliche Manuskript wurde mit der vom Bruder Fritz Heidegger erstellten Transkription verglichen. Das vorliegende handschriftliche Manuskript zählt nur noch 73 Seiten. Die Seiten 74–81 fehlen im Nachlaß. Der transkribierte Text umfaßt aber die vollständigen 81 Manuskriptseiten.

Die von Heidegger in der Einzelausgabe gesetzten runden Klammern für Erläuterungen und Ergänzungen, die gleichzeitig mit dem Vorlesungstext entstanden sein sollen, stimmen nicht immer mit derHandschrift überein. In solchen Fällen wurden die runden Klammern in eckige Klammern abgewandelt.

Bei dieser Editionsarbeit wurde sehr deutlich, daß die von Heidegger erlassenen Richtlinien für die Herausgabe seiner Schriften sich ihm bei der eigenen Bearbeitung seiner für den Druck vorgesehenen Texte ergeben haben (z. B. Streichung des »und« am Satzanfang, Endstellung des Verbs). Sofern vom Autor selbst schon entschieden war, was im Drucktext zu erscheinen habe, sahen wir uns daran gebunden, mit einer Ausnahme: [G 232] Martin Heidegger hatte für sich selbst eine Art Inhaltsübersicht der Vorlesung erstellt. In diesem » Gang der Vorlesung« sind stichwortartig die Gedankenschritte angegeben. Das von uns zusammengestellte Inhaltsverzeichnis richtet sich nach Heideggers »Gang der Vorlesung«. Zum Teil sind seine Charakterisierungen wörtlich übernommen; bei Stichworten sind sie gemäß Heideggers Weisungen ausformuliert und ergänzt um das tatsächlich inhaltlich Abgehandelte. Die Nietzsche-Zitate sind von Heidegger der Nietzsche-Großoktav-Ausgabe (Kröner) entnommen.

II.

Die Erstveröffentlichung dieser Vorlesung hat im Jahre 1953 zu einer lebhaften Auseinandersetzung in der Öffentlichkeit geführt, zu der sich Martin Heidegger in einem Brief vom 15. September 1953 an den Redakteur Dr. Lewalter, abgedruckt in »Die Zeit« Jg. 8. Nr. 39 vom 24. 9.1953, selbst äußerte:

> »Die ›Einführung in die Metaphysik‹ aus dem Sommersemester 1935 wurde als erste unter den schon länger geplanten Vorlesungsveröffentlichungen ausgewählt, weil ich sie ihrer Thematik nach für besonders geeignet halte, eine Streeke des Weges von ›Sein und Zeit‹ (1927) bis zu den letzten Veröffentlichungen sichtbar zu machen. Darum enthält auch der gleichzeitig im selben Verlag erschienene Neudruck der siebten Auflage von ›Sein und Zeit‹ einen Hinweis auf diese ›Einführung‹.
>
> Ihre Auslegung des Satzes (vgl. ›Die Zeit‹ vom 13. August), den man aus der Vorlesung (S.152) aufgriff, ist nach jeder Hinsicht zutreffend, wie denn überhaupt seine Interpretation anderer Sätze meine politische Haltung seit 1934 richtig kennzeichnet. Es wäre ein leichtes gewesen, den herausgegriffenen Satz samt den übrigen, die Sie anführen, für das Druckmanuskript zu streichen. Ich habe das nicht getan und werde es auch künftig so halten. Denn einmal gehören die Sätze geschichtlich zur Vorlesung, zum anderen bin ich [G 233] überzeugt, daß die Vorlesung die erwähnten Sätze durchaus verträgt für einen Leser, der das Handwerk des Denkens gelernt hat.
>
> Was damals in einer solchen Vorlesung zu sagen im äußersten möglich war und was nicht, können heute nur noch wenige ermessen. Ich aber weiß,

daß die Hörenden unter den Hörern das Gesagte sehr genau verstanden haben.«

Die Kritik, vor allem an dem einen Satz auf Seite 152 der Niemeyer-Ausgabe, verstummte nicht, sie wurde auch im »Spiegel-Gespräch« am 23. September 1966 angesprochen (veröffentlicht in Nr. 23 des 30. Jg. am 31. Mai 1976).

Am 18. Marz 1968 schrieb Heidegger in einem Brief an Herrn S. Zemach in Jerusalem:

»Zu einer Stelle Ihres Textes muß ich freilich Stellung nehmen. Aus der 1935 gehaltenen und 1953 wörtlich genau veröffentlichten Vorlesung ›Einführung in die Metaphysik‹ wird immer wieder der eine Satz S. 152 herausgegriffen und das Ganze der Vorlesung übergangen, aus dem hervorgeht, daß meine Stellung zum Nationalsozialismus in jener Zeit bereits eindeutig gegnerisch war. Die verständigen Hörer dieser Vorlesung haben daher auch begriffen, wie der Satz zu verstehen sei. Nur die Spitzel der Partei, die — wie ich wußte — in meiner Vorlesung saßen, verstanden den Satz anders, sollten es auch. Man mußte diesen Leuten hie und da einen Brocken zuwerfen, um sich die Freiheit der Lehre und Rede zu bewahren.

Beiläufig sei angemerkt, daß es ein großer Irrtum ist, ich sei gegen die Technik (vergl. ›Die Frage nach der Technik‹, Vorträge und Aufsätze 1953).

Schließlich möchte ich auf meine Nietzsche-Vorlesung verweisen von 1936-1940, die jeder Hörer eindeutig als grundsätzliche kritische Auseinandersetzung mit dem Nationalsozialismus verstanden hat.«

Wie auch immer gegensätzliche Behauptungen zu bewerten sind, ob der Klammersatz auf Seite 152 der Niemeyer-Ausgabe bereits in der Handschrift Heideggers stand oder nicht —— in der ersten Korrektur stand er nicht ——, unbestritten dürfte das Recht des Autors sein, bei der Edition [G 234] einer Vorlesung im Manuskript Verbesserungen und Verdeutlichungen einzufügen. Die fraglichen Seiten der Handschrift fehlen im Nachlaß. Aufgrund einer Abschrift und eines noch vorhandenen Korrekturbogens von 1953 ist zu vermuten, daß Heidegger zunächst selbst noch den Satz: »Und wenn man jetzt noch jene komische Wissenschaft der Aporetik auf die Wertlehre anwendet, wird alles noch komischer und überschlagt sich in den Unsinn.« gestrichen, danach die Bezeichnung »des N. S.« durch »dieser Bewegung« ersetzt und den Klammersatz noch eingefügt hat.

III.

Für die Möglichkeit, diesen Band herauszugeben, möchte ich sehr herzlich Herrn Prof. Dr. Friedrich-Wilhelm von Herrmann und Herrn Dr. Hermann Heidegger für zuteil gewordene Hilfe durch Rat und Tat bei der Textgestaltung danken. Herrn Prof. Dr. Walter Biemel und Herrn Dr. Hartmut Tietjen gebührt mein Dank aufgrund ihrer zuverlässigen Transkriptionshilfe, Herrn Dr. Hartmut Tietjen insbesondere für seine Unterstützung bei der Klärung letzter Schwierigkeiten beim Lesen der Korrekturen. Frau Dr. Luise Michaelsen danke ich für ihr sorgfältiges Mitlesen der Satzfahnen.

Petra Jaeger

옮긴이 약력

* 1946년 서울 출생.
* 프랑스 앙제 가톨릭대학(L'Université Catholique de L'ouest, Prof. H. Paissac) 철학과 졸업.
* 독일 함부르크대학(Universität Hamburg, Prof. E. Richter)에서 철학 연구.
* 네덜란드 국립레이든대학(Rijksuniversiteit te Leiden, Prof. C.A. van Peursen, Prof. G. Nuchelmans, Prof. H. J. Heering) 철학과 대학원 수료(1979), 동 대학 강사 역임.
* 2018년 10월 31일, 영구 귀국.
* huigunpark@gmail.com

중요 논문

"Questions de théodicée dans le bouddhisme"(불교에 있어서 신정론[神正論]의 문제), France: Angers, 1970.

"Sinn von Identität bei M. Heidegger"(하이데거 철학에 나타나는 동일성의 의미), Deutschland: Hamburg, 1972.

"Zum Ursprung der Koreanischen Buchstabenschrift, Hangul"(한글의 기원으로), , Nederland: Leiden, 1976.

"Was heißt das Unendliche bei René Descartes?"(르네 데카르트에 있어서 무한성이 란 무엇을 말하는가?), Nederland: Leiden, 1978.

「원음(圓音)과 로고스의 영원한 무관계에 관하여」, 1995.

「후기 하이데거의 진리문제」, 안상진 외, 『하이데거 철학의 근본문제』, 철학과현실사,
1996, 209쪽 이하.

「천문학과 철학 —— 갈릴레오의 망원경과 고호의 그림과 플라톤의 동굴의 비유」, 충북
대학교 천문우주학과, 1997년 2월 28일.

「한국인의 존재지혜 I. 「단군신화」와 한국인의 존재지혜」, 한국외국어대학교 대학원,
1998.

「한국인의 존재지혜 II. 원효의 「원음(圓音)」과 한국인의 존재지혜」, 2000.

「한국인의 존재지혜 III. 세종의 훈민정음(訓民正音) 창제와 한국인의 존재지혜」, 2001.

「일연선사의 경초선(勁草禪)과 존재의 열려 트인 공간」, 2008.

「성덕대왕신종 명문에 실려 있는 〈원음(圓音)〉과 하이데거가 말하는 〈철학이 아닌 것〉」,
서울대학교 호암회관, 2019.

「〈정약용 시대〉의 한국인의 존재지혜 연구를 위한 자료 모음 초본(艸本) —— 또는 뜰앞
의 잣나무」, 2010년부터 오늘날까지 진행 중.

번역서

마르틴 하이데거, 『형이상학 입문』, 문예출판사, 1994 등.

철학의 정원 62
하이데거의 형이상학 입문

초판1쇄 펴냄 2023년 09월 29일

지은이 마르틴 하이데거
옮긴이 박휘근
펴낸이 유재건
펴낸곳 (주)그린비출판사
주소 서울시 마포구 와우산로 180, 4층
대표전화 02-702-2717 | **팩스** 02-703-0272
홈페이지 www.greenbee.co.kr
원고투고 및 문의 editor@greenbee.co.kr

편집 이진희, 구세주, 송예진, 김아영 | **디자인** 권희원, 이은솔
마케팅 육소연 | **물류유통** 유재영, 류경희 | **경영관리** 유수진

이 책의 한국어판 저작권은 신원 에이전시를 통한 Walter de Gruyter GmbH와의 독점계약으로 (주)그린비출판사에 있습니다.
저작권법에 의하여 한국 내에서 보호를 받는 저작물이므로 무단전재와 무단복제를 금합니다.
책값은 뒤표지에 있습니다. 잘못 만들어진 책은 구입처에서 바꿔 드립니다.
ISBN 978-89-7682-827-9 93110

독자의 학문사변행學問思辨行을 돕는 든든한 가이드 _(주)그린비출판사